French in Action

A Beginning Course in Language and Culture

The Capretz Method

Pierre J. Capretz
Yale University

with

Béatrice Abetti
Yale University

Marie-Odile Germain
Bibliothèque Nationale, Paris

Foreword by
Laurence Wylie
Harvard University

YALE UNIVERSITY PRESS   New Haven and London

Published with assistance from the Mary Cady Tew Memorial Fund.

Major funding for *French in Action* was provided by the Annenberg/CPB Project. Additional funding was provided by the Andrew W. Mellon Foundation, the Florence J. Gould Foundation, Inc., the Ministries of External Relations and of Culture and Communication of the French government, the Jesse B. Cox Charitable Trust, and the National Endowment for the Humanities. *French in Action* is a coproduction of Yale University and the WGBH Educational Foundation, in association with Wellesley College.

Set in Gill and Galliard type by Rainsford Type. Printed in the United States of America by Murray Printing Company, Westford, Massachusetts.

Library of Congress catalog card number: 86–51339
International standard book number: 0–300–03655–8

10 9 8 7 6 5

Grateful acknowledgment is made for permission to reproduce excerpts and cartoons from the materials listed below.

PROSE AND VERSE EXCERPTS

L'Avant-Scène: Jean-Luc Godard, "Lettre à mes amis," © 1967
Editions Gallimard: Eugène Ionesco, *La Cantatrice chauve*, © 1964; Charles Péguy, *Oeuvres poétiques complètes*, © 1939; Jacques Prévert, *Paroles*, © 1946; Raymond Queneau, *Le Chien à la mandoline*, © 1965
Norge, "Poids-Lourd"
Librairie Ernest Flammarion: Norge, *Les Cerveaux brûlés*, © 1969
Christian Bourgois, Editeur: Boris Vian, "On a le monde" and "Mon Ministre des finances," © 1976

CARTOONS

Numbers in italics indicate the position of cartoons on the page, counting vertically by column.

Jean Bellus, from *Une Famille bien française*, © 1966, p. 32, *4*
Jean-Jacques Dubout, from *200 dessins*, © 1974, p. 37, *2*

Jean Effel, p. 12, *1*; from *La Création du monde*, © 1967, p. 125, *1*
Claude Raynaud: p. 6, *1, 2*; p. 7, *1*; p. 9, *1*; p. 14, *1, 2*; p. 17, *4*; p. 20, *3, 4, 5, 6, 7*; p. 21, *1, 3, 4, 5, 6, 7, 8, 9, 10*; p. 22, *1, 2, 3*; p. 23, *3, 5*; p. 24, *2, 3, 4*; p. 25, *2*; p. 26, *3*; p. 27, *1, 2, 3, 4, 5*; p. 28 *1*; p. 30, *1*; p. 31, *1, 2, 3*; p. 32, *1*; p. 33, *1, 2*; p. 36, *1, 2*; p. 37, *3, 4, 5, 7*; p. 38, *2, 4*; p. 39, *1*; p. 41, *1, 2, 3*; p. 42, *2, 3, 4, 5, 6, 7, 8*; p. 43, *1*; p. 45, *1*; p. 46, *2*; p. 48, *1, 2, 3*; p. 51, *1*; p. 52, *6, 7, 8*; p. 53, *1, 2, 4*; p. 54, *1, 2, 3, 4*; p. 58, *2, 3*; p. 59, *1*; p. 60, *2, 3*; p. 61, *2*; p. 65, *1, 3, 4*; p. 66, *1, 2, 3, 4*; p. 67, *1*; p. 69, *2, 3*; p. 70, *2*; p. 72, *1, 2*; p. 74, *1, 2*; p. 75, *2, 3, 4, 5, 8, 9*; p. 76, *2, 3, 4, 5, 6*; p. 77, *1*; p. 78, *1, 2, 3*; p. 79, *2, 3, 4*; p. 80, *2, 3*; p. 81, *2, 3*; p. 82, *1, 2, 4, 6, 8*; p. 84, *1, 2, 3*; p. 85, *1*; p. 87, *2, 4*; p. 88, *1, 3, 4, 5*; p. 89, *1, 4*; p. 90, *1, 4*; p. 93, *2, 3, 5*; p. 96, *3*; p. 97, *1, 2, 3, 4*; p. 98, *1*; p. 99, *1, 2, 3, 4, 5*; p. 103, *1, 2*; p. 107, *1*; p. 108, *1, 2, 3, 4, 5, 6, 7, 8, 9*; p. 112, *1, 2, 3, 4, 5*; p. 113, *1*; p. 114, *1, 2, 3, 4, 5, 6*; p. 115, *2*; p. 116, *2*; p. 117, *3*; p. 123, *1, 2*; p. 126, *1*; p. 127, *1, 2, 3, 4, 5*; p. 128, *1, 2*; p. 131, *1, 2, 3, 4, 5*; p. 132, *1, 2*; p. 133, *3, 4*; p. 134, *1, 2, 3, 4, 5, 6*; p. 135, *1, 2*; p. 142, *1*; p. 143, *2, 3, 4*; p. 144, *2, 3*; p. 146, *3, 4, 6*; p. 147, *1, 2, 4, 5, 6*; p. 148, *1, 2, 3, 4*; p. 151, *1*; p. 152, *1*; p. 153, *1, 2*; p. 154, *2*; p. 156, *2, 3*; p. 157, *1*; p. 158, *1, 3*; p. 159, *1, 2*; p. 163, *1*; p. 164, *1*; p. 165, *1*; p. 167, *6*; p. 170, *4*; p. 171, *1, 2, 3, 4, 5*; p. 172, *1, 2, 3, 5*; p. 176, *2, 3*; p. 177, *2, 3, 5, 6*; p. 181, *2*; p. 182, *1*; p. 184, *2, 3, 4, 5, 6*; p. 187, *1*; p. 188, *2, 3, 4*; p. 189, *1, 2*; p. 191, *1*; p. 192, *1, 2*; p. 193, *2*; p. 194, *1*; p. 197, *1, 2*; p. 198, *1*; p. 199, *1*; p. 203, *1, 2, 3*; p. 204, *3, 4*; p. 205, *1, 2, 3, 4*; p. 206, *1*; p. 209, *1, 2*; p. 210, *1, 2, 3, 4, 5*; p. 215, *1, 2*; p. 216, *2*; p. 217, *2, 3*; p. 219, *1*; p. 220, *1*; p. 221, *1, 2*; p. 222, *1, 2, 3, 4*; p. 223, *2, 3, 4*; p. 225, *1, 2*; p. 226, *1, 3, 4*; p. 227, *1, 2*; p. 228, *1, 2, 3, 4, 5*; p. 231, *1*; p. 232, *1, 2, 3*; p. 233, *1, 2*; p. 234, *1*; p. 235, *1*; p. 237, *1, 2*; p. 238, *2*; p. 239, *1, 2*; p. 240, *1, 2*; p. 241, *1, 2, 3, 4, 5, 6, 7, 8, 9*; p. 243, *1, 3, 5*; p. 244, *1, 2, 3*; p. 245, *1, 2*; p. 246, *1, 2*; p. 247, *1, 4, 6*; p. 249, *1*; p. 250, *1, 3, 4*; p. 251, *2, 3, 4*; p. 252, *1, 2, 3, 4*; p. 253, *2, 4, 5*; p. 256, *1*; p. 257, *1*; p. 258, *2*; p. 268, *2*; p. 270, *1*; p. 271, *4*; p. 274, *1*; p. 277, *2, 3, 5*; p. 278, *1, 2*; p. 279, *1*; p. 289, *1*
Jean-Jacques Sempé, from *La Grande Panique*, © 1966 Editions Denoël; *Rien n'est simple*, © 1962; *Tout se complique*, © 1963; *Saint-Tropez*, © 1968; *Quelques Enfants*, © 1983; and *Les Musiciens*, © 1979:
p. 8, *1*; p. 13, *1*; p. 17, *2, 3*; p. 18, *1*; p. 40, *1*; p. 51, *2*; p. 52, *1*; p. 59, *2*; p. 60, *4*; p. 61, *1*; p. 69, *1*; p. 70, *3, 4, 5*; p. 76, *7*; p. 79, *1*; p. 82, *3, 5, 7*; p. 83, *1, 2*; p. 87, *1, 3*; p. 90, *2*; p. 93, *1*; p. 96, *1*; p. 101, *2, 3*; p. 103, *1, 2*; p. 113, *3*; p. 115, *1*; p. 116, *1*; p. 117, *1*; p. 133, *5*; p. 138, *3*; p. 143, *1*; p. 146, *1, 2*; p. 162, *3, 4, 5, 6*; p. 167, *1, 2, 4*; p. 172, *4*; p. 181, *1*; p. 187, *2*; p. 188, *1*; p. 193, *1*; p. 194, *2, 3, 4, 5*; p. 196, *1*; p. 216, *1*; p. 217, *4*; p. 220, *2*; p. 222, *5*; p. 230, *1, 2*; p. 238, *1, 2*; p. 247, *2, 5*; p. 258, *1, 3*; p. 259, *1*; p. 260, *1*; p. 278, *3*; p. 287, *1*
Claude Serre, from *Humour noir et hommes en blanc* © 1972 Glénat; and *L'Automobile*, © 1978 Glénat: p. 12, *2*; p. 88, *2*; p. 161, *1, 2*; p. 162, *1, 2*; p. 229, *1*; p. 230, *3*; p. 234, *2*; p. 259, *2*
Uderzo, from *Astérix gladiateur*, © 1984 Editions Albert René: p. 23, *1, 2*; p. 211, *2*

Contents

Foreword
Laurence Wylie

You are embarking upon the study of a foreign language and culture. Images, sounds, actions, and written words will all play a part in your learning experience. It is the function of this preliminary essay to emphasize that human communication is not through words only. Facial expressions and body language often communicate much more than the actual words spoken, especially in the formal exchanges that we all engage in repeatedly during the course of any given day. And the modes of this nonverbal communication can differ greatly from language to language or culture to culture. To be truly proficient in a second language, one must be schooled in these differences, must note them and practice them in addition to mastering the spoken words.

Let me illustrate what I mean by analyzing what you will see and hear in the first filmed segment (lesson 2) of *French in Action*.

A young woman, Mireille Belleau, comes out of the door of her apartment house and dashes off to attend an Italian class at the Sorbonne. Before she arrives, however, she meets several friends and acquaintances and stops to greet them appropriately. In this very natural way we learn some of the most frequent greetings in French. We hear *Bonjour!* and *Au revoir!* of course, but more often expressions of inquiry and replies concerning each other's health: *Ça va? Salut! Tu vas bien? Vous allez bien?* and so on.

The most common greetings in most languages have to do with inquiries about the state of the health of each individual. If you think a little about this, you are faced with a curious question: Are human beings really so deeply interested in each other's health that they must inquire about it each time they meet? Certainly not. In fact, one definition of a bore is a person who, when you inquire about his health, actually tells you! There is an example of this sort of person in lesson 2: Mireille's Aunt Georgette.

The truth is that we do not usually communicate through greetings; greetings only offer us an opportunity to communicate with each other. To understand this we must know the basic meaning of the words *common*, *communicate*, and *communication*. They are derived from two Indo-European stems that mean "to bind together." In this ordered universe, no human being (and perhaps no beings of any sort except for a few single-celled creatures) can live in isolation. We must be bound together in order to participate in an organized effort to accomplish the necessary activities of existence. This relationship is so vital to us that we must constantly be reassured of it. We test this connection each time we have contact with each other.

However, to carry out this kind of test literally each time we see each other would be too tedious. Each culture has developed the custom of greeting, which requires that we pause at least briefly with each other. All cultures I know require that a verbal exchange take place in which we talk about health or the state of the weather or our destination. This exchange takes only a few seconds and the words have no significance in themselves; nonetheless, it is long enough for our amazingly rapid and complex nervous systems to record and process thousands, perhaps millions, of messages about each other that permit us to draw conclusions about one another and about our relationship. This communication, this binding together, is accomplished in many ways—some conscious, most unconscious. We have no special organ for the purpose of communication; we communicate with every means at our disposal. The parts of our body that produce the sound waves we recognize as speech all had other elementary purposes in our evolution: to breathe, to swallow, to bite, and so on. We adapted these body parts to develop speech, but speech is only one means of communication. We utilize our total behavior and environment for communication.

Because of the way the human mind works, however, we cannot rationally grasp totality. To study the whole of a phenomenon, we must analyze it—that is, break it down into component parts. So we break communication down into different channels: speech, writing, symbolic systems, posture, use of the space around us, ritual, facial expression, gesture, manipulation of objects, touch. Some of these have been well studied; others are less well known: rhythm, pressure, heat, odor, chemical reaction, waves of energy, and undoubtedly others of which we are not even aware.

Speech is the most notable achievement of human beings, but it is usually not our most important form of communication, as we've seen in the case of greetings. As Mireille walks from her home to her class, she constantly meets people and exchanges words with them, but the only function of these words is to give her and her acquaintances an opportunity to communicate in many other ways with each other. Through all channels, she and her friends affirm their relationship: shades of social and age difference, friendship and affection, mutual expectations of behavior, and so on. When we watch the videotape at normal speed, we are not aware of many of the events in the episode because they take place so fast that we perceive them only unconsciously. But with the help of the "frame advance" or slow-motion function available on some video playback units, we can slow the movement in order to observe certain kinds of communication that we would otherwise miss. Of course, we will never perceive the totality of behavior on tape or film—for instance, the heat, moisture, pressure, and odor involved in a kiss or a handshake. But there are other areas we can perceive. Perhaps with a bit of patient study in slow motion we can bring out bits of this total communication. By using the slow-motion control on your VCR and by looking carefully several times at each greeting scene, you will begin to get some idea of the basic communication that is going on.

The first greeting is short and fairly uneventful: Mireille stops at the corner newsstand to buy a paper. She is obviously a regular customer, for she is handed the paper without even asking for it. Mireille and the woman behind the counter greet each other cordially, with smiles full of feeling. With a certain coyness they cock their heads and close their eyes briefly. The client-vendor relationship is noted as Mireille leaves: she says simply "Au revoir," while the merchant replies with the same words but respectfully adds "Mademoiselle." She then lowers her eyes modestly and gives a farewell smile to the young woman she has probably known since childhood.

More interesting is the next encounter, which gives an important lesson in communication with the French. Mireille is looking at her watch when she rounds a corner and does not at first notice her friend, Colette, sitting with two young men and a young woman at a café table. Colette calls to her. Mireille raises her eyebrows, as we always do when we are surprised, and smiles broadly. She goes toward Colette at once and leans over so the two can kiss each other on both cheeks, as good female friends usually do in France. Colette is a bit more eager; her lips touch Mireille's cheek, while Mireille does not actually kiss but offers her cheeks to be kissed. She then turns to shake hands with the three other young people, giving each a typical French handshake: one takes the hand of the other, shakes it up and down strongly once, and then on the up-movement the two hands are released. (This shake is shorter and much more vigorous than an equivalent American handshake.) Meanwhile the two people shaking hands look each other in the eye.

The young man on the left is not very cordial. He does not offer his hand until Mireille has extended hers, and his smile is tardy and brief: he seems to prefer looking at Colette! The second man is more flirtatious and holds his gaze and smile on Mireille until she departs. Colette wants Mireille to join the group, but Mireille says she is in a hurry, so she shakes hands again with

the three young people, telling them, "Au revoir," although she has shaken hands with them only five seconds earlier! She does not kiss Colette again, but they give each other a friendly wave.

All this handshaking is a mystery for Americans. Why are the French so compulsive about shaking hands? I believe that no one knows the answer to that question, but it is definitely a custom you must learn to respect. Of course, one purpose of shaking hands when people are standing has to do with proxemics, the study of the use of space in communication. People in some cultures stand closer to each other than do others. Arabs stand quite close and consider Americans cold for maintaining a wider distance. The French stand somewhat closer than Americans, and when they shake hands the proper distance is regulated. When dealing with the French you should try to stand a bit closer than you normally do among Americans.

The next encounter is with Hubert, whom Mireille later describes to Robert as a childhood friend and the descendant of a distinguished, aristocratic, wealthy family. She tries to reassure Robert that there is nothing between Hubert and her, except that Hubert amuses her. Nevertheless, when the two meet on the street her greeting is more affectionate than with most people. Coquettishly she cocks her head on the side, closes her eyes briefly, then flashes a flirtatious glance into his eyes. She puts her hands on his shoulders as they kiss on both cheeks. He supports her elbows as they embrace. She withdraws her hand slowly but maintains a fond gaze and repeatedly cocks her head on the side. He rather superciliously remarks that he is not going to the *fac* and shows his tennis racket. As they part she gives him an affectionate tap with her hand. As they turn to leave they look at each other intensely.

(Hubert reappears in a later lesson, when he and Robert have dinner with Mireille's family. Hubert rants about the extravagant tastes of the modern French working class. He is speaking facetiously, of course, playing his role as aristocrat and snob to the hilt, and everyone in the Belleau family smiles indulgently. But the American hero, Robert, does not understand what is going on, and has the poor taste to rant back in defense of the working class and democracy. American viewers may approve of this heroic stand, but in France it is in bad taste. A traditional rule in France is that politics and religion are not discussed at polite gatherings. In almost every other social setting, however, they are common topics, part of the heritage of ideas and ideologies that French intellectuals love to debate.)

Mireille's next encounter is with Ousmane, a fellow student with whom she must be fairly well acquainted and whom she greets in a cordial way but with less affection than with Hubert, her childhood friend. There is the usual approach: she perceives him, raises her eyebrows in pleasant surprise, and walks toward him, briefly lowering her glance. She places her hands not on his shoulders, as she did with Hubert, but on his upper arms, and when they kiss she turns her head in such a way that the kisses fall less on her cheeks than almost under her ears. After the kisses she leans backward away from her friend, smiling conventionally. As they part, she gives him a sociable tap on the upper arm, then turns away.

The next encounter has less substance. A young man and woman on a motorcycle ride up next to Mireille at the curb and greet her as a pal: "Salut!" Her reaction is usual: she raises her eyebrows in surprise and lowers her gaze coquettishly, then flashes a smile. Amazed to learn that they are going to the restaurant at eleven o'clock in the morning, she wishes them well, and they depart, all three of them exchanging a "Salut!" For American students, the most interesting thing about this exchange is to look in slow motion at the young man's lips when he says, "Nous allons au restau-U." The succession of vowel sounds brings his lips to a very forward, pointed position, one that is almost never observed on an American's face but is frequent on French faces. To speak good French, Americans must get used to this lip position.

At the beginning of the next encounter you will note the same pursed lips, this time on the professor who addresses Mireille: "Bonjour, Mademoiselle Belleau." You should practice in front of a mirror until your lips get used to pouting in this way when you say such words as *bonjour* and *salut*.

The professor has pushed his bicycle across the street, walking with long, sturdy strides, when he spies Mireille. He speaks first, addressing her formally with her family name as well as with "Mademoiselle." His whole manner shows that he respects the young woman and also admires her wholeheartedly. He cocks his head and closes his eyes flirtatiously. He then opens them, flashes a smile, leans toward her, beams admiration, and then inquires about her health. With the friendly restraint a young woman shows toward an older admirer, she cocks her head a bit, blinks her eyes, and inquires about his health. As an honest, older scholar, he takes the question seriously and reflects for a moment in a very French posture: he shrugs his shoulders slightly, pouts his lips, shakes his head slowly with closed eyes, then he replies with a matter-of-fact, "Je vais bien, je vais bien, merci." His reaction seems to indicate that he could tell her plenty about his health, but on the whole he does not want to be a bore. He then says goodbye with the kind of coy little wave an adult gives a small child, and wheels his bicycle away. Amused by this quaint character, Mireille smiles to herself as she walks away.

On this brief walk punctuated with these encounters, Mireille meets another older person, her spinsterish Aunt Georgette. The aunt takes charge. She advances with her arms outstretched and grasps Mireille firmly by the shoulders, saying, "Bonjour, ma petite Mireille!" as she and Mireille touch both cheeks. Each purses her lips as in a kiss but the lips do not actually touch the skin of the other's cheeks in this conventional kinship embrace. Then, with Georgette still holding Mireille firmly by the shoulders, they withdraw their heads and gaze steadily at each other as if to inspect the other while inquiring about health. Respectfully Mireille breaks the gaze by blinking and looking down for a moment and then she asks about Georgette's health. Georgette is something of a bore. She wants nothing more than to answer the question in detail. She reflects on the question as the professor has just done and makes the same sort of pouting movement with her lips, but then she starts to talk about her health. She says she is not sick but "fatiguée," a popular use of the word *tired* meaning "not up to par." Mireille cuts her off by reassuring her, "I'm sure you're going to be fine soon." (It is obvious that the whole kinship group finds Georgette's worries about her health a little tedious, and they all undoubtedly refer to her as "la pauvre Georgette.") Mireille escapes, saying she is late for class, and they kiss good-bye. But Aunt Georgette is not satisfied, so she asks where Mireille is going. After the reply, there is another pair of kisses, and Mireille flees.

Note that in other social classes or parts of France, there would have been three kisses instead of two. To anticipate the correct number, one must know the customs of the social or cultural group with which one is associating. Later in the course, when Hubert comes to Mireille's apartment for dinner, as a proper aristocrat he kisses the hand of Mireille's mother as she greets him. As you can see with the slow motion control, he does not actually let his lips touch her hand; the kiss is given about one inch above the hand; the formality is fulfilled in this way. Notice, too, that he does not kiss Mireille's hand; one does not kiss the hand of a young, proper, unmarried woman. As a matter of fact, I would advise you not to participate in this formal kissing business until you have well observed the habits of the people you are associating with and understand both your social position within the group and the appropriate techniques. Especially the techniques; there is nothing more embarrassing for an American man than to bump his nose on a woman's hand as he is trying to kiss it.

Finally, after properly greeting these eleven people, Mireille reaches her class at the *fac*. There, of course, she will have the most crucial meeting—with Robert, the American and our hero. We witness a kind of miracle: Mireille and Robert see each other and fall in love at first sight. I shall not comment on that meeting because the scene strikes me as less a reflection of reality than an ironic comment on the genre of soap operas. In any event, I would not call this a common experience for young American men visiting the Sorbonne, and I wouldn't advise a young American man or woman to try to replicate the experience by standing in the courtyard and gazing soulfully at an attractive person. (If you want to analyze the episode, study especially eye behavior and body movement.)

When Mireille left home, she almost ran down the street because she was late for class. Her greetings to the eleven people were for the most part brief because she really was in a hurry. Nevertheless, she did not slight the main purpose of the greetings. In each case she took the time to affirm her communication with the person she met. That is, she affirmed the way in which she was socially bound to each of them. This is a very important lesson for Americans to learn, for our manner of communicating, while just as effective as the French manner, is different. So remember, as Pierre Capretz stresses, "Observez!" You must learn the words and grammar, of course, but do not forget that communication has to do first and foremost with the definition of personal relationships.

Acknowledgments

This program is based essentially on the *Méthode de français* by Jean Boorsch and Pierre Capretz, which has been developed and tested for many years in highly successful courses at Yale University and at other colleges and universities.

Advisory committee: R. Brent Bonah, Jean R. Carduner, Claud A. DuVerlie, Rose L. Hayden, Stanley Hoffmann, Rodger A. Pool, and Mary Lindenstein Walshok. Content consultants: Michelle Coquillat, Pierre Léon, Yvonne Rochette Ozzello, Adelaide Russo, and Laurence Wylie.

The authors are grateful to Christopher Miller and Isabelle Jouanneau-Fertig for their contribution to the workbook, and to Christian Siret and Kristen Svingen for their unfailing dedication throughout the preparation of the entire program.

The authors also wish to thank Laura Dunne, Ellen Graham, Chris Harris, and Channing Hughes at Yale University Press, without whose efforts the printed materials for this program could never have appeared.

Lesson 1
Introduction

Welcome to *French in Action*! Before you plunge into this new book, before you listen to tape recordings, before you watch the films that accompany this textbook, before you enter the world of French language and culture and meet the French-speaking men and women whose activities form the plot of our story, we would like to tell you, in English, something about the goals of the course, its methods, and its text and ancillary materials.

There are more than four thousand languages spoken on this planet. So why learn French in the first place? After all, you are lucky and already speak English, the world's leading language. You already have access to millions of speakers in hundreds of countries, to the thoughts and deeds of thousands of writers over the centuries. So why bother with French?

Of course you are not frivolous enough to be attracted by its snob appeal. And yet, think of being able to pronounce correctly the names of the world's leading fashion designers: Dior, Cardin, Saint-Laurent, Courrèges, Chanel! Think of being able to order wine: Châteauneuf-du-Pape, Château Mouton-Rothschild, Dom Pérignon! Think of being able to decipher a menu: pâté de foie gras, canard à l'orange, gâteau Saint-Honoré. . . .

Whatever your reasons for learning French, there are untold benefits. It has been said that a person who does not know a foreign language can never truly know his own. Studying French will enhance your knowledge and use of English. You have already made a beginning: think about how much French you already speak. When you admire a friend's new clothes, you may exclaim, "How chic!" When you have left yourself open to a barbed criticism, you may reply with a gallant "Touché!" How often have you wished a departing traveler "Bon voyage!" (With French, you always have *le mot juste* at your fingertips.) Every aspect of English has felt the French influence, from soldiery (curfew = *couvre-feu*) to square-dancing (do-si-do = *dos-à-dos*). Your native English is full of French words and expressions; indeed, it has been claimed that 40 percent of the English language is nothing but mispronounced French. Ever since the Norman Conquest of Britain in 1066, which led to a fusion of an earlier form of English with an earlier form of French, the two languages have shared hundreds of cognate words, such as *pretend* and *prétendre*, *genius* and *génie*, *marriage* and *mariage*, *injury* and *injure*. Sometimes these cognates have more or less the same meaning (like *rapid* and *rapide*). Sometimes,

however, they have a common origin but different meanings: an *injury* is a wound, but an *injure* is an insult.

Perhaps you wish to learn French because of the long and close historical ties between France and the United States. (Were you aware, by the way, that the first Europeans to settle in North America were French Huguenots who founded a colony in Florida in 1564?) French explorers like Cartier, Champlain, Marquette, and La Salle led expeditions through Canada and the Great Lakes region, and down the Mississippi River; and France settled vast areas of the North American continent. Indeed you might even live in one of the cities founded by French people: *Detroit*, Michigan, *Fond du Lac*, Wisconsin, *Terre Haute*, Indiana, *Saint Louis*, Missouri, *Baton Rouge*, Louisiana, or *Paris*, Texas, among many others. French soldiers fought alongside the colonists in the Revolutionary War. Alexis de Tocqueville was one of the first and the most perspicacious commentators on the new nation, and his work *Democracy in America* is central to the study of American political history. A French architect, Pierre L'Enfant, designed the layout of Washington, D.C. The French gave us the Statue of Liberty, which is perhaps the foremost symbol of the United States. And the French and the Americans fought side by side in the First and Second World Wars.

Perhaps you have professional reasons for learning French. You may be preparing for a career in international law or commerce (another French word), in the diplomatic corps (still another French word!), or in the world of fashion. French, like English, is one of the world's international languages. If you have a United States passport, look at the two languages in which it is written: English and French. Perhaps you are preparing to travel in one of the many French-speaking countries. French is, of course, the principal language of France, but it is also one of the languages of Belgium, Switzerland, and Canada. It is the common language of several countries in the Caribbean (Haiti, Guadeloupe, Martinique) and in Africa (Algeria, Senegal, the Ivory Coast), and it is spoken widely in the Middle East (Lebanon and Egypt). Educated men and women around the world speak French as a second or third language. And French is the official language of more than thirty delegations to the United Nations.

French offers access to many countries, peoples, and cultures, and it brings with it a way of seeing, a way of listening, and a way of thinking. Much of the creative thinking that has shaped the Western tradition has been done in French. French opens the doors to the works and words of many of the world's greatest philosophers, scientists, musicians, painters, and writers. To read their words in their own language is to be able to fathom knowledge that disappears in translation. To read great works in French is to be able to see how the language itself creates possibilities of expression that have become examples of wisdom and beauty in the Western world.

How To Learn French

Think a moment about how a person learns a second language. One means—the oldest known to history—is *total immersion*. This is the "sink or swim" process, whereby immigrants, explorers, or students in a foreign country "pick up" the language. Without grammar books, textbooks, audiocassettes, videotapes, dictionaries, language laboratories, drill sessions, tutors, or teachers, people have learned second, third, or fourth languages from the book of life and the school of experience. The motivation is survival—strong motivation, indeed—and the classroom is the world. That is one method, but it is neither the easiest nor the most efficient. In the sink or swim method, you would learn a lot of what you needed for the chores of daily life, for catching the drift of conversations, and for making yourself understood. But you might never pronounce words properly, or progress beyond the speech level of a four-year-old child, and you might never learn how to read anything other than street signs and labels.

Another method, which you may already have encountered in school, is the *grammar-translation method*, where you learn endless rules, memorize verb and noun forms in specified orders, and translate word for word from one language to another. While this method has proven useful for languages that are no longer spoken, such as Sanskrit, Latin, or classical Greek, it is next to worthless for learning a *living* language in which you must communicate with other people. When you meet someone on the street, for instance, in Paris, Dakar, or Montreal, and want to carry on a conversation, you do not have time to recite a paradigm such as "Shall I have lunch? Will you have lunch? Will he or she have lunch? Shall we have lunch?" By the time you found the phrase you were looking for, your acquaintance would long since have left to go to lunch. In live conversations, we do not leaf through the grammar book and the dictionary.

French in Action employs a method that is probably quite different from any other language course you may know. It gives you the advantages of the immersion method without its chaos, by presenting native speakers in vivid situations, in real settings. At the same time,

this course structures the way you learn the language, so that you can learn efficiently. Have you ever jumped into a deep swimming pool and sunk down into the water until you wondered whether you were going to make it back up to the air? And then did you gradually rise to the surface and float blissfully in the sun? Welcome to *French in Action*. We are going to plunge you into the French language. You are going to hear more French than you can possibly remember. At first you may think you are about to drown. Relax! You won't. If in the beginning you feel confused, you won't be alone. Rest assured that thousands have done what you are setting out to do. You will learn slowly at first, and you are not expected to understand everything. Little by little, things will become clearer, and then suddenly your knowledge of French will expand exponentially.

The method of this course is to begin with a flood of authentic French in authentic circumstances. The lessons are carefully constructed so that your knowledge of words, phrases, sentences, and situations will gradually build and you will assimilate the language. For example, in lesson 2, you will see and hear our heroine meeting different people on her way to her Italian class at the Sorbonne. You will see and hear her greet a newspaper vendor, several friends, a professor, and one of her aunts, and you will learn different greetings. By the end of the lesson, you will know how to greet people, how to ask how they are, how to say how you are, and how to take your leave—all in French. From the next lesson on, all you will see and hear in the course will be entirely in French.

Language and Culture

What you will learn with *French in Action* reflects life in France now. What you will hear and see in the sequence of lessons and in the various situations that are presented is the real thing: you will encounter living French that has not been simplified or expurgated, living French that you might hear today in the family, among friends, on the street, on the radio, and on television.

You will see and hear real French men and women. In *French in Action* you will see France—the French, their customs, quirks, clothes, food, cities, homes—as the French see it. Who knows, you may even experience a certain amount of culture shock! You may find some things strange, some people odd, and some situations bizarre. You may even be shocked at the differences between the world you inhabit and the world of the French. Just remember, the French might be equally shocked at you! We are different from the French, and the French are different from us. *Vive la différence!* Relax, and welcome to a new world.

The Story

French in Action is more than a traditional textbook providing grammar, exercises, and explanations. It is also a story, a mystery story in fact, and we invite you to follow the characters as they move through Paris, other cities, and the countryside. Like all good stories, this one has a heroine, a Parisian university student whose name is Mireille Belleau. It has a hero, an American named Robert Taylor. This story has its comic characters, such as Jean-Pierre the pick-up artist, and its eccentrics, such as Hubert de Pinot-Chambrun, the young nobleman who plays his aristocratic role to the hilt. It has rivals in romance. It has chases. It has escapes. And it has a dark, shadowy character, the Man in Black, a man of mystery who lurks behind the scenes, silently and relentlessly following Mireille and Robert....

Keep in mind that this is just a fanciful story that we have invented for fun. The situations you will see are authentic, but the plot may remind you of a soap opera. If you don't like the story, you will have the chance to reinvent it, to play with it, to rewrite it. You will have the freedom to alter events, to recombine elements, and to tell the story in different ways in class, with a friend, or at home.

How to Proceed

You may want to focus on a few essential points as you begin your adventure in French.

1. As you watch the video programs and listen to tapes, try to catch the general meaning of the conversations and situations. Watch the story, look at people's expressions, get the gist of what they are saying, catch onto the context. Once you understand the background of a situation, the meaning of various phrases will become obvious. Do not try to retain everything you hear. We want you to get accustomed to listening to conversations you might not understand at first.

2. Give priority to what you hear. Throughout *French in Action* we shall present materials orally first: you will hear the episodes of the story of Mireille and Robert. It is essential that you start out by getting familiar with the sounds of the language without being confused by the way it is written.

The writing systems of French and of English— the use of the Roman alphabet to indicate different sounds—are an attempt at representing spoken language by means of graphic signs (letters). Unfortunately, as you have undoubtedly noticed in English, there is no natural or logical correspondence between a letter and a sound that the letter represents. The system of notation is arbitrary. Take the word *business*. We do not pronounce it *bizeeness*, like its two parts, *busy* and *-ness*. We say it as if it were written *bizniss*. Moreover, the correspondence of sounds and letters is not only arbitrary. It is also unsystematic. Look at an example in English. George Bernard Shaw humorously proposed that the word *fish* should be spelled *ghoti*: *gh* to represent the sound /f/ as in *enough*, *o* to represent the sound /i/ as in *women*, and *ti* to represent the sound /ʃ/ as in *nation*. If Shaw's mocking of English spelling seems farfetched, consider the different sounds of *ough* in the words *rough, bough, fought,* and *though*.

The correspondence of letters with sounds in the French language is very different from that in English. If you yield to the temptation of trying to pronounce French as if it were English, what will come out of your mouth will bear little resemblance to anything a speaker of French would recognize. Listen to the sounds of French and try to imitate them. Associate the sounds with meaning. Remember that language is sound, meaning, and structure. The written language is only an approximation of what the sounds express.

3. Do not bother using English. We shall not use English, because too often translation interferes with comprehension. Translating will slow you down and get in the way of understanding. French is not English with different words. You cannot simply replace a word in one language with a word in another. We shall not give you the meaning of a word or phrase in English. There is a glossary of French words with English definitions at the end of this textbook, but you should use it only as a last resort. We shall present words and phrases in different ways, in different combinations, and in different contexts so that you can discover their meanings by yourself. Words taken out of context often have no useful meaning.

For example, in lesson 2 you will hear and read the French phrase "Salut, comment vas-tu?" If you were to look up each word in the dictionary and literally translate those four words, you would end up with a totally absurd sentence: "Salvation, how go you?" Clearly you will have missed the point. But listening to that sentence in context, seeing and hearing one young person greeting another, you can easily figure out, without opening a dictionary, that "Salut, comment vas-tu?" corresponds in meaning and in style to "Hi, how are you?" You can reach that level of understanding without ever knowing that the word *vas* is a form of the verb *aller* and that the verb *aller* is often used in French in phrases where English uses the verb "to go."

Let's have a closer look at how you can discover meaning from paying attention to the different situations. In the next lesson Mireille Belleau exchanges greetings and small talk with several people. You will notice that she says

to Colette:	Où est-ce que *tu* vas?
to Ousmane:	Où est-ce que *tu* vas?
to Hubert:	Où vas-*tu*?
to Véronique:	Comment vas-*tu*?
to Ousmane:	*Tu* vas bien?
to Tante Georgette:	*Tu* es malade?
to Fido the dog:	*Tu* vas bien?

But when she sees two friends Marc and Catherine on a motorbike, Mireille says

Où allez-*vous*?
Ça va, *vous* deux?

So you can infer that the word *tu* is something you say to just one person (or animal) and that the word *vous* is used when speaking to two people. So far so good. Then you might notice that when Mireille speaks to the old professor, who is by himself, she says *"Vous allez bien?"* What is the difference between Colette, Ousmane, Hubert, and Véronique, on the one hand, and the professor on the other? The first four are all young, probably about the same age as Mireille, whereas the professor is much older. You might conclude that one uses the word *tu* with people one's own age and *vous* with people who are older. But then Mireille says *tu* to Tante Georgette, who looks and acts old. What is the difference between Tante Georgette and the professor? You may have guessed from all the kissing that takes place that Georgette is fairly close to Mireille; perhaps she is a very old friend or a relative. In fact, she happens to be Mireille's aunt. Mireille calls her *Tante Georgette*. That is what makes the difference. So you may come to several conclusions without recourse to a dictionary or a written explanation: (1) you say *vous* when you are talking to several people; (2) you say *vous* when you are talking to one person whom you do not know well; (3) you say *tu* when you are talking to one person whom you know very well—for instance, a relative or a friend your own age.

Actually, things are a bit more complex in reality, but those first conclusions are good enough for the time being. Through that kind of observation of the situation, you have learned an essential distinction that French speakers use in addressing one another. You have learned more than if we had simply told you that *tu* means *you* and that *vous* also means *you*. And you have learned that there is a social dimension to language that can best be learned from observation.

Let us take another example of how observation and inference can serve as guides. In lesson 2 you will encounter a teacher saying, "Nous allons apprendre le français." Since the teacher is uttering this sentence at the very beginning of the French course, he must be indicating what he or you will do. But you cannot be sure what it is. Now if you see a young girl looking at her school book and trying to do her homework, and if someone says, "Elle apprend sa leçon," then you will notice that the phrase *Elle apprend sa leçon* has something to do with the phrase *Nous allons apprendre le français*. You will also see a similarity between the classroom situation and the situation of a little girl doing her homework. Now when you hear the phrase *Il apprend à nager* and see a young man copying the strokes he sees in a swimming manual, you will notice again the common element *apprend*. You cannot help observing the similarity between the last situation and the first two. And you should be beginning to have some notion of what activity the words *apprendre* and *apprend* refer to. Remember, do not bother with English. Resist the obvious translation. Instead, associate the French words with the circumstances in which you have observed them rather than with English words.

4. The activities of listening to a language, speaking a language, reading a language, and writing a language all demand *active* skills. *French in Action* will require your active participation. To learn a language effectively, you must listen with full attention, and you must watch carefully. When you learn a new language, you are assuming a new role. Play it fully! Participate actively by speaking out with the characters. When you listen to the audiocassettes or watch the video programs, copy what you see and hear. Copy with the sound of your voice. Copy with the shape of your mouth. Copy with your gestures. In the video lessons and audio exercises, there are interactive sections of dialogue where you will be given time to respond to questions as if you were one of the characters in the story. Answer clearly, at normal volume and tempo. If you do not have time to respond before the character speaks, simply speak along with him or her.

Do not try to invent, at least for a while. Imitate what you observe. Use the ready-made sentences or phrases you hear. You will be encouraged to recombine these phrases. Both imitation and recombination are vitally important. The object is to be able to respond with an appropriate utterance in a given situation, even if it is something you have heard before and is not at all ingenious or clever.

Saying "Bonjour!" when you meet someone and "Au revoir" when you leave, answering "Ça va" to "Comment vas-tu?" or "Bien merci, et vous?" to "Comment allez-vous?" might not be original or clever, but it is a big step forward. To be able to give the right responses at the right time is a commendable achievement, because you are communicating effectively in French. Before long, you will build up enough vocabulary—and confidence, too—to personalize what you say. You will recombine familiar elements into new phrases and sentences for new situations.

Components of the Course

The *texts* for lessons 2–52 in this book present a continuous story structured to permit progressive assimilation of the French language. In lessons 2–8 you will meet the characters and become familiar with the basic situation from which this long saga will emerge. The tale of Mireille and Robert will become your story, and you will participate in it.

The *video programs* that accompany this text contain fifty-one episodes of the story of the two students. We strongly urge you to watch the installment of the video program for each lesson—as it is broadcast on television or from a videocassette—*before* you read the text of that lesson. Seeing the story will help you to follow the plot and to understand what is going on in the different situations. Each video program in this series also includes a section designed to help you figure out the meaning of key words in the story. You should view this section before undertaking the corresponding lesson in the *workbook* that accompanies the text.

The *audio program* for this course, which is available on audiocassettes, is designed to be used as you work with the textbook and workbook, either at home or in a language laboratory. The majority of the activities proposed to you in the workbook require the use of the audio recordings.

A *study guide* in English is also available. It provides step-by-step directions for an effective use of all the components of this course, a statement of the main objectives of each lesson, a summary of each episode of the story, cultural notes, and additional assistance with the various tasks featured in the workbook.

French in Action is intended to provide the equivalent of two years of instruction (elementary and intermediate French) at the college and university level, whether the courses are extended over four semesters or condensed into two intensive semesters. This textbook, the workbook, and the audio program are indispensable. Access to the video program is highly desirable, although slides or filmstrips might be substituted. The study guide, indispensable for students taking the *French in Action* telecourse, is optional for on-campus students.

For an intermediate or advanced review course or as supplemental material, this textbook and the thirteen half-hour video series may be sufficient, although the workbook and audio program would be desirable.

Leçon 2
Genèse I

1. Une salle de cours, un professeur, des étudiants.

LE PROFESSEUR: Bonjour! Nous allons apprendre le français! Moi, je suis le professeur. Et vous, vous êtes les étudiants. Nous allons apprendre le français.... Moi, je parle français.... Voyons, où est-ce qu'on parle français?... On parle français au Canada, au Québec, on parle français en Afrique (au Sénégal, en Côte d'Ivoire, par exemple), on parle français aux Antilles, à Tahiti... où encore? Ah! en Suisse, en Belgique... et puis en France, bien sûr, à Paris.

2. A Paris.

MIREILLE: Bonjour, Madame Rosa.
MME ROSA: Bonjour, Mademoiselle Mireille.
MIREILLE: Ça va?
MME ROSA: Ça va.
MIREILLE: Au revoir.
MME ROSA: Au revoir, Mademoiselle.

3. Colette rencontre Mireille.

COLETTE: Mireille!
MIREILLE: Tiens, Colette! Bonjour!
COLETTE: Bonjour! Où est-ce que tu vas?
MIREILLE: Je vais à la fac, je suis pressée! Au revoir, à bientôt!

4. Mireille rencontre Hubert sur le Boulevard Saint-Michel.

MIREILLE: Tiens, Hubert! Salut! Comment ça va?
HUBERT: Pas mal... et toi?
MIREILLE: Ça va....
HUBERT: Où vas-tu comme ça?
MIREILLE: Je vais à la fac. Et toi?
HUBERT: Oh, moi... je ne vais pas à la fac!

On **apprend** à lire à l'école.

On **apprend** le piano avec un professeur de piano.
On **apprend** à danser avec un professeur de danse.

Le **professeur**.

Les **étudiants**.

Bonjour.

Il est **pressé**.

Il n'est pas **pressé**.

MIREILLE: Ah bon? . . . Au revoir!
HUBERT: Au revoir!

5. Mireille rencontre Véronique.

MIREILLE: Véronique, salut!
   Comment vas-tu?
VERONIQUE: Ça va, merci, et toi?
MIREILLE: Ça va. Excuse-moi, je
   suis pressée! Au revoir!
VERONIQUE: Au revoir!

6. Mireille rencontre Ousmane.

MIREILLE: Bonjour, Ousmane, tu
   vas bien?
OUSMANE: Oui, oui, je vais bien,
   merci. Et toi?
MIREILLE: Ça va. . . . Où est-ce que
   tu vas?
OUSMANE: Je vais à la bibli. Et toi?
MIREILLE: Je vais à la fac. Salut!

7. Mireille rencontre deux amis, rue
des Ecoles.

MARC: Tiens, regarde, c'est
   Mireille! Salut!
MIREILLE: Salut! Ça va, vous deux?
CATHERINE: Ça va. Et toi?
MIREILLE: Ça va. Où vous allez
   comme ça?
MARC: Nous allons au restau-U.
MIREILLE: Déjà?
CATHERINE: Ben, Oui!
MIREILLE: Ben, bon appétit!

8. Mireille rencontre un professeur.

LE PROF: Tiens! Bonjour
   Mademoiselle Belleau! Comment
   allez-vous?
MIREILLE: Je vais bien, merci. Et
   vous-même, vous allez bien?
LE PROF: Je vais bien, merci. Au
   revoir, Mademoiselle.
MIREILLE: Au revoir, Monsieur.

3,4,6.

*A la **fac**.*
*A la **faculté**.*

*Elle va à la **fac**.*

*A la **bibli**.*
*A la **bibliothèque**.*

*Il va à la **bibli**.*

7.

Salut!

Bon appétit!

*Au **restaurant**.*

9. Mireille rencontre Georgette et Fido.

GEORGETTE: Bonjour, ma petite Mireille. Comment vas-tu?

MIREILLE: Ça va, merci. Et toi, ça va?

GEORGETTE: Oh, moi, pas trop bien.

MIREILLE: Qu'est-ce qu'il y a? Ça ne va pas? Tu es malade?

GEORGETTE: Non . . . je ne suis pas malade. . . . Mais ça ne va pas fort! Je suis fatiguée!

MIREILLE: Oh, ça va aller mieux! (*Au chien*) Et toi, mon petit Fido, tu vas bien, toi? Tu n'es pas fatigué? Oh, tu es un gentil toutou, toi! tu vas très bien!

GEORGETTE: Oh, lui, la santé, ça va! Il n'est pas fatigué, lui!

MIREILLE: Ouh la la! Je vais être en retard! Au revoir, Tante Georgette!

GEORGETTE: Mais où vas-tu?

MIREILLE: A la fac. Je vais être en retard, vraiment. Au revoir!

GEORGETTE: Au revoir, ma petite! . . . Allez, Fido!

9.

Ça va. Elle **va bien.**
Elle **n'est pas malade.**

Elle est **fatiguée.**

Ça ne va pas. Elle **ne va pas bien.**
Elle **est malade.**

Il est **en retard.**

10. Mireille à la Sorbonne, au Cours d'italien.

LE PROF D'ITALIEN: Lasciate ogne speranza, voi ch'intrate. . . .

11. La salle de cours.

LE PROFESSEUR: Où va Mireille? Elle va à la fac. . . . Pourquoi est-ce qu'elle va à la fac? Elle va apprendre le français? Non, elle ne va pas apprendre le français, elle va apprendre l'italien. . . . Et nous, nous allons apprendre l'italien? Non, nous n'allons pas apprendre l'italien. . . . Est-ce que nous allons apprendre l'espagnol, l'arabe, le japonais? Non, et nous n'allons pas apprendre l'anglais non plus. . . . Qu'est-ce que nous allons apprendre, alors?

UN ETUDIANT: Le français!

LE PROFESSEUR: C'est ça, nous allons apprendre le français.

☊ Mise en oeuvre

Ecoutez la mise en oeuvre du texte et répondez aux questions suivantes.

1. Qui est-ce que vous êtes, vous, le professeur ou les étudiants?
2. Qu'est-ce que nous allons apprendre?
3. Qu'est-ce que nous allons faire?
4. Qu'est-ce qu'on parle au Canada, en Belgique, en France?
5. Qu'est-ce que Mireille parle?
6. Où est-ce que Mireille va?
7. Comment va Hubert?
8. Est-ce qu'il va à la fac?
9. Comment va Véronique?
10. Comment va Ousmane?
11. Où est-ce qu'il va?
12. Où vont les deux amis de Mireille?
13. Comment va Tante Georgette?
14. Tante Georgette est fatiguée. Et Fido, il est fatigué?

Document

Pessimisme

—Ça ne va pas mieux, hein?

—Non, ça ne va pas.

—Ah, non, ça ne va pas fort!

—Ça va mal!

—Où allons-nous?

—Nous allons à la catastrophe!

Leçon 3
Genèse II

Une salle de cours, un professeur, des étudiants.

1.

LE PROFESSEUR (*à une jeune fille*): Bonjour, Mademoiselle.
LA JEUNE FILLE: Bonjour.
LE PROFESSEUR (*à une dame*): Bonjour, Madame.
LA DAME: Bonjour, Monsieur.
LE PROFESSEUR (*à un jeune homme*): Bonjour, Monsieur.
LE JEUNE HOMME: Bonjour, Monsieur.
LE PROFESSEUR (*aux étudiants*): Bonjour, Mesdames, Mesdemoiselles, Messieurs. Je suis le professeur. Nous allons apprendre le français. Vous êtes d'accord? Tout le monde a compris?

2.

UN ETUDIANT: Oui. Vous êtes le professeur, nous sommes les étudiants, et nous allons apprendre le français.
LE PROFESSEUR: Mais vous parlez français! Vous êtes français?
L'ETUDIANT: Non. . . .
LE PROFESSEUR: Mais vous savez le français. . . .
L'ETUDIANT: Un petit peu. . . .
LE PROFESSEUR: Ah, bon!

3.

LE PROFESSEUR: Alors, écoutez bien! Pour apprendre le français, nous allons inventer une histoire. . . . Une histoire, comme l'histoire de Babar, l'histoire d'Astérix, l'histoire de Pierre et le Loup, l'histoire de Renard et du Loup, l'histoire du Petit Chaperon rouge. . . .
L'ETUDIANT: Une histoire? Mais pourquoi?

1.

Ils sont **d'accord.**

Ils ne sont pas **d'accord.**

Nous ne sommes pas **d'accord:** nous allons discuter.
Ils sont **d'accord:** pas de discussion.
Ils ne sont pas **d'accord:** ils discutent.

3.

L'histoire de Babar *est l'***histoire** *d'un éléphant.*

Peter Pan est l'**histoire** d'un petit garçon.
Winnie the Pooh est l'**histoire** d'un petit ours.
Alice in Wonderland est l'**histoire** d'une petite fille.

En France, le français est **utile.**
En France, le swahili n'est pas très **utile.**
La mule est un animal **utile.**
Le zèbre n'est pas un animal **utile.**
Le téléphone est une invention **utile.**

LE PROFESSEUR: Parce que ça va être utile pour apprendre le français.
L'ETUDIANT: Ça va être utile?
LE PROFESSEUR: Oui, bien sûr, ça va être utile.

L'ETUDIANT: Pour apprendre le français?
LE PROFESSEUR: Mais oui!
Inventer une histoire, ça va être utile pour apprendre le français!

4.

L'ÉTUDIANT: Mais, qui va inventer l'histoire? Vous ou nous?

LE PROFESSEUR: Qui est-ce qui va inventer l'histoire? Mais nous! Vous et moi! Moi, je vais proposer l'histoire.

L'ÉTUDIANT: Et nous, alors?

LE PROFESSEUR: Eh bien vous, vous allez inventer l'histoire avec moi. Nous allons inventer l'histoire ensemble, vous et moi. D'accord?

L'ÉTUDIANT: C'est d'accord.

5.

LE PROFESSEUR: Bon, alors nous allons inventer une histoire. L'histoire d'un éléphant? Non.... L'histoire d'un homme et d'une femme?... De Hansel et Gretel? De Paul et Virginie? Non, ça va être l'histoire de deux jeunes gens, l'histoire d'un jeune homme et d'une jeune fille. D'accord?

L'ÉTUDIANT: Pourquoi pas....

6.

LE PROFESSEUR: Bon! Très bien!... Qu'est-ce que le jeune homme va être? Est-ce que le jeune homme va être italien?

UNE ÉTUDIANTE: Non, pas italien.

LE PROFESSEUR: Non? Le jeune homme ne va pas être italien? Qu'est-ce qu'il va être alors? Est-ce qu'il va être espagnol?

L'ÉTUDIANTE: Non!

LE PROFESSEUR: Est-ce qu'il va être anglais? Japonais? Norvégien?

L'ÉTUDIANTE: Non!

LE PROFESSEUR: Alors, qu'est-ce qu'il va être? Américain?

UN ÉTUDIANT: Si vous voulez....

7.

LE PROFESSEUR: Bon! Le jeune homme va être américain. Et la jeune fille, qu'est-ce qu'elle va être? Est-ce qu'elle va être américaine?

LES ÉTUDIANTS: Non!

4.

*Ils sont **ensemble**.*

*Ils ne sont pas **ensemble**.*

Dans leurs films, les Marx Brothers sont toujours **ensemble**.

Dans leurs films, Laurel et Hardy sont toujours **ensemble**.

Dans leurs films, Laurel et Hardy jouent **ensemble**.

Dans un orchestre, les musiciens jouent **ensemble**.

LE PROFESSEUR: Est-ce qu'elle va être norvégienne? Japonaise? Anglaise? Française?

L'ÉTUDIANTE: Française!

LE PROFESSEUR: Oui, c'est ça! La jeune fille va être française... parce que ça va être utile pour apprendre le français....

5.

*Des **jeunes gens**.*

*Deux **jeunes gens**: un jeune homme et une jeune fille.*

8.

Castor et Pollux étaient **amis**. Tom Sawyer est l'**ami** de Huckleberry Finn.

*La petite fille va **choisir** un chocolat.*

8.

LE PROFESSEUR: Les deux jeunes gens vont avoir beaucoup d'amis.... Nous allons choisir des amis pour les jeunes gens. Nous allons inventer des aventures, des voyages.... Nous allons discuter tout ça ensemble. Ça va être un jeu!

L'ETUDIANT: Espérons que ça va être amusant!

LE PROFESSEUR: Mais oui, bien sûr! Ça va être amusant...et utile!

L'ETUDIANT: Pour apprendre le français!

Les **voyages** de Marco Polo.

Les échecs sont un **jeu**.

Le bridge est un **jeu** de cartes.
Le poker est un **jeu** de cartes.
La roulette est un **jeu** de hasard.
Le hockey est un **jeu** brutal.
Le Monopoly est un **jeu** de société.

La radiographie, c'est **amusant!**

Les bons Chrétiens **espèrent.**
L'**Espérance,** la Charité, et la Foi sont les trois Vertus Théologales.
Le Cap de Bonne **Espérance** est à la pointe de l'Afrique.

ᨀ Mise en oeuvre

Ecoutez la mise en oeuvre du texte et répondez aux questions suivantes.

1. Qu'est-ce que nous allons inventer?
2. Pourquoi est-ce que nous allons inventer une histoire?
3. Qui est-ce qui va inventer l'histoire?
4. Ça va être l'histoire de qui?
5. Ça va être l'histoire de deux jeunes filles?
6. Qu'est-ce que le jeune homme va être?

7. Et la jeune fille, est-ce qu'elle va être américaine?
8. Pourquoi est-ce que la jeune fille va être française?
9. Qu'est-ce que les jeunes gens vont avoir?
10. Qu'est-ce que nous allons inventer?
11. Qu'est-ce que nous allons discuter ensemble?
12. Qu'est-ce que ça va être?
13. Comment est-ce que le jeu va être?

Document

"Au commencement était le Verbe..."

Leçon 4
Genèse III

Une salle de cours, un professeur, des étudiants.

1.

LE PROFESSEUR: Pour apprendre le français, nous allons inventer une histoire . . . avec une jeune fille française, un jeune homme américain, des amis, des aventures, des voyages. . . . Ça va être un véritable roman, un roman en collaboration, un roman collectif.

2.

LE PROFESSEUR: Vous aimez les romans?
UN ETUDIANT: Oui . . . enfin. . . . Ça dépend. . . .
LE PROFESSEUR: Vous aimez les romans d'amour?
L'ETUDIANT: Ah, non! Je déteste ça!
LE PROFESSEUR: Qu'est-ce que vous aimez? Les romans d'aventure? Les romans fantastiques? Les romans d'anticipation?
L'ETUDIANT: Non, je n'aime pas ça.
LE PROFESSEUR: Vous préférez les romans policiers?
L'ETUDIANT: Oui!

3.

LE PROFESSEUR, À UNE ÉTUDIANTE: Et vous, Mademoiselle, vous aimez les romans?
L'ETUDIANTE: Non!
LE PROFESSEUR: Ah bon! Vous n'aimez pas les romans! Vous préférez le cinéma?
L'ETUDIANTE: Oui.

LE PROFESSEUR: Moi aussi, je préfère le cinéma. Qu'est-ce que vous préférez? Les films suédois? Japonais? Les comédies anglaises? Italiennes? Les comédies musicales américaines? Vous n'aimez pas les comédies? Moi non plus. Je préfère les tragédies, les drames. . . . J'adore les histoires de crime.
L'ETUDIANTE: Moi aussi! Est-ce qu'on va avoir un crime dans l'histoire?
LE PROFESSEUR: Je ne sais pas. . . . Peut-être. . . . On va voir. . . . Continuons l'invention de l'histoire. Voyons! Commençons par le jeune homme.

4.

LE PROFESSEUR: Il est américain. Il arrive en France. Il est à l'aéroport. Il passe la police.

LE POLICIER: Passeport? Allez-y! Vous pouvez passer.
Maintenant, il est à la douane, avec deux autres jeunes gens: une jeune fille et un jeune homme.
LE DOUANIER: Vous êtes français tous les trois?
LE JEUNE HOMME AMERICAIN: Non, Mademoiselle et moi, nous sommes américains.
LE DOUANIER: Vous parlez anglais?
LE JEUNE AMERICAIN: Bien sûr . . . puisque nous sommes américains!
LE DOUANIER: Et vous, vous êtes américain aussi?
LE DEUXIEME JEUNE HOMME: Non, eux, ils sont américains, mais moi, je suis brésilien.
LE DOUANIER: Vous n'avez rien à déclarer?

1.

Faulkner est un auteur de **romans.**
Thomas Mann est aussi un auteur de **romans.**
David Copperfield est un **roman** anglais.
Les Misérables est un **roman** de Victor Hugo.
Anna Karénine est un **roman** russe.

2.

*Madame lit un **roman d'amour.***
*Monsieur lit un **roman d'aventure.***

Love Story est un **roman d'amour.**
Wuthering Heights est aussi un **roman d'amour.**
Agatha Christie a écrit des **romans policiers.**

4.

A Paris, il y a deux grands **aéroports:** l'aéroport d'Orly et l'aéroport Charles de Gaulle.
A New York, il y a aussi deux grands **aéroports:** La Guardia et Kennedy.

LES TROIS JEUNES GENS: Non.

LE DOUANIER: C'est bon, vous pouvez passer. Allez-y passez!

L'AMÉRICAIN (au Brésilien): C'est vrai que tu es brésilien?

LE BRESILIEN: Bien sûr! Pourquoi pas?

L'AMÉRICAIN: Où vas-tu?

LE BRESILIEN: A la Cité Universitaire. A la maison brésilienne.

L'AMÉRICAIN: Il y a une maison brésilienne à la Cité?

LE BRESILIEN: Bien sûr! Il y a une maison brésilienne pour les étudiants brésiliens, une maison suédoise pour les Suédois, une maison danoise pour les Danois, une maison japonaise pour les Japonais, une maison cambodgienne pour les Cambodgiens, une maison cubaine pour les Cubains. . . .

LA JEUNE FILLE: Et une maison américaine pour les Américains. . . .

LE BRESILIEN: Evidemment! C'est là que vous allez?

LA JEUNE FILLE: Oui. (Au jeune Américain) Et toi, tu vas à la maison américaine?

L'AMÉRICAIN: Non, moi, je ne vais pas à la Cité. Je vais au Quartier Latin. Vous prenez un taxi?

LE BRESILIEN: Non, le bus ou le train. Et toi?

L'AMÉRICAIN: Je prends un taxi. Salut!

*Les jeunes gens **passent la police**.*

A **la police, les policiers** vérifient les passeports.

*Les jeunes gens **passent la douane**.*

*Il n'a **rien à déclarer**.*

A **la douane, les douaniers** inspectent les bagages.

A **la douane** américaine, **les douaniers** américains demandent: "Vous avez de l'alcool, des cigarettes, de la drogue, des fruits?"

C'est bon! Ça va! Pas de problème!

Rio de Janeiro est au Brésil. . . . Oui, **c'est vrai!** C'est au Brésil! São Paulo est à Cuba. . . . Non, **ce n'est pas vrai,** c'est au Brésil.

*La maison brésilienne à **la Cité Universitaire**.*

♫ Mise en oeuvre

Ecoutez la mise en oeuvre du texte et répondez aux questions suivantes.

1. Nous allons inventer une histoire avec deux jeunes gens, des aventures, des voyages.... Qu'est-ce que ça va être?
2. Est-ce que l'étudiant aime les romans?
3. Est-ce que l'étudiant aime les romans d'amour?
4. Qu'est-ce que l'étudiant déteste?
5. Est-ce que l'étudiant aime les romans d'anticipation?
6. Qu'est-ce que l'étudiant préfère?
7. Est-ce que l'étudiante aime les romans?
8. Qu'est-ce que l'étudiante préfère?
9. L'étudiante n'aime pas les comédies. Qu'est-ce qu'elle préfère?
10. Qu'est-ce que l'étudiante adore?
11. Est-ce qu'on va avoir un crime dans l'histoire?
12. Où est-ce que le jeune homme arrive?
13. Où est-ce qu'il est?
14. Qu'est-ce qu'il passe?
15. Où est-ce qu'il va après la police?
16. Avec qui est-ce qu'il est?
17. Est-ce que les jeunes gens américains parlent anglais?
18. Est-ce que le troisième jeune homme est américain aussi?
19. Où le Brésilien va-t-il?
20. Où les Suédois vont-ils, à la Cité Universitaire, en général?
21. Et les Danois?
22. Et les Japonais?
23. Et les Cambodgiens?
24. Et les Cubains, où vont-ils?
25. Et les Américains?
26. Est-ce que le jeune homme américain va à la maison américaine?
27. Où est-ce qu'il va?

Documents

Une cité, en général, c'est une ville. Comme Paris, Lyon, Marseille. Mais **la Cité Universitaire** à Paris n'est pas vraiment une ville. C'est un ensemble de fondations situées à la limite sud de Paris et établies par le gouvernement français et divers gouvernements étrangers, pour loger les étudiants. Il y a une maison canadienne, une maison américaine, une maison tunisienne et beaucoup d'autres. L'architecture des maisons est très variée: ou bien moderne, comme le pavillon (ou maison) suisse, construit par l'architecte Le Corbusier; ou bien traditionnelle et dans le style national, comme le pavillon cubain et le pavillon japonais.

Le Quartier Latin, au centre de Paris.

L'Ile de la Cité.

La Cité Universitaire, au sud de Paris, pour les étudiants étrangers et français.

Leçon 5
Familles

Une salle de cours, un professeur, des étudiants.

1.

LE PROFESSEUR: Continuons l'invention de l'histoire. D'abord, il faut donner un prénom aux jeunes gens.

UN ETUDIANT: Pourquoi?

LE PROFESSEUR: Pourquoi? Mais c'est élémentaire. . . . Parce que tout le monde a un prénom. Moi, j'ai un prénom. Vous, vous avez un prénom. C'est quoi, votre prénom?

L'ETUDIANT: Michael.

LE PROFESSEUR: Eh bien, vous voyez! Il a un prénom! (*A une étudiante.*) Vous aussi, vous avez un prénom? C'est quoi, votre prénom?

L'ETUDIANTE: Julia.

LE PROFESSEUR: Elle aussi, elle a un prénom! Tout le monde a un prénom, moi, elle, lui. . . . Mais les jeunes gens de l'histoire n'ont pas de prénom! Ça ne va pas! Ce n'est pas possible! Alors, donnons un prénom aux jeunes gens . . . parce que ce n'est pas facile de raconter une histoire sans prénoms.

2.

LE PROFESSEUR: Voyons, la jeune fille d'abord. Ça va être quoi, son prénom?

L'ETUDIANT: Ethel.

LE PROFESSEUR: Euh . . . non! C'est un joli prénom, mais c'est un prénom américain, et la jeune fille est française. Il faut un prénom français! Ecoutez, le prénom de la jeune fille va être Mireille.

L'ETUDIANT: Pourquoi?

LE PROFESSEUR: Parce que c'est un joli prénom. . . . Hein, Mireille,

---

1.

Il faut **donner** aux pauvres.
Il est riche. Il va **donner** de l'argent à l'Université. Il va faire une **donation** à l'Université.

Joséphine, Napoléon sont des **prénoms.**

$x = 2 + 2$, c'est **facile;** c'est simple.

$$4a\left(\frac{x2 + 3y}{2a + b}\right) =$$

$$5y\left(\frac{3a + \sqrt{25x} - 3y}{2b - 2a + 4y}\right),$$

ce n'est pas **facile,** ce n'est pas simple!

"Bob" est un prénom **facile** à prononcer.

"Przybyszewski" n'est pas **facile** à prononcer.

Il **raconte** des anecdotes. C'est un **raconteur** d'anecdotes.

Schéhérazade **racontait** des histoires au Sultan.

2.

Un **joli** *chien.*

Un chien pas très **joli.**

Elizabeth Taylor était **jolie** dans *National Velvet.*

Frankenstein n'était pas **joli, joli.** . . .

---

c'est joli? Et puis, ce n'est pas facile à prononcer. Tenez, essayez, dites "Mireille" . . . allez-y . . . allez-y. . . .

L'ETUDIANT: Mir . . . Mireille . . .

LE PROFESSEUR: Vous voyez, ce n'est pas facile!

3.

LE PROFESSEUR: Le prénom du jeune homme va être Robert.

UN ETUDIANT: Euh. . . .

LE PROFESSEUR: Non, non, pas de discussion, c'est décidé!

L'ETUDIANT: Pourquoi?

LE PROFESSEUR: D'abord, parce que c'est un prénom à la fois français et américain: c'est un prénom français, et c'est aussi un prénom américain. Et puis, il n'est pas facile à prononcer non plus.

4.

LE PROFESSEUR: Bon, maintenant les deux jeunes gens de l'histoire ont un prénom. Le prénom de la jeune fille est . . .

L'ETUDIANT: Ethel!

UNE ETUDIANTE: Non, ce n'est pas Ethel, c'est Mireille.

L'ETUDIANT: Bon, Mireille, si vous voulez.

LE PROFESSEUR: Et le prénom du jeune homme est . . .

UN ETUDIANT (*prononciation américaine*): Robert!

LE PROFESSEUR: Non! Robert!

5.

LE PROFESSEUR: Maintenant, il faut donner une famille aux jeunes gens: d'abord à la jeune fille. La famille de Mireille n'est pas pauvre; mais elle n'est pas riche non plus. C'est une famille . . . aisée. Est-ce que Mireille va avoir une mère?

3.

*Un centaure c'est **à la fois** un homme et un cheval.*

   Un hermaphrodite est **à la fois** un homme et une femme.

   Au Canada, on parle **à la fois** français et anglais.

   Robert n'est pas un prénom japonais. Ce n'est pas un prénom indien **non plus.**

   Mireille n'est pas américaine. Elle n'est pas anglaise **non plus.** (Elle est française.)

   Je n'aime pas les films japonais. Je n'aime pas les films policiers **non plus.** (Je préfère les comédies italiennes.)

   Macbeth n'est pas un roman policier. Ce n'est pas une comédie **non plus.** (C'est un drame de Shakespeare.)

   Mireille n'est pas mariée. Robert **non plus.**

5.

*Une **famille**.*

*Ils sont **riches**.*

*Ils ne sont pas **riches**.*

   Il est **pauvre.** Il n'a pas d'argent.

   Il est **riche.** Il a de l'argent.

   Monsieur Rockefeller est **riche.** Il a beaucoup d'argent. C'est un millionnaire.

*Ce monsieur **travaille**.*

*Dans l'industrie automobile, on **travaille** à la chaîne.*

   Il **travaille.** Il a un job (chez Renault).

   Il ne **travaille** pas. Il n'a pas de job. (Il est victime de la récession économique.)

LES ETUDIANTS: Oui!

LE PROFESSEUR: Est-ce qu'elle va avoir un père?

LES ETUDIANTS: Oui!

LE PROFESSEUR: Bon, alors c'est entendu. Mireille a un père et une mère. Le père et la mère de Mireille travaillent tous les deux. Son père est ingénieur chez Renault, et sa mère est chef de service au Ministère de la Santé. Mireille a deux soeurs: Cécile est plus âgée, elle a vingt-trois ans, et elle est mariée; Marie-Laure est beaucoup plus jeune, elle a dix ans

... et elle n'est pas mariée, évidemment!

6.

LE PROFESSEUR: Et maintenant, donnons aussi une famille à Robert. Les parents de Robert ont de l'argent; ils sont même assez riches. Robert n'a pas de soeurs, il n'a pas de frères non plus: il est fils unique. Ses parents sont divorcés. Son père n'est pas remarié, mais sa mère est remariée. Pauvre Robert! Fils unique, parents divorcés,

mère remariée.... Il va peut-être avoir des complexes....

UN ETUDIANT: Ah, très bien! J'adore ça! Parlons des complexes de Robert!

LE PROFESSEUR: Vous voulez parler des complexes de Robert?

L'ETUDIANT: Oui! Parce que ça va être amusant ... et utile ... pour apprendre le français.

LE PROFESSEUR: Vous croyez? Peut-être ... mais pas aujourd'hui.... Nous n'avons pas le temps! Une autre fois!

Ils sont **mariés.**

6.

De **l'argent** *(français).*

Emily Brontë était la **soeur** de Charlotte Brontë.

Les **Frères** *Karamazov* est un roman de Dostoievsky.

Cain était le **frère** d'Abel.

Je n'**ai** pas **le temps;** je suis pressée.

Je ne suis pas pressée; j'**ai le temps.**

☊ Mise en oeuvre

Ecoutez la mise en oeuvre du texte et répondez aux questions suivantes.

1. Qu'est-ce qu'il faut donner aux jeunes gens?
2. Pourquoi?
3. Pourquoi est-ce qu'il faut donner un prénom français à la jeune fille?
4. Robert, c'est un prénom français ou américain?
5. Est-ce que la famille de Mireille est riche ou pauvre?
6. Où est-ce que le père de Mireille travaille?
7. Et sa mère, où travaille-t-elle?
8. Combien de soeurs Mireille a-t-elle?
9. Quel âge a Marie-Laure?
10. Est-ce que les parents de Robert sont pauvres ou riches?
11. Est-ce que Robert a des frères ou des soeurs?
12. Est-ce que les parents de Robert sont mariés?
13. Pourquoi est-ce que nous n'allons pas parler des complexes de Robert aujourd'hui?
14. Alors, quand est-ce que nous allons parler des complexes de Robert?

Document

Poème

Comme c'est curieux les noms
Marie Hugo Victor de son prénom
Bonaparte Napoléon de son prénom
Pourquoi comme ça et pas comme ça

Extrait de "Dans ma maison"
Jacques Prévert, *Paroles*

faire = to do
faut = Necessary

Une salle de cours, un professeur, des étudiants.

1.

LE PROFESSEUR: Aujourd'hui, nous allons faire le portrait de la jeune fille de l'histoire. D'accord?

UN ETUDIANT: Si vous voulez.... C'est vous le professeur! C'est vous qui décidez!

LE PROFESSEUR: Ah, mais non! Moi, je propose...mais nous discutons et nous décidons ensemble.

L'ETUDIANT: Voyons. Essayons.

LE PROFESSEUR: Dans l'histoire, nous allons avoir une jeune fille, pas une vieille dame, pas une jeune femme, pas une petite fille, mais une jeune fille.... Cette jeune fille va être française et son prénom va être Mireille.

2.

LE PROFESSEUR: Commençons par son portrait physique. Est-ce qu'elle va être grande ou petite?

UN ETUDIANT: Grande!

UN AUTRE ETUDIANT: Petite!

LE PROFESSEUR: Disons qu'elle va être plutôt petite. Elle n'a pas l'air costaud: elle a l'air fragile; mais en réalité, elle n'est pas fragile du tout.... Elle n'est pas malade.... Vous pensez bien qu'avec une mère qui travaille au Ministère de la Santé.... En fait, sa santé est excellente.

1.

Aujourd'hui: le 7 mai
Hier: le 6 mai
Demain: le 8 mai

*Nous allons faire le **portrait** de la jeune fille.*

*Une **jeune fille**.*

*Une **vieille dame**.*

*Une **jeune femme**.*

*Une **petite fille**.*

2.

Elle n'est pas minuscule, mais elle n'est pas grande non plus. Elle est **plutôt** petite. Elle est **plutôt** petite que grande.

3.

LE PROFESSEUR: Elle est même très sportive, elle fait beaucoup de sport: elle fait du karaté, du vélo, du ski, du tennis, du cheval, du patin à glace, du canoë, du deltaplane, de la voile, de la planche à voile, de la natation, de l'escrime, de l'alpinisme, de l'athlétisme.... Tout, quoi! Est-ce qu'elle va être mince ou un peu forte? Mince, évidemment, puisqu'elle a l'air fragile!

4.

LE PROFESSEUR: Est-ce qu'elle va avoir le cou long ou court? Mince ou épais?... Elle va avoir le cou plutôt long et mince. Et la taille? Est-ce qu'elle va avoir la taille fine ou épaisse?... Elle a la

Elle a l'air **costaud.** *Elle n'a pas l'air* **fragile.**

3.

Elle **fait beaucoup de sport:**
du tennis
du patin à glace
du cheval
de l'escrime....

Elle **fait de la voile.**

Elle a l'air **fragile.** *Elle n'a pas l'air* **costaud.**

Mireille **a l'air** fragile; c'est une apparence, une impression, une illusion. En réalité, en fait, elle n'est pas fragile. Elle est très robuste.

Elle **fait du vélo.**

Elle **fait de la natation.**

3,4.

Elle **fait de l'athlétisme** *(de la course).*

Elle est un peu **forte.** *Elle a la taille* **épaisse.**

Elle est **mince.** *Elle a la taille* **fine.**

taille fine! Et les doigts? Est-ce qu'elle va avoir les doigts courts et épais, ou longs et fins?... Elle a les doigts longs et fins. Et elle a aussi les jambes longues et fines. Le visage, maintenant. Est-ce qu'elle va avoir le visage... ovale... allongé... rond... carré? Ovale? Bon, disons qu'elle va avoir le visage ovale.

5.

LE PROFESSEUR: Est-ce qu'elle va être blonde, brune, rousse, ou châtain? Voyons... elle va être blonde.

UN ETUDIANT: Dommage! Parce que moi, je préfère les brunes....

LE PROFESSEUR: Tant pis pour vous! Mireille est blonde et va

rester blonde! Maintenant, est-ce qu'elle va avoir les cheveux longs ou courts? Qu'est-ce que vous préférez?

L'ETUDIANT: Longs!

LE PROFESSEUR: Très bien! Je suis d'accord! Elle va avoir les cheveux blonds et longs.

4.

*Elle a le **cou** long et mince.*

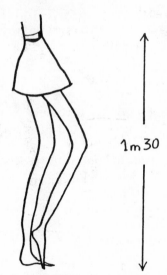

1m30

*Elle a les **jambes** longues et fines.*

*Elle a les **doigts** longs et fins.*

*Elle a le **visage ovale**.*

*Elle a le visage **rond**.*

*Il a le visage **carré**.*

*Elle a le visage **allongé**.*

5.

*Elle a les cheveux **longs** et **blonds**.*
*Elle est **blonde**.*

*Elle a les cheveux **courts** et **noirs**.*
*Elle est **brune**.*

*Elle a les cheveux **longs** et **noirs**.*
*Elle est **brune**.*

6.

LE PROFESSEUR: Et les yeux? Est-
ce qu'elle va avoir les yeux noirs?
Les yeux marron? Les yeux gris?
Ou verts? Ou bien les yeux bleus?
UN ETUDIANT: Les yeux bleus!
LE PROFESSEUR: Bon, c'est
d'accord. Elle va avoir les yeux
bleus, les deux. Elle va avoir les
deux yeux bleus. Voilà le portrait
physique de Mireille: elle est
plutôt petite, elle a l'air fragile,
mais sa santé est excellente, et elle
est très sportive; elle est mince,
elle a le visage ovale, les cheveux
blonds, et les yeux bleus.

7.

LE PROFESSEUR: Maintenant,
faisons le portrait moral de
Mireille. Au moral, elle est vive
et elle a l'esprit rapide; elle est
intelligente, très raisonnable, très
sociable... un peu moqueuse,
peut-être, mais elle n'est pas
méchante du tout; elle a très bon
caractère.

6.

Deux yeux.

Un oeil.

7.

Elle est **moqueuse;** elle **se
moque** des ridicules.

CHIEN MÉCHANT

*Il est **méchant.***

⌔ Mise en oeuvre

Ecoutez la mise en oeuvre du texte et répondez aux questions suivantes.

1. Qu'est-ce que nous allons faire aujourd'hui?
2. Est-ce que Mireille va être grande ou petite?
3. Est-ce qu'elle a l'air robuste ou fragile?
4. Elle est malade?
5. Est-ce qu'elle est en très bonne santé?
6. Est-ce qu'elle fait du sport?
7. Est-ce qu'elle est mince ou un peu forte?
8. Est-ce qu'elle a le cou épais et court?
9. Est-ce qu'elle a la taille épaisse?
10. Est-ce qu'elle a les doigts courts et épais?
11. Est-ce qu'elle a les jambes courtes et épaisses?
12. Est-ce qu'elle a le visage carré?
13. Est-ce qu'elle est blonde ou brune?
14. Est-ce qu'elle a les cheveux longs ou courts?
15. Est-ce qu'elle a les yeux bleus ou noirs?
16. Comment est-elle au moral?
17. Est-ce qu'elle est moqueuse ou indulgente?
18. Est-ce qu'elle est méchante?
19. Est-ce qu'elle a mauvais caractère?

Documents

On a le monde
Quand on est blonde

On a la lune
Quand on est brune

La vie est douce
Quand on est rousse

    Boris Vian

Les hommes préfèrent les blondes.

    Anita Loos

Leçon 7
Portraits II

Une salle de cours, un professeur, des étudiants.

1.

LE PROFESSEUR: Nous allons maintenant faire le portrait du jeune homme de l'histoire, Robert. C'est un Américain, un garçon solide.

UN ETUDIANT: Vous voulez dire qu'il va être gros?

LE PROFESSEUR: Mais non, pas du tout! Il est solide, robuste, costaud, mais il n'est pas gros du tout. Obélix est gros: il a un gros ventre. Mais Robert n'a pas de ventre; en fait, il est plutôt mince. Il mesure un mètre 70, un mètre 71, et il pèse exactement 70 kilos. Il est plus grand que Mireille. Mireille fait un mètre 63, un mètre 64 peut-être, pas plus. Avec ses un mètre 70, Robert est plus grand qu'elle; ou, si vous préférez, elle est moins grande que lui, elle est plus petite que lui.

2.

LE PROFESSEUR: Il est très sportif: il fait du ski nautique, du surfing, du polo, du football (américain, bien sûr), du basket, du volley, du hand, du hockey, du patin à roulettes. . . .

L'ETUDIANT: C'est tout?

LE PROFESSEUR: Oui, il faut lui laisser un peu de temps pour travailler.

L'ETUDIANT: Ou pour faire la sieste. . .

3.

LE PROFESSEUR: Revenons à son portrait physique. Il n'est pas très grand, il est mince mais solide: il a les épaules assez larges et plutôt

1.

Astérix est **petit.** Il n'est pas **gros.**

Il fait **la sieste.**

Obélix est un garçon **solide.** Il est même un peu **gros.**

2.

Il fait du **patin à roulettes.**

3.

Il a le **menton** carré.

Elle est **distinguée.**

23

carrées; il a le menton carré. Est-ce qu'il va être blond, roux, châtain, ou brun?

UNE ÉTUDIANTE: Blond.

LE PROFESSEUR: Ah, c'est dommage, Madame, je crois que Robert va être brun. Il a les cheveux noirs.

UN ÉTUDIANT: Moi, je préfère les cheveux blancs, ou gris. . . . C'est plus sérieux, plus distingué.

LE PROFESSEUR: Oui, c'est vrai! Mais Robert est un jeune homme. Il a les cheveux noirs, et les sourcils. . . .

L'ÉTUDIANTE: Blonds!

LE PROFESSEUR: Des sourcils blonds avec des cheveux noirs? Mais non! Ça ne va pas! Ça ne va pas du tout! Avec des cheveux noirs, il faut des sourcils noirs!

L'ÉTUDIANTE: Dommage!

4.

LE PROFESSEUR: Oui, mais c'est comme ça. Robert va avoir les sourcils noirs et épais. . . enfin, assez épais. Mais est-ce qu'il va avoir une moustache? Vous préférez Robert avec ou sans moustache? Sans? Très bien. C'est entendu. Robert ne va pas avoir de moustache. Est-ce qu'il va avoir une barbe? Qu'est-ce que vous préférez, avec ou sans? Alors, qu'est-ce que vous décidez? Une barbe, ou pas de barbe?

LES ÉTUDIANTS: Pas de barbe!

Elle n'est pas **distinguée**.

Il a les **sourcils** noirs et épais.

Il a les **sourcils** noirs et épais. Il a une **moustache**. Il a le **menton** carré.

4.

Il a une **barbe**.

5.

LE PROFESSEUR: Bon. Robert ne va pas avoir de barbe. Et les yeux? Est-ce qu'il va avoir les yeux bleus? Non! Noirs? . . . Pas vraiment! Il va avoir les yeux marron. Alors voilà! Robert n'a pas de ventre, pas de barbe, pas de moustache, pas de cheveux blancs, mais il a les épaules larges, les cheveux noirs, les sourcils noirs, les yeux marron. Voilà pour le physique.

6.

LE PROFESSEUR: Au moral, maintenant. . . . Est-ce qu'il va avoir l'esprit vif, lui aussi?

UN ÉTUDIANT: Non, il va être stupide.

LE PROFESSEUR: Mais non, mais non! Il va être intelligent et avoir l'esprit vif, lui aussi. . . . Un peu moins vif que Mireille, peut-être, mais il ne va pas être stupide. Il est sociable, mais il parle moins que Mireille; il est aussi moins moqueur qu'elle. Il est plus indulgent.

7.

LE PROFESSEUR: En somme, ils ne se ressemblent pas beaucoup; ils sont même assez différents: Mireille est plutôt petite, Robert est plus grand. Elle est blonde, il est brun. Elle fait du patin à glace, il fait du patin à roulettes. Elle a les yeux bleus, il a les yeux marron. Elle est très moqueuse, il est moins moqueur. Elle est très vive, il est plus calme. Qu'est-ce que leur rencontre va donner?

UN ÉTUDIANT: Ah...parce que ...dans l'histoire...le jeune homme va rencontrer la jeune fille....

7.

Le jeune homme va peut-être **rencontrer** *la jeune fille.*

LE PROFESSEUR: Oui, peut-être ...ou bien, la jeune fille va rencontrer le jeune homme.... Tout est possible! Le hasard est si grand!

℘ Mise en oeuvre

Ecoutez la mise en oeuvre du texte et répondez aux questions suivantes.

1. Qu'est-ce que nous allons faire maintenant?
2. Est-ce que c'est un garçon fragile?
3. Est-ce qu'il est gros? Est-ce qu'il a du ventre?
4. Combien mesure-t-il?
5. Combien pèse-t-il?
6. Est-ce que Mireille est plus grande que lui?
7. Quels sports Robert fait-il?
8. Est-ce qu'il est blond, châtain, ou roux?
9. Est-ce qu'il a les cheveux blancs ou gris?
10. Est-ce qu'il a les sourcils blonds?
11. Est-ce qu'il a une moustache?
12. Est-ce qu'il a une barbe?
13. Est-ce qu'il a les yeux bleus, ou noirs?
14. Est-ce qu'il est stupide?
15. Est-ce qu'il parle beaucoup, comme Mireille?
16. Est-ce qu'il est aussi moqueur que Mireille?
17. Est-ce que Mireille et Robert se ressemblent?
18. Est-ce que Mireille va rencontrer Robert?

Document

The ADJ. Bon (Bonne)

~~le~~ meilleur (this is the comparitive)

There is no Art. After Avec and SANS

When you make a comparasu with an Adj after que you use an exatauted pronoun
{ moi
vous
Elle
eux
lui }

Le corps humain (variante masculine)

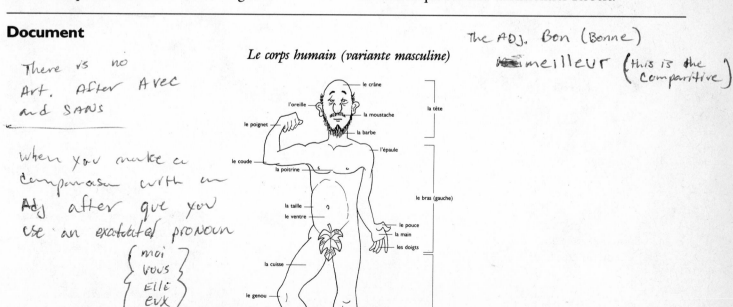

le crâne
l'oreille
le poignet
la moustache
la barbe
l'épaule
le coude
la poitrine
la tête
le bras (gauche)
la taille
le ventre
le pouce
la main
les doigts
la cuisse
le genou
le mollet
la jambe (gauche)
la cheville
le pied (droit)   le pied (gauche)

Leçon 8
Généalogie

LE PROFESSEUR: Etudions l'arbre généalogique de Mireille.

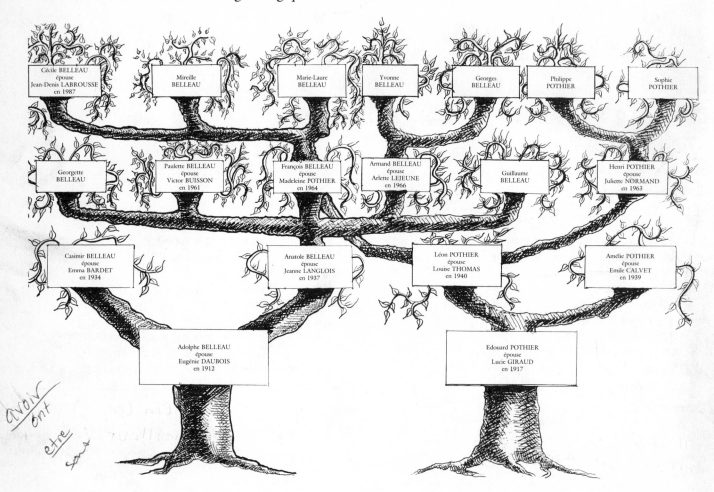

Cécile BELLEAU
épouse
Jean-Denis LABROUSSE
en 1987

Mireille
BELLEAU

Marie-Laure
BELLEAU

Yvonne
BELLEAU

Georges
BELLEAU

Philippe
POTHIER

Sophie
POTHIER

Georgette
BELLEAU

Paulette BELLEAU
épouse
Victor BUISSON
en 1961

François BELLEAU
épouse
Madeleine POTHIER
en 1964

Armand BELLEAU
épouse
Arlette LEJEUNE
en 1966

Guillaume
BELLEAU

Henri POTHIER
épouse
Juliette NORMAND
en 1963

Casimir BELLEAU
épouse
Emma BARDET
en 1934

Anatole BELLEAU
épouse
Jeanne LANGLOIS
en 1937

Léon POTHIER
épouse
Louise THOMAS
en 1940

Amélie POTHIER
épouse
Emile CALVET
en 1939

Adolphe BELLEAU
épouse
Eugénie DAUBOIS
en 1912

Edouard POTHIER
épouse
Lucie GIRAUD
en 1917

1.

En 1912 (mil neuf cent douze), Adolphe Belleau épouse Eugénie Daubois. Ils ont deux enfants: Casimir et Anatole. En 1937 (mil neuf cent trente-sept), Anatole Belleau épouse Jeanne Langlois. Ils ont cinq enfants: deux filles, Georgette et Paulette, et trois garçons, François, Armand, et Guillaume. En 1964 (mil neuf cent soixante-quatre), François Belleau épouse Madeleine Pothier. Ils ont trois filles: Cécile, Mireille, et Marie-Laure.

1.

En 1937, Anatole Belleau **épouse** Jeanne Langlois.

Deux **garçons** et trois **filles**: cinq **enfants**.

2.

Si vous examinez l'arbre généalogique, vous voyez que Mireille est la fille de François et Madeleine Belleau; Cécile et Marie-Laure aussi. Et de qui Yvonne est-elle la fille? C'est la fille d'Armand et Arlette Belleau.

3.

Mireille est la petite-fille d'Anatole Belleau et l'arrière-petite-fille d'Adolphe Belleau. Georges est le fils d'Armand Belleau, le petit-fils d'Anatole, et l'arrière-petit-fils d'Adolphe.

4.

Et la famille maternelle de Mireille. . . . Madeleine Belleau est la mère, Louise Pothier la grand-mère, et Lucie Pothier l'arrière-grand-mère de Mireille. Qui est Edouard Pothier? C'est le père de Léon Pothier, le grand-père de Madeleine Pothier, et l'arrière-grand-père de Mireille.

5.

Cécile et Marie-Laure sont les soeurs de Mireille. Mais est-ce que Sophie Pothier est la soeur de Mireille? Non! C'est sa cousine; et Philippe Pothier, le frère de Sophie, est son cousin. Henri Pothier est son oncle, et Juliette sa tante.

6.

LE PROFESSEUR: Mademoiselle, vous pouvez nous présenter votre famille?

MIREILLE: Ma famille?

LE PROFESSEUR: Oui . . . ça ne vous ennuie pas?

2. Il a trois **filles.**

3. Il a deux **fils.**

7. Il est **mort** à la **guerre.**

Il est **veuf.**

Elle est **veuve.**

MIREILLE: Non . . . si vous voulez. . . . Presque tout le monde est là. Commençons par mes parents. Papa! Maman! . . . Ça, c'est ma soeur Cécile et son mari Jean-Denis . . . Marie-Laure!

Mais Marie-Laure est occupée.

MARIE-LAURE: Quoi? Attends! Je suis occupée!

MIREILLE: Viens! . . . Je te dis de venir! Tout de suite!

MARIE-LAURE: Qu'est-ce qu'il y a?

MIREILLE: Dis bonjour. . . . Ça, c'est ma petite soeur, Marie-Laure.

7.

MIREILLE: Là-bas, c'est ma grand-tante Amélie. Elle a 70 ans. Elle est veuve. Son mari est mort à la guerre, en 40. A côté, c'est mon grand-oncle Casimir. Il a 85 ans. Il est veuf. Sa femme est morte d'un cancer.

8.

MIREILLE: Ça, c'est Tonton Guillaume, un frère de Papa. Il a 54 ans. Il ne travaille pas. . . . Il a de la fortune, comme dit ma tante Georgette. . . . Il a des loisirs. . . . Il est toujours en vacances. . . . Il a beaucoup de relations. . . . Il n'a pas d'enfants. Il est célibataire. Mais il adore les enfants, surtout Marie-Laure.

FRANÇOIS BELLEAU: Guillaume est extraordinaire! Il trouve toujours du temps pour les enfants.

TANTE GEORGETTE: Oui, je sais . . . et il arrive toujours avec des chocolats, des cadeaux. . . . C'est facile, quand on a de l'argent!

9.

MIREILLE: Ça, c'est ma tante Georgette. Elle a 59 ans. Je crois qu'elle n'a pas beaucoup d'argent. Elle est célibataire, elle aussi. Heureusement, parce qu'elle déteste les enfants! Même ses neveux et nièces! Elle trouve tous les enfants agaçants et fatigants. Mais au fond, elle est très gentille! Moi, je l'aime bien!

10. Photos de famille.

MIREILLE: Mais je peux vous montrer des photos, si vous voulez. Marie-Laure!

MARIE-LAURE: Quoi? Qu'est-ce qu'il y a encore?

MIREILLE: Va chercher mon album!

MARIE-LAURE: Oh, tu m'embêtes! Tu ne peux pas aller le chercher toi-même, non?

11.

MIREILLE: Ça, c'est moi à 6 ans.

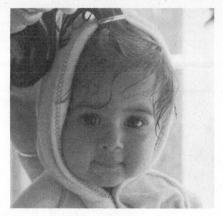

Ça, c'est moi à 6 mois!

M. François BELLEAU
et Mme née POTHIER
sont heureux d'annoncer la naissance de leur fille

Mireille

le 3 janvier,
18, rue de Vaugirard
75006 PARIS

Ça, c'est l'annonce de ma naissance, dans le Figaro.

La Marquise de PINOT CHAMBRUN, le Comte de BETTELHEIM d'ARBOIS et la Comtesse, née Sylvie Catherine de VILLHARDOUIN du FAYET

ont la joie d'annoncer la naissance de leur petit-fils

HUBERT

fils du Comte Roland de PINOT CHAMBRUN et de la Comtesse née Chantal de BETTELHEIM d'ARBOIS,

le 3 janvier,

il fait la joie de Diane, Eric et Gildas.

La Grange aux Bois
60178 Thury en Valois
02290 Vic sur Aisne

C'est l'annonce de la naissance d'Hubert, un ami. Nous avons exactement le même âge: nous sommes nés le même jour.

8.

*Il a des **loisirs**; il est toujours en **vacances**. . . . C'est agréable!*

*Il arrive toujours avec des **cadeaux**.*

9.

*Les enfants sont **agaçants**. Cet enfant **agace** son père.*

Le travail est **fatigant**.
Les voyages sont **fatigants**.
Quand on a la mononucléose, on est très **fatigué**.

C'est le faire-part de la naissance de Marie-Laure.

11.

*Il **fait la joie de** sa soeur.*

12.

JEAN-DENIS: Qui est-ce?
MIREILLE: C'est Sophie, ma
    cousine...du côté de Maman...
    une Pothier.
JEAN-DENIS: Ah, oui, la soeur de
    Philippe?
MIREILLE: C'est ça!
JEAN-DENIS: Comment est-elle?
    Elle est sympathique?
MIREILLE: Ouais...enfin.... Elle
    est gentille...mais je préfère mes
    cousins Belleau, surtout Georges.
JEAN-DENIS: Elle n'est pas mal, ta
    cousine! Quel âge a-t-elle?
MIREILLE: Elle a dix-sept ans...
    et un sale caractère, je te
    préviens!   Bad Character
JEAN-DENIS: C'est vrai?

SALE = dirty

13.

MARIE-LAURE: Ça, c'est mon
grand-père.

Ça, c'est mon arrière-grand-père.

Ça, c'est mon arrière-arrière-grand-
père.

12.

*Elle a **mauvais caractère**.*

Ça, c'est mon arrière-arrière-arrière
...grand-père: Monsieur de Cro-
Magnon! D'ailleurs, elle lui
ressemble, vous ne trouvez pas?

♗ Mise en oeuvre

Ecoutez la mise en oeuvre du texte et répondez aux questions suivantes.

1. Combien d'enfants ont Anatole et Jeanne Belleau?
2. Combien de filles et combien de garçons ont-ils?
3. Est-ce que Mireille est la fille d'Anatole Belleau?
4. Est-ce que Mireille est la fille d'Adolphe Belleau?
5. Est-ce que Georges est le petit-fils d'Armand?
6. Qui est Louise Pothier, pour Mireille?
7. Et Edouard?
8. Qui sont Cécile et Marie-Laure?
9. Qui est Sophie?
10. Qui est Philippe?
11. Qui sont Henri et Juliette?
12. Quelle est la situation de famille de la grand-tante Amélie?
13. Quand son mari est-il mort?
14. Est-ce que Tonton Guillaume est riche?
15. Est-ce qu'il a des relations?
16. Est-ce qu'il est marié?
17. Est-ce qu'il aime les enfants?
18. Qu'est qu'il apporte toujours aux enfants?
19. Est-ce que Georgette aime les enfants? Pourquoi?
20. Est-ce que Sophie est sympathique, d'après Mireille?

Document

Les Belles Familles

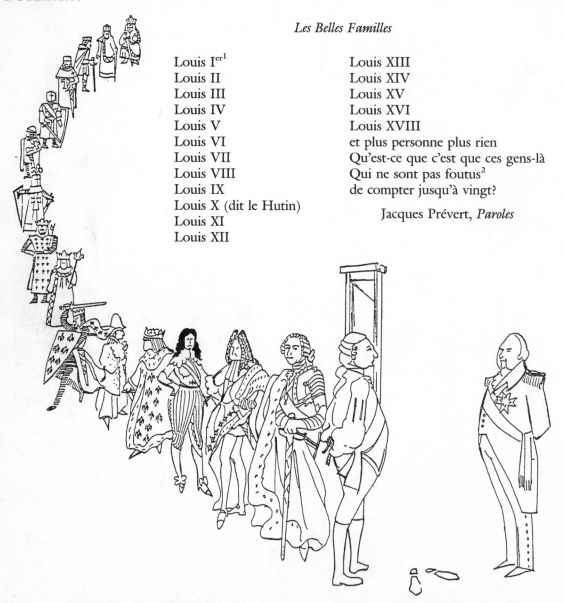

Louis Ier[1]
Louis II
Louis III
Louis IV
Louis V
Louis VI
Louis VII
Louis VIII
Louis IX
Louis X (dit le Hutin)
Louis XI
Louis XII

Louis XIII
Louis XIV
Louis XV
Louis XVI
Louis XVIII
et plus personne plus rien
Qu'est-ce que c'est que ces gens-là
Qui ne sont pas foutus[2]
de compter jusqu'à vingt?

        Jacques Prévert, *Paroles*

1. Roi de France. Notez qu'on dit Louis *Premier*, mais Louis Deux, Louis Trois, etc.

2. N'utilisez pas ce mot en bonne compagnie. En bonne compagnie, dites plutôt "capables."

Leçon 9
Vacances en Bretagne I

1.

Pendant les vacances d'été, il y a deux ans, à Belle-Ile-en-Mer, en Bretagne... Mireille, Cécile et Marie-Laure, leur cousin Georges et leur cousine Yvonne sont seuls dans une maison louée en commun par les deux familles.

2.

MIREILLE: C'est bien notre chance! Ça fait trois jours qu'il pleut! Elle est belle, votre Bretagne!

CECILE: Oui, c'est mortel, la mer, quand il pleut. Il n'y a rien à faire.

GEORGES: Jouons à la belote!

MARIE-LAURE: A la pelote dans la maison? On n'a pas la place!

GEORGES: Mais non, bécasse! A la belote! Pas à la pelote! Tu es sourde ou quoi? On ne va pas jouer à la pelote basque en Bretagne! Mais on peut jouer aux cartes, à la belote, au bridge, au poker, à l'écarté....

YVONNE: On peut jouer aux échecs...ou aux dames, c'est moins compliqué.

MIREILLE: Ah, non, tout ça, c'est mortel. Jouons plutôt à faire des portraits.

3.

CECILE: Oui, c'est une idée! Jouons aux portraits!

GEORGES: C'est ça! Faisons des portraits!

MARIE-LAURE: Comment est-ce qu'on fait, pour jouer aux portraits?

1.

Avant **les vacances d'été:** le 15 mai (par exemple).

Pendant **les vacances d'été:** le 20 juillet.

Après **les vacances d'été:** le 3 octobre.

*Robinson Crusoë était **seul** sur son île.*

Les ermites vivent **seuls.** Ils aiment la **solitude.**

Si on n'a pas de maison, on peut **louer** une maison.

Si on n'a pas de voiture, on peut **louer** une voiture (chez Hertz ou Avis).

2.

*Il a de la **chance!** Il a gagné 10.000F au poker!*

Il pleut.

C'est **mortel.** Ce n'est pas amusant. C'est sinistre.

*On peut **jouer à la belote.***

*Au Pays Basque, on **joue à la pelote.***

MIREILLE: C'est très facile!
Quelqu'un décrit une personne
en trois ou quatre phrases.... Par
exemple: elle est grande, elle a un
oeil bleu et un oeil gris, elle est
très gentille.... Et puis les autres
devinent qui c'est.

MARIE-LAURE: Qui c'est?

MIREILLE: Qui?

MARIE-LAURE: Grande, avec un
oeil bleu et un oeil gris, et très
gentille?

MIREILLE: Je ne sais pas! Ce n'est
personne! Elle n'existe pas! C'est
un exemple.

MARIE-LAURE: Ah, bon. On
invente des personnes qui
n'existent pas!

MIREILLE: Mais non! Ce que tu
peux être bête! Quand on joue,
on prend des personnes qui
existent, évidemment. Sinon...
on ne peut pas deviner!

4.

GEORGES: Bon, allons-y!
Commençons! On commence par
des gens de la famille. Qui est-ce
qui commence? Allez, à toi,
Yvonne, tu commences!

YVONNE: Non, pas moi... je n'ai
pas d'idée....

GEORGES: Mais si, voyons! Ce
n'est pas difficile! Tu prends
quelqu'un de la famille...
n'importe qui!

YVONNE: Attends.... Je cherche.
... Voyons.... Ça y est! je sais! Il
est grand, il a les cheveux gris et
courts, il est toujours bronzé. Il a
bon caractère, il est toujours de
bonne humeur. Il est très
généreux, il fait toujours des
cadeaux. Il adore les...

GEORGES: Tonton Guillaume!
C'est trop facile!

MARIE-LAURE: Qu'est-ce qu'il
aime, Tonton Guillaume?

MIREILLE: Les enfants, bécasse!

*On peut **jouer aux dames**.*

*On peut **jouer aux échecs**.*

3.

*Newton a une **idée**.*

On **décrit** une personne: on fait
une **description**.

Il **devine** tout: il a beaucoup
d'intuition.

Il est extra-lucide: il **devine**
l'avenir.

Oedipe a **deviné** l'énigme du
Sphinx.

*Quelqu'un **décrit** une personne en
trois ou quatre phrases...*

*...et les autres **devinent** qui c'est.*

4.

*Il est **de bonne humeur**.*

*Une dame **généreuse**.*

5.

GEORGES: Allez, c'est à moi, maintenant. C'est mon tour. Le nez fin et pointu...les lèvres minces...les dents pointues, la voix pointue: "Ah, qu'il est agaçant, ce gamin!..."

CECILE ET MIREILLE: Tante Georgette!

MIREILLE: Bon, à moi, maintenant! Le grand sportif. Très fier de ses performances...passées: à la course, aux 100m, 400m, au marathon; au saut en hauteur, au saut à la perche.... Enfin, l'athlète parfait, quoi! Ne manque jamais un événement sportif...comme spectateur à la télé, évidemment! Et il joue même au tennis...une fois par an!

YVONNE: Oh la la! Ce qu'elle est méchante! C'est papa!

MIREILLE: Evidemment, c'est ton père!

6.

GEORGES: Bon, à moi! L'air distingué, les mains fines, les yeux bleus, les cheveux blonds. ...Tout le portrait de sa deuxième fille!

MIREILLE: Qu'il est galant, le petit cousin! On ne va pas dire qui c'est!

YVONNE: Si, si, dis qui c'est!

CECILE: Allons, les enfants, il est plus de 4 heures. C'est l'heure du goûter.

MARIE-LAURE: Dis qui c'est! Dis qui c'est! Je veux savoir qui c'est, na!

MIREILLE: Oh, mais tais-toi! Tu es embêtante, à la fin! D'abord tu vas chercher le goûter.

MARIE-LAURE: Eh, je ne suis pas ta bonne! Vas-y, toi!

7.

MIREILLE: Ecoute...tu veux savoir qui c'est?

MARIE-LAURE: Oui.

MIREILLE: Alors, va chercher le goûter!

MARIE-LAURE: Ce que tu peux être embêtante!

MIREILLE: Apporte de l'Orangina et de la limonade.

CECILE: Et des petits pains aux raisins!

GEORGES: Apporte les galettes bretonnes aussi.

MARIE-LAURE:: Il n'y en a plus!

GEORGES: Mais si, il en reste au moins cinq ou six!

MARIE-LAURE: Il n'en reste plus!

GEORGES: Tu es sûre?

MARIE-LAURE: Bien sûr que je suis sûre! Puisque je te le dis, tu peux me croire, non?

5.

Un nez **pointu**, *des lèvres* **minces**.

Des lèvres **épaisses**.

Il ne **manque** pas un événement sportif: il voit (à la télé) tous les événements sportifs.

Je n'ai pas vu le match France-Allemagne: je l'ai **manqué**.

6.

Un jeune homme **galant**.

Le **goûter**.

La **bonne** *(ce n'est pas Marie-Laure)*.

8.

Marie-Laure apporte les bouteilles,
les verres, et les petits pains aux
raisins.

MIREILLE: Attention à ce que tu
   fais!
Marie-Laure laisse tout tomber.
MIREILLE: Ah, c'est malin!

MARIE-LAURE (*pleurant*): Ce
   n'est pas de ma faute!
CECILE: Ecoute, ce n'est pas
   grave! Allez, ne pleure pas!
MARIE-LAURE: Alors qui c'est?

8.

Marie-Laure **pleure.**

⅙ **Mise en oeuvre**

Ecoutez la mise en oeuvre du texte et répondez aux questions suivantes.

1. A quel moment sommes-nous?
2. Où Mireille, ses soeurs, et ses cousins sont-ils?
3. Est-ce que leurs parents sont avec eux?
4. Est-ce que cette maison est aux Belleau?
5. Est-ce qu'il fait beau? Quel temps fait-il?
6. Est-ce que ça fait longtemps qu'il pleut?
7. Est-ce que c'est amusant, la mer, quand il pleut?
8. Pourquoi est-ce que c'est mortel?
9. Pourquoi est-ce qu'on ne peut pas jouer à la pelote basque dans la maison?
10. A quoi est-ce qu'on peut jouer, dans la maison?
11. Comment est-ce qu'on fait, pour jouer aux portraits? Qu'est-ce qu'on fait d'abord?
12. Et les autres, qu'est-ce qu'ils font?
13. Pourquoi est-ce qu'il faut prendre des personnes qui existent?
14. Par qui Georges propose-t-il de commencer?
15. Pourquoi est-ce qu'Yvonne ne veut pas commencer?
16. Comment est Tonton Guillaume? Est-ce qu'il est petit?
17. Est-ce qu'il a les cheveux noirs?
18. Est-ce qu'il a mauvais caractère?
19. Est-ce qu'il est souvent de mauvaise humeur?
20. Est-ce que Tante Georgette a le nez rond?
21. Est-ce qu'elle a la voix douce et mélodieuse?
22. Quel type d'homme est le père d'Yvonne?
23. De quoi parle-t-il toujours?
24. Est-ce que la mère de Mireille a l'air vulgaire?
25. Quelle heure est-il?
26. Qu'est-ce que Mireille demande à Marie-Laure?
27. Est-ce qu'il y a des galettes bretonnes? Est-ce qu'il en reste?
28. Pourquoi Mireille dit-elle: "Ah, c'est malin!"?

Documents

Les portraits sont difficiles et demandent un esprit profond.

Molière

La plage à marée basse.

Une plage bretonne.

La maison louée par les Belleau pour les vacances.

Une femme bretonne au marché.

Un calvaire breton.

Leçon 10
Vacances en Bretagne II

Mireille, ses sœurs, son cousin Georges et sa cousine Yvonne sont en vacances en Bretagne. Il pleut. Ils jouent aux portraits pour passer le temps.

1.

MIREILLE: Quel temps! C'est pas vrai! Ça fait trois jours qu'il pleut! Et dire qu'à Paris, il fait beau! C'est bien notre chance!
MARIE-LAURE: Alors, qui c'est?

MIREILLE: Qui?
MARIE-LAURE: Tu sais bien, la personne dans le portrait de Georges, tout à l'heure: "L'air distingué, les mains fines, les yeux bleus, les cheveux blonds; tout le portrait de sa deuxième fille...."
MIREILLE: Tu nous embêtes!
MARIE-LAURE: Mais je veux savoir qui c'est!

2.

CECILE: Bon! Regarde Mireille. ...Elle a l'air distingué? Est-ce qu'elle a les mains fines? Est-ce qu'elle a les yeux bleus? Est-ce qu'elle a les cheveux blonds?
MARIE-LAURE: Oui.... Alors, c'est Mireille?
CECILE: Ce que tu peux être bête! Ecoute: "Tout le portrait de sa deuxième fille...." Est-ce que Mireille a des filles?
MARIE-LAURE: Ben, non!

1.

Le temps passe.

Quel temps!

2.

MIREILLE: *Quel* **temps!** *C'est pas vrai!*

MIREILLE: *Ce que tu peux être* **bête!**

Quel temps!

MARIE-LAURE: *On continue?*
MIREILLE: *Oh,* **ça suffit!**

Ça suffit! Assez! On arrête! On ne continue pas! Ça va comme ça!

CECILE: Alors, ce n'est pas Mireille. C'est quelqu'un qui a une fille qui a l'air distingué, les mains fines, les yeux bleus, les cheveux blonds, comme Mireille.
MARIE-LAURE: Alors, c'est Maman?

CECILE: Voilà! C'est ça!
MARIE-LAURE: On continue?
MIREILLE: Oh, ça suffit comme ça!
MARIE-LAURE: Non, j'aime bien. C'est difficile, mais c'est amusant!

3.

MIREILLE: Bon, alors écoute: Son oeil droit regarde du côté de Brest, son oeil gauche regarde vers... Bordeaux!

GEORGES: Oh la la! Ce qu'elle est méchante! Ce pauvre oncle Victor, il ne louche presque pas!

MARIE-LAURE: Alors, qui c'est?

CECILE: Oncle Victor.

MARIE-LAURE: Pourquoi?

CECILE: Parce que l'oncle Victor louche un peu; ses yeux ne regardent pas exactement dans la même direction. C'est tout. Bon, à moi, maintenant. Il a le nez droit; toujours rasé de près. Il a même la tête rasée, sans doute pour cacher qu'il va être chauve....

MIREILLE: L'oncle Henri! Trop facile, ton portrait. Bon, à moi, maintenant. Un peu de moustache, une grande bouche, mais pas de menton. Elle parle toujours de son mari défunt: *deceased* "Ah, du temps de mon pauvre mari...."

4.

GEORGES: Pas la peine de continuer, c'est la tante Amélie. Ils sont tous trop faciles, vos portraits. Je vais faire le suivant. *next* Attention, ça va être plus difficile!... Les oreilles décollées, de grosses lunettes, *glasses* une barbe énorme, des moustaches tombantes, et surtout un nez immense, monumental....

MIREILLE: Il n'est pas très joli, ton bonhomme.... Je ne vois pas.

GEORGES: Delapierre, notre prof de maths!

MIREILLE: Ah, mais ce n'est pas du jeu! On ne le connaît pas, nous, ton prof de maths! Il n'est pas de la famille!

GEORGES: Heureusement qu'il n'est pas de la famille! Il est bête comme ses pieds, et il n'y a pas plus vache!

there is no one any meaner

3.

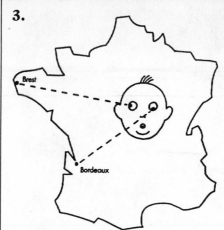

Son **oeil** droit regarde **du côté de** Brest. Son **oeil** gauche regarde **du côté de** Bordeaux.

Elle **louche.**

Un **nez droit** (style grec).

Tête **rasée.**

il est bête comme ses...

Il est **chauve.**

Un masque **cache** le visage. L'oncle Henri veut **cacher** qu'il va être chauve. Il veut dissimuler sa calvitie commençante.

Une grande **bouche,** mais pas de **menton.**

Son mari **défunt:** son mari est mort.

Mon pauvre mari... mon **défunt** mari, mon mari qui est mort.

4.

Mireille fait le portrait Nº 3 (l'oncle Henri). Georges va faire le portrait **suivant** (le Nº 4).

oreilles décollées

Des **oreilles décollées.**

cette amie

5.

MIREILLE: Bon, eh bien moi, je trouve que ça suffit comme ça. Ça fait deux heures qu'on joue à ce jeu idiot.... Qu'est-ce qu'on joue au Ciné-Club, ce soir? Tiens, Marie-Laure, regarde dans le journal.

MARIE-LAURE: Je regarde quoi?

MIREILLE: Ce qu'on donne au cinéma ce soir! Tu es sourde ou quoi? Regarde s'il y a de nouveaux films.

MARIE-LAURE: Ce soir, on joue *Le Génie de Claire.*

MIREILLE: *Le Génie de Claire?* Qu'est-ce que c'est que ça? Tu ne sais pas lire? Ce n'est pas *Le Génie de Claire,* c'est *Le Genou de Claire,* idiote! D'Eric Rohmer. Tout le monde connaît ça; c'est un vieux film!

GEORGES: Le genou de Claire... le genou de Claire.... Il faut dire que c'est un drôle de titre! Pourquoi pas le pied de Claire, ou la cheville de Claire, ou l'orteil de Claire?

6.

JEAN-DENIS *(entrant):* Salut tout le monde! Alors, qu'est-ce que vous faites? Ça fait une heure qu'il ne pleut plus!

MIREILLE: Il ne pleut plus?

JEAN-DENIS: Ah, non!

MIREILLE: Pas possible!

JEAN-DENIS: Si, si, je t'assure! Ça se lève! Alors, vous venez faire de la voile?

GEORGES: Non, mon vieux, pas aujourd'hui. Aujourd'hui, on fait la sieste!

Des **lunettes.**

Une **vache.**

Des **moustaches tombantes.**

Un agent de police qui est **vache.** *(Il est méchant!)*

Portrait de Monsieur Delapierre, **professeur de mathématiques.**

Elle fait des **maths.**

Ce n'est pas du jeu! Ce n'est pas honnête, ce n'est pas conforme aux conventions!

Il est **bête:** il est idiot.

5.

*Cécile regarde dans le **journal.***

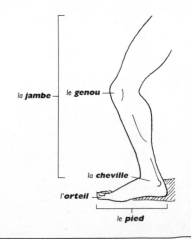

la **jambe**   le **genou**

la **cheville**

l'**orteil**

le **pied**

CECILE: Attendez-moi, Jean-Denis! Moi, je viens, si vous voulez!

6.

JEAN-DENIS: *Ça fait une heure* **qu'il ne pleut plus.**

MIREILLE: Oh la la, quelle sportive! Tiens, prends ton <u>ciré</u>, ça vaut <u>mieux</u>!

∩ Mise en oeuvre

Ecoutez la mise en oeuvre du texte et répondez aux questions suivantes.

1. Pourquoi est-ce que Mireille, ses soeurs, et ses cousins jouent aux portraits?
2. Est-ce qu'il pleut aussi à Paris?
3. Est-ce que Mireille veut continuer à jouer?
4. Pourquoi est-ce que Marie-Laure veut continuer à jouer?
5. Qu'est-ce que l'oncle Victor a de particulier?
6. Est-ce qu'il louche beaucoup?
7. Est-ce que l'oncle Henri a une barbe?
8. Est-ce qu'il a les cheveux longs?
9. Est-ce qu'il est chauve?
10. Pourquoi a-t-il la tête rasée?
11. Qui est Delapierre?
12. Est-ce qu'il a de jolies oreilles?
13. Pourquoi Mireille dit-elle que ce n'est pas du jeu?
14. Est-ce que Delapierre est intelligent?
15. Est-ce qu'il est gentil, généreux?
16. Est-ce que Mireille veut continuer à jouer aux portraits?
17. Ça fait longtemps qu'ils jouent aux portraits?
18. Qu'est-ce qu'on joue au Ciné-Club, d'après Marie-Laure?
19. Est-ce que c'est vraiment le titre du film? Quel est le vrai titre?
20. C'est un film récent?
21. Est-ce qu'il pleut encore?
22. Qu'est-ce que Jean-Denis propose de faire?
23. Pourquoi est-ce que Georges refuse d'aller faire de la voile?

Document

Paris At Night

Trois allumettes une à une allumées dans la nuit
La première pour voir ton visage tout entier
La seconde pour voir tes <u>yeux</u>
La dernière pour voir ta bouche
Et l'obscurité tout <u>entière</u> pour me <u>rappeler</u> tout <u>cela</u>
En te <u>serrant</u> dans mes bras.

Jacques Prévert, *Paroles*

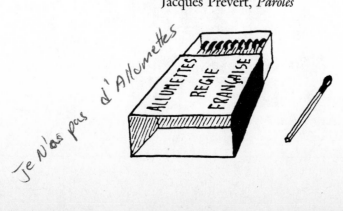

Leçon II
Rencontres I

29 Mai

1.

C'est le 29 mai. Aujourd'hui, les deux personnages principaux de cette fascinante histoire vont peut-être se rencontrer. C'est un beau jour de printemps, évidemment. Il y a une grève d'étudiants, évidemment.

2.

Mireille étudie à la Sorbonne depuis un an. Elle fait des études d'histoire de l'art. En ce moment, elle vient de sortir de l'Institut d'Art et d'Archéologie, et elle se repose sur une chaise au jardin du Luxembourg.

3.

En ce moment, il est dix heures du matin. Robert est à Paris depuis la veille. Il sort de son hôtel

et va explorer le Quartier Latin.

1.

*Mireille et Robert sont les deux **personnages** principaux de l'histoire.*

*Colette et Jean-Michel sont des **personnages** secondaires.*

*Ils **se rencontrent**.*

*Les étudiants font la **grève**: ils ne travaillent pas, ils protestent.*

2.

*Mireille **étudie** à la Sorbonne. Elle fait des **études** d'histoire de l'art. Elle est **étudiante**. C'est une **étudiante** très studieuse!*

*Mireille **sort** de l'Institut d'Art et d'Archéologie.*

*Mireille **se repose** au jardin du Luxembourg.*

4.

Un jeune homme se promène dans le jardin du Luxembourg. Il a l'air de s'ennuyer. Il remarque une très jolie jupe rouge sur une chaise verte. Il s'approche. La jeune fille qui porte la jupe rouge fait semblant de ne pas le voir. Elle lève les yeux. Ils sont très bleus. Son regard se perd dans la contemplation du ciel, qui est très bleu aussi....

5.

LE JEUNE HOMME: Quel beau temps! Quel ciel! Pas un nuage! ...Pas un cirrus!...Pas un nimbus!...Pas un stratus!...Pas un cumulus!...Il fait vraiment beau, vous ne trouvez pas?

MIREILLE: ...

LE JEUNE HOMME: Un peu frais, peut-être....Non?

MIREILLE: ...

LE JEUNE HOMME: Enfin il ne fait pas vraiment froid....Non, je ne dis pas ça....Mais il fait moins chaud qu'hier....

MIREILLE: ...

3.

dans l'histoire		
le 28 mai	le 29 mai	le 30 mai
la veille	ce jour-là	le lendemain
dans la réalité présente		
hier	aujourd'hui	demain

Elle s'ennuie.

*Elle **lève les yeux**.*   *Elle **baisse les yeux**.*

Le Mississippi **se perd** dans le Golfe du Mexique.

On **se perd** dans les labyrinthes.

"Rien ne **se perd**, rien ne se crée." (Lavoisier)

Les traditions **se perdent**....

4.

*Il **se promène**.*

*Le jeune homme **s'approche** de la jeune fille.*

*Il **s'ennuie**.*

*Mireille **fait semblant** de ne pas le voir. (Elle **fait semblant** de ne pas le voir, mais en réalité, elle le voit! C'est de la simulation....)*

5.

Quel beau temps!

*Un **nuage**.*

6.

LE JEUNE HOMME: Euh.... Vous venez souvent ici?

MIREILLE: ...

LE JEUNE HOMME: Moi, j'aime beaucoup le Luxembourg, même quand il fait mauvais; même en hiver, sous la neige.... Au printemps, quand les marronniers sont en fleurs... en été, quand il fait si bon, à l'ombre, près de la Fontaine Médicis.... En automne, quand on ramasse les feuilles mortes à la pelle.... Vous me trouvez bête?

MIREILLE: ...

6.

Il fait beau.

Il fait mauvais.

Il fait froid.

Il neige.

Il fait chaud.

0 (Celsius):	Il fait froid.
15	: Il fait **frais**.
20	: Il fait bon.
30	: Il fait chaud.

*Au printemps, les **marronniers** sont en fleurs.*

Les quatre **saisons** de l'année:
le printemps (du 21 mars au 21 juin)
l'été (du 22 juin au 22 septembre)
l'automne (du 23 septembre au 20 décembre)
l'hiver (du 21 décembre au 20 mars)

*En été, il **fait bon**, à l'ombre, près de la Fontaine Médicis.*

*Madame Belleau préfère **l'ombre**. (A l'ombre, il fait frais.) Mireille préfère **le soleil**. (Au soleil, il fait chaud.)*

*En automne, on ramasse les **feuilles mortes** à la pelle.*

reflexive verb — use with two pronouns subject — pronoun

7.

LE JEUNE HOMME: Vous n'êtes pas bavarde! J'aime beaucoup ça. Je n'aime pas les filles qui parlent trop, moi.

MIREILLE: …

LE JEUNE HOMME: Je ne vous ennuie pas?

MIREILLE: …

8.

LE JEUNE HOMME: Vous avez une très jolie jupe. Tenez, je vais vous dire d'où ça vient. Je ne me trompe jamais.… Alors, ces boutons, cette poche … ça, ça vient de chez Dior!

MIREILLE: …

LE JEUNE HOMME: Non? Ces boutons ne viennent pas de chez Dior? Alors ils viennent de chez Fath? Non? … Alors de chez Saint-Laurent? … Ah.… Bon, alors de chez Courrèges? De chez Lanvin? Cardin? Givenchy?

MIREILLE: Prisunic. Je m'habille toujours à Prisunic.

LE JEUNE HOMME: Elle est ravissante quand même! … Permettez-moi de me présenter: je m'appelle Jean-Pierre, Jean-Pierre Bourdon.

Mireille se lève et s'en va.

7.

*Madame Courtois est **bavarde**. Elle parle beaucoup.*

8.

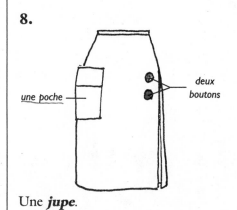

une poche   *deux boutons*

*Une **jupe**.*

—Le père de Mireille est professeur à la Sorbonne, n'est-ce pas?

—Non, non, vous **vous trompez**. Il travaille chez Renault.

—Ah, oui, c'est vrai. Et Mireille a deux soeurs, ou est-ce que je **me trompe?**

—Non, vous ne **vous trompez** pas. Elle a bien deux soeurs.

La jupe de Mireille est très jolie. Elle est **ravissante**.

Mireille aussi est très jolie. Elle est **ravissante**.

La jupe de Mireille ne vient pas de chez Dior, mais elle est ravissante **quand même**.

—Allons nous promener.

—Mais il pleut!

—Ça ne fait rien. Allons nous promener **quand même**.

⚖ **Mise en oeuvre**

[handwritten: nous venons de lire]

Ecoutez la mise en oeuvre du texte et répondez aux questions suivantes.

1. Qu'est-ce que les deux personnages principaux de cette histoire vont faire aujourd'hui?
2. Quelle sorte de jour est-ce que c'est? Quelle saison est-ce que c'est?
3. Quelle est la date?
4. Qu'est-ce qui se passe? Qu'est-ce qu'il y a, ce beau jour de printemps?
5. Où Mireille étudie-t-elle?
6. Depuis quand est-ce qu'elle étudie à la Sorbonne?
7. Quelles études fait-elle?
8. Qu'est-ce qu'elle vient de faire, en ce moment?
9. Où est-elle maintenant? Qu'est-ce qu'elle fait?
10. Où est Robert?
11. Depuis quand?
12. Quelle heure est-il en ce moment?
13. Que fait Robert?
14. Est-ce que le jeune homme qui se promène au Luxembourg a l'air de trouver ça intéressant?
15. Qu'est-ce qu'il remarque?
16. Que fait la jeune fille quand il s'approche d'elle?
17. Qu'est-ce qu'elle fait pour faire semblant de ne pas le voir?
18. Est-ce qu'il y a des nuages dans le ciel?
19. Quel temps fait-il?
20. Est-ce qu'il fait froid?
21. Est-ce qu'il fait aussi chaud qu'hier?
22. Quand est-ce qu'il y a de la neige?
23. Quand est-ce que les marronniers sont en fleurs?
24. Quand est-ce qu'il fait bon à l'ombre?
25. Quand est-ce qu'on ramasse les feuilles mortes?

[handwritten: je viens / tu viens / il vient — The verb Venir use in present use with de on the Infinitive (to work, to see, to take) represents immidiate past]

26. Est-ce que Mireille est bavarde?
27. Comment le jeune homme trouve-t-il la jupe de Mireille?

28. D'où vient cette jupe? Est-ce qu'elle vient de chez Dior?

Documents

Recette

Pour inventer une histoire
d'abord bien choisir les personnages
Pour ça, surtout faire bien attention
d'avoir des hommes et des femmes aussi,
sinon ce n'est pas amusant.
Quand les personnages sont là,
avec nom, âge, occupation,
chercher une aventure:
Où? Quand? Comment?
Mettre les personnages dans l'aventure
et regarder ce qu'ils font.
Enfin raconter...
raconter comment ils vont se rencontrer.
Ah, et puis aussi...trouver quelqu'un pour écouter.

Emmanuel Rongiéras d'Usseau

Grands couturiers (c'est chic)   *Prisunic (c'est moins chic)*

Leçon 12
Rencontres II

1.

C'est le 29 mai. Quel beau jour de printemps! Il est 10 heures et demie, et Robert explore les petites rues du Quartier Latin. Il rencontre une vieille femme qui porte un gros sac. Elle le laisse tomber.

LA VIEILLE FEMME: Ah! Saloperie de sac!

ROBERT: Attendez, Madame, je vais vous aider. Ce n'est pas grave. Là, voilà! Vous allez de quel côté?

LA VIEILLE FEMME: Par là!

ROBERT: Je vais vous accompagner.

LA VIEILLE FEMME: Merci, jeune homme! Vous êtes bien aimable.

ROBERT: Ce n'est rien, Madame. Je vous en prie.

2.

Au même moment, Mireille rentre chez elle. Elle trouve Marie-Laure à la maison.

> Brighton, England. 25 mai.
>
> Ma chère Mireille,
> Il fait un temps affreux. Il y a du brouillard tous les matins. Il pleut tous les après-midi; même quand il ne pleut pas, le ciel est couvert. On ne peut pas jouer au tennis, mais le gazon est magnifique. Bruce aussi. Je t'embrasse.
>
> Ghislaine

Mlle Mireille Belleau
18, rue de Vaugirard
75006 Paris
France

MIREILLE: Qu'est-ce que tu fais ici, toi? Tu n'es pas à l'école?

MARIE-LAURE: Non, j'ai mal à la gorge. . . . Tiens, tu as du courrier. Une carte postale.

2.

Mireille **rentre** chez elle.

Le ciel est **couvert**.

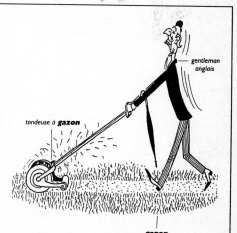

Gentleman anglais tondant son **gazon**.

45

3.

MARIE-LAURE: C'est où, Brigueton?

MIREILLE: Brighton, pas Brigueton!

MARIE-LAURE: Oui, c'est où?

MIREILLE: En Angleterre, bien sûr!

MARIE-LAURE: Ah . . . Et Brusse, qu'est-ce que c'est que ça?

MIREILLE: C'est un nom. . . .

MARIE-LAURE: Un nom de quoi?

MIREILLE: De garçon.

MARIE-LAURE: De gazon?

MIREILLE: De garçon! Mais tu es sourde ou tu es bête?

MARIE-LAURE: C'est anglais?

MIREILLE: Evidemment!

MARIE-LAURE: Et qui c'est, ce Bruce?

MIREILLE: C'est le petit ami de Ghislaine.

MARIE-LAURE: Il est anglais?

MIREILLE: Oui. Pourquoi pas?

MARIE-LAURE: Ben moi, mes petits amis, ils ne sont pas anglais. Et pourquoi le gazon, il est magnifique?

MIREILLE: Parce qu'il pleut beaucoup.

MARIE-LAURE: Il pleut tout le temps en Angleterre?

MIREILLE: Oui, comme en Bretagne. . . . Pauvre Ghislaine! Je vais l'appeler, tiens!

4. Au téléphone.

MIREILLE: Allô. . . . Allô! Ghislaine, c'est toi? C'est moi, Mireille. Je viens de lire ta carte. Tu n'as pas beau temps, alors?

GHISLAINE: Ah, non! Il fait mauvais!

MIREILLE: Ici, il fait beau!

GHISLAINE: Il fait un temps affreux!

MIREILLE: Il fait un temps magnifique!

GHISLAINE: Le ciel est gris.

MIREILLE: Le ciel est bleu.

GHISLAINE: Le temps est couvert.

MIREILLE: Il n'y a pas un nuage.

GHISLAINE: Il pleut.

MIREILLE: Il fait soleil ici.

GHISLAINE: Il fait froid.

3.

*Mireille **appelle** Ghislaine.*

*Ghislaine utilise beaucoup d'**aspirine**. Elle se ruine en **aspirine**.*

4.

*Ghislaine a un **rhume**.*

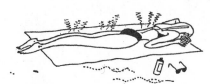

*Mireille va attraper un **coup de soleil!***

*Mireille utilise beaucoup d'**huile solaire**. Elle se ruine en **huile solaire**.*

*Mireille **embrasse** Colette. Elle fait un **bisou** à Colette.*

MIREILLE: Il fait chaud.

GHISLAINE: J'attrape des rhumes.

MIREILLE: J'attrape des coups de soleil.

GHISLAINE: Je me ruine en aspirine.

MIREILLE: Je me ruine en huile solaire! A part ça, ça va?

GHISLAINE: Oui, ça va. Toi aussi?

MIREILLE: Oui, moi, ça va. Tu reviens quand?

GHISLAINE: Le 2.

MIREILLE: Bon, à bientôt, alors! Allez, bisou!

GHISLAINE: Je t'embrasse. Au revoir.

MIREILLE: Salut!

5. Mireille va sortir....

MARIE-LAURE: Tu t'en vas?
MIREILLE: Oui.
MARIE-LAURE: Où tu vas?
MIREILLE: A la fac.
MARIE-LAURE: Tu as des petits amis anglais à la fac?
MIREILLE: Occupe-toi de tes affaires!

6.

Pendant que Mireille va à la fac, Robert continue son exploration du Quartier Latin. Il est 10h 40.

Un autre jeune homme se promène, et remarque une jeune fille:

"Tiens, c'est vous? Qu'est-ce que vous faites ici? . . . Comment? Vous ne me reconnaissez pas? . . ."

Robert, lui, découvre le Panthéon. Il voit un groupe de manifestants qui viennent de la rue Soufflot, prennent le Boulevard Saint-Michel et se dirigent vers la Place de la Sorbonne. Ils crient des phrases incompréhensibles. Robert arrête un passant.

ROBERT: Qu'est-ce qu'il y a? Qu'est-ce qui se passe?
LE PASSANT: Je ne sais pas, moi. C'est une manif . . . une manifestation.

"Ah," dit Robert. Et il suit les manifestants. Il entre avec eux dans la cour de la Sorbonne.

6.

La **rue Soufflot** et le **Panthéon**.

Il **arrête** un passant.

Robert voit un groupe de **manifestants**.

Robert **suit** les manifestants. Il entre avec eux dans la cour de la Sorbonne.

Ils **crient** des phrases incompréhensibles.

Les manifestants parlent fort. Ils **crient**. Ils font beaucoup de bruit.
Ne **criez** pas! Parlez doucement!
Ce n'est pas la peine de **crier**! Discutons calmement!

Suivez la flèche.

Robert décide de **suivre** les manifestants. Il les **suit**. Il entre dans la cour de la Sorbonne en les **suivant**.

Robert arrive à Paris le 28 mai. Il rencontre Mireille le jour **suivant**.

7.

Pendant ce temps-là, Mireille, elle, traverse le boulevard Saint-Michel et arrive à la Sorbonne par la rue des Ecoles. Elle entre dans la Sorbonne, traverse le couloir, s'arrête pour regarder un tableau d'affichage. Puis elle passe sous les arcades et se trouve dans la cour.

Robert se trouve lui aussi dans la cour. Elle arrive tout près le lui. Il remarque tout de suite sa silhouette élégante: elle porte une jupe rouge plutôt courte, et un pull blanc plutôt collant. Il trouve son visage agréable, et lui sourit. Elle le regarde avec amusement, et lui rend son sourire.

7.

Mireille s'arrête pour regarder un **tableau d'affichage**.

Elle passe sous les **arcades** *et se trouve dans la cour.*

Robert aussi se trouve dans la **cour**. *Il arrive tout près d'elle.*

Il trouve son visage agréable et lui **sourit**.

Elle le regarde avec **amusement**.

Elle lui **rend** *son sourire.*

Un pull plutôt **collant**.

Des **collants**.

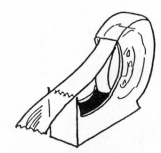

Du papier **collant**.

𝒮𝒮 **Mise en oeuvre**

Ecoutez la mise en oeuvre du texte et répondez aux questions suivantes.

1. Que fait Robert à 10h et demie du matin, ce beau jour de printemps?
2. Qui est-ce qu'il rencontre?
3. Qu'est-ce que la vieille femme porte?
4. Qu'est-ce que Robert propose?
5. Que fait Mireille au même moment?
6. Où est Marie-Laure?
7. Pourquoi Marie-Laure n'est-elle pas à l'école?
8. Qu'est-ce qu'il y a pour Mireille?
9. Quel temps fait-il en Angleterre?
10. Est-ce que le ciel est bleu le matin?
11. Est-ce que le ciel est bleu l'après-midi?
12. Qu'est-ce qui est beau en Angleterre?
13. Que dit Ghislaine pour terminer sa carte?
14. Qui est Bruce?
15. Pourquoi le gazon est-il magnifique en Angleterre?
16. Qu'est-ce que Mireille va faire, pour parler à Ghislaine?
17. Est-ce qu'il fait chaud en Angleterre?
18. Est-ce qu'il fait froid à Paris?
19. Qu'est-ce qu'on attrape quand il fait froid?
20. Qu'est-ce qu'on attrape quand il fait chaud et qu'on reste au soleil?
21. Qu'est-ce qu'on met pour se protéger des coups de soleil?
22. Où va Mireille?
23. Qu'est-ce que Robert voit?
24. Que font ces manifestants?
25. Qu'est-ce que Robert fait?
26. Où entre-t-il avec eux?
27. Par où Mireille arrive-t-elle?
28. Qu'est-ce qu'elle traverse?
29. Pourquoi est-ce qu'elle s'arrête?
30. Où est-ce qu'elle passe ensuite?
31. Où se trouve-t-elle?
32. Et où est Robert à ce moment-là?
33. Qu'est-ce que Robert remarque?
34. Qu'est-ce que Mireille porte?
35. Comment Robert trouve-t-il le visage de Mireille?
36. Qu'est-ce qu'il fait?
37. Comment Mireille regarde-t-elle Robert?
38. Qu'est-ce qu'elle fait, quand il lui sourit?

Documents

Je ne crois pas aux rencontres fortuites (je ne parle évidemment que de celles qui comptent).

Nathalie Sarraute

Météorologie

Meteo   15 février

TEMPS EN FRANCE AUJOURD'HUI A 13 HEURES

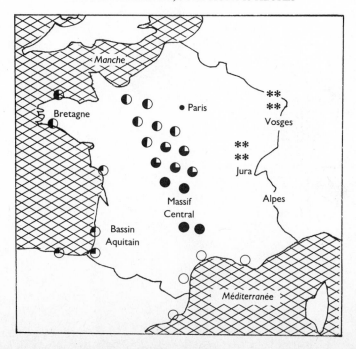

○ ciel clair	⁄⁄⁄ pluies
◗ peu nuageux	‖‖‖ bruines
◖ variable	▼ averses
◕ très nuageux	** ** neige
● couvert	≈ verglas
= brumeux	◇ orages

Très nuageux avec pluies intermittentes

REGION PARISIENNE

Aujourd'hui:
Nuageux avec pluies passagères. Vent faible du sud-est. Températures en baisse (température minimale: 5°; température maximale: 10°).

Demain:
Temps couvert avec pluies continues. Vent fort du nord-ouest. Températures stationnaires (température minimale: 5°; température maximale: 10°).

Après-demain:
Ciel clair. Vent modéré du nord-est. Températures en hausse (température minimale: 10°; température maximale: 15°).

AILLEURS

Aujourd'hui:
De la Manche aux Vosges et au Jura: Temps frais et très nuageux. Quelques faibles précipitations, sous forme de neige dans le Jura et les Vosges. Vent modéré du sud-est.

De la Bretagne au Bassin Aquitain: Ciel variable. Passages nuageux alternant avec quelques éclaircies. Rares averses.

Entre les deux zones ci-dessus: Temps couvert avec pluies passagères plus fréquentes et plus abondantes sur le Massif Central.

Sur le pourtour méditerranéen: Ciel clair. Vent modéré. Températures douces (température minimale: 14°; température maximale: 18°).

Demain:
Sur toute la France: Temps couvert. Précipitations abondantes. Orages locaux, en particulier sur le Massif Central et les Alpes.

Sur le pourtour méditerranéen: Ciel clair. Vents modérés. Températures douces (température minimale: 13°; température maximale: 19°).

Après-demain:
Sur toute la France: Ciel clair. Vent modéré. Températures en hausse.

Sur le pourtour méditerranéen: Temps couvert. Averses, orages violents. Températures en baisse (température minimale: 8°; température maximale: 12°).

Leçon 13
Rencontres III

1.

Le Quartier Latin à Paris. C'est une très belle matinée de printemps. Il est 11h. C'est le 29 mai. Il y a une grève d'étudiants, évidemment. Robert, un jeune Américain, vient d'arriver à Paris. En ce moment, il est dans la cour de la Sorbonne. Il sourit à une jeune fille. Mireille, une jeune Française, qui étudie l'histoire de l'art, est aussi dans la cour de la Sorbonne. Elle sourit à un jeune homme. Un autre jeune homme traverse la place de la Sorbonne. Il a l'air de s'ennuyer. Il s'approche d'une jeune fille, et lui demande du feu. Tiens! mais c'est Jean-Pierre Bourdon!

JEAN-PIERRE: Pardon, Mademoiselle, est-ce que vous avez du feu, s'il vous plaît?

La jeune fille le regarde sans répondre et s'en va.

2.

Pendant ce temps-là, au deuxième étage de la Sorbonne, une dizaine d'étudiants attendent devant un bureau. Un jeune homme arrive.
. . . C'est Jean-Pierre Bourdon! Il examine la situation, et tout de suite se dirige vers la tête de la file. Il s'approche d'une jeune fille brune qui porte une robe violette.

JEAN-PIERRE: C'est vous? . . . Qu'est-ce que vous faites ici? Comment ça va depuis l'an dernier?

La jeune fille le regarde, étonnée.

JEAN-PIERRE: Comment? Vous ne me reconnaissez pas? Mais si, voyons! . . . L'été dernier, à Saint-Tropez!

1.

Pardon, Mademoiselle, vous avez du **feu?**

Il fume le calumet devant le **feu.**

Une dizaine d'étudiants **attendent** *devant un bureau. Ils font la* **queue.**

Attends, ce n'est pas ton tour.
Attendez, ce n'est pas à vous.
Il faut **attendre** son tour; il faut faire la **queue.**

Saint-Tropez . . . *les yachts.*

2.

LA JEUNE FILLE: Moi? A Saint-Tropez? Impossible! D'abord, j'ai horreur de Saint-Tropez.... Les nanas, les fils à papa et les yachts ...ce n'est vraiment pas mon genre! Et puis je déteste l'été. Je passe tous mes étés en Patagonie ...parce que l'été, là-bas, c'est l'hiver! Elémentaire, mon cher Watson!...Vous voyez, votre truc, avec moi, ça ne marche pas!

3.

Des voix dans la queue commencent à protester.
UNE VOIX: Eh là! Pas de resquille!
UNE AUTRE VOIX: Hep! Le resquilleur!
UNE AUTRE VOIX: A la queue, comme tout le monde!
JEAN-PIERRE: Oh, ça va! J'y vais, à la queue! Si on ne peut plus draguer une fille en passant,

maintenant....Où va-t-on!...
Il va se placer au bout de la file. Il s'approche d'une jeune fille qui porte une robe verte.
JEAN-PIERRE: Pardon, Mademoiselle, vous avez du feu?
LA JEUNE FILLE: Non, je ne fume pas. (*Elle montre un jeune homme devant elle.*) Demandez à Jean-Luc.
JEAN-LUC: Tiens, voilà!
Et il tend son briquet Bic.

"Maman! Je m'ennuie!"

Un **fils à papa**.

Elle est **étonnée**.

UNE NANA

Une **nana**.

PARIS

COURCHEVEL

St. TROPEZ

Ce n'est pas du tout notre **genre!**

Ce n'est pas mon **genre**: je n'aime pas ça; ce n'est pas mon style.

JE CONNAIS LE TRUC! C'EST UN TRUC CLASSIQUE.

C'est un bon **truc**, un bon système; ça marche. Mais il y a des **trucs** qui ne marchent pas. Alors il faut essayer un autre **truc**, une autre astuce.

SECRETARIAT

PAS DE RESQUILLE! A LA QUEUE!

ÇA VA! J'Y VAIS À LA QUEUE!

Un **resquilleur**.

IL MARCHE TON BRIQUET!

—*Vous avez du* **feu?**
—*Tenez, voilà.*
—*Eh bien, il marche, votre* **briquet!**

BONJOUR!

Il essaie de **draguer** *une jeune fille*.

4.

JEAN-PIERRE: Merci.... Je m'appelle Jean-Pierre Bourdon. Et toi?

JEAN-LUC: Jean-Luc Marchand.

Jean-Pierre se tourne vers la jeune fille.

JEAN-PIERRE: Et vous?

La jeune fille continue sa lecture sans faire attention à Jean-Pierre.

JEAN-LUC: Elle, c'est Annick... son frère, Philippe; Nadia et Ousmane, des copains.

JEAN-PIERRE: Qu'est-ce que tu fais comme études?

JEAN-LUC: Je fais de la sociologie et du droit.

JEAN-PIERRE: Tu as raison! Le droit, ça mène à tout!

Il se tourne vers Annick, qui continue à ne pas faire attention à lui.

JEAN-PIERRE: Et vous?

JEAN-LUC: Elle, c'est une matheuse....

5.

JEAN-PIERRE: Ah, oui? Ça ne m'étonne pas. Aujourd'hui, toutes les filles font des maths. ...C'est la nouvelle mode. Moi, j'ai une copine qui vient d'entrer à l'X. C'est un cerveau! Elle veut se spécialiser en informatique. C'est un truc qui a de l'avenir, ça, l'informatique. La biologie aussi, remarquez. Ou l'astrophysique. Moi, je ne sais pas encore trop ce que je vais faire. Pour l'instant, je fais une maîtrise de psycho. Je vais peut-être faire médecine ...ou psychanalyse. En tout cas, les psy font leur beurre, ça c'est sûr!... Ou alors, peut-être que je vais faire HEC, ou l'IDHEC....

JEAN-LUC: Tu n'as pas l'air très fixé....

JEAN-PIERRE: Je ne veux pas me décider trop jeune.... C'est trop dangereux, ça.

JEAN-LUC: Et quel âge as-tu, au juste?

4.

*Il fait du **droit**; il veut être juge.*

Jean-Luc fait du **droit**. Il étudie le **droit**. Il fait des études juridiques. Il veut être juriste, avocat, ou magistrat. Il étudie les lois, la jurisprudence, la législation, ce qui est légal et ce qui est illégal.

*Le crime **mène** en prison.*

*Tous les chemins **mènent** à Rome.*

Le droit **mène** à la magistrature. Mais le droit **mène** aussi à d'autres professions (administration, secteur commercial...).

Les études secondaires **mènent** au baccalauréat. Les études supérieures **mènent** à la maîtrise, au doctorat.

La numismatique, c'est intéressant... mais ça ne **mène** à rien!

5.

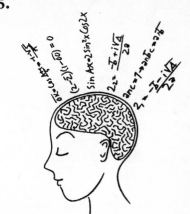

*C'est un **cerveau**!*

SALLE DE DISSECTION

*Elles étudient la **médecine**. Elles font leur **médecine** (à la Fac de Médecine, évidemment).*

Les psy **font leur beurre**! Les psychanalystes sont riches; ils gagnent beaucoup d'argent.

HEC = Hautes Etudes Commerciales
IDHEC = Institut des Hautes Etudes Cinématographiques
L'X = L'Ecole Polytechnique
Langues O. = Ecole des Langues Orientales

*Ecole des Hautes Etudes Commerciales (**HEC**).*

JEAN-PIERRE: Moi? 29 ans.
  Pourquoi?
JEAN-LUC: Rien; comme ça...
  pour savoir.

6.

Jean-Pierre s'approche de la fenêtre.
Il regarde dans la cour et appelle
Jean-Luc.
JEAN-PIERRE: Eh, viens voir,
  viens voir! Une fille formidable,
  là-bas!
JEAN-LUC: Quoi?
JEAN-PIERRE: Là, c'est la petite-
  fille de Greta Garbo!
JEAN-LUC: Sans blague! Où ça?
JEAN-PIERRE: Là, dans la cour...
  à droite!
JEAN-LUC: Laquelle? Celle avec le
  pantalon blanc, le chemisier bleu
  et vert et le foulard?
JEAN-PIERRE: Mais non, pas celle-
  là, l'autre, à côté!
JEAN-LUC: Ah, la blonde?
JEAN-PIERRE: Mais non, pas celle
  avec le pull blanc et cette horrible
  jupe rouge de Prisunic, qui sourit
  d'un air imbécile! Non, celle à
  côté, la rousse avec le jean gris et
  la veste noire!
JEAN-LUC: Mais je la connais, la
  rousse! Elle fait du russe aux
  Langues O. Mais ce n'est pas la
  petite-fille de Greta Garbo!
  D'ailleurs, Greta Garbo n'a jamais
  eu d'enfants!
JEAN-PIERRE: Ah, bon? En tout
  cas, elle est très bien quand
  même. Tenez, il y a un drôle de
  type qui s'approche d'elle; un
  type avec un imper noir et un
  chapeau noir. Il va essayer de la
  draguer, c'est sûr. Ça y est! Il lui
  demande du feu! C'est classique!
  C'est même un peu élémentaire!
ANNICK: Ça, oui! Je crois qu'on
  peut le dire! Ça ne doit pas
  marcher souvent, ce truc....

6.

En été, quand il fait chaud,
Robert porte un pantalon et une
chemise. Mireille porte une jupe et
un **chemisier**.

Elle porte un **pantalon**.

Les hommes portent des
pantalons... sauf les Ecossais.

Ghislaine porte un **foulard** *autour
du cou*.

Les Antillaises portent un **foulard**
sur la tête.

Les gangsters portent un **foulard** *sur
le visage*.

Un **drôle de type**.

—Je n'aime pas ce **type!**
—Pourquoi? C'est un gentil
garçon! Il est très bien!
—Non, il a l'air d'un sale **type**,
d'un gangster!

Un drôle de type avec un **imper** *noir
et un* **chapeau** *noir*.

7.

JEAN-LUC: Et comment est-ce que tu fais, toi, pour engager la conversation?

JEAN-PIERRE: Oh, ben, je ne sais pas, moi, il y a plein de trucs.... Ce ne sont pas les trucs qui manquent! Tenez, par exemple.... Vous dites: "Tiens, c'est vous? Qu'est-ce que vous faites là? Comment ça va, depuis l'an dernier?" La fille vous regarde, d'un air étonné. "Comment? Vous ne me reconnaissez pas? Vous ne vous souvenez pas de moi? Mais si, voyons! L'été dernier, à Saint-Tropez!" Ou "l'hiver dernier, à Courchevel!" ou "en Patagonie!" ...ou bien "l'année dernière, à Marienbad....Comment? Vous n'êtes pas..." Et vous dites un nom (Catherine Deneuve, Greta Garbo, Jacqueline Dupont... n'importe quoi!) "Non? Ah, mais là alors, c'est fou ce que vous lui ressemblez, alors! ... Mais où est-ce que vous passez vos vacances?" Enfin, voilà, ça c'est un truc qui marche à tous les coups. Ou bien alors, vous faites semblant de tomber devant elle dans un escalier...ou bien vous laissez tomber des papiers devant elle; elle vous aide à les ramasser, vous la remerciez, et voilà! C'est parti!

ANNICK: Tout ça n'est pas bien neuf! On connaît! Vous n'avez rien de mieux?

8.

Jean-Pierre ne répond pas à Annick. Il regarde sa montre.

JEAN-PIERRE: Ça ne va pas vite, hein! Ça fait longtemps que vous attendez?

JEAN-LUC: Une bonne demi-heure.

JEAN-PIERRE: Ah, zut, alors! Je ne peux pas rester, moi. J'ai un rendez-vous avec une fille superbe à l'Escholier. Je me sauve!

Il s'en va.

9.

ANNICK: Ah la la, il est puant, ce mec! "Une fille superbe"! Non mais, on dirait qu'il parle d'un cheval! Pour qui se prend-il, celui-là? Quel horrible dragueur!

Il s'imagine que les filles ne sont là que pour lui tomber dans les bras, peut-être! Il n'est même pas beau! Quelle tête d'idiot! Moi, ça me tue, des types comme ça....

7.

Courchevel: dans les Alpes, une station de sports d'hiver. On va à **Courchevel** pour faire du ski.

L'Année dernière à Marienbad *(un film d'Alain Resnais, avec Delphine Seyrig).*

Catherine Deneuve est une actrice très connue.
Greta Garbo est une autre actrice très connue.
Jacqueline Dupont est une inconnue.

Il **tombe** dans un escalier.

Il **laisse tomber** ses papiers. Elle l'aide à les ramasser.

9.

Moi, ça me **tue**, des types comme ça. Je n'aime pas ce genre de type!

Il s'imagine que les filles ne sont là que pour lui **tomber dans les bras.**

Quelqu'un a **tué** ce type. *(Les couteaux, ça **tue**!)*

MLF = Mouvement de Libération de la Femme

JEAN-LUC: Bof.... Il n'est pas bien malin, mais il est inoffensif!

ANNICK: Eh bien, c'est ça! Défends-le! Ah, vous êtes bien tous les mêmes, vous, les hommes! Tous aussi sexistes!

JEAN-LUC: Tiens! Tu es inscrite au MLF, toi, maintenant?

ANNICK: Quand je vois des types comme toi, j'ai bien envie de m'inscrire, tiens!

⌑ Mise en oeuvre

Ecoutez la mise en oeuvre du texte et répondez aux questions suivantes.

1. Est-ce qu'il y a longtemps que Robert est à Paris?
2. Où est-il en ce moment?
3. Qu'est-ce qu'il fait?
4. Qu'est-ce que Mireille étudie?
5. Qu'est-ce que Jean-Pierre demande à la jeune fille?
6. Est-ce que la jeune fille lui répond?
7. Que font les étudiants au deuxième étage de la Sorbonne?
8. Que fait le jeune homme qui arrive?
9. De qui est-ce qu'il s'approche?
10. Vous êtes à Paris, à la Sorbonne, et vous rencontrez une amie. Vous êtes étonné(e). Qu'est-ce que vous dites?
11. D'après Jean-Pierre, où et quand a-t-il rencontré la jeune fille brune?
12. Pourquoi la jeune fille brune ne va-t-elle jamais à Saint-Tropez?
13. Où passe-t-elle tous ses étés? Pourquoi?
14. Est-ce que le truc de Jean-Pierre marche avec cette jeune fille?
15. Qu'est-ce qu'on dit à quelqu'un qui essaie de se placer à la tête de la file?
16. Où est-ce que Jean-Pierre va se placer?
17. De qui est-ce qu'il s'approche?
18. Qu'est-ce qu'il lui demande?
19. Pourquoi n'a-t-elle pas de feu?
20. Que fait Jean-Luc pour donner du feu à Jean-Pierre?
21. Qui sont Nadia et Ousmane?
22. Qu'est-ce que Jean-Luc fait comme études?
23. Pourquoi est-ce que c'est bien, le droit?
24. Pourquoi est-ce que toutes les filles font des maths, aujourd'hui, d'après Jean-Pierre?
25. Pourquoi est-ce que c'est bien de se spécialiser en informatique?
26. Est-ce que Jean-Pierre sait ce qu'il veut faire?
27. Pourquoi est-ce que Jean-Pierre ne veut pas se décider trop jeune?
28. Où est la jeune fille que Jean-Pierre remarque?
29. Qu'est-ce qu'elle porte?
30. Que porte la blonde à côté?
31. Que porte la jeune fille rousse?
32. Que fait-elle comme études, d'après Jean-Luc?
33. Qu'est-ce que le drôle de type en noir va essayer de faire?
34. Comment est-ce qu'il fait, pour la draguer?
35. Est-ce que c'est un truc original, d'après Jean-Pierre?
36. Qu'est-ce qu'on peut dire à une jeune fille pour engager la conversation, d'après Jean-Pierre?
37. Quand la jeune fille vous affirme qu'elle n'est pas Catherine Deneuve ou Greta Garbo, qu'est-ce que vous lui dites?
38. Si vous laissez tomber des papiers devant une jeune fille, qu'est-ce qu'elle va faire, d'après Jean-Pierre?
39. Est-ce qu'Annick trouve que tout ça est original?
40. Est-ce qu'il y a longtemps que les jeunes gens attendent?
41. Pourquoi est-ce que Jean-Pierre ne peut pas attendre?
42. Comment Annick trouve-t-elle Jean-Pierre?
43. Comment sont les hommes, d'après Annick?

Documents

La Sorbonne

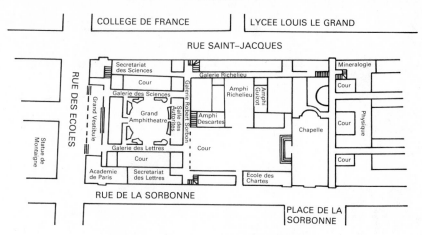

Leçon 14
Entrée en matière I

1.

C'est une merveilleuse matinée de printemps. Dans la cour de la Sorbonne, un jeune homme sourit à une jeune fille. Elle lui rend son sourire.

ROBERT: Excusez-moi, Mademoiselle. . . . Qu'est-ce qui se passe? De quoi s'agit-il? Qu'est-ce qu'ils crient? Pourquoi est-ce qu'ils manifestent?

MIREILLE: Je ne sais pas. . . . Mais ils ont sûrement raison.

ROBERT: Il fait vraiment beau, n'est-ce pas?

MIREILLE: Oui, c'est une belle matinée.

ROBERT: Vous êtes étudiante?

MIREILLE: Oui, je fais de l'histoire de l'art.

2.

ROBERT: Moi, je viens des Etats-Unis.

MIREILLE: Ah, vous êtes américain![1]

ROBERT: Oui.

MIREILLE: Eh bien, vous n'avez pas d'accent du tout pour un Américain!

ROBERT: Vous êtes bien gentille de me dire ça. Mais vous savez, je n'ai aucun mérite: ma mère est française. . . .

---

1. Vous voyez que Mireille a l'esprit rapide. Elle comprend vite!

2.

Ma mère est française. Quand j'étais **petit**, *je* **parlais** *toujours* **français** *avec elle.*

3.

Il est **sale**.   *Il est* **propre**.

C'est **sale**, il y a des insectes, de la vermine. . . .

C'est **propre**, immaculé, aseptique, hygiénique comme un hôpital.

C'est **propre**.

Ce n'est pas très **propre**. *C'est plutôt* **sale**.

MIREILLE: Ah, votre mère est française?

ROBERT: Oui. Quand j'étais enfant, je parlais toujours français avec elle.

3.

MIREILLE: Il y a longtemps que vous êtes en France?

ROBERT: Non, depuis hier seulement. . . . Je viens d'arriver.

MIREILLE: Vous habitez où? A la Cité-U?

ROBERT: ?

MIREILLE: A la Cité Universitaire … à la maison américaine?

ROBERT: Ah, non! J'habite dans un petit hôtel du Quartier, le Home Latin. Ce n'est pas luxueux, mais c'est propre et pas très cher.

4.

MIREILLE: Vous venez souvent en France?

ROBERT: Non, c'est la première fois. Ma mère est française, mais mon père n'aimait pas beaucoup la France. Quand j'étais petit, nous avions l'habitude de passer nos vacances aux Bermudes, ou en Amérique Latine, où mon père avait des intérêts.

MIREILLE: Vous passiez vos vacances en Amérique du Sud?… Mais… pourquoi dites-vous "mon père n'aimait pas… avait des intérêts.…" Est-ce que votre père…?

ROBERT: Ah, non, non, non. Mon père vit toujours. Il est même en excellente santé. Mais mes parents sont divorcés. Je ne vis plus avec eux. Ma mère est remariée avec un Argentin. Alors, les Bermudes, les vacances en famille… tout ça… c'est le passé!

C'est **luxueux**, magnifique, splendide, très confortable.

La chambre coûte 1500F par jour: c'est **cher**!

La chambre coûte 100F par jour: ce n'est pas **cher**! C'est **bon marché**!

4.

Nous avions l'habitude de passer nos **vacances** *aux* **Bermudes**.

Il fait ça souvent, tous les jours: c'est une **habitude**.

Il parle toujours français avec sa mère. Il a **l'habitude** de parler français avec elle.

Il passe toutes ses vacances à Saint-Tropez. C'est un **habitué** (de Saint-Tropez).

Mon père avait des **intérêts** *en Amérique du Sud.*

Je **vis**, Marthe, je **vis**!

Non, non, mon père n'est pas mort; il **vit** *toujours!*

Ma mère est **remariée avec un Argentin**.

Le père de Robert n'est pas mort. Il **vit** encore. Il est toujours **vivant**. Il est **en vie**. Il **vit** aux Etats-Unis.

5.

MIREILLE: Je comprends.... Et qu'est-ce qu'il faisait, votre père, quand vous étiez petit?

ROBERT: Il travaillait dans une banque. D'ailleurs, il travaille toujours dans la même banque depuis vingt-cinq ans.

MIREILLE: Ah oui? Et quel genre de travail fait-il? Il est caissier? Gardien de nuit?

ROBERT: Il est vice-président.

MIREILLE: Ah bon! Oh... il n'y a pas de sot métier, comme dit ma tante Georgette.

Elle reste silencieuse quelques instants.

6.

MIREILLE: Excusez-moi, je dois rentrer chez moi....

ROBERT: C'est loin, chez vous?

Est-ce que vous voudriez bien me permettre de vous accompagner?

MIREILLE: Oh, non, ce n'est pas loin! C'est tout près d'ici... et je veux bien vous permettre de m'accompagner... comme vous dites si bien!

ROBERT: On ne dit pas ça?

MIREILLE: Si, si... mais vous avez l'air si cérémonieux!

ROBERT: C'est que... je ne veux pas vous ennuyer....

5.

Il **travaille** dans la même banque **depuis 25 ans**.

Un **caissier**.

Dans un hold-up, les gangsters attaquent toujours les **caissiers**.
Ce sont les **caissiers** qui ont l'argent. L'argent est dans la **caisse**.

Un **gardien de nuit**.

Les **gardiens de nuit** travaillent la nuit. Ils ont souvent un uniforme. Ils assurent la surveillance. Ils ont souvent un revolver.

Il est **vice-président** d'une banque.

—Sa mère travaille?
—Oui, elle est psychanalyste.
—C'est un bon **métier!**

Il n'y a pas de **sot** métier! Tous les métiers sont respectables!
C'est un **sot**! Il est idiot!

Elle **reste** silencieuse; elle ne parle pas, elle ne dit rien.
Elle **reste** immobile; elle ne bouge pas.
Elle **reste** à la maison; elle ne sort pas.
—Tu viens?
—Non, je **reste**.

6.

Robert **accompagne** Mireille.

Versailles est **près** de Paris.
Tokyo est **loin** de Paris.

Hubert est un peu **cérémonieux**.

Mireille est **franche**. Elle dit la vérité. Elle est sincère. Elle ne cache pas son opinion. Elle a beaucoup de **franchise**. (J'aime sa **franchise**!)

MIREILLE: Oh, vous ne m'ennuyez pas du tout! En fait, pour être franche, je vous trouve assez sympa... enfin, je veux dire sympathique. Tenez, si vous voulez, nous pouvons aller nous asseoir quelques minutes au Luxembourg. Ce n'est pas loin d'ici, et c'est tout près de chez moi.

7.

Ils entrent dans le jardin du Luxembourg. Mireille montre le Sénat.

MIREILLE: Ça, là-bas, c'est le Sénat. C'est là que les sénateurs se réunissent. J'habite juste en face.... Tiens, asseyons-nous ici.... Oh la la, mon Dieu! J'oubliais! Je devais amener ma petite sœur à son cours de danse à 11 heures et demie! Quelle heure est-il? Midi? Qu'est-ce que Maman va dire! Excusez-moi, je me sauve!

Elle se lève et s'en va.

8.

Le soir, Robert est assis à la terrasse d'un café, place Saint-Michel.

LE GARÇON: Qu'est-ce que je vous sers?

ROBERT: Un café, s'il vous plaît.

LE GARÇON: Un express; très bien.

Robert commence à écrire une carte postale.

"Paris, le 29 mai. Ma chère Maman.... Je suis à la terrasse d'un café, place Saint-Michel. Le soleil se couche. Le ciel est tout rouge derrière le Louvre. Il fait très doux. C'est une belle soirée. ... Les Parisiennes portent des pulls blancs et des jupes rouges. Elles sont très gentilles. Bons baisers; Robert."

Puis il écrit l'adresse: "Señora Angèle Bellarosa de Gomina, 32 Calle de la Revolucion, Resistencia, Argentine."

7.

*Le Palais du **Sénat**. C'est là que les **Sénateurs** se réunissent.*

*Marie-Laure **amène** Fido.*

*Un **cours de danse**.*

*Marie-Laure fait de **la danse**.*

8.

*Qu'est-ce que je vous **sers**?*

*Le **soleil se couche**.*

*Le **Louvre** (le musée du **Louvre**).*

*La **carte postale** de Robert à sa mère.*

9.

Robert appelle le garçon.

ROBERT: S'il vous plaît! Vous avez
des timbres?

LE GARÇON: Ah, non! Il faut aller
dans un bureau de poste...ou
un bureau de tabac.

ROBERT: Ah, bon! C'est combien,
le café?

LE GARÇON: 4 francs 50.

ROBERT: Où y a-t-il un bureau de
poste?

LE GARÇON: Vous en avez un là-
bas de l'autre côté du pont, à
droite.

ROBERT: D'accord!

Il se lève et se dirige vers le pont. Il
arrive devant le bureau de poste.
Malheureusement, il est déjà fermé.

9.

Un **timbre**.

*On peut aussi acheter des timbres dans
un* **bureau de tabac**.

On peut acheter des timbres dans un
bureau de poste.

Un **pont**.

ᘓ Mise en oeuvre

Ecoutez la mise en oeuvre, et répondez aux questions suivantes.

1. Qui sont ces deux jeunes gens qui sourient dans la cour de la Sorbonne?
2. Qu'est-ce que Robert dit à Mireille pour engager la conversation?
3. Est-ce que Mireille sait pourquoi les manifestants manifestent?
4. Est-ce qu'elle pense qu'ils ont tort?
5. Est-ce qu'il fait beau, ce matin-là?
6. D'où vient Robert?
7. Pourquoi Mireille pense-t-elle que Robert est américain?
8. Est-ce que Robert a un accent américain quand il parle français?
9. Pourquoi Robert n'a-t-il aucun mérite à bien parler français?
10. Qu'est-ce que Robert parlait avec sa mère, quand il était enfant?
11. Depuis quand Robert est-il à Paris?
12. Où habite-t-il?
13. Comment est cet hôtel? Il est luxueux, cher?
14. Est-ce que Robert vient souvent en France?
15. Pourquoi ne passait-il pas ses vacances en France, quand il était petit?
16. Où le père de Robert avait-il des intérêts?
17. Est-ce que le père de Robert est mort?
18. Est-ce que les parents de Robert vivent toujours ensemble?
19. Avec qui sa mère est-elle remariée?
20. Où le père de Robert travaille-t-il?
21. Qu'est-ce qu'il fait?
22. Depuis quand est-il dans cette banque?
23. Que dit Tante Georgette, à propos des métiers?
24. Où habite Mireille? Est-ce que c'est loin de là?
25. Pourquoi Mireille se moque-t-elle de Robert quand il lui demande s'il peut l'accompagner? Comment le trouve-t-elle?
26. Est-ce que Robert ennuie Mireille?
27. Où Mireille habite-t-elle? Au Sénat?
28. Pourquoi est-ce que Mireille s'en va? Qu'est-ce qu'elle devait faire à 11h et demie?
29. Qu'est-ce que Robert écrit à sa mère, une lettre ou une carte postale?
30. Où est-il, quand il écrit à sa mère?
31. Pourquoi le ciel est-il tout rouge?
32. Comment est la température? Est-ce qu'il fait très froid? Est-ce qu'il fait très chaud?

33. D'après Robert, quelle est la mode à Paris? Que portent les Parisiennes?
34. Comment Robert trouve-t-il les Parisiennes?
35. Que dit Robert pour terminer sa carte?

36. Où peut-on acheter des timbres?
37. Où y a-t-il un bureau de poste?
38. Pourquoi Robert ne peut-il pas acheter de timbres au bureau de poste?

Document

Devinette

Je ne suis pas gros,
plutôt mince, costaud,
je suis assez grand,
je suis très sportif,
je fais plusieurs sports,
du ski nautique et du polo
par exemple.
Mes cheveux? Leur couleur?
Eh bien, ils ne sont pas blancs,
car je suis jeune;
mais ils ne sont pas blonds non plus:
ils sont noirs.
Bien sûr mes sourcils
sont de la même couleur!
Je me rase tous les matins,
et je n'ai ni barbe, ni moustache.
Sans exagération,
je peux dire que je suis intelligent.
Enfin, je ne suis pas de nationalité française,
mais je parle français sans accent
(sans mérite, puisque ma mère est française).
Je suis le héros d'une histoire.
Qui suis-je?

Emmanuel Rongiéras d'Usseau

Leçon 15
Entrée en matière II

1.

Paris. Le Quartier Latin. C'est le 30 mai. Il est 9 heures du matin. Robert sort de son hôtel. Il se promène dans les rues du Quartier Latin. Il semble chercher quelque chose. Il s'arrête devant un bureau de tabac, et entre.

ROBERT: Je voudrais un timbre... pour une carte postale.

LA BURALISTE: Oui... voilà, Monsieur.

ROBERT: C'est pour l'Argentine, par avion.

LA BURALISTE: L'Argentine, par avion, alors c'est 6 francs 30.

ROBERT: Où est-ce qu'il y a une boîte aux lettres, par ici?

LA BURALISTE: A gauche en sortant, Monsieur.

ROBERT: Merci.

Robert met les timbres sur la carte postale. Il cherche la boîte aux lettres... et il la trouve. Il relit la carte postale et il la met à la boîte.

2.

Robert se promène. Il traverse la Place de la Sorbonne. Il entre dans la cour de la Sorbonne. Il semble chercher quelque chose.... Quelque chose? Ou quelqu'un?

Il passe sous les arcades. Il traverse le couloir. Il sort par la porte de la rue des Ecoles. Il entre dans le jardin du Luxembourg. Il passe devant le Sénat. Tiens! Il y a une jeune fille sur un banc. Qui est-ce? Ce n'est pas Mireille!

Qu'est-ce qu'il va faire? Il ne va pas revenir à la Sorbonne! Mais ça ne va pas! Qu'est-ce qu'il a, ce garçon? Le Quartier Latin, c'est très bien, mais il n'y a pas que ça à Paris! Il y a l'Ile Saint-Louis, les Halles, Beaubourg, la Tour Eiffel, les Invalides, les Champs-Elysées,

1.

*La **buraliste**.*

*Une **boîte aux lettres**.*

*Le Forum des **Halles**.*

*Le Centre Culturel Georges Pompidou à **Beaubourg**.*

2.

L'Ile Saint-Louis.

*Les **Invalides**.*

*Les **Champs-Elysées** et l'Arc de Triomphe.*

les musées, le Louvre, Orsay, Montmartre, l'Opéra.... Non? Ça ne vous intéresse pas? Vous préférez revenir à la Sorbonne? Comme c'est bizarre!

3.

Robert revient à la Sorbonne et... voit... Mireille. Mais un jeune homme s'approche d'elle, et l'embrasse.

MIREILLE: Hubert! Toi, ici?
HUBERT: Ben oui, je viens à la fac, quelquefois... justement, je voulais te voir, tu sais....
Et ils s'en vont.

4.

Nouvelle rencontre. Robert est assis à la terrasse d'un café. Et Mireille passe dans la rue....

MIREILLE: Tiens, c'est vous? Qu'est-ce que vous faites là?
ROBERT: Rien. Je regarde les gens qui passent.
MIREILLE: Excusez-moi pour hier! Je devais amener ma petite soeur à son cours de danse! Mais puisque vous ne faites rien, allons faire un tour au Luxembourg; je ne suis pas pressée. Vous voulez bien?
ROBERT: Oui, bien sûr!
Ils se dirigent vers le jardin du Luxembourg.

5.

MIREILLE: Mais, dites-moi, si votre père est banquier, vous devez être riche. Alors pourquoi descendez-vous dans un petit hôtel minable?
ROBERT: D'abord, mon hôtel n'est pas minable du tout. C'est un petit hôtel très convenable. Et puis, mon père est peut-être riche, mais pas moi. Je préfère être indépendant.
MIREILLE: Ah bon! Mais alors, comment faites-vous? De quoi vivez-vous? Pour venir en France, comme ça, il faut de l'argent!

Le musée d'Orsay (musée du 19ème siècle).

Montmartre.

L'Opéra.

5.

Vous **devez** être riche! Vous êtes probablement riche!
Je pense que Mireille a 18 ou 19 ans. Elle **doit** avoir 18 ou 19 ans.

*Un hôtel **minable**.*

Mon père est peut-être riche, mais pas moi. Je préfère être **indépendant**.

De quoi **vivez**-vous?
Pour **vivre**, il faut de l'argent.
La **vie** est chère à Paris; il faut beaucoup d'argent pour **vivre** à Paris.

*Quand j'étais petit, mes grands-parents me donnaient toujours une centaine de dollars à **Noël**... et aussi pour mon **anniversaire**.*

ROBERT: Eh bien, quand j'étais petit, mes grands-parents, les parents de mon père, me donnaient toujours une centaine de dollars à Noël, et pour mon anniversaire. C'est cet argent que je dépense maintenant.

6.

MIREILLE: Ah, je vois! Vous ne voulez pas prendre l'argent de votre père, mais vous n'avez rien contre celui de vos grands-parents.... Mais, dites-moi, si c'est la première fois que vous venez ici, vous ne devez connaître personne à Paris.

ROBERT: Non, pas encore, mais j'ai une lettre pour des gens qui habitent Quai de Grenelle. Je compte aller les voir demain.

MIREILLE: Quai de Grenelle? Dans une des tours?

ROBERT: (*regardant l'adresse*): Tour Totem, 59, Quai de Grenelle. Madame Jacques Courtois. C'est une amie d'enfance de ma mère.

MIREILLE: Madame Courtois? Mais ça, c'est formidable! Quelle coïncidence!

ROBERT: Vous la connaissez?

MIREILLE: Si je la connais! Bien sûr que je la connais! C'est ma marraine! C'était la meilleure amie de ma mère quand elle faisait sa médecine.

ROBERT: Madame votre mère est médecin?

MIREILLE: Non. "Madame ma mère," comme vous dites, n'est pas médecin. Elle est Chef de Service au Ministère de la Santé. Mon grand-père était chirurgien. Mon père est chez Renault.

Robert **dépense** l'argent de ses grands-parents.

Tante Georgette ne **dépense** pas son argent. Elle l'économise.

6.

Mme Courtois est la **marraine** de Mireille.

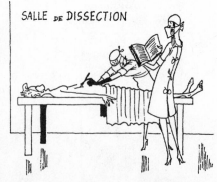

Il y a vingt ans, Mme Belleau et Mme Courtois **faisaient** leur **médecine**.

Il est **médecin**.

Elle est **médecin**.

Ça peut toujours **servir**: ça peut être utile.

Il ne **connaît** personne.

Il **connaît** quelqu'un.

ROBERT: Et vous, qu'est-ce que vous faites?

MIREILLE: Moi, je fais des études d'histoire de l'art. Et je fais du karaté le samedi matin...ça peut toujours servir. On ne sait jamais, comme dit ma tante Georgette.

7.

Marie-Laure arrive avec son bateau.

MIREILLE: Qu'est-ce que tu fais là, toi? Tu n'es pas à l'école?

MARIE-LAURE: Non mais, ça ne va pas! C'est mercredi, aujourd'hui! Et toi, qu'est-ce que tu fais là? Justement, Maman te cherchait.

MIREILLE: Elle n'est pas au bureau?

MARIE-LAURE: Non...elle était à la maison, et elle te cherchait.

MIREILLE: Qu'est-ce qu'elle voulait?

MARIE-LAURE: Ça, je ne sais pas. Mystère...et boule de gomme.

MIREILLE: Bon, je vais voir!

MARIE-LAURE: C'est ça, va voir!

MIREILLE: Et toi, où tu vas?

MARIE-LAURE: Ben moi, je vais faire de la voile....Je vais essayer le nouveau bateau de Tonton Guillaume.

MIREILLE: (à Robert): Vous m'attendez? Je reviens tout de suite.

Mireille **connaît** bien Paris: elle y est née; elle y habite depuis sa naissance.

Elle **connaît** bien le Pays Basque: elle y va tous les étés.

Elle **connaît** les Courtois: Mme Courtois est sa marraine.

Les Courtois sont des **connaissances** de Robert, mais Robert ne les **connaît** pas encore.

Mme Courtois et la mère de Robert sont des **amies d'enfance**.

C'est un **ami d'enfance**. Nous étions amis quand nous étions enfants.

7.

Marie-Laure arrive avec un **bateau** sous le bras.

Des **boules de gomme**.

8.

Mireille s'en va, laissant Robert et Marie-Laure.

MARIE-LAURE: Vous êtes le petit ami de Mireille? Vous êtes anglais?

ROBERT: Pourquoi? J'ai l'air anglais?

MARIE-LAURE: Non.

ROBERT: Alors qu'est-ce que je suis? Japonais? Espagnol? Italien?

MARIE-LAURE: Américain.

ROBERT: Comment t'appelles-tu?

MARIE-LAURE: Marie-Laure. Et vous, vous vous appelez comment?

ROBERT: Robert.

MARIE-LAURE: Vous la trouvez bien, ma soeur?

♫ Mise en oeuvre

Ecoutez la mise en oeuvre du texte et répondez aux questions suivantes.

1. Que fait Robert, le 30 mai, à 9h du matin?
2. Où va-t-il pour acheter un timbre?
3. C'est combien, les timbres par avion pour l'Argentine?
4. Où y a-t-il une boîte aux lettres?
5. Où Robert va-t-il ensuite?
6. Qu'est-ce qu'il fait dans la cour de la Sorbonne?
7. Où va-t-il quand il sort de la Sorbonne?
8. Qu'est-ce qu'il voit sur un banc au Luxembourg?
9. Est-ce que c'est Mireille?
10. Où revient-il ensuite?
11. Qui est-ce qu'il voit?
12. Pourquoi ne parle-t-il pas à Mireille?
13. Qu'est-ce que Robert fait à la terrasse d'un café?
14. Qu'est-ce que Mireille lui propose?
15. Comment est l'hôtel de Robert?
16. Pourquoi Robert n'a-t-il pas beaucoup d'argent?
17. Quand les grands-parents de Robert lui donnaient-ils une centaine de dollars?
18. Où habitent les gens que Robert doit aller voir?
19. Pourquoi Mme Courtois est-elle la marraine de Mireille?

20. Qui est-ce qui était chirurgien dans la famille de Mireille?
21. Pourquoi Mireille fait-elle du karaté?
22. Pourquoi est-ce que Marie-Laure n'est pas à l'école aujourd'hui?
23. Normalement, où doit être Mme Belleau à cette heure-ci?

24. D'après Marie-Laure, où est Mme Belleau?
25. Qu'est-ce que Marie-Laure va essayer?
26. Est-ce que Marie-Laure devine la nationalité de Robert?

Documents

Suivez le guide!
(descendre au métro Saint-Michel ou Odéon)

Le Quartier Latin? Qu'est-ce que c'est? C'est un quartier de Paris. A côté des Champs-Elysées? Mais non! C'est un quartier sur la rive gauche. Mais encore? C'est un quartier touristique où il y a beaucoup de petits restaurants, surtout grecs, et puis des tunisiens, des marocains, des vietnamiens aussi. Il y a des cafés bien sûr, et des cinémas. C'est le quartier jeune où les jeunes vont le soir.

Et vous savez pourquoi on l'appelle le Quartier Latin? C'est parce que c'est le quartier des étudiants et des universités. Là se trouve l'illustre Sorbonne! Et Paris VI, et Paris VII! Parce qu'au Quartier Latin, on s'amuse, mais on travaille aussi!

—Emmanuel Rongiéras d'Usseau

Un restaurant vietnamien.

Un restaurant grec.

Un restaurant tunisien.

La place Saint-André-des-Arts.

La tour de Jussieu, Université de Paris VI et VII.

Leçon 16
Entrée en matière III

1.

Le jardin du Luxembourg, à Paris, par une belle journée de printemps. Il y a des fleurs, des petits oiseaux. Il fait beau, mais il y a quelques nuages.

Un jeune homme, brun, assez grand, sympathique, est assis sur un banc.

Il parle avec une petite fille qui tient un bateau. Ce jeune homme n'est pas français. Il est en France depuis deux jours.

Au loin, une jeune fille arrive.

2.

MARIE-LAURE: Tiens, voilà ma soeur qui revient. Bon, et bien moi, je m'en vais. Je vais profiter du vent, tant qu'il y en a. Hou! Elle n'a pas l'air contente, ma soeur.... Quand je lui ai dit que Maman la cherchait, tout à l'heure, ce n'était pas vrai! C'était une blague.... Vous ne lui dites rien, hein! Mystère et boule de gomme!

3.

Marie-Laure est partie quand Mireille revient.
MIREILLE: Où est Marie-Laure?
ROBERT: Elle vient de partir par là avec son bateau. Elle m'a dit qu'elle allait profiter du vent tant qu'il y en avait.

2.

*Il n'est **pas content**. Elle n'est **pas contente**.*

3.

*Mireille **profite** du soleil.*

*La petite fille **profite** du vent pour jouer avec son bateau.*

*Arrête, **sale gosse! Sale gamine!***

4.

VOUS CONNAISSEZ LE PAYS BASQUE?

VOUS AVEZ DES QUESTIONS PLUTÔT INATTENDUES!

*Une visite **inattendue**.*

MIREILLE: Quelle sale gosse, cette gamine! Elle disait que ma mère me cherchait, mais il n'y avait personne à la maison. Encore une de ses blagues stupides! Elle est impossible, cette gamine!

4.

ROBERT: Est-ce que vous connaissez le Pays Basque?
MIREILLE: Eh bien vous, on peut dire que vous avez des questions plutôt inattendues! Pourquoi est-

ce que vous me demandez ça? Je ne vois vraiment pas le rapport. ...Oui, je le connais un peu. L'été dernier, nous sommes allés à Saint-Jean-de-Luz. Autrefois, quand j'étais petite, nous allions toujours à Belle-Ile-en-Mer, en Bretagne. J'aimais bien Belle-Ile; c'était tranquille, il y avait moins de monde. On faisait de la voile, on pêchait des crevettes, on attrapait des crabes. Quand il pleuvait, on jouait aux portraits, on allait voir de vieux films.... Mais ma soeur trouvait que ce n'était pas assez dans le vent, je veux dire à la mode. Alors l'année dernière, nous sommes allés à Saint-Jean. C'est plus animé. Mais pourquoi est-ce que vous me demandez ça?

ROBERT: J'ai envie d'y aller. Ma mère m'en parlait souvent quand j'étais enfant.

Ma mère me parlait souvent du **Pays Basque**.

Saint-Jean-de-Luz, au **Pays Basque**.

On **pêchait** *des* **crevettes**.

Il y a du **vent**.

En Bretagne, il y a beaucoup de **vent**. Il y a des tempêtes.

HUBERT: "Le **vent** est bon! Allons faire de la voile!"

Un monsieur **dans le vent**.

Une jeune fille **dans le vent**.

Une jeune fille qui n'est pas **dans le vent**.

Tante Georgette n'est pas **dans le vent**! Elle n'est pas moderne. Elle ne sait pas ce qui est à la mode.

Le fox-trot? Ce n'est plus **dans le vent**. Ce n'est plus à la mode! C'est passé de mode! C'est très passé! C'était à la mode du temps de mon arrière-grand-mère!

C'est **animé**.

Ce n'est pas très **animé**.

5.

MIREILLE: C'est un très beau pays. Votre mère est de là?

ROBERT: Non, pas vraiment. Mais elle y a passé plusieurs années quand elle était enfant. Mon grand-père, le père de ma mère, était juge. Son premier poste a été La Rochelle. C'était pendant que mes grands-parents étaient à La Rochelle que ma mère est née. Puis mon grand-père est passé au tribunal de Bayonne quand ma mère avait quatre ou cinq ans; ils sont restés six ou sept ans à Bayonne, je crois. C'est pendant qu'ils étaient à Bayonne que ma mère a rencontré cette Mme Courtois.

MIREILLE: En effet, elle est née au Pays Basque. Ses parents étaient commerçants. Ils avaient un magasin de tissus, en face de la cathédrale. Et vos grands-parents, où sont-ils maintenant?

6.

ROBERT: Ils sont morts tous les deux; ils sont morts quand j'avais neuf ou dix ans. . . . Mais dites-moi, je pensais, je vais aller chez les Courtois demain. Vous n'avez pas envie d'aller les voir demain, par hasard? Puisque Mme Courtois est votre marraine. . . .

MIREILLE: Non, demain, je ne peux pas. Je dois aller à Chartres.

ROBERT: Voir la cathédrale? Je veux aller la voir aussi, un jour.

MIREILLE: Non, la cathédrale, je la connais. Je l'ai visitée au moins cinq ou six fois avec mes parents et autant de fois avec l'école! Demain, je dois aller voir une exposition dans un petit musée qui se trouve juste à côté.

ROBERT: Est-ce que vous voudriez bien me permettre de . . .

MIREILLE: (*riant*): . . . de m'accompagner? Vous pouvez, si vous voulez. Mais vous oubliez que demain, vous allez chez les Courtois!

Robert veut connaître le Pays Basque. Il **a envie** d'y aller.

Robert a faim. Il **a envie** de manger. Il **a envie** d'un hamburger.

Robert a soif. Il **a envie** de boire quelque chose. Il **a envie** d'un Coca-Cola!

5.

Le **Pays Basque** *est un très beau pays.*

Le port de **La Rochelle.**

Des **tissus.**

7.

Un bateau **en panne** *(il ne marche pas).*

Une voiture **en panne** *(elle ne marche pas).*

ROBERT: Oh, je peux y aller un autre jour: après-demain, par exemple. . . .

7.

A ce moment, Marie-Laure arrive en pleurant: "Mireille!"

MIREILLE: Quoi, qu'est-ce qu'il y a encore?

MARIE-LAURE: Je suis en panne.

MIREILLE: Tu es en panne?

MARIE-LAURE: Oui, mon bateau est en panne; il n'y a plus de vent, et il est au milieu du bassin; il ne revient pas. Viens!

MIREILLE: Tu m'embêtes. Débrouille-toi.

MARIE-LAURE: Viens!

MIREILLE: Non!

MARIE-LAURE: Viens!!

ROBERT: J'y vais.

MIREILLE: Ce qu'elle est agaçante, cette gamine!

8.

Robert et Mireille se lèvent. Ils se
dirigent vers le bassin, mais le
bateau de Marie-Laure est revenu
tout près du bord.

MIREILLE: Tu te moques de nous!
"Gna, gna, mon bateau est en
panne, il est au milieu du
bassin!"

MARIE-LAURE: Eh ben oui. . . . Il
était là tout à l'heure, au milieu
du bassin. Le vent est revenu,
c'est tout! . . . Mais c'est tout
emmêlé!

MIREILLE: Oh, débrouille-toi!

ROBERT: Ce n'est pas grave. Je
vais arranger ça. . . . Et voilà.

MIREILLE: Eh bien, dis merci!

MARIE-LAURE (*souriant à Robert*):
Merci!

9.

Robert et Mireille s'en vont
ensemble dans le jardin du
Luxembourg.

MIREILLE: Vous êtes trop gentil.
Mais, dites-moi, avec tout ça,
comment vous appelez-vous?

ROBERT: Robert Taylor. . . . Aucun
rapport avec l'acteur. Et vous-
même?

MIREILLE: Mireille Belleau. . . .
Aucun rapport avec le poète. . . .

(Quelle pédante, cette Mireille! Elle
fait allusion à Rémy Belleau, un
poète du XVIème siècle, un peu
oublié.)

8.

Le bateau est revenu tout **près du bord**.

C'est tout **emmêlé**!

Affiche d'un film avec **Robert Taylor** et Greta Garbo.

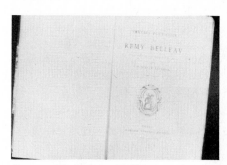

Oeuvres de **Rémy Belleau**, poète, 1528–1577.

ᛊᛊ Mise en oeuvre

Ecoutez la mise en oeuvre du texte et répondez aux questions suivantes.

1. Qu'est-ce qui indique que c'est le printemps, au jardin du Luxembourg?
2. Où est le jeune homme brun et sympathique?
3. Qu'est-ce que la petite fille tient?
4. Pourquoi est-ce que Marie-Laure veut s'en aller?
5. Est-ce que c'était vrai que Mme Belleau cherchait Mireille, tout à l'heure?
6. Pourquoi Mireille est-elle étonnée quand Robert demande si elle connaît le Pays Basque?
7. Pourquoi Mireille connaît-elle un peu le Pays Basque?
8. Où est-ce qu'elle allait en vacances, quand elle était petite?
9. Pourquoi Mireille aimait-elle la Bretagne?
10. Qu'est-ce qu'elle faisait, en Bretagne, quand il faisait beau?
11. Qu'est-ce qu'elle faisait quand il pleuvait?
12. Pourquoi est-ce que la soeur de Mireille n'aimait pas la Bretagne?
13. Pourquoi Robert a-t-il envie d'aller au Pays Basque?
14. Quel était le métier du grand-père de Robert?
15. Que faisaient les parents de Mme Courtois?
16. Où était leur magasin, à Bayonne?
17. Est-ce que les grands-parents de Robert vivent toujours?

18. Pourquoi Mireille ne peut-elle pas aller chez les Courtois le lendemain?
19. Pourquoi Robert veut-il aller à Chartres?
20. Est-ce que Mireille y va pour voir la cathédrale?
21. Si Robert ne va pas chez les Courtois demain, quand est-ce qu'il peut y aller?
22. Pourquoi Marie-Laure pleure-t-elle?

23. Pourquoi son bateau est-il en panne?
24. Quand Robert et Mireille arrivent au bassin, où est le bateau de Marie-Laure? Est-ce qu'il est toujours au milieu du bassin?
25. Comment le bateau est-il revenu près du bord, d'après Marie-Laure?

Document

Le Pays Basque

Une maison basque.

Un village du Pays Basque.

La plage à Biarritz.

Des marins basques.

L'annonce d'un tournoi de pelote.

Des joueurs de pelote.

Une rue à Saint-Jean-de-Luz.

Leçon 17
Il n'y a pas de sot métier I

1.

Paris au printemps.... Il y a des fleurs dans le jardin du Luxembourg.

Une petite fille joue gentiment avec son bateau.

Il est dix heures du matin. Au Sénat, les sénateurs discutent. Dans le jardin, sur un banc, deux jeunes gens parlent: ce sont Mireille Belleau et Robert Taylor.

MIREILLE: Vous vous appelez Taylor? Ça veut dire *tailleur*, en anglais, ça.
ROBERT: Je ne sais pas.
MIREILLE: Mais si, *tailor*, ça veut dire tailleur en anglais. Tout le monde sait ça: "My tailor is rich," c'est dans tous les livres d'anglais.
ROBERT: Oui, bien sûr, mais... je veux dire... mon nom s'écrit avec un *y*, et le mot anglais pour "tailleur" s'écrit avec un *i*.

2.

MIREILLE: Ça ne fait rien, c'est sûrement la même chose! L'orthographe, vous savez, ça ne veut rien dire! D'ailleurs, il y a des tas de gens qui ont des noms de métiers; tenez, par exemple *Boucher*, c'est un nom propre, un nom de famille. Il y a des tas de gens qui s'appellent Boucher, comme Boucher, le peintre du XVIIIème siècle, ou Hélène Boucher, par example (c'était une aviatrice); et *boucher*, évidemment, c'est aussi un nom de métier: le boucher qui vend de la viande. C'est comme ça qu'une fois, je me souviens, j'ai vu sur une pharmacie: "M. Boucher, pharmacien." C'était un monsieur qui était pharmacien de son métier, mais qui s'appelait Boucher.
ROBERT: Et vous avez déjà vu sur une boucherie: "M. Pharmacien, boucher"?

3.

MIREILLE: Ah, non! *Pharmacien*, c'est un nom de profession, de métier, mais ce n'est pas un nom propre. Personne ne s'appelle Pharmacien... que je sache! Ni Informaticien! Mais il y a des tas de gens qui s'appellent Boulanger (comme celui qui fait du pain), ou Charpentier, comme celui qui fait les charpentes: Gustave Charpentier, par exemple, c'était un compositeur. *Messager*, aussi, c'est un nom de métier: celui qui

1.

Un **tailleur**. Il fait des costumes d'homme.

2.

Un **boucher**.

3.

Un **boulanger**.

porte des messages ou des marchandises. Et c'est aussi un nom propre: André Messager, c'est un compositeur. *Charbonnier*, quelqu'un qui vend du charbon, c'est aussi un nom propre... et aussi *Forestier, Couturier, Bouvier*....

ROBERT: Bouvier? C'était le nom de jeune fille de ma mère! Mais ce n'est pas un nom de métier!

4.

MIREILLE: Mais si, bien sûr que c'est un nom de métier.... Enfin, c'était un nom de métier autrefois: le bouvier, c'était celui qui conduisait les boeufs. Evidemment, aujourd'hui, ça ne se fait plus beaucoup en France. "Profession: bouvier," ça ne se dit plus beaucoup. On parle

plutôt de conducteurs de tracteurs. *Chevrier* aussi est un nom de famille, et le chevrier est celui qui s'occupe des chèvres. Et puis il y a aussi *Berger*, comme celui qui s'occupe des moutons, et puis *Mineur, Marin*...

ROBERT: Marin.... C'est ce que je voulais être quand j'avais douze ou treize ans....

Une **boulangère**.

Une **boulangerie**.

Un **compositeur**.

Un **messager**, *c'est quelqu'un qui porte des* **messages**. *(Mercure était le* **messager** *des dieux.)*

Un **charbonnier** *vend du* **charbon** *et du bois (pour le chauffage)*.

4.

Un **bouvier**.

Un **conducteur** *de* **tracteur**.

Le **chevrier** *s'occupe des* **chèvres**.

Un **berger**.

Un **mineur**.

Un **marin**.

5.

MIREILLE: C'est drôle, les idées qu'on a quand on est petit. Vous savez ce que je voulais être quand j'étais petite? Je voulais être infirmière et actrice: infirmière pendant le jour, et actrice le soir.

ROBERT: Moi aussi, j'avais des idées plutôt bizarres. Moi, quand j'étais petit, quand j'avais sept ou huit ans, je voulais être pompier, pour rouler à toute vitesse dans les rues et faire beaucoup de bruit; monter en haut de la grande échelle, et plonger dans une fenêtre ouverte qui crache des flammes et de la fumée....

MIREILLE: Et sauver les bébés endormis au milieu des flammes....

5.

Je voulais être **infirmière** *pendant le jour, et* **actrice** *le soir.*

Pompier *en haut de la grande* **échelle**. *Fenêtre ouverte qui crache des* **flammes** *et de la* **fumée**.

Les trains **roulent**.
Les autos **roulent** (sur quatre **roues**).
Les bicyclettes **roulent** (sur deux **roues**).

Les voitures de pompiers, les voitures de police, les sirènes, les canons, les explosions, font beaucoup de **bruit**. (Le **bruit** se mesure en décibels.)

Il **crache**.

Ça, c'est un routier qui **crache** *son mégot.*

Il **plonge**.

6.

Robert **se penche**. *Il va peut-être tomber dans le bassin.*

Il **se penche**. *Il va sûrement tomber.*

6.

Mais que se passe-t-il? . . . C'est encore Marie-Laure qui arrive toute trempée!

MIREILLE: D'où tu sors comme ça?

MARIE-LAURE: Du bassin. . . .

MIREILLE: Tu es allée plonger dans le bassin?

MARIE-LAURE: Non, pas vraiment! Je suis tombée. J'ai voulu attraper mon bateau, alors je me suis penchée, et puis j'ai glissé, et je suis tombée. Voilà.

MIREILLE: C'est malin! Mais va te changer! Allez! Rentre à la

maison tout de suite. Et tu avais mal à la gorge, hier. Qu'est-ce que Maman va dire?

7.

Et Marie-Laure s'en va.

MIREILLE: Cette gamine! Elle est insupportable! Heureusement qu'elle sait nager!

ROBERT: Elle va sûrement devenir championne de natation; ou bien elle va faire de l'exploration sous-marine avec l'équipe de Cousteau.

MIREILLE: On ne sait jamais!

ROBERT: Non, on ne sait jamais comment les choses vont tourner. . . .

᎒᎒ Mise en oeuvre

Ecoutez la mise en oeuvre du texte et répondez aux questions suivantes.

1. Quelle heure est-il?
2. Qu'est-ce qui se passe au Sénat?
3. Où sont Robert et Mireille?
4. D'après Mireille, que veut dire *Taylor* en anglais?
5. Comment s'écrit le nom de Robert? Est-ce qu'il s'écrit comme le mot anglais pour tailleur?
6. D'après Mireille, est-ce qu'il faut faire très attention à l'orthographe?
7. *Boucher* est un nom de famille, un nom propre, mais qu'est-ce que c'est aussi?
8. Que fait un boucher?
9. Que fait un boulanger?
10. Que fait un messager?
11. Pourquoi Robert remarque-t-il le nom de Bouvier?
12. Qu'est-ce que c'est qu'un bouvier?
13. Est-ce que ça se fait beaucoup, d'être bouvier, en France, aujourd'hui?
14. Qui est-ce qui a remplacé les bouviers?
15. Qu'est-ce que c'est qu'un chevrier?
16. Et un berger?
17. Qu'est-ce que Robert voulait être quand il avait douze ans?
18. Qu'est-ce que Mireille voulait être quand elle était petite?
19. A quels moments est-ce qu'elle voulait exercer ces professions?
20. Qu'est-ce que Robert pense maintenant des idées qu'il avait quand il était petit?
21. Qu'est-ce qu'il voulait faire quand il avait huit ans?
22. Pourquoi voulait-il être pompier?
23. Qu'est-ce qui est arrivé à Marie-Laure? Est-ce qu'elle a plongé dans le bassin?
24. Comment est-ce que c'est arrivé? Qu'est-ce qu'elle a fait pour tomber dans le bassin?
25. Qu'est-ce que Marie-Laure doit faire maintenant?

Document

Mon ministre des finances

Géniale, l'idée de voler le camion des pompiers
avec l'échelle télescopique,
d'acheter ce petit singe!
Nul ne se doute à qui ça peut servir.

Nous circulons en ville, lentement.
A la moindre fenêtre ouverte, je dresse l'échelle,
le petit singe y monte, enjambe l'appui et rafle
ce qu'il trouve.

Depuis lors, le petit singe et moi vivons richement,
et—sauf le bruit du moteur quand je
dresse l'échelle—discrètement...
comme il sied à des gentlemen.

Boris Vian

Notes sur le document:
Si vous voulez être riche, si vous voulez vivre richement, c'est facile: Vous volez le camion des pompiers. Vous ne l'achetez pas (c'est trop cher), vous le prenez (quand les pompiers ne regardent pas).

Vous achetez un petit singe (un petit macaque, un petit babouin). Personne ne se doute à qui ça sert, personne ne sait qui peut utiliser ce camion et ce singe, personne n'a de soupçons, personne ne vous soupçonne, vous n'êtes pas suspect, vous ne causez pas de suspicion.

Vous circulez en ville (avec votre camion et votre singe). Quand vous voyez une fenêtre ouverte, vous dressez l'échelle, le petit singe monte l'échelle. Il arrive à la fenêtre ouverte. Il y a une barre d'appui à la fenêtre, une barre horizontale, pour s'appuyer quand on regarde par la fenêtre.

Le petit singe enjambe la barre d'appui, il passe la jambe par-dessus la barre, et il entre dans la pièce. Il rafle ce qu'il trouve, il vole ce qu'il trouve, il prend ce qu'il voit.

Depuis que nous utilisons le camion des pompiers, le petit singe et moi vivons richement... et discrètement, comme il sied à des gentlemen. Les gentlemen doivent être discrets; la discrétion sied aux gentlemen. Nous sommes discrets, nous ne faisons pas de bruit, sauf quand je dresse l'échelle (le moteur fait un peu de bruit). C'est une idée géniale, une idée de génie,[1] une idée remarquable!

1. Boris Vian était une sorte de génie: Il était ingénieur; il jouait de la trompette dans les caves "existentialistes" de Saint-Germain-des-Prés (vers 1945–50); il écrivait des poèmes, des chansons, des pièces de théâtre.

Leçon 18
Il n'y a pas de sot métier II

1.

Il est 10h 30 dans le jardin du Luxembourg, à Paris. Sur un banc vert, Mireille et Robert parlent toujours....

Marie-Laure, la petite soeur de Mireille, qui jouait avec son bateau, est tombée dans le bassin. Elle est allée se changer chez elle; elle habite tout près, juste en face, de l'autre côté de la rue.

2.

ROBERT: Non, on ne sait jamais comment les choses vont tourner. Tenez, j'avais un ami, aux Etats-Unis, qui adorait le violon: il jouait merveilleusement, un vrai virtuose; il rêvait de donner des concerts dans toutes les grandes villes du monde. Vous savez ce qu'il fait maintenant? Il n'est pas violoniste du tout... il fait de la saucisse aux abattoirs de Chicago!

MIREILLE: C'est comme la soeur de mon amie Ghislaine. Elle voulait être pianiste. En fin de compte, elle travaille dans le bureau de son papa...comme dactylo.

3.

Mais Marie-Laure s'approche, en souriant.

MIREILLE: C'est encore toi? Qu'est-ce que tu viens faire?

2.

Il **jouait** merveilleusement du **violon**. Il rêvait de **donner des concerts** dans toutes les grandes villes du monde.

Il **fait de la saucisse**.

Les **abattoirs**.

Elle est **dactylo**. Elle tape à la machine, elle fait du traitement de texte.

3.

Marie-Laure **dérange** Mireille.
MIREILLE: Arrête! **Laisse-moi tranquille!** Tu **m'agaces!**

MARIE-LAURE: Je te dérange?
MIREILLE: Arrête! Tu m'agaces! Laisse ce banc tranquille!
MARIE-LAURE: Ben quoi? C'est un banc public, non? Il n'est pas à toi, ce banc! Il est à tout le monde, parce que c'est un banc public.... C'est un banc public dans un jardin public. Le jardin appartient à l'Etat et le banc aussi; donc, ils sont à moi autant qu'à toi, na!

ROBERT: Voilà une jeune fille qui va sûrement être avocate, ou au Conseil d'Etat, et va défendre les intérêts de la société et de l'Etat!

MARIE-LAURE: Avocate? Non! Toujours debout, crier, faire de grands gestes! C'est fatigant! Le Conseil d'Etat? Bof.... Le Sénat, peut-être: c'est presque en face de la maison . . . c'est pratique. Pas de métro pour aller au boulot . . . mais la politique, ça ne m'intéresse pas.

4.

ROBERT: Qu'est-ce que tu veux faire, alors?

MARIE-LAURE: Beuh, je ne sais pas. Plombier, peut-être....

ROBERT: Plombier? Pourquoi? Les tuyaux, les robinets, ça t'intéresse?

MARIE-LAURE: Ouais, j'aime bien jouer avec l'eau. Et puis Papa dit que les plombiers gagnent plus que lui.... Et quand on est plombier, on travaille quand on veut; si un client vous appelle et qu'on n'a pas envie d'aller travailler, eh bien on reste chez soi. Tandis que si on veut être ingénieur ou dans un ministère, il faut aller travailler tous les jours . . . même si on n'a pas envie. Dans la vie, on ne fait jamais ce qu'on veut! Tenez, mon papa, quand il était jeune, il voulait être masseur.... Pas Mireille . . . parce que Mireille, c'est ma sœur, oui, mais ce n'est pas ce que je veux dire . . . je veux dire masseur . . . pour masser les gens, pour ceux qui ont mal au dos. Eh bien mon papa, il avait les mains froides. Et forcément, on ne peut pas réussir comme masseur si on a les mains froides. Les clients ne le supportent pas. Alors maintenant, il fabrique des autos, parce que les autos supportent très bien les mains froides.

Une **avocate**.

Le **Conseil d'Etat** est une cour supérieure qui s'occupe des affaires très importantes de l'Etat.

Marie-Laure a trop de travail.
MARIE-LAURE: *Oh la la! Quel* **boulot!**

Le **boulot**, c'est le travail.
En général, quand on travaille à Paris, on prend le métro pour aller au **boulot**.

4.

Un **plombier**.

Les plombiers installent et réparent les **tuyaux**, *les* **robinets**. . . .

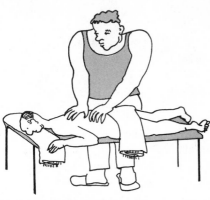

Les **masseurs massent** *les gens. Ils font des* **massages**.

Tante Georgette ne **supporte** pas les enfants (les enfants l'agacent). Elle ne **supporte** pas le bruit (elle n'aime pas le bruit; ça la fatigue). Je ne **supporte** pas l'alcool (ça me rend malade). Je ne **supporte** pas la contradiction (ça me rend furieux).

Il **fabrique des autos** (*chez Renault*).

MIREILLE: Remarquez que ça n'empêche pas mon père d'être un homme très chaleureux.... "Mains froides, coeur chaud," comme on dit.

MARIE-LAURE: On dit ça?

MIREILLE: Oui, ça se dit. Du moins Tante Georgette le dit, et Grand-mère aussi.

5.

ROBERT: Moi, mon père voulait devenir athlète professionnel, ou bien boxeur, ou joueur de football. Maintenant, il est vice-président d'une grande banque internationale. Le sport mène à tout.

MIREILLE: "Et tous les chemins mènent à Rome," comme dit ma tante Georgette! On parle toujours dans la famille d'un ami qui était sûr de voir un jour son fils ambassadeur. Maintenant, le fils en question est représentant d'une maison de jouets.... Mon beau-frère, Jean-Denis, le mari de ma soeur Cécile, voulait être routier pour conduire des camions énormes, un de ces vingt-tonnes avec neuf ou dix paires de pneus qui filent à toute vitesse dans un nuage de gasoil. Eh bien, vous savez ce qu'il fait, à présent? Il dessine des bijoux chez un bijoutier de la place Vendôme.

6.

ROBERT: J'ai un ami qui dans sa jeunesse voulait se faire prêtre. Seulement, depuis l'année dernière, il ne croit plus en Dieu; c'est un problème pour quelqu'un qui veut être prêtre! Alors il vient d'entrer dans une grande compagnie d'assurances, La Providence.

MIREILLE: Moi, tous mes amis veulent faire du cinéma. Ils se prennent tous pour des Fellini, des Kurosawa, ou des Truffaut. Ils se font des illusions....

Un **coeur**.

Des **pneus**.

Il a les mains froides, mais il a le coeur **chaud**. Il est **chaleureux**, cordial, gentil, bon.

Des **bijoux**.

5.

Le bateau de Marie-Laure n'est pas un vrai bateau. C'est un **jouet**.

Un **bijoutier** de la place Vendôme.

Un **routier**.

Sur la **place Vendôme**, il y a des bijoutiers, des couturiers, des hôtels chics, comme le Ritz.

Un **camion** qui **file** dans un nuage de gasoil.

6.

Un **prêtre**.

Il est agent d'**assurances**: il vend des **assurances** contre les accidents, l'incendie, des **assurances** sur la vie.

*Une compagnie d'**assurances** qui s'appelle **La Providence**.*

*Il **fait du cinéma**; il est **cinéaste**.*

Pour qui me **prenez**-vous? Vous me **prenez pour** un imbécile!
Il se **prend pour** Superman!
Non, mais dis! Tu te **prends pour** le Président de la République ou **pour** le Pape de Rome?

Un **industriel**. *Il est dans l'industrie.*

Un **agriculteur**. *Il est dans l'agriculture.*

Un **commerçant**. *Il est dans le commerce.*

Un **homme d'affaires**. *Il est dans les affaires.*

Un **magistrat**. *Il est dans la magistrature.*

Des **militaires**. *Ils sont dans l'armée.*

Une **enseignante**. *Elle est dans l'enseignement.*

Leçon 19
Attention: Ecoles I

, Quartier Latin.... Le quartier
écoles, des facultés, des études
es étudiants. Mireille et Robert
ent. Ils sont sûrement étudiants
es étudiants étudient, mani-
nt, et, le reste du temps,
utent.
obert a invité Mireille à prendre
que chose à la Closerie des Lilas.

ont traversé le jardin du
embourg,

t passés devant l'Institut d'Art et
rchéologie, où Mireille suit un
s.
REILLE: Ça, là, à droite, c'est
Institut d'Art et d'Archéologie.
suis un cours d'art grec.

Ils se sont assis à la terrasse de la Closerie des Lilas. Il était 11 heures et quart à l'horloge de l'Observatoire, et 5h 15 à la montre de Robert.
ROBERT: Quelle heure est-il?
MIREILLE: 11h, 11h et quart.
ROBERT: J'avais encore l'heure de New York.

2.
MIREILLE: Pourquoi vous avez voulu venir ici?
ROBERT: Vous savez, je ne connais pas beaucoup de cafés à Paris. Je connaissais celui-ci à cause d'Hemingway, de Scott Fitzgerald, de Gertrude Stein.... Vous ne venez jamais ici?
MIREILLE: Non, c'est la première fois.
ROBERT: Ça ne vous plaît pas?
MIREILLE: Si, si! Mais c'est un peu trop chic et trop cher pour une pauvre petite étudiante comme moi. Quand je veux boire un café avec mes copains, je vais plutôt dans un petit bistro du Quartier.

3.
LE GARÇON: Qu'est-ce que je vous sers?
MIREILLE: Voyons... Hemingway prenait sans doute un whisky, mais ce n'est pas particulièrement français. Qu'est-ce qu'il y a comme apéritif bien français?

1.

L'horloge de l'Observatoire.

2.

*Quand je veux prendre un café avec des copains, je vais dans un petit **bistro** du Quartier.*

3.

Un **kir**: un mélange de vin blanc (souvent un bourgogne, en particulier de l'aligoté) avec un peu de crème de cassis. (Une spécialité de Dijon, en Bourgogne.) On appelait ça, autrefois, un vin blanc-cassis. Depuis la Deuxième Guerre Mondiale, ça s'appelle un **kir,** en l'honneur du chanoine **Kir,** de Dijon, qui s'est illustré dans la Résistance, et qui aimait beaucoup le vin blanc-cassis.

ROBERT: Peut-être, mais on ne sait jamais.... Et de toute façon, faire du cinéma, c'est quand même plus intéressant que d'être dans l'industrie, l'agriculture, le commerce, les affaires, la magistrature, l'armée, ou l'enseignement.
MIREILLE: C'est vrai, mais tout le monde ne peut pas faire du cinéma ou de la télévision; il en faut, des industriels, des agriculteurs, des commerçants, des femmes et des hommes d'affaires, des magistrats, des enseignants, et même des militaires!
ROBERT: Des cinéastes et des vidéastes aussi, il en faut! L'ennui, avec le cinéma, c'est que même avec beaucoup de talent, on n'est jamais sûr de réussir.

7.

MIREILLE: Oh, ça, on ne peut jamais être sûr de rien. On ne sait jamais ce qui va se passer. Mais ça ne fait rien; dites-moi quand même ce que vous allez faire.
ROBERT: Moi? Vous voulez vraiment le savoir? Eh bien, je crois que je vais vous inviter à prendre quelque chose à la terrasse de la Closerie des Lilas. ... Et vous, qu'est-ce que vous allez faire?
MIREILLE: Je crois que je vais accepter.
MARIE-LAURE: Et moi, je peux venir?

MIREILLE: Mais tu es encore là, toi? Qu'est-ce que tu fais là? Tu sais tes leçons pour demain?
MARIE-LAURE: Ouais....
MIREILLE: Et tu as fait tes devoirs?
MARIE-LAURE: Ouais....
MIREILLE: Et tu les as finis?
MARIE-LAURE: Presque.
MIREILLE: Alors, va les finir! Tout de suite.
MARIE-LAURE: Ah, ce que tu peux être embêtante, toi! (*à Robert*) Puisque vous êtes américain, vous devez savoir l'anglais?
ROBERT: Oui, un peu....

7.

Mireille a un père et une mère. Ça, c'est **sûr.** Nous en sommes **sûrs.** Nous le savons.
Est-ce qu'elle va avoir des enfants? Peut-être, mais ce n'est pas **sûr.** On ne peut pas en être **sûr.** Nous ne le savons pas.

Ça ne fait rien. Ça n'a pas d'importance.

MARIE-LAURE: Vous voulez m'aider pour mon devoir d'anglais?
ROBERT: Peut-être....
MARIE-LAURE: Alors cet après-midi à deux heures, ici. OK?

*Un monsieur qui a **réussi**.*

*Un monsieur qui a moins bien **réussi**.*

J'ai beaucoup de travail, mais je vais aller au cinéma **quand même.** Il sait que les cigarettes sont dangereuses, mais il fume **quand même!**
Elle n'a pas un sou, mais elle achète **quand même** des bijoux chez Cartier!

*La **terrasse** de la **Closerie des Lilas**.*

*Maire-Laure fait ses **devoirs**.*

🎧 Mise en oeuvre

Ecoutez la mise en oeuvre du texte et répondez aux questions suivantes.

1. Où habitent les Belleau?
2. Que voulait faire l'ami de Robert, quand il était petit?
3. Qu'est-ce qu'il fait maintenant? Est-ce qu'il est violoniste?
4. Que fait la soeur de Ghislaine qui voulait être pianiste quand elle était petite?
5. Est-ce que Mireille est contente de voir arriver Marie-Laure?
6. Est-ce que les bancs du Luxembourg sont à Mireille?
7. Pourquoi Marie-Laure ne veut-elle pas être avocate?
8. Est-ce que Marie-Laure aime la politique?
9. Qu'est-ce que Marie-Laure veut être, plus tard?
10. Pourquoi est-ce qu'elle veut devenir plombier?
11. Quand on est plombier, est-ce qu'on est obligé d'aller travailler tous les jours?
12. Que fait un masseur?
13. Pourquoi le père de Marie-Laure n'est-il pas masseur?
14. Pourquoi est-ce qu'on peut très bien avoir les mains froides et fabriquer des autos?
15. Qu'est-ce que le père de Robert voulait faire, quand il était petit?
16. Qu'est-ce qu'il fait maintenant?
17. Quelle conclusion est-ce qu'on peut tirer?
18. Qu'est-ce que Jean-Denis voulait être, quand il était petit?
19. Qu'est-ce qu'il fait maintenant?
20. Pourquoi l'ami de Robert qui voulait être prêtre est-il finalement dans les assurances?
21. Que veulent faire tous les amis de Mireille?
22. Est-ce qu'ils vont vraiment faire du cinéma?
23. Comment appelle-t-on les gens qui sont dans l'industrie?
24. Et ceux qui sont dans l'agriculture?
25. Et ceux qui sont dans le commerce?
26. Et ceux qui sont dans les affaires?
27. Et ceux qui sont dans la magistrature?
28. Et ceux qui sont dans l'enseignement?
29. Et ceux qui sont dans l'armée?
30. Et ceux qui sont dans le cinéma?
31. Qu'est-ce que c'est, l'ennui, avec le cinéma?
32. D'après Mireille, de quoi est-ce qu'on peut être sûr?
33. Qu'est-ce que Robert va faire?
34. Qu'est-ce que Mireille va faire?
35. Est-ce que Marie-Laure a fini ses devoirs?
36. Quand Marie-Laure et Robert ont-ils rendez-vous?

Document

Nationale Sept; poids-lourd

Je me fous des poulets sur la route et des petits
oiseaux dans les platanes.
C'est pas ça qui me chante, mais un vingt-tonnes
qui crache, qui pète et qui me pose quand une
fille me regarde passer dans un nuage de gasoil.

Que saute un des vingt pneus, je montre à qui veut
les poils noirs sur mes bras, l'huile dans mes
cheveux; et je crache mon mégot, comme ça, pour
leur montrer à tous que je commande, même au feu.

Norge

Notes sur le document:

La route nationale N° 7 est une des grandes routes de France. Elle va de Paris au Midi (Cannes–Nice) par la vallée du Rhône. Les routes françaises sont souvent bordées d'arbres. Ces arbres sont souvent des platanes, surtout dans le Midi.

C'est un routier qui parle, un conducteur de gros camion; il conduit un poids-lourd, un gros camion de vingt tonnes (et vingt pneus, évidemment!).

Le routier se "fout" des poulets, il se moque des poulets, les poulets ne l'intéressent pas, les poulets n'ont pas d'importance pour lui. Les poulets, les oiseaux dans les arbres, ce n'est pas ça qui lui chante, ce n'est pas ça qu'il aime, ce n'est pas ça qui l'intéresse. Ce qui l'intéresse, ce qu'il aime, c'est un vingt-tonnes, un poids-lourd, un gros camion qui crache de la fu[mée] et du feu, qui pète, qui fait un bruit d'explosion. Un cami[on] qui fait beaucoup de bruit, il aime ça parce que ça le pose, lui donne de l'importance, du prestige.

Quelquefois, un des pneus saute, un des pneus crève, il explose. Il faut le changer. Quand le routier change un pne[u], les gens le regardent. Il aime ça. Ça le pose. Il montre ses b[ras] robustes avec des poils noirs. Il crache son mégot, son bou[t de] cigarette. Il pose pour les gens qui le regardent; il prend d[es] attitudes.

LE GARÇON: Vous avez le Dubonnet, le Martini...

MIREILLE: C'est italien, ça non?

LE GARÇON: L'Ambassadeur, le Pernod, le Ricard...

MIREILLE: Le Pernod, j'adore ça, mais c'est un peu trop fort.

LE GARÇON: La Suze, le Pineau des Charentes, le Saint-Raphaël, le Byrrh, le kir...

MIREILLE: C'est ça, je vais prendre un kir!

LE GARÇON: Et pour Monsieur?

ROBERT: ...La même chose.

4.

ROBERT: Alors, vous faites de l'histoire de l'art?

MIREILLE: Oui, j'ai toujours aimé le dessin et la peinture. Déjà, toute petite, à l'école maternelle, je plongeais les doigts avec délice dans les pots de couleur, et je barbouillais d'admirables tableaux

Un **kir:** *vin blanc et crème de cassis.*

Les Français ont toujours aimé le **dessin** *et la* **peinture.**

Une **école primaire.**

Ecole maternelle: 5 à 6 ans.
Ecole primaire: 6 à 11 ans.
Ecole secondaire: 11 à 17 ans.
Enseignement supérieur: 17 à ... ans.

4.

Il **dessine,** *il fait du* **dessin.**

Il **peint,** *il fait de la* **peinture.**

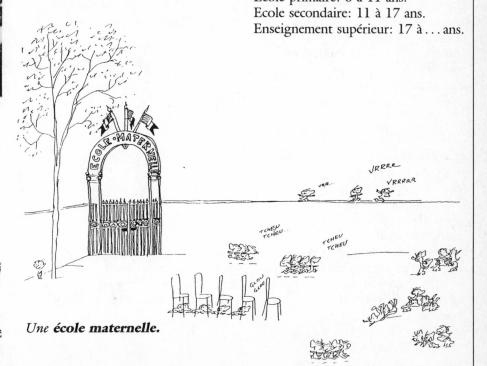

Une **école maternelle.**

abstraits. J'étais imbattable. C'était moi la championne de la classe, et j'ai gardé le titre jusqu'à la fin de l'école maternelle. Plus tard, à l'école primaire, l'institutrice nous a montré des reproductions de peintures murales de Matisse. Transportée d'admiration, le soir même, j'ai entrepris de couvrir de fresques les murs et le plafond de ma chambre. Mes parents n'ont pas apprécié. En France, les grands artistes sont toujours incompris.

5.

ROBERT: Des peintures de Matisse? Ça devait être une école d'avant-garde!

MIREILLE: Une école d'avant-garde? Pourquoi? Vous savez, Matisse était considéré comme un peintre d'avant-garde vers... 1910!

ROBERT: C'était une école privée?

MIREILLE: Non, l'école du quartier, une école publique.

ROBERT: Ça devait être une bonne école.

MIREILLE: Comme toutes les autres. Vous savez, en France, toutes les écoles sont à peu près pareilles; c'est l'Etat qui finance et qui contrôle l'éducation nationale. Le système est le même dans toute la France.

6.

ROBERT: Alors, plus tard, au lycée, vous avez continué à faire de l'art et à étudier l'histoire de l'art?

MIREILLE: Mais non! Pensez-vous! Il y a tellement d'autres matières à étudier! Rien qu'en histoire, par exemple, on étudie l'histoire ancienne, l'histoire de France, le Moyen-Age, les Temps Modernes, l'Epoque Contemporaine, l'histoire des pays étrangers; on n'en finit pas! Sans compter la géographie! Ça ne laisse pas beaucoup de temps pour l'histoire de l'art.

*Mireille aimait **plonger** les doigts dans les pots de peinture, et elle **barbouillait** d'admirables tableaux abstraits.*

*Mireille a été **transportée d'admiration** devant les peintures de **Matisse.** Elle a été enthousiasmée.*

*Un boxeur **imbattable**. Il **bat** tout le monde. Personne ne peut le **battre.***

*Elle a entrepris de couvrir les **murs** de **fresques.***

*La **championne** de la classe.*

Mireille **a entrepris** de couvrir les murs de fresques: elle a commencé à peindre sur les murs.

*Elle a entrepris de couvrir de fresques le **plafond** de sa chambre. (Michel-Ange a entrepris de couvrir de fresques le **plafond** de la Chapelle Sixtine, à Rome.)*

ROBERT: Moi, j'ai suivi un cours d'histoire européenne quand j'étais à l'école secondaire aux Etats-Unis. Je n'ai pas beaucoup aimé ça; trop de rois, trop de guerres.... Mais vous êtes obligés de faire de l'histoire?

MIREILLE: Bien sûr, l'histoire est obligatoire...comme presque toutes les matières, d'ailleurs. Vous savez, jusqu'en première, on n'a pas beaucoup de choix.

7.

ROBERT: Quels cours avez-vous suivis?

MIREILLE: Eh bien, moi, j'ai fait A en première, c'est-à-dire la section Lettres: j'ai fait du latin, mais pas de grec. Et puis j'ai suivi les cours communs à toutes les sections: j'ai fait du français, naturellement, des maths (malheureusement, parce que j'ai toujours été nulle en maths; j'ai failli rater mon bac à cause des maths). Et puis j'ai fait des sciences nat...je veux dire des sciences naturelles: de la zoologie, de la géologie, de la physiologie, de la botanique. (Ça m'a beaucoup plu, la botanique ...à cause des fleurs....J'adore les fleurs! Et j'étais très bonne en botanique.) Et puis j'ai fait de la chimie, de la physique... quoi encore? De la philo, en Terminale....

ROBERT: ?

MIREILLE: La dernière classe du lycée, avant le bac.... Et puis j'ai fait des langues, allemand et anglais.

ROBERT: Ah, vous savez l'anglais?

MIREILLE: Oui, un peu, mais ce n'est pas au lycée que je l'ai appris. J'ai passé trois étés en Angleterre. Au lycée, on enseigne plutôt mal les langues étrangères. Et puis, vous pensez bien qu'avec toutes les matières au programme, on ne sait jamais rien à fond!

*Les parents de Mireille n'ont **pas apprécié** son art.*

*Mireille est une artiste **incomprise**.*

Ses parents n'ont pas compris la valeur de ses fresques. Les parents ne comprennent pas les enfants. Les enfants sont **incompris**.

5.

En France, il y a quelques **écoles privées** (les écoles catholiques, l'Ecole Alsacienne, l'Ecole des Roches, le Collège Sévigné...), mais il y a surtout des **écoles publiques**.

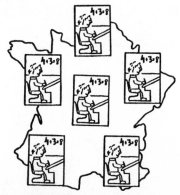

*En France, toutes les écoles sont à peu près **pareilles**.*

6.

L'Histoire Ancienne: Sumer, l'Egypte, la Grèce, Rome.
Le Moyen-Age: du IVème au XVème siècle.
Les Temps Modernes: du XVème siècle à la Révolution Française (1789).
L'Epoque Contemporaine: de 1789 à nos jours.

Ecole secondaire:
classe de		
6ème:	10–11	ans
5ème:	11–12	ans
4ème:	12–13	ans
3ème:	13–14	ans
2nde:	14–15	ans
1ère:	15–16	ans
Terminale:	16–17	ans

7.

Mireille fait des études d'histoire de l'art. Elle fait de l'histoire de l'art. Elle étudie l'histoire de l'art. Elle **suit des cours** d'histoire de l'art.

*Mireille était **nulle en maths**.*

Raté!

8.

ROBERT: Même si on n'apprend rien à fond, tout ça donne l'impression d'un travail énorme!

MIREILLE: Ça, oui, il y a du travail! Le pire, c'est le travail à la maison, les devoirs à faire, les leçons à apprendre, les interrogations écrites à préparer. Sans compter l'obsession du baccalauréat à la fin des études!

ROBERT: En somme, vous devez être bien contente d'en avoir fini avec le lycée.

MIREILLE: Ça, oui, vous pouvez le dire! Maintenant, à la fac, je me sens beaucoup plus libre. Tous les cours que je suis me plaisent. Surtout le cours d'art grec. Le prof est un amour! Il est beau comme un dieu, et tellement spirituel. . . . C'est un régal de l'écouter!

ROBERT: . . . .

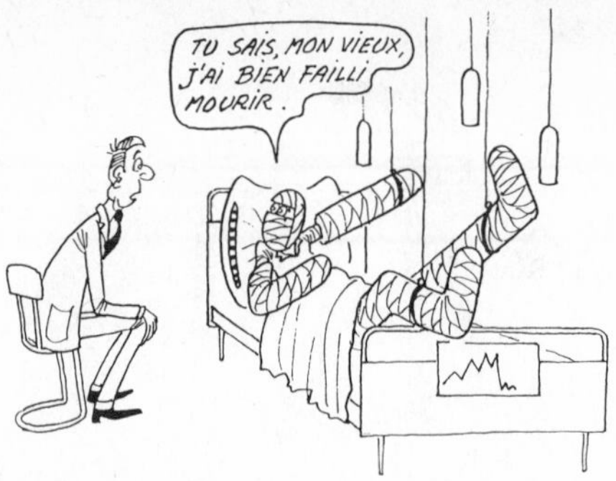

*Il a eu un accident assez grave. Il **a failli** mourir. Il n'est pas mort, mais . . . presque!*

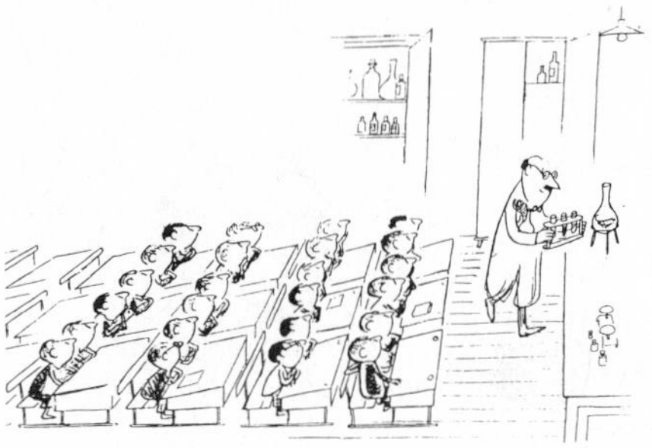

*Ils font de la **chimie.***

J'ai bien étudié la question. Je la connais **à fond.**

Il n'est pas sérieux. Il fait tout superficiellement. Il ne fait rien **à fond.**

8.

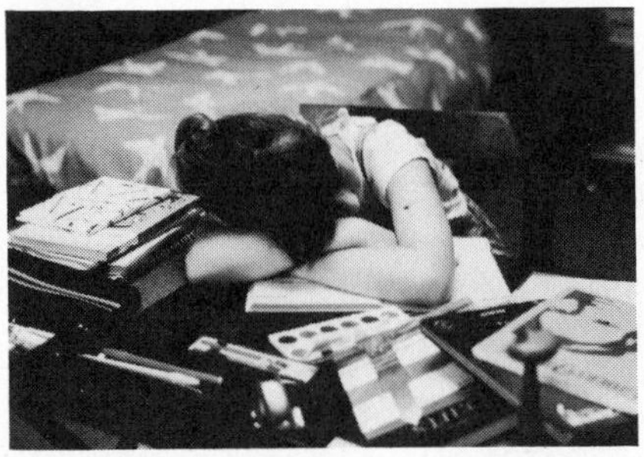

*Le pire, c'est le **travail à la maison.***

L'arithmétique, c'est difficile, mais l'algèbre, c'est encore **pire!** Et le **pire,** c'est le calcul intégral.

Yvonne est agaçante, mais la **pire**, c'est Marie-Laure.

Je **me sens** libre. Je **me sens** bien.

Il ne **se sent** pas bien. Il **se sent** malade.

Nous **nous sentons** responsables.

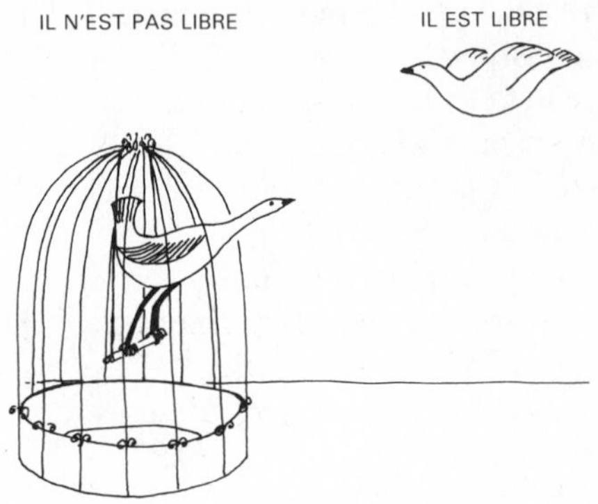

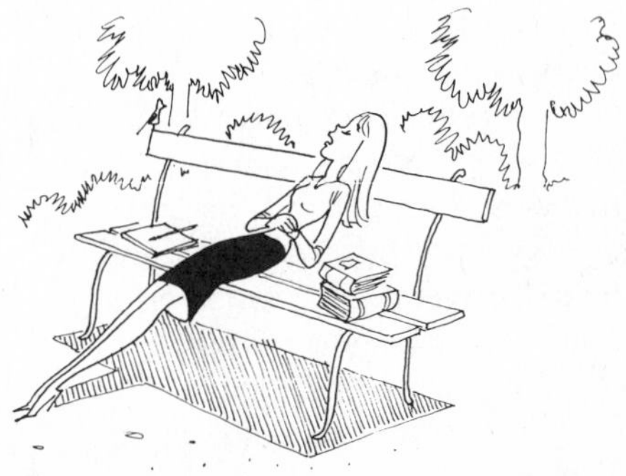

*Maintenant, je me sens beaucoup plus **libre.***

☊ Mise en oeuvre

Ecoutez la mise en oeuvre du texte et répondez aux questions suivantes.

1. Quelle est la caractéristique du Quartier Latin?
2. Où Robert et Mireille sont-ils allés prendre quelque chose?
3. Par où sont-ils passés pour arriver à la Closerie des Lilas?
4. Où Mireille suit-elle un cours?
5. A la Closerie des Lilas, est-ce qu'ils se sont assis à l'intérieur?
6. Est-ce que Mireille vient souvent à la Closerie des Lilas?

7. Pourquoi?

8. Où est-ce qu'elle va quand elle veut prendre un café avec des copains?

9. Pourquoi Mireille ne prend-elle pas de Pernod?

10. Qu'est-ce qu'elle prend finalement?

11. Et Robert?

12. Pourquoi Mireille fait-elle de l'histoire de l'art?

13. Qu'est-ce qu'elle aimait faire à l'école maternelle?

14. A l'école primaire, qu'est-ce que l'institutrice a montré aux enfants?

15. Qu'est-ce que Mireille a fait, le soir, chez elle?

16. Est-ce que ses parents ont aimé ses fresques?

17. Est-ce qu'on apprécie les artistes, en France, d'après Mireille?

18. Est-ce que l'école de Mireille était une école privée?

19. Est-ce qu'il y a de grandes différences entre les écoles, en France?

20. Pourquoi le système des écoles publiques est-il le même dans toute la France?

21. Pourquoi Mireille n'a-t-elle pas continué à faire de l'art au lycée?

22. Pourquoi Robert n'a-t-il pas aimé le cours d'histoire européenne qu'il a suivi?

23. Est-ce qu'on est obligé de faire de l'histoire, en France?

24. Quelle section Mireille a-t-elle faite?

25. Alors elle a fait du latin et du grec?

26. Est-ce que Mireille était bonne en maths?

27. Est-ce qu'elle était nulle en botanique?

28. Comment s'appelle la dernière classe du lycée?

29. Est-ce que Mireille a fait des langues au lycée?

30. Où est-ce que Mireille a appris l'anglais? Au lycée?

31. Qu'est-ce qu'il y a comme travail à faire à la maison?

32. Quel examen est-ce qu'on prépare au lycée?

33. Est-ce que Mireille a encore beaucoup de travail, à la fac?

34. Quel est son cours préféré?

35. Comment est le prof d'art grec?

Documents

La peinture à l'huile
C'est plus difficile
Mais c'est bien plus beau
Que la peinture à l'eau.

L'Histoire

L'Histoire a un goût de carton. Tous ces rois qui se suivent comme dans un jeu de piquet. Les dates ressemblent aux étiquettes de l'épicier. Et combien de bouteilles vides dans la cave de tous ces gens-là! L'Histoire? Des aventures de statues! Tout le monde sait bien que ça n'a presque pas existé, toutes ces histoires de l'Histoire.

Norge, *Les Cerveaux brûlés*

Notes sur le document:

L'Histoire, c'est un peu comme le carton. Il y a un certain rapport entre l'Histoire et le carton. Le carton, comme le papier, le papier-mâché, n'est pas une matière vivante, c'est une matière inerte, morte. L'Histoire non plus, ce n'est pas vivant, c'est mort, passé. L'Histoire est conservée dans des papiers, des documents classés dans des cartons dans les archives. Le papier, le carton, ce n'est pas très excitant, ce n'est pas très appétissant, ce n'est pas très bon. Ça a mauvais goût. L'Histoire a le même goût que le carton.

Les rois de l'Histoire ressemblent aux rois des jeux de cartes. Ils n'ont pas l'air réel, ils ne sont pas vivants. Ce sont des effigies, des images, des représentations simplifiées, un peu naïves et conventionnelles. Les rois de l'Histoire se suivent (Louis I, Louis II, Louis III . . .) comme les rois d'un jeu de piquet (roi de coeur, roi de trèfle, roi de pique, roi de carreau).

Chez l'épicier, on trouve des marchandises exotiques: du café, du chocolat, du cacao, de la vanille, du thé . . . mais l'épicier n'est pas un homme poétique. Il met sur ses marchandises une étiquette, un petit rectangle de papier ou de carton qui indique les prix: café: 16,50; cacao: 12,75; chocolat: 18,00. Les dates de l'Histoire ne sont pas très poétiques non plus, surtout quand il faut les apprendre: Marignan: 1515; Austerlitz: 1805; Waterloo: 1815.

Les bouteilles de vin aussi ont des étiquettes avec des dates: Chablis 1983, Château Margaux 1955, Château Lafite 1966. On conserve les bouteilles de vin dans les caves, bien classées, avec des dates sur les étiquettes, Chablis 1983, Château Margaux 1955, comme des documents historiques dans des archives. Mais dans les caves, il y a aussi des bouteilles vides, avec des étiquettes et des dates qui ne représentent plus rien, comme les dates de l'Histoire qui ont perdu leur signification. Les personnages de l'Histoire sont comme des bouteilles vides. Ils ont perdu leur substance. Ce ne sont pas des êtres vivants, mais des statues avec une étiquette qui indique leur nom et deux dates.

Leçon 20
Attention: Ecoles II

1.

Paris, le jardin du Luxembourg, la Closerie des Lilas. Deux jeunes gens, une jeune fille et un jeune homme, parlent de leurs études.

MIREILLE: Ah, il est beau, il est beau, mais il est beau! Vous ne pouvez pas vous imaginer comme il est beau!

ROBERT: Qui ça?

MIREILLE: Mais le prof d'art grec! Il a la tête du Moïse de Michel-Ange, je vous jure!

ROBERT: Ah, oui? Il est si vieux que ça?

Robert prend son verre un peu brusquement.... Catastrophe! Un peu de kir tombe sur la jupe de Mireille.

ROBERT: Ah, excusez-moi. Je suis desolé.... Il y en a sur votre jupe.

LE GARÇON (*se précipitant*): Permettez.... Un peu d'eau, ça va partir tout de suite.

Mireille lui dit de ne pas se déranger.

MIREILLE: Laissez, ça n'a pas d'importance. Ce n'est pas grave! Ce n'est rien! C'est une vieille jupe; je ne la mets presque jamais.

LE GARÇON: Voilà, voilà, c'est parti....

2.

ROBERT: Alors, si je comprends bien, vous aimez bien vos études à la fac?

MIREILLE: Oui! Vous savez, après le lycée.... Au lycée, on n'a pas une minute à soi, on n'est jamais tranquille, on n'est pas libre. Il y a toujours quelque chose à faire:

c'est les travaux forcés! A la fac, c'est plus relaxe. On travaille, on travaille beaucoup si on veut, mais on n'est pas forcé.... On fait ce qu'on veut. Au lycée, je n'avais jamais le temps de lire pour moi, pour mon plaisir. Maintenant, je peux prendre le temps de lire. Tenez, justement, ces jours-ci, je lisais Hemingway!

1.

Le **Moïse** de **Michel-Ange.**

Le garçon **se précipite.** Il arrive très vite.

Le garçon vient aider Mireille. Il **se dérange.**

MIREILLE: Oh, ne **vous dérangez** pas, ce n'est pas grave!

MARIE-LAURE: Je **te dérange?**

MIREILLE: Oui! Tu m'agaces!

MIREILLE: Allô, Maman! Dis, ça **te dérange** si je ne mange pas à la maison aujourd'hui?

MME BELLEAU: Non, au contraire, ça **m'arrange:** justement, j'avais envie d'aller manger à la Closerie avec ta marraine.

2.

Les **travaux forcés.**

Mireille est très **relaxe.**

3.

Ce monsieur **se met** toujours à cette table.

92

3.

LE GARÇON: Ah, Hemingway, Mademoiselle. . . . Il se mettait toujours là où vous êtes.

MIREILLE: Ah oui? Vraiment?

LE GARÇON: Oui, Mademoiselle; à cette même table.

MIREILLE: Pas possible? C'est vrai?

LE GARÇON: Oui, Mademoiselle. Ah, quel homme!

MIREILLE: Vous avez connu Hemingway?

LE GARÇON: Non, Mademoiselle, je suis trop jeune. . . . Il n'y a qu'un an que je suis à la Closerie. Mais on me l'a dit, Mademoiselle . . . des gens qui l'ont connu. . . . Quel écrivain! Quel talent!

MIREILLE: Vous l'avez lu?

LE GARÇON: Non, Mademoiselle, je n'ai pas le temps. Vous savez ce que c'est . . . le travail, la famille, le jardin. Je ne connais pas son oeuvre, mais j'en ai entendu parler. Il paraît qu'il buvait beaucoup . . . mais c'était un écrivain de génie!

ROBERT: Eh bien moi, je ne suis pas écrivain, et je n'ai pas de génie, mais je crois que je vais quand même boire. . . .

LE GARÇON: La même chose?

ROBERT: S'il vous plaît!

4.

MIREILLE: Vous êtes étudiant?

ROBERT: Oui. . . . Non. . . . Enfin, je l'étais. Je suppose que je suis toujours étudiant, mais en ce moment, je n'étudie pas. Je viens de quitter l'Université après deux années d'études. J'ai décidé de me mettre en congé pour un an.

MIREILLE: Tiens! Vous vous êtes mis en congé? Vous prenez un an de vacances, comme ça? Comme c'est commode! Quelle bonne idée! Pourquoi est-ce que je n'ai pas pensé à ça? . . . Pourquoi est-ce que vous vous êtes mis en congé?

ROBERT: Pour me trouver.

MIREILLE: Pour vous trouver? Pauvre petit! Vous étiez perdu?

*Un **écrivain**. Il écrit une **oeuvre** importante!*

Gertrude Stein, Ernest Hemingway, Victor Hugo, Marcel Proust, Thomas Mann, Simone de Beauvoir sont des **écrivains.** Ils ont écrit des **oeuvres** importantes.

4.

*Il **quitte** l'Université. Il part. Il s'en va. Il prend des vacances.*

*Il ne travaille pas aujourd'hui. Il est en **congé.***

—Monsieur Belleau est en **congé** en ce moment.

—En **congé** de maladie?

—Non, c'est son **congé** annuel. Il a cinq semaines de **congé** payé.

Pour aller à la fac, j'ai un bus très **commode:** il s'arrête juste devant chez moi.

Ce n'est pas **commode!** Ce n'est pas facile!

*Il est **perdu**. Il ne sait pas où il est.*

*Il **réfléchit**. Il pense.*

Il faut **réfléchir.** C'est une question délicate qui demande de la **réflexion.**

*Quand on est sur un bateau, il faut **faire le point** tous les jours à midi pour déterminer la longitude et la latitude. Si on ne **fait** pas **le point** tous les jours, on part pour New York, et deux mois plus tard, on se retrouve à Hong-Kong ou à Valparaiso!*

ROBERT: Vous vous moquez de moi!

MIREILLE: Moi? Jamais! Je ne me moque jamais de personne! . . . Mais qu'est-ce que vous voulez dire quand vous dites: "Je veux me trouver"?

ROBERT: Eh bien, je veux réfléchir, je veux faire le point, je veux voir où j'en suis. Je veux découvrir ce que je veux vraiment faire, savoir si je veux continuer ou faire autre chose.

5.

MIREILLE: Je vois. . . . En somme, vous en aviez assez, vous n'aimiez pas les études!

ROBERT: Non, ce n'est pas ça du tout, non! Mais je trouve qu'on nous enseigne trop de choses inutiles, je trouve que l'enseignement est beaucoup trop autoritaire, beaucoup trop dirigiste; je trouve que l'enseignement n'est pas adapté à la vie moderne.

MIREILLE: Rien que ça? C'est tout? . . . Mais, dites-moi, est-ce que vous étiez bon élève?

ROBERT: Oh, oui! Pas mauvais du tout; très bon, même. J'ai toujours été un bon élève. J'ai toujours eu de bonnes notes. J'ai toujours réussi à tous mes examens. Je n'ai jamais raté aucun examen. Je suis ce qu'on appelle doué; mes profs disaient même que j'étais surdoué. . . . J'ai appris à lire presque tout seul.

MIREILLE: Sans blague! Et à écrire aussi? Vous avez appris à écrire tout seul?

5.

—Pour mon anniversaire, je veux une montre, une paire de skis Rossignol, une caméra vidéo, une Harley-Davidson, une Alpine Grand Sport, et un voyage aux Bermudes.

—**Rien que ça?** C'est tout?

En France, à l'école primaire, on **note** sur 10.

9/10, c'est une bonne **note.**

2/10, c'est une mauvaise **note.**

A l'école secondaire, on **note** sur 20.

16/20, c'est une bonne **note.**

4/20, c'est une mauvaise **note.**

*Robert **a eu** beaucoup **de prix** à l'école. Il **a eu le prix** de mathématiques, **le prix** de physique, **le prix** d'histoire . . . mais peut-être pas **le prix** de modestie!*

*Robert **a appris à lire tout seul** . . . enfin, presque tout seul.*

*C'est dur d'être **modeste!***

ROBERT: Oui, et j'ai toujours été un des meilleurs élèves de ma classe.

MIREILLE: Et vous avez eu aussi le prix de modestie?

ROBERT: Voilà encore que vous vous moquez de moi!

MIREILLE: Moi? Pas du tout! Jamais de la vie! Non! Je comprends très bien. Vous dites les choses comme elles sont, tout simplement!

⚮ Mise en oeuvre

Ecoutez la mise en oeuvre du texte et répondez aux questions suivantes.

1. Qu'est-ce qui se passe quand Robert prend son verre?
2. Que dit Mireille de cette jupe?
3. A quoi est-ce que ça ressemble, le lycée, d'après Mireille?
4. Et à la fac, est-ce qu'on est forcé de travailler?
5. Qu'est-ce que Mireille n'avait pas le temps de faire, quand elle était au lycée?
6. Est-ce que le garçon a connu Hemingway?
7. Est-ce que le garçon a lu des oeuvres d'Hemingway?
8. Comment est-ce qu'il connaît l'oeuvre d'Hemingway?
9. Que faisait Hemingway, à la Closerie des Lilas?
10. Qu'est-ce que Robert veut faire, lui aussi?
11. Est-ce que Robert est étudiant?
12. Qu'est-ce qu'il vient de faire?
13. Comment a-t-il pu faire ça?
14. Qu'est-ce que Mireille pense de cette idée?

15. Mais pourquoi est-ce que Robert s'est mis en congé?
16. Est-ce que Mireille admet qu'elle se moque de Robert?
17. Qu'est-ce que Robert veut dire par "se trouver"?
18. Est-ce qu'il trouve que ce qu'on enseigne est utile?
19. Est-ce qu'il pense que l'enseignement est assez libéral?

20. Trouve-t-il cet enseignement bien adapté?
21. Qu'est-ce qui prouve que Robert était bon élève?
22. Est-ce qu'il a quelquefois raté des examens?
23. Est-ce qu'il a eu des difficultés à apprendre à lire?
24. Comment Mireille se moque-t-elle de lui?

Document

La Closerie des Lilas.

La terrasse de la Closerie des Lilas.

Le menu.

Au menu. . . .

Leçon 21
Attention: Ecoles III

1.

Il est 11 heures 45 à l'horloge de l'Observatoire. Robert et Mireille sont encore à la terrasse de la Closerie des Lilas.

Ils sont en train de boire leur troisième kir.

MIREILLE: Alors, comme ça, vous trouvez qu'on enseigne beaucoup de choses inutiles. Quoi, par exemple?

ROBERT: Ben... je ne sais pas, moi... presque tout! Prenez les mathématiques, par exemple. La géométrie, la trigonométrie, le calcul intégral, le calcul différentiel, à quoi ça sert? Une fois qu'on sait faire une addition, une soustraction, une multiplication, et une division, c'est tout ce qu'il faut! Et d'ailleurs, maintenant, avec les petites calculatrices électroniques et les ordinateurs, ce n'est même plus la peine d'apprendre à compter!

MIREILLE: ...Les ordinateurs, il faut quand même les programmer....

2.

ROBERT: C'est la même chose pour la chimie: toutes ces formules, à quoi ça sert? Je vous le demande! C'est peut-être bon si on veut être distillateur ou pharmacien, ou pour raffiner de l'héroïne, mais à part ça....

1.

*"Je suis un **ordinateur** IBM N° X124. On a mis trois ans, cinq mois, quatorze jours à me construire, six mois, vingt-sept jours, dix-sept heures à me monter. Malheureusement, demain à six heures vingt-deux, le bureau va sauter."*

2.

Un **distillateur**. Il **distille** de l'alcool.

Les **distillateurs distillent** le vin pour faire de l'alcool, de l'eau-de-vie, du cognac, de l'armagnac.

En France, on produit très peu de pétrole, mais on **raffine** beaucoup. Il y a de grandes **raffineries** de pétrole près de Bordeaux; à Fos, sur la Méditerranée; etc.

—**A** quoi ça **sert?** Ça ne **sert à** rien, c'est inutile!
—Mais non, c'est très utile, au contraire! Ça peut **servir à** beaucoup de choses.

Le héros de notre histoire, c'est Robert. **L'héroïne,** c'est Mireille. **L'héroïne,** c'est aussi une drogue (illégale!). **Les héroïnes** des romans policiers raffinent quelquefois de **l'héroïne. L'héroïne** de notre histoire ne raffine pas **d'héroïne.** Le héros non plus; il en parle, c'est tout!

Les **explosifs,** ça peut servir si on veut faire sauter la Tour Eiffel (mais ça aussi, c'est illégal!).

Mireille déteste la chimie. Elle en **a horreur.** Elle trouve ça **horrible.**

MIREILLE: Ça peut aussi servir si on veut fabriquer des explosifs. Malheureusement, moi, j'ai toujours eu de mauvaises notes en chimie. J'ai toujours eu horreur de la chimie. Tous ces acides, ça fume, ça sent mauvais ...la chimie, c'est la cuisine du diable!

3.

ROBERT: Et toutes les lois de la physique, c'est la même chose! A quoi ça vous sert de connaître la loi de la chute des corps, quand vous tombez d'un balcon?[1] ...Et le latin? Vous avez fait du latin, n'est-ce pas?

MIREILLE: Oui, six ans, depuis la sixième jusqu'en première.

ROBERT: Bon, eh bien, est-ce que vous parlez latin? Non, bien sûr! D'ailleurs, même si vous parliez latin, avec qui est-ce qu'on peut parler latin? Même au Home Latin, en plein Quartier Latin, on ne parle pas latin!

4.

MIREILLE: D'accord, personne ne parle plus latin; même les curés disent la messe en français, maintenant; mais on apprend le latin pour d'autres raisons....

ROBERT: Ah, oui? Et pourquoi, dites-moi?

MIREILLE: Pour mieux savoir le français, et puis...pour la discipline intellectuelle....

ROBERT: Discipline intellectuelle! Discipline intellectuelle! Vous me faites rire avec votre discipline intellectuelle! Si vous voulez mon avis, faire des mots croisés ou jouer au bridge est plus utile comme exercice mental!

MIREILLE: Mais enfin, quand même, il y a une belle littérature latine!

---

1. Il faut savoir que Robert est tombé d'un balcon à la Nouvelle-Orléans, quand il avait dix ans. Il est resté trois semaines à l'hôpital.

3.

Newton découvre la **loi de la chute des corps.**

Robert découvre la **loi de la chute des corps.** (Il tombe d'un balcon, à la Nouvelle-Orléans.)

Robert est tombé d'un balcon. Il a fait une **chute.** Voyez aussi les **chutes** du Niagara, les **chutes** du Zambèze. Il y a aussi la **Chute** de l'Empire Romain. Et avant ça, la **chute** d'Adam et Eve.

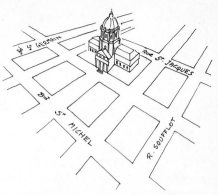

La Sorbonne est **en plein** Quartier Latin. Elle est au centre, au coeur du Quartier Latin. Le Home Latin aussi est **en plein** Quartier Latin.

4.

La **messe** est un service religieux catholique. Le culte est un service religieux protestant. Autrefois, la **messe** était en latin. Le culte a toujours été en français.

Le monsieur est tombé; ça **fait rire** la dame. (Ce n'est pas gentil!)

—Vous voulez mon **avis?**
—Oui, donnez-moi votre opinion.
—Malheureusement, je n'ai pas d'**avis** sur la question. Je n'ai pas d'opinion.

5.

ROBERT: Ah la la! La littérature! C'est de la fiction, des mensonges! Rien que des choses qui n'existent pas! Toute cette mythologie, est-ce que ça existe? Vous en avez vu, vous, des sirènes et des centaures? Et puis, qui est-ce qui a jamais parlé en vers, comme dans vos tragédies classiques: ta ta ta ta ta ta, ta ta ta ta ta ta? C'est ridicule! C'est artificiel! Il n'y a rien de plus artificiel qu'une tragédie classique! Même les romans, ce n'est pas la vie, c'est de la fiction!

6.

MIREILLE: Alors, pourquoi est-ce que vous n'aimez pas l'histoire? Au moins, ça, ça parle de gens réels, de gens qui ont vécu, de gens qui ont influencé les événements!

ROBERT: Si vous croyez que l'histoire vous dit la vérité, vous vous trompez. L'histoire, c'est arrangé pour vous faire adopter les préjugés de votre nation: votre pays a toujours raison, et les autres ont toujours tort.

7.

MIREILLE: Mais alors, les langues modernes, ça, au moins, c'est utile, non?

ROBERT: Pouh! Pas comme on les enseigne! Avec toutes ces déclinaisons, ces conjugaisons, ces listes de vocabulaire...c'est ridicule, ça ne sert à rien! On apprend des règles de grammaire pendant quatre ans, et on n'est pas capable de dire deux phrases compréhensibles! Enfin, j'exagère. J'ai eu de très bons professeurs d'allemand...mais je ne sais pas demander à quelle heure le train arrive!

Il fait des **mots croisés.** *C'est un excellent exercice mental.*

Les **centaures,** *ça n'existe pas!*

Quand même, il y a une belle **littérature latine!**

Même les **romans,** *ce n'est pas la vie!*

5.

Les **sirènes,** *est-ce que ça existe?*

6.

L'histoire, c'est **arrangé**...c'est manipulé, réorganisé, transformé. Les événements sont présentés de façon tendancieuse.

L'appartement des Belleau était vieux, sale, pas confortable du tout, mais ils l'ont bien **arrangé.** Ils ont fait des transformations.

MIREILLE: C'est vrai que vous exagérez. Vous êtes amusant, mais vous exagérez. Tout le monde a toujours été contre l'éducation qu'il a reçue. Heureusement que la culture, c'est ce qui reste quand on a tout oublié.

8.

ROBERT: Ce que vous êtes sentencieuse, quand vous vous y mettez! Est-ce que je peux vous inviter à déjeuner?

MIREILLE: C'est parce que je suis sentencieuse que vous voulez m'inviter à déjeuner?

ROBERT: Non, c'est parce que j'ai faim, parce qu'il va être midi, parce que je crois que vous devez avoir faim, vous aussi, que la conversation m'intéresse, et que je veux la continuer.

MIREILLE: Ça fait beaucoup de bonnes raisons, mais je ne peux pas accepter. Je rentre tous les jours déjeuner à la maison.

ROBERT: C'est dommage.

MIREILLE: Quelle heure est-il? Vous avez l'heure?

ROBERT: Il est midi moins cinq.

MIREILLE: Oh la la! Je vais être en retard! Excusez-moi, je file. Ne vous dérangez pas. A bientôt! Au revoir!

La naissance et la mort d'un roi, est-ce que ce sont des **événements** importants?

Si vous voulez suivre les **événements,** il faut lire le journal, écouter la radio, ou regarder la télévision.

Je n'ai aucun **préjugé,** aucune opinion préconçue. J'ai l'esprit très large, très ouvert. Je suis objectif, impartial.

J'**ai** toujours **raison.** Je ne me trompe jamais. Je sais où est la vérité. Les autres **ont** toujours **tort.** Ils se trompent. Ils sont dans l'erreur.

8.

Il **s'est mis à** pleuvoir. Il commence à pleuvoir.

Je **me mets au** travail vers huit heures, et je travaille jusqu'à deux heures du matin. . . .

Nous avons beaucoup de travail. Il faut **s'y mettre!** Commençons tout de suite!

En général, Philippe est plutôt ennuyeux, mais quand il **s'y met,** il peut être très amusant.

Il va être midi. . . .

♫ Mise en oeuvre

Ecoutez la mise en oeuvre du texte et répondez aux questions suivantes.

1. Quelle heure est-il à l'horloge de l'Observatoire?
2. Où sont Robert et Mireille?
3. Qu'est-ce qu'ils font?
4. Quelles sont les opérations mathématiques qu'il faut savoir faire?
5. Maintenant, on a des ordinateurs et des calculatrices. Est-ce qu'il faut encore apprendre à compter?
6. Quand est-ce que la chimie est utile, selon Robert?
7. Et quand est-ce que c'est utile aussi, selon Mireille?
8. Est-ce que Mireille était bonne en chimie?
9. Pourquoi est-ce qu'elle n'aime pas la chimie?
10. Quand est-ce que Robert est tombé d'un balcon?
11. Est-ce que Mireille a fait du latin?
12. Est-ce qu'on parle encore latin?
13. Alors, pourquoi est-ce qu'on apprend le latin, selon Mireille?
14. Qu'est-ce que Robert trouve supérieur au latin, comme exercice mental?
15. Qu'est-ce que la littérature, selon Robert?
16. Où est-ce qu'on parle en vers?
17. Qu'est-ce que Robert pense des romans?
18. De quoi parle l'histoire?
19. Comment est-ce que l'histoire est arrangée?
20. Pourquoi est-ce qu'on enseigne mal les langues modernes, en général?
21. Est-ce que Robert sait bien l'allemand?
22. Quelle définition Mireille donne-t-elle de la culture?
23. Pourquoi Robert veut-il inviter Mireille à déjeuner?
24. Pourquoi Mireille ne peut-elle pas accepter l'invitation?
25. Quelle heure est-il?

Documents

Et n'oublions pas, ajoutait son ami Ernest, que toute montre arrêtée donne l'heure absolument exacte deux fois par jour.

Norge, *Les Cerveaux brûlés*

Hommage à Gertrude Stein

Quelle heure est-il est une question
Quelle heure est-il est une phrase
Quelle heure est-il est quelle heure est-il
Quelle heure est-il n'est pas heure est-il
Quelle heure est-il est une question est une phrase
Quelle heure est-il est une phrase n'est pas une question
Quelle heure est-il est quelle heure est-il
Quelle heure est-il est une question
Il est douze heures trente à Paris

Raymond Queneau

Notes sur le document:
"Quelle heure est-il?" est une question. C'est aussi une phrase, avec un sujet (*heure*) et un verbe (*est*).

"Quelle heure est-il?" est "Quelle heure est-il?" Evidemment! ("Rose is a rose is a rose is a rose.")

"Quelle heure est-il?" n'est pas "heure est-il." C'est évident.

"Quelle heure est-il est une question" est une phrase, avec un sujet (*Quelle heure est-il*) et un verbe (*est*).

"Quelle heure est-il est une phrase" n'est pas une question. (C'est une affirmation.)

"Quelle heure-est-il?" est une question, et "Il est douze heures trente à Paris" est la réponse à cette question. C'est simple!

Leçon 22
A la recherche d'une invitation I

1.

Il est midi à Paris. Marie-Laure, qui jouait au Luxembourg, rentre à la maison. Elle chante:

"Midi
Qui l'a dit?
La petite souris!
Où est-elle?
A la chapelle.
Que fait-elle?
De la dentelle.
Pour qui?
Pour les dames de Paris."

MME BELLEAU: Marie-Laure, c'est toi? Va te laver les mains.
Dépêche-toi, tu es en retard.

2.

Il est midi cinq. Robert est seul à la terrasse de la Closerie des Lilas. Mireille est partie; elle est allée chez

elle pour déjeuner avec Papa, Maman, et la petite soeur.

Il est six heures cinq (du matin) à New York, et six heures cinq (du soir) à Bombay. Robert a mis sa montre à l'heure française.

1.

Une petite **souris**.

De la **dentelle**.

Une **chapelle**.

Marie-Laure **se lave les mains**.

Ces dames font de la **dentelle**.

Il **se dépêche**.

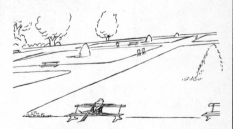

Il ne **se dépêche** pas.

Dépêchez-vous! Faites vite! Je suis pressé! Je n'ai pas le temps! Je n'ai pas de temps à perdre!

Il vient de finir son troisième kir.
Il appelle le garçon.

ROBERT: Est-ce que je peux
téléphoner?

LE GARÇON: Oui, Monsieur, au
sous-sol, à côté des toilettes.

ROBERT (*qui n'a pas compris*): Non,
ce n'est pas pour les toilettes....
C'est pour téléphoner.

LE GARÇON: Oui, Monsieur. Les
cabines téléphoniques sont en
bas, au sous-sol, à côté des
toilettes, au fond de la salle, à
droite.

3.

Robert se lève, entre dans la salle,
et descend au sous-sol pour
téléphoner. Il est suivi par un
étrange personnage, tout en noir.
... Robert entre dans la cabine. Il
essaie de mettre une pièce dans la
fente de l'appareil, sans succès. Il
sort de la cabine. Il remonte dans la
salle. Il va à la caisse.

ROBERT: Pour téléphoner, s'il vous
plaît?

LA CAISSIERE: Il faut un jeton.

ROBERT: Je peux en avoir un, s'il
vous plaît?

LA CAISSIERE: Voilà. Ça fait deux
francs. Merci.

Robert redescend au sous-sol, entre
dans la cabine, essaie encore. Cette
fois, ça marche.

ROBERT: Allô, Madame Courtois?

UNE VOIX A L'ACCENT PORTU-
GAIS: Non, Monsieur. La
Madame, elle n'est pas là. La
Madame, elle est sortie. Elle est
allée promener Minouche. Elle
n'est pas rentrée. Elle va rentrer
tout à l'heure, pour déjeuner.
Rappelez vers midi, midi et demi.

2.

*Dans les cafés, le téléphone est presque
toujours* **au sous-sol, à côté des
toilettes.**

Robert **descend** *au* **sous-sol.**

3.

Il y a une **fente** pour les pièces de 5F,
d'1F, d'1/2F, et de 20 centimes.

Robert **remonte** *dans la salle.*

Robert va à la **caisse** *pour acheter un
jeton.*

Un **jeton** *de téléphone.*

Robert **appelle** *les Courtois.*

Robert **rappelle.**

ROBERT: Ah, bon. Merci, merci beaucoup. Je vais rappeler dans une demi-heure. Au revoir, Madame.

Robert sort de la cabine, toujours suivi par l'étrange homme en noir.

4.

Robert revient à sa table.

ROBERT: Ça fait combien?
LE GARÇON: Trente et trente: soixante, et quinze: soixante-quinze. Soixante-quinze francs.
ROBERT: Le service est compris?
LE GARÇON: Oui, Monsieur, quinze pour cent. Au revoir, Monsieur. Merci, Monsieur.

5.

Robert marche maintenant le long du Boulevard Montparnasse. Puis il regarde sa montre, cherche une cabine téléphonique. En voilà une! Mais Robert n'a pas l'air de comprendre comment elle marche.
UN PASSANT: Il faut une carte, une carte magnétique. Essayez l'autre: elle marche avec des pièces. Vous avez de la monnaie?

Robert lui montre une pièce de 10F.
LE PASSANT: Non, ça ne va pas. C'est pour Paris? Il faut des pièces de 50 centimes, 1F, ou 5F. Vous n'avez pas de monnaie?
ROBERT: Non, pas du tout.
LE PASSANT: Attendez, je vais voir si j'en ai. Tenez!
ROBERT: Merci! Au revoir!

Robert peut enfin téléphoner.

6.

ROBERT: Madame Courtois?
LA VOIX A L'ACCENT PORTU-GAIS: Non, c'est la bonne! Attendez, je vous la passe. Madame!... C'est le monsieur de tout à l'heure!
MME COURTOIS: Allôôô! Allô, oui!
ROBERT: Allô, bonjour Madame.
MME COURTOIS: Allô, j'écoute.
ROBERT: Ici Robert Taylor.

MME COURTOIS: Ah, Robert! Comment allez-vous, mon cher petit? Quelle coïncidence! Nous parlions justement de vous hier avec mon mari! Il y a longtemps que vous êtes arrivé?
ROBERT: Depuis hier... non.... Je suis arrivé avant-hier.

7.

MME COURTOIS: Et comment allez-vous? Vous avez fait un bon voyage? Pas trop fatigant, non, avec le décalage horaire?... Mon mari, qui voyage beaucoup, dit que c'est le plus dur, le décalage horaire.... Moi, je ne voyage pas. Je reste à la maison. Qu'est-ce que vous voulez... avec Minouche, je ne peux pas voyager.... Alors, votre maman n'est pas venue? Elle ne vous a pas accompagné? Elle est toujours en Argentine? Sa lettre nous a fait très plaisir. Ah, nous sommes impatients de vous voir. Je suis sûre que Minouche sera ravie de faire votre connaissance.

5.

Cet appareil **marche** *avec des* **pièces.**

7.

M. Courtois a un **infarctus.** ... *Il* "fait" *un* **infarctus,** *comme dit Mme Courtois.*

Ça **finira mal!**

Ça **a mal fini!**

(Minouche, c'est ma chatte. . . . c'est un peu comme notre fille, vous savez. . . .) Alors, quand venez-vous nous voir? Aujourd'hui, malheureusement, ce n'est pas possible: Minouche ne va pas très bien. Non. Je ne sais pas ce qu'elle a, il faut que je l'amène cet après-midi chez le docteur. Et puis mon mari est absent, il est en voyage. . . . Il n'est jamais à la maison, toujours en voyage. . . . Les affaires, vous savez ce que c'est! Je le lui répète tous les jours: tu devrais faire attention! Tu te fatigues trop, ça finira mal; tu vas me faire un infarctus! Il ne m'écoute pas. Il rit! Ah, les hommes! Tous les mêmes! Alors, quand, voyons, quand? Après-demain? C'est ça, venez donc dîner après-demain, tout simplement. Nous serons si heureux de vous voir! Alors, c'est entendu, après-demain, disons 7 heures et demie. Ça vous va?

Vous avez l'adresse? C'est à côté du Nikko, l'hôtel japonais. Vous trouverez? Alors, nous vous attendons! Au revoir! A après-demain, n'oubliez pas, surtout!

8.

Il est midi 45; Robert a faim. Il aperçoit un café-restaurant et s'assied à une table libre. La serveuse sert un jeune homme à côté.

LA SERVEUSE: Et voilà. Un jambon de pays et un verre de beaujolais. (*A Robert.*) Et pour Monsieur, qu'est-ce que ça sera?
ROBERT: Euh . . . un jambon de pays et un verre de beaujolais, s'il vous plaît.
Puis, Robert continue sa promenade. Il est une heure 30. Robert hésite, et revient au jardin du Luxembourg. . . . Marie-Laure arrive peu après.
MARIE-LAURE: Salut!
ROBERT: Bonjour!
MARIE-LAURE: Ça va?
ROBERT: Ouais. . . . Et alors, ce devoir d'anglais, où est-il?
MARIE-LAURE: Bah, je n'ai pas de devoir d'anglais! Je suis à l'école primaire; je ne fais pas d'anglais . . . enfin, pas vraiment. Je fais de l'anglais, mais ce n'est pas sérieux! J'apprends: "How do you dooo?" "I am very well, thank you." . . . C'est tout.
ROBERT: Mais alors, pourquoi est-ce que je suis venu ici, moi?
MARIE-LAURE: Mystère . . . et boule de gomme. Vous en voulez une? C'était bien, la Closerie? Qu'est-ce que vous avez bu?
ROBERT: Un kir.
MARIE-LAURE: Ah! Moi, je bois de l'Orangina. Maintenant, vous savez, les jeunes ne boivent plus d'alcool. . . .

9.

A ce moment, elle aperçoit un mystérieux homme en noir qui se cache derrière un arbre et les regarde.

MARIE-LAURE: Vous avez vu ce monsieur, là-bas?
ROBERT: Tiens! Comme c'est bizarre!

8.

*Un **verre de beaujolais**.*

MARIE-LAURE: Vous le connaissez?

ROBERT: Non, mais tout à l'heure, à la Closerie, je suis allé téléphoner et il est descendu derrière moi, il est entré dans la cabine à côté, il y est resté pendant que je téléphonais, il est sorti quand je suis sorti, il est monté derrière moi... c'est vraiment bizarre....

MARIE-LAURE: Bizarre... bizarre.

ᨒ Mise en oeuvre

Ecoutez la mise en oeuvre du texte et répondez aux questions suivantes.

1. Que fait Marie-Laure, au Luxembourg?
2. Quelle heure est-il?
3. Où est Robert, à midi cinq?
4. Est-ce que Mireille est avec lui?
5. Pourquoi est-ce que Mireille est partie?
6. Qu'est-ce que Robert boit?
7. Qu'est-ce que Robert veut faire?
8. Où se trouve le téléphone?
9. Qui est-ce qui suit Robert quand il descend téléphoner?
10. Pourquoi Robert ne réussit-il pas à téléphoner?
11. Combien coûte un jeton?
12. Que fait Madame Courtois? Est-ce qu'elle est chez elle?
13. Quand est-ce qu'elle va rentrer?
14. Quand est-ce que Robert va rappeler?
15. Qu'est-ce que Robert cherche sur le Boulevard Montparnasse?
16. Qu'est-ce qu'il faut, pour téléphoner de cette cabine?
17. Et pour l'autre cabine, est-ce qu'il faut aussi une carte magnétique?
18. Est-ce qu'on peut mettre une pièce de 10F?
19. Qui est-ce qui répond au téléphone?
20. Que fait le mari de Mme Courtois?
21. Qui est Minouche?
22. Quand Robert va-t-il dîner chez les Courtois?
23. Où habitent les Courtois?
24. Qu'est-ce que Robert commande au restaurant?
25. Où retourne-t-il après le déjeuner?
26. Qui arrive au jardin?
27. Est-ce que Marie-Laure est à la fac?
28. Qu'est-ce qu'elle étudie?
29. Est-ce que les jeunes boivent beaucoup, d'après Marie-Laure?
30. Que fait l'homme en noir que Marie-Laure aperçoit?

Documents

Une cabine téléphonique qui marche avec une carte magnétique.

Vous désirez téléphoner...

Utilisez, en vous munissant préalablement de pièces de monnaie (page 15), une des 198 000 cabines placées dans les lieux publics* ou adressez-vous au guichet téléphone d'un de nos 17 000 bureaux de poste*. Si vous appelez à partir de votre hôtel, d'un café ou d'un restaurant, votre facturation risque d'être supérieure à la taxe officielle (maximum 30%).

● **La télécarte:** elle vous permettra de téléphoner sans souci et sans monnaie à partir d'une cabine équipée d'un publiphone à cartes. Ces télécartes de 40 ou 120 unités s'achètent dans les bureaux de poste, guichets SNCF et revendeurs agréés reconnaissables à leur affichette "Télécarte".*

● **Tarifs réduits**
– du lundi au samedi
de 20 h à 10 h pour le Canada et les États-Unis,
de 21 h 30 à 8 h pour Israël,
de 23 h à 9 h 30 pour le Portugal.
– du lundi au vendredi de 21 h 30 à 8 h et le samedi à partir de 14 h pour les autres pays de la CEE, la Suisse, l'Autriche et la Yougoslavie.
– et pour ces mêmes pays les dimanches et jours fériés français toute la journée.

Une cabine téléphonique qui marche avec des pièces.

Des pièces de monnaie: 10F, 5F, 2F, 1F, 50 centimes.

Leçon 23
A la recherche d'une invitation II

1.

Robert est assis sur un banc du jardin du Luxembourg, parlant avec Marie-Laure. Mireille arrive. Elle semble un peu surprise de les trouver là.

MIREILLE: Qu'est-ce que vous faites là, tous les deux?
MARIE-LAURE: On parle....
MIREILLE: Mais qu'est-ce que vous avez? Vous avez l'air bizarre....
MARIE-LAURE: Nous? On a l'air bizarre? Bizarre... bizarre....
ROBERT: J'ai téléphoné aux Courtois, tout à l'heure.
MIREILLE: Ah, oui?
ROBERT: D'abord, je suis tombé sur une dame avec un accent bizarre, que je ne comprenais pas très bien.

MIREILLE: Ça devait être Concepcion, leur bonne. Elle est portugaise.

C'est une perle! C'est une excellente cuisinière. Elle fait remarquablement bien la cuisine. Marraine aussi, d'ailleurs.

2.

ROBERT: J'ai retéléphoné un peu plus tard. Là, j'ai eu Mme Courtois. J'ai eu aussi du mal à la comprendre.
MIREILLE: Pourtant, elle n'a pas l'accent portugais, que je sache!
ROBERT: Non, mais... ouh la la, ce qu'elle parle vite! Et qu'elle est bavarde!
MIREILLE: Ah, ça, c'est vrai, elle parle beaucoup. Enfin, quand son mari est là, c'est lui qui parle; elle, elle ne dit rien. Alors, quand il n'est pas là, elle en profite!
ROBERT: Je n'ai pas pu placer un mot! Il paraît que M. Courtois est absent; il est en voyage. Minouche ne va pas bien du tout; elle a la migraine, ou quelque chose comme ça.... Elle doit l'amener chez le vétérinaire. Alors ils ne peuvent pas me voir avant après-demain. Mais elle m'a invité à dîner après-demain. C'est gentil!

3.

MIREILLE: C'est une excellente personne. Elle a le coeur sur la main! Lui aussi, d'ailleurs. Lui, c'est un bon vivant, toujours content, toujours optimiste. Il ne

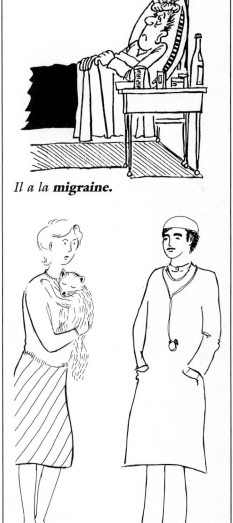

Il a la **migraine.**

Mme Courtois amène sa chatte chez le **vétérinaire.**

s'en fait jamais. Il répète toujours: "Ne vous en faites pas, tout ira bien! Ne vous inquiétez pas, il n'y aura pas de problème! Ça ne fera pas un pli! Vous verrez, tout

3.

ÇA FAIT UN PLI.

*Une tente **détendue**. (Ça fait des plis.)*

Mme Courtois est **tendue**, inquiète, nerveuse.

ÇA NE FAIT PAS UN PLI.

*Elle a **le coeur sur la main.** Elle est très bonne, très généreuse.*

*M. Courtois est un **bon vivant**.*

*Une tente **tendue**. (Ça ne fait pas de plis.)*

*M. Courtois est **détendu**.*

*Ça fait un **pli**.*

s'arrangera! Il ne faut pas s'en faire!" Elle, c'est plutôt le contraire. Elle est toujours un peu tendue, inquiète. Elle répète toujours: "Tout ça finira mal!" Et lui: "Mais non, Bobonne, tu verras, ça s'arrangera!" . . . Elle a une passion pour les chats. . . . Ils n'ont jamais eu d'enfants. . . . Lui, c'est un gourmet. Il voyage beaucoup pour ses affaires. Il connaît tous les grands restaurants de France. Et comme Concepcion est une excellente cuisinière, et Mme Courtois aussi, on mange très bien chez eux.

4.

ROBERT: Vous aimez la bonne cuisine?

MIREILLE: Oh, oui!

ROBERT: Eh bien alors, puisque Mme Courtois est votre marraine, vous ne pouvez pas vous faire inviter à dîner, après-demain?

MIREILLE: Je ne sais pas si je serai libre... enfin, ça ne dépend pas entièrement de moi... je verrai. ...Oh la la, excusez-moi, je file! Je vais être en retard! Au revoir!

ROBERT: Où est-ce qu'elle va?

MARIE-LAURE: Mystère!...et boule de gomme! Vous en voulez une?

* * *

5.

Jeudi 31 mai. Robert se promène dans Paris. Il traverse le marché aux fleurs, il passe devant la Conciergerie, sur les quais de la Seine. Il est nerveux, tendu, inquiet. Il se demande si Mireille sera chez les Courtois, le lendemain.

Il entre au Musée du Louvre. Il voit un tableau d'un peintre qui s'appelle Robert. Comme c'est bizarre: il s'appelle Hubert Robert! Bizarre, bizarre.... Il passe devant la Victoire de Samothrace.

UN PETIT GARÇON: Dis, Papa, pourquoi elle n'a pas de tête?

LE PERE: C'est la Victoire de Samothrace!

LE PETIT GARÇON: Ah!

Robert s'arrête devant la Vénus de Milo.

LE PETIT GARÇON: Dis, Papa, pourquoi elle n'a pas de bras?

LE PERE: C'est la Vénus de Milo!

LE PETIT GARÇON: Ah!

Il va voir la Joconde...mais il ne pense qu'à Mireille: est-ce qu'elle sera chez les Courtois?

* * *

6.

Vendredi 1er juin. Robert a mal dormi. Il se demande si Mireille sera chez les Courtois. Il ouvre sa fenêtre. Il fait un temps magnifique. ...Oui, elle y sera! Il se rase; il se coupe.... Non, elle n'y sera pas!

Il est neuf heures du matin; le dîner chez les Courtois est à sept heures et demie...du soir! Robert va se promener pour passer le temps. Il fait le tour de l'Ile-Saint-Louis, il passe devant l'Hôtel de Ville, il explore le Forum des Halles, il visite Beaubourg. Et il se demande si Mireille sera chez les Courtois ce soir.

7.

Trois heures: Robert rentre à son hôtel, se change, et prend le métro pour aller chez les Courtois. En sortant du métro, il a l'air perdu. Il voit l'Arc de Triomphe de l'Etoile. ...Ce n'est pas ça! Il reprend le métro. Il sort.

ROBERT (à une passante): Mademoiselle, s'il vous plaît, la Tour Totem?

LA PASSANTE: Je ne connais pas! Ici, vous êtes à la Défense. Ce n'est pas ici, je ne crois pas.

Robert reprend le métro, regarde son plan, semble de plus en plus perdu. Il sort du métro.

ROBERT (à un passant): Le Quai de Grenelle, s'il vous plaît, c'est par ici?

LE PASSANT: Le Quai de Grenelle? Mais c'est dans le 15ème! Ici, vous êtes à Montmartre! Il faut prendre le métro!

ROBERT: Ah, non alors! Je n'ai pas le temps! Merci!

4.

Vous ne pouvez pas **vous faire inviter?** Vous ne pouvez pas vous arranger pour être invitée?

—Où est-ce que tu joues?

—Ça **dépend.** Ça **dépend** du temps: quand il fait beau, je joue au Luxembourg; quand il fait mauvais, je joue à la maison.

5.

La Victoire de Samothrace a des ailes, mais elle n'a pas de tête.

La Joconde a une tête et elle sourit.

6.

Il passe devant l'Hôtel de Ville.

8.

Et Robert part à pied. Il traverse tout Paris à pied. . . . Il marche vite, il regarde son plan, il regarde l'heure: 5 heures, 6 heures, 6 heures et demie, 7 heures. . . . Enfin, voici le Quai de Grenelle, la Tour Totem. . . . Il est 7 heures 29.

9.

Il sonne à une porte. Un monsieur ouvre.
ROBERT: Excusez-moi, Monsieur; Madame Courtois, c'est bien ici?

LE MONSIEUR: Ah, non, Monsieur, non! Mme Courtois, ce n'est pas ici, non, vous vous êtes trompé de porte. Mme Courtois, c'est à côté, la porte à côté. . . .
ROBERT: Excusez-moi, Monsieur, je suis désolé de vous avoir dérangé; excusez-moi. . . .
LE MONSIEUR: Ce n'est pas grave, Monsieur. Il n'y a pas de mal.
ROBERT: Au revoir, Monsieur.
Il est 7 heures 30. . . . Ouf!

7.

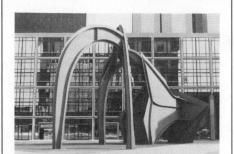

*Ici, vous êtes à **la Défense.***

La Tour Totem.

∩ Mise en oeuvre

Ecoutez la mise en oeuvre du texte et répondez aux questions suivantes.

1. Où sont Robert et Marie-Laure?
2. A qui Robert vient-il de téléphoner?
3. Qui a répondu au téléphone?
4. Pourquoi Concepcion a-t-elle un accent quand elle parle français?
5. Qu'est-ce que Concepcion fait remarquablement bien?
6. Pourquoi Mme Courtois est-elle aussi plutôt difficile à comprendre?
7. Où est M. Courtois?
8. Comment va Minouche?
9. Où Mme Courtois doit-elle amener Minouche?
10. Quand Robert est-il invité à dîner chez les Courtois?
11. Comment est M. Courtois?
12. Qu'est-ce qu'il répète toujours?
13. Et Mme Courtois, comment est-elle?
14. Qu'est-ce qu'elle dit souvent?
15. Pourquoi M. Courtois connaît-il tous les grands restaurants de France?
16. Qu'est-ce que Robert suggère à Mireille?
17. Pourquoi Mireille n'est-elle pas sûre de pouvoir aller dîner chez les Courtois?
18. Robert se promène dans Paris. Est-ce qu'il est calme, détendu?
19. Qu'est-ce qu'il se demande?
20. Est-ce que Robert a bien dormi?
21. A quelle heure est le dîner chez les Courtois?
22. Que va faire Robert pour passer le temps?
23. Que fait Robert à trois heures?
24. Comment va-t-il chez les Courtois?
25. Comment va-t-il de Montmartre au Quai de Grenelle? En métro?
26. Quelle heure est-il quand il arrive à la Tour Totem?
27. Est-ce qu'il sonne à la bonne porte?
28. Où est l'appartement des Courtois?

Document

Le Forum des Halles

Beaubourg

Le Louvre

Montmartre

L'Hôtel de Ville

La Défense

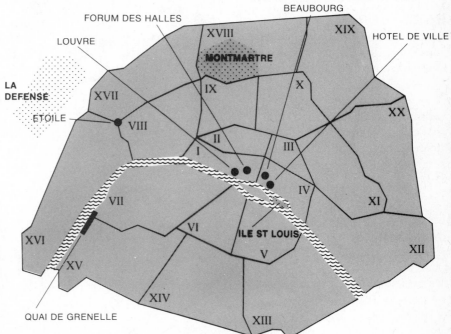

L'Etoile

Le Quai de Grenelle

L'Ile Saint-Louis

Leçon 24
Nourritures terrestres I

1.

Robert a été invité chez les Courtois; il est arrivé devant la porte de leur appartement. Mireille sera-t-elle là? Il sonne; c'est Mme Courtois qui ouvre....

MME COURTOIS: Ah, mon petit Robert! Vous voilà! Comme je suis contente de vous voir! Ah, comme vous ressemblez à votre maman! Vous permettez que je vous embrasse, mon petit! Entrez. Entrez. Mon mari n'est pas encore rentré.
Robert entre.... Non, Mireille n'est pas là.

2.

Mireille avait téléphoné à Mme Courtois le jeudi matin. Ça faisait des semaines qu'elle n'avait pas vu sa marraine.
MIREILLE: Allô, Marraine?
MME COURTOIS: Ah, ma petite Minouche! C'est toi? Mais ça fait une éternité qu'on ne t'a pas vue! Qu'est-ce que tu deviens? Ah, je suis bien contente que tu téléphones. Tu tombes bien! Ecoute, viens donc demain.

2.

Qu'est-ce que tu **deviens?** Qu'est-ce que tu fais? Comment vas-tu?

Une **éternité:** un an, un siècle, un millénaire... et beaucoup plus.
Ça fait une **éternité** qu'on ne t'a pas vue: ça fait longtemps! (Peut-être quinze jours! Mme Courtois exagère un peu!)

*Ça, c'est un monsieur qui **tombe mal.***

*Ça, c'est un monsieur qui **tombe bien.***

Tu **tombes bien!** Tu arrives au bon moment!
Ça **tombe bien!** C'est une heureuse coïncidence!

Robert est ravi de faire la connaissance de Mireille.

Je suis **ravi** de faire votre connaissance. Je suis enchanté.... Je suis très heureux.

*Mireille **retient** Robert.*

RESTEZ! VOUS ALLEZ DÎNER AVEC NOUS...

*Mme Courtois **retient** Robert à dîner.*

Non, ne partez pas! Restez! Je vous **retiens** à dîner. Vous allez dîner avec nous! Mais si, mais si!

112

Justement, nous aurons un jeune Américain charmant.[1] Il est arrivé avant-hier. Il ne connaît personne. Il sera ravi de faire ta connaissance. Nous vous retiendrons à dîner.

MIREILLE: Mais, Marraine, je ne sais pas si je pourrai....

MME COURTOIS: Mais si, mais si! Ecoute... depuis le temps qu'on ne t'a pas vue....

MIREILLE: Bon, écoute, j'essaierai ... je vais voir... mais je ne te promets rien.

3.

Mais Robert ne sait pas que Mireille a bien appelé Mme Courtois. Elle n'est pas là, et Robert se demande si elle viendra.

MME COURTOIS: Asseyez-vous, je vous en prie. Alors, comment allez-vous? Comment trouvez-vous Paris? Qu'est-ce que vous avez vu? Parlez-moi un peu de votre maman. Comment va-t-elle?

A ce moment, on sonne à la porte.

MME COURTOIS: Ah, excusez-moi, ça doit être Mireille (c'est ma filleule).

C'est, en effet, Mireille.... Embrassades avec sa marraine; présentation de Robert.

MME COURTOIS: Ma petite Minouche, comment vas-tu? Mais tu es fraîche comme une rose.... Je te présente Monsieur Taylor, qui nous arrive des Etats-Unis. ...Robert...Mireille Belleau, ma filleule.... C'est presque notre fille.

Robert et Mireille font semblant de ne pas se connaître.

Ça y est! Maintenant, les Courtois ne devront jamais découvrir la rencontre de mercredi. Robert et Mireille devront garder le secret. Que la vie est compliquée!

---

1. Note des auteurs: Madame Courtois ne sait absolument pas si Robert est charmant ou pas. Elle l'a trouvé charmant au téléphone, sans doute parce qu'il n'a presque rien dit.

3.

*Mireille **sonne** (elle appuie sur le bouton de la **sonnette**).*

Mireille **sonne** pour annoncer son arrivée. Quand Mme Courtois entend la **sonnette,** elle va ouvrir la porte.

Embrassades: *M. Courtois* **embrasse** *Mireille; Mireille* **embrasse** *M. Courtois.*

MME COURTOIS: Asseyez-vous, asseyez-vous mes enfants! Vous n'allez pas rester debout! Tiens, ma petite Minouche, viens t'asseoir à côté de moi.... Depuis le temps que je ne t'ai pas vue....

*Mireille Belleau, ma **filleule.***

Mme Courtois est la marraine de Mireille. Mireille est la **filleule** de Mme Courtois.

Ça y est! Voilà! C'est fait! C'est arrivé!

*La jeune femme brune est sûrement **jalouse!***

Minouche est **jalouse** de Mireille. Elle est **jalouse** parce que Mme Courtois s'occupe trop de Mireille et pas assez d'elle.

(*A la chatte, qui vient se frotter contre elle*) Oh, toi aussi, tu es notre fille! Tu es jalouse! Oh, qu'elle est jalouse.... (*Elle se lève.*) Excusez-moi, je vais voir ce qui se passe dans la cuisine.

4.

Robert et Mireille restent seuls...
mais M. Courtois arrive juste à ce
moment-là.

M. COURTOIS: Bonjour, bonjour!
Excusez-moi, je suis un peu en
retard.... Le travail, vous savez
ce que c'est!

Mme Courtois revient de la cuisine.

M. COURTOIS: Bonsoir, Bibiche.
Comment ça va?... Bonsoir, ma
petite Mireille. Je suis content de
te voir. Ça fait longtemps qu'on
ne t'avait pas vue! Qu'est-ce qui
se passe? Ce sont tes études... ou
un amoureux?... Et voilà notre
jeune Américain! Justement, j'irai
aux Etats-Unis en septembre. Il
faudra me donner des tuyaux....
Mais en attendant, vous prendrez
bien quelque chose. Voyons,
qu'est-ce que je peux vous offrir?
Whisky, Campari, xérès, banyuls,
pastis, porto?

ROBERT: Un doigt de porto, s'il
vous plaît.

M. COURTOIS: Et toi, ma petite
Mireille, qu'est-ce que tu
prendras?

MIREILLE: Eh bien, un petit pastis
bien tassé, comme d'habitude!

M. COURTOIS: Et toi, Bibiche,
qu'est-ce que je te donne?

Mme COURTOIS: Oh, moi, je
prendrai une larme de xérès.

M. Courtois se sert généreusement
de scotch, avec un petit glaçon et
très peu d'eau.

M. COURTOIS: A la vôtre!

4.

*Deux **amoureux** sur un banc public
(ils s'embrassent).*

*Robert donne des **"tuyaux"** à M.
Courtois (il lui donne des adresses, des
conseils...).*

Mireille veut un pastis (un apéritif à l'anis, un Pernod, un Ricard)
bien tassé; très fort; beaucoup
de pastis et très peu d'eau.

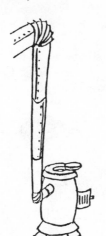

*Un **tuyau** de poêle.*

*Une **larme**.*

La vie est une vallée de **larmes**.
Tante Amélie est toujours triste:
elle a toujours la **larme** à l'oeil (elle
a aussi un peu de conjonctivite).
Mme Courtois prend un tout
petit peu de xérès: juste une **larme**.

*Un **tuyau** d'arrosage.*

*Une **goutte**.*

*Un **tuyau** de pipe.*

5.

La conversation s'engage. On parle d'abord du temps, puis de la circulation à Paris, de la situation internationale. M. Courtois reprend du scotch. Puis on revient à Paris, aux restaurants de Paris, aux libres-services, aux "fast-foods" que M. Courtois déteste.

M. COURTOIS: C'est un scandale! Voir ça en France! Quelle honte!

MIREILLE: Oh, tu sais, ce n'est pas pire que les restau-U!

MME COURTOIS: Les restaurants universitaires ne servent peut-être pas de la haute cuisine, mais au moins ce sont de vrais repas, équilibrés....

6.

Enfin, on passe à table vers 20h 30. Heureusement, parce que Robert commençait à mourir de faim.

MME COURTOIS: Bien; alors je crois qu'on peut passer à table. Voyons... Robert ici, à ma droite... Mireille, tu te mets là. ...(*A la bonne*) Concepcion, quand vous voudrez.

La bonne apporte le potage.

M. COURTOIS: Ah! Du potage!

MME COURTOIS: Oui... c'est-à-dire, non.... C'est du gazpacho, c'est une spécialité de Concepcion.... Vous savez, ce sera très simple: truite, gigot, fromage, et dessert. C'est tout.

MIREILLE: Hmm... c'est délicieux!

MME COURTOIS: Concepcion! Votre gazpacho est délicieux!

Puis la bonne apporte les truites, et Monsieur Courtois sert le vin blanc.

M. COURTOIS: Bibiche, un peu de vin blanc? C'est le chablis que tu aimes, le Moutonne. (*Il attaque sa truite.*) Une bonne petite truite, je crois que c'est le poisson que je préfère.... Monsieur Taylor, vous ne buvez pas! Regardez Mireille!

MIREILLE: Moi, j'ai un faible pour le chablis!

5.

A Paris, il y a toujours beaucoup de **circulation.**

Oh, si, il a **honte!**

On a **honte** quand on fait quelque chose qu'il ne faut pas faire.

C'est une **honte!** C'est un scandale! C'est **honteux!** C'est scandaleux!

Équilibré.   **Déséquilibré.**

6.

Robert **mourait de faim:** il avait très faim. Il n'avait pas l'habitude de dîner si tard.

Mme Courtois sert le **potage.**

Une assiette de **potage.**

Le soir, on commence souvent le repas par de la soupe, du **potage,** du bouillon, du consommé.

7.

Concepcion apporte le gigot, avec des haricots blancs, des haricots verts, et des pommes de terre sautées comme légumes.

M. COURTOIS: Je crois que je vais vous servir, ce sera plus simple. Monsieur Taylor, bien cuit ou saignant?

ROBERT: Bien cuit, s'il vous plaît.

MME COURTOIS: Tiens, Mireille, tu veux te servir de haricots? Robert, servez-vous de pommes de terre, si vous voulez.

Avec le rôti, M. Courtois sert un bordeaux rouge, un Léoville-Las Cases 1966, que tout le monde goûte dans un silence religieux.

MIREILLE: Hmmm... ce gigot est fameux!

MME COURTOIS: J'ai un petit boucher qui me sert très bien. Il a toujours de la très bonne viande.

MME COURTOIS: Robert, un peu de salade?

Après la salade, le fromage. Et avec le fromage, un bourgogne rouge, un chambertin Clos de Bèze 1976. Repas simple, mais bien composé, qui se termine par une crème renversée.

M. COURTOIS: Concepcion, attention de ne pas renverser la crème renversée!

MME COURTOIS: C'est le dessert préféré de Mireille!

8.

M. Courtois organise pour Robert un tour de France touristique et gastronomique.

M. COURTOIS: Il faut aller à Lyon...

MIREILLE: ...L'ancienne capitale des Gaules!

M. COURTOIS: Ancienne capitale des Gaules, ancienne capitale des Gaules... c'est surtout la capitale gastronomique de la France! Vous y mangerez magnifiquement!

MME COURTOIS: Si on passait à côté pour prendre le café?

Le **gazpacho** est une sorte de potage de légumes espagnol qu'on mange froid.

Des **truites.**

Un **gigot.**

Mireille **a un faible pour** le chablis; elle adore ça. Elle ne peut pas résister.

7.

Des **haricots blancs.**

Des **haricots verts.**

Il **goûte** le vin.

Une **crème renversée.**

8.

La **truffe** est une sorte de champignon, plus ou moins sphérique, noir, qu'on trouve dans la terre, et qui a un goût très délicat. Les **truffes,** qui coûtent très cher, servent surtout à parfumer les plats. On met souvent des **truffes** dans le foie gras.

M. COURTOIS: Et puis, il faut aller en Bourgogne, à Dijon.... J'y ai mangé un jour des oeufs brouillés aux truffes.... Ah! Une merveille! Et, en parlant de truffes, il faut absolument aller en Dordogne.

MME COURTOIS: Oui, c'est très beau, la vallée de la Dordogne, le Périgord....

MIREILLE: C'est plein de grottes préhistoriques, Lascaux, les Eyzies....

M. COURTOIS: Oui, c'est intéressant, si tu veux, mais pour les truffes, les foies gras, les confits d'oie, les cèpes, vous ne trouverez pas mieux!...Tenez, Robert, goûtez cet armagnac; je crois qu'il vous plaira. Cinquante ans d'âge! Vous m'en direz des nouvelles!

9.

Robert est légèrement agacé par l'obsession gastronomique de M. Courtois. Il cherche un moyen de s'échapper au plus tôt, aussi poliment que possible, et, si possible, avec Mireille.

ROBERT: J'espère que vous m'excuserez, mais avec le décalage horaire....

MME COURTOIS: Ça fait combien entre New York et ici? Cinq heures? Six heures?

ROBERT: Six heures. Je tombe de sommeil....

MIREILLE: Oh, mais il est déjà minuit et demie! Mon Dieu, il faut que je rentre, moi aussi.

ROBERT (à Mme Courtois): Quel délicieux repas, et quelle charmante soirée! Je ne sais comment vous remercier....

M. COURTOIS: Mais ne partez pas encore! Vous avez le temps! Vous prendrez bien encore un peu d'armagnac! N'est-ce pas qu'il est bon?

ROBERT: Il est extraordinaire, mais il faut absolument que je rentre.

M. COURTOIS: Vraiment? Alors, dans ce cas, je vais vous reconduire tous les deux.

Une **oie.**

Du **confit d'oie:** des morceaux d'oie conservés dans la graisse.

Des **cèpes** (ce sont des champignons).

ROBERT: Mais non, mais non, ce n'est pas la peine!

MIREILLE: Mais non, Parrain, ne te dérange pas, voyons! Tu dois être fatigué!

M. COURTOIS: Mais si, mais si! Ça ne me dérange pas du tout! De toute façon, je dois mettre la voiture au garage.

ROBERT: Merci encore. Tout était vraiment exquis. Bonsoir!

9.

Robert **s'échappe** avec Mireille.

Il **tombe de sommeil!**

Il a **sommeil,** il a envie de dormir.

10.

Robert **appuie sur le bouton** (de la sonnette).

10.

M. Courtois reconduit Mireille et Robert chacun chez eux. D'abord, il s'arrête devant le 18, rue de Vaugirard, où habite Mireille. Robert accompagne Mireille jusqu'à sa porte. Elle appuie sur un bouton. La porte s'ouvre. Robert a juste le temps de demander: "Quand est-ce que je pourrai vous revoir?"

MIREILLE: Je ne sais pas....
Donnez-moi un coup de fil, lundi
matin, vers neuf heures: 43–26–
88–10. Bonsoir! Bonne nuit!
Evidemment, Robert ne se rappelle
déjà plus le numéro que Mireille
vient de lui donner...mais c'est
sûrement dans l'annuaire!

Robert **donne un coup de fil.** *(Il téléphone.)*

Annuaire *du téléphone. (Il y a les numéros de tous les gens qui ont le téléphone.)*

᎒ **Mise en oeuvre**

Ecoutez la mise en oeuvre du texte et répondez aux questions suivantes.

1. Où Robert arrive-t-il?
2. Comment est Robert, physiquement? Est-il très différent de sa mère?
3. Quand Mireille avait-elle téléphoné à Mme Courtois?
4. Est-ce que Mireille avait vu sa marraine récemment?
5. Comment Mme Courtois appelle-t-elle Mireille?
6. Pourquoi Mme Courtois a-t-elle dit à Mireille qu'elle tombait bien?
7. Pourquoi Mme Courtois pense-t-elle que ce jeune Américain sera ravi de faire la connaissance de Mireille?
8. Est-ce que Mireille a tout de suite accepté l'invitation de Mme Courtois?
9. Que font Robert et Mireille, quand Mme Courtois les présente l'un à l'autre?
10. Qu'est-ce que les Courtois ne devront jamais découvrir?
11. Pourquoi Mme Courtois se lève-t-elle?
12. Quand M. Courtois doit-il aller aux Etats-Unis?
13. Qu'est-ce qu'il veut demander à Robert, avant de faire ce voyage?
14. Que sont le banyuls, le pastis, le porto?
15. Qu'est-ce que Robert prend comme apéritif?
16. Et Mireille, que prend-elle?
17. Et Mme Courtois?
18. Et M. Courtois?
19. De quoi parle-t-on?
20. Qu'est-ce qu'on fait vers 20h 30?
21. Qu'est-ce qu'on sert pour commencer?
22. Qu'est-ce qu'on sert après le potage?
23. Quel vin sert-on avec le poisson?
24. Mireille a fini son verre de chablis. Pourquoi?
25. Qu'est-ce qu'on sert après le poisson?
26. Quel vin M. Courtois sert-il avec le gigot?
27. Comment Mireille trouve-t-elle le gigot?
28. Qu'est-ce qu'on sert après la salade?
29. Pourquoi Mme Courtois sert-elle une crème renversée?
30. Pourquoi M. Courtois conseille-t-il à Robert d'aller à Lyon?
31. Est-ce qu'on prend le café à table?
32. Qu'est-ce que M. Courtois a mangé une fois à Dijon?
33. Où trouve-t-on des truffes?
34. Qu'est-ce qu'il y a d'autre en Dordogne?
35. Qu'est-ce qui agace Robert?
36. Pourquoi Robert ne peut-il pas s'échapper avec Mireille?
37. Pourquoi est-ce que ça ne dérange pas M. Courtois de raccompagner Mireille et Robert?
38. Que fait Robert quand M. Courtois s'arrête devant chez Mireille?
39. Qu'est-ce que Robert demande à Mireille?

Documents

La vallée de la Dordogne.

Un village sur la Dordogne, La Roque-Gageac.

Un village en Périgord, Montpazier.

Publicité pour les foies gras du Périgord.

Le site préhistorique des Eyzies avec une statue (moderne) représentant l'homme de Cro-Magnon.

Peintures préhistoriques de la grotte de Lascaux.

Leçon 25
Nourritures terrestres II

1.

Il est huit heures du matin. Robert se réveille. C'est samedi, le 2 juin. Robert se lève.... Il regarde par la fenêtre. Il s'étire. Il baille. Il prend une douche. Il se rase. Il se coupe. Il se brosse les dents. Il se brosse les cheveux. Il se coupe les ongles. Il commande son petit déjeuner.

ROBERT: Allô, bonjour! Est-ce que je pourrais avoir un petit déjeuner, s'il vous plaît?

LA RECEPTION: Oui, Monsieur. Thé, café, ou chocolat?

ROBERT: Thé... non, non, excusez-moi! Café, un café au lait, s'il vous plaît.

LA RECEPTION: Bien, Monsieur. Alors, un café au lait complet, chambre 27. Tout de suite, Monsieur, on vous l'apporte.

Robert finit de s'habiller. On frappe.

ROBERT: Oui, tout de suite.

LA FEMME DE CHAMBRE: Bonjour, Monsieur. Voilà... bon appétit!

2.

Robert prend son petit déjeuner sur le balcon. Il se sert de café au lait, prend un morceau de sucre, cherche la petite cuillère. Il mange son croissant, puis le morceau de pain avec du beurre et de la confiture. Il prend son temps. Il n'est pas pressé; il n'a rien à faire.... Il a des loisirs.... C'est agréable d'avoir des loisirs!

Il va se promener dans Paris.

3.

Dans la rue, il passe devant une boulangerie. Ces croissants, ces brioches, ça a l'air bon! Mais voyons Robert, tu n'as pas faim; tu viens de déjeuner....

UN MARCHAND DE FRO-MAGES: Monsieur, vous voulez un beau camembert? Un bien fait? Tenez, Monsieur. En voici un beau, à point.

Oui, il a l'air bon.... Mais voyons, Robert, tu n'as pas faim, tu viens de déjeuner.

4.

Robert continue sa promenade: les arènes de Lutèce, la mosquée, l'Ile Saint-Louis. Il achète un croque-monsieur.

ROBERT: Un croque-monsieur, s'il vous plaît.

LE MARCHAND: Voilà. 9 francs.

Robert tend un billet de 500F.

LE MARCHAND: Oh là là, 500F! Vous n'avez pas de monnaie?

ROBERT: Non, je n'ai pas du tout de monnaie.

LE MARCHAND (à un collègue): Patrick, tu as la monnaie de 500F?

PATRICK: Ouais, je crois....

1.

*Robert **se réveille; il baille.***

*Il **se rase.***

*Il **se brosse les dents.***

5.

Ensuite Robert découvre la Place des Vosges et le Marais. Puis il s'installe dans un petit restaurant.

LE MAITRE D'HOTEL: Bonjour, Monsieur. Vous prendrez un apéritif?

ROBERT: Euh . . . non, merci.

Robert consulte le menu, mais son attention est attirée par une vieille demoiselle, assise à une table voisine.

Robert ne la reconnaît pas parce qu'il ne la connaît pas, mais c'est Tante Georgette, la tante de Mireille.

TANTE GEORGETTE: Garçon, garçon! Allez me chercher un autre verre, celui-ci est plein de rouge à lèvres! . . . Garçon, garçon! Apportez-moi une fourchette propre! Celle-ci est pleine de jaune d'oeuf! Et changez-moi cette assiette! Elle est sale! Mais enfin, qu'est-ce que c'est que ça? On ne fait plus la vaisselle, dans cette maison? Mais c'est incroyable! Et regardez-moi cette serviette! Elle est toute déchirée . . . et la nappe aussi! . . . Vous m'apporterez une tête de veau.

2.

*Un **petit déjeuner** complet: beurre, pain, lait, café, confiture, sucre, tasse, deux croissants.*

*De la **confiture**.*

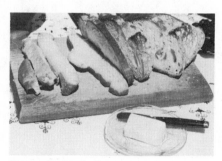

*Du **pain** et du **beurre**.*

3.

*Une **brioche**.*

4.

*Robert achète un **croque-monsieur**.*

| Jambon d'Auvergne |
| Sandwichs Variés |
| Patisseries |
| Sandwichs Crudités |
| Hot Dog |
| Saucisses Chaudes |
| Quiche |
| Croque Monsieur |
| Pizza |

5.

*Un **verre**.*

*Un tube de **rouge à lèvres**.*

LE GARÇON: Je suis désolé, Madame, il n'y en a plus.

TANTE GEORGETTE: Quoi? Il n'y a plus de tête de veau? Et ce monsieur, là, qu'est-ce qu'il mange? Ce n'est pas de la tête de veau?

LE GARÇON: C'était la dernière. Il n'y en a plus à la cuisine. Mais nous avons un très bon pied de porc....

6.

TANTE GEORGETTE: Je ne veux pas de pied de porc, je veux de la tête de veau!

LE GARÇON: Je regrette, Madame. ...Le lapin à la moutarde est très bien....

TANTE GEORGETTE: La moutarde, la moutarde, elle me monte au nez!...Bien...vous m'apporterez une côtelette de mouton.

LE GARÇON: Bien, Madame; une côtelette d'agneau.

TANTE GEORGETTE: Côtelette d'agneau, côtelette de mouton, ça m'est égal! C'est pareil! Et...à point, hein!

LE GARÇON: Bien, Madame. Quelques minutes plus tard, le garçon apporte une côtelette, et s'en va. Tante Georgette le rappelle.

TANTE GEORGETTE: Garçon, garçon! Vous allez me rapporter cette côtelette à la cuisine! Elle n'est pas cuite! Je vous avais dit: "A point!" Regardez-moi ça! Elle est complètement crue à l'intérieur. C'est incroyable! Et puis, vous m'apporterez un autre couteau. Celui-ci ne coupe pas.

Une **fourchette**.

Une **tête de veau**.

Une **assiette**.

De la **tête de veau**. (Mais oui, ça se mange! C'est même très bon!)

De la **vaisselle** sale. (On ne fait pas la **vaisselle**, dans cette maison?)

Des **pieds de porc** (pas cuits).

Il y a une **nappe** sur la table, et une **serviette** sur la **nappe**.

6.

Un **lapin** (vivant).

7.

Quelques minutes après....
LE GARÇON: Voilà votre côtelette, Madame. J'espère que cette fois, elle sera assez cuite pour vous.

TANTE GEORGETTE: Assez cuite? Mais elle est carbonisée, votre côtelette! C'est du charbon! Et remportez-moi ces petits pois. Ce ne sont pas des petits pois frais. Ça sort tout droit de la boîte, ça. C'est de la conserve.

8.

Un peu plus tard....

TANTE GEORGETTE: C'est tout ce que vous avez comme fromages? Votre brie est trop frais. Regardez-moi ça! On dirait de la craie! Votre brie est trop frais, et votre camembert trop fait! Il pue!

Une **côtelette** (complètement **crue**).

Mireille écrit au tableau noir avec de la **craie**.

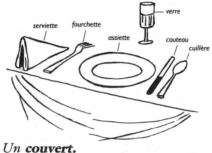

Un **couvert**.

7.

Des **petits pois** en **conserve**.

8.

Ça sent mauvais! Ça **pue!**

Des **pierres**.

Tante Georgette n'est jamais contente. Elle **rouspète** tout le temps. C'est une **rouspéteuse**.

C'est une infection!... Et puis, apportez-moi du pain frais! Celui-ci était frais il y a huit jours! Regardez: il est dur comme de la pierre!... Je ne suis pas rouspéteuse, mais il y a des limites!

⚗ Mise en oeuvre

Ecoutez la mise en oeuvre du texte et répondez aux questions suivantes.

1. Que fait Robert, ce samedi-là, à huit heures du matin?
2. Est-ce qu'il s'habille tout de suite?
3. Qu'est-ce qu'on peut commander pour le petit déjeuner?
4. Qu'est-ce que Robert commande?
5. Où est-ce que Robert prend son petit déjeuner?
6. Qu'est-ce qu'il met dans son café au lait?
7. Qu'est-ce qu'il mange?
8. Pourquoi est-ce qu'il peut prendre son temps?
9. Qu'est-ce qu'il fait ensuite?
10. Robert voit des croissants et des brioches dans une boulangerie. Pourquoi est-ce qu'il n'achète rien?
11. Quand Robert achète un croque-monsieur, pourquoi doit-il donner un billet de 500F au marchand?

12. Où est-ce qu'il s'installe, Place des Vosges?
13. Qui est-ce qu'il remarque, à une table voisine?
14. Qu'est-ce qu'elle demande au garçon?
15. Pourquoi veut-elle qu'on lui change son verre?
16. Pourquoi veut-elle qu'on lui change sa fourchette?
17. Est-ce que son assiette est propre?
18. Pourquoi le verre, la fourchette, l'assiette sont-ils sales, d'après Tante Georgette?
19. Comment sont la nappe et la serviette?
20. Pourquoi Tante Georgette ne peut-elle pas avoir de tête de veau?
21. Que suggère le garçon, à la place de la tête de veau?
22. Qu'est-ce que Tante Georgette commande, finalement?

23. Pourquoi Tante Georgette renvoie-t-elle sa côtelette à la cuisine?
24. Et son couteau, qu'est-ce qu'il a?
25. Est-ce que la côtelette est assez cuite quand le garçon la rapporte?
26. Pourquoi Tante Georgette renvoie-t-elle les petits pois?
27. Pourquoi est-ce que le brie ne lui plaît pas?
28. Pourquoi est-ce que le camembert ne lui plaît pas?
29. Et le pain, qu'est-ce qu'il a?
30. Est-ce que Tante Georgette est une cliente facile à satisfaire?

Documents

Le Marais

La place des Vosges, dans le Marais.

L'hôtel de Sens, XVème siècle.

Maison du XIVème siècle.

Vitrine d'un magasin du quartier juif du Marais.

La mosquée et l'Institut Musulman.

Leçon 26
Nourritures terrestres III

1.

C'est dimanche. Robert n'a rien à faire. Il se promène. Il y a des gens qui vont à l'église...ou au temple; d'autres achètent des gâteaux dans les pâtisseries. Robert s'arrête devant une pâtisserie, admire la vitrine, et se décide à entrer.

ROBERT: Bonjour, Madame.

LA VENDEUSE: Monsieur? Vous désirez?

ROBERT: C'est quoi, ça?

LA VENDEUSE: Des choux à la crème.

ROBERT: Et ça?

LA VENDEUSE: Des éclairs, au café et au chocolat...des tartes au citron, Monsieur...des religieuses, également au café et au chocolat.

ROBERT: Je vais prendre une religieuse.

LA VENDEUSE: Au café ou au chocolat?

ROBERT: Au café.

I A VENDEUSE: C'est pour emporter?

ROBERT: Non, c'est pour manger tout de suite.

LA VENDEUSE: Voilà, Monsieur. Ça fera 10F. Merci; au revoir, Monsieur.

2.

Robert se demande où il va aller déjeuner. Il achète un guide des restaurants, en choisit un, et entre.

LE MAITRE D'HOTEL: Bonjour, Monsieur. Un couvert?

ROBERT: S'il vous plaît.

Robert consulte le menu. A la table voisine, le garçon sert des apéritifs.

1.

Les catholiques vont à l'**église**. Les protestants vont au **temple**.

Une **pâtisserie.**

Des **tartes.**

Des **éclairs,** *des* **religieuses,** *des* **choux à la crème.**

2.

Un **couvert.**

3.

Scène de **tentation:** *Eve* **tente** *Adam (avec une pomme). La pomme* **tente** *Adam.*

—Ça te **tente?**
—Hmmm, oui! Ça a l'air bon!

3.

LE GARÇON: Le Martini, c'est pour Madame, et le Pernod, c'est pour Monsieur....

Robert lève les yeux, et voit une jeune femme blonde, qui déjeune avec un jeune homme. Il se demande si ce n'est pas Mireille.[1]

LE JEUNE HOMME: Vous nous apporterez la carte des vins, s'il vous plaît.

LE GARÇON: Oui, Monsieur, tout de suite.

LE JEUNE HOMME: Alors, chérie, qu'est-ce qui te tente?

LA JEUNE FEMME: Ben...je ne sais pas. Quelque chose de léger. Je n'ai pas très faim. Qu'est-ce qu'ils ont comme plat du jour?

LE JEUNE HOMME: Le cassoulet toulousain.... Ça doit être bon!

LA JEUNE FEMME: Oh la la! Non, alors! C'est trop lourd! Qu'est-ce que tu vas prendre, toi?

LE JEUNE HOMME: La choucroute garnie me tente...mais je ne la digère pas très bien.

LA JEUNE FEMME: Ah oui? Papa dit que c'est très facile à digérer, la choucroute.

LE JEUNE HOMME: La choucroute, peut-être, mais la graisse d'oie, le lard fumé, les saucisses, le jambon, c'est une autre histoire!

4.

LA JEUNE FEMME: Non, mais dis donc, regarde ce qu'ils ont comme canards! Canard aux olives, canard à l'orange, aiguillettes de canard aux cerises, magret de canard...sans compter le foie gras de canard dans les hors-d'oeuvres!

LE JEUNE HOMME: Bon, il faudrait quand même se décider. ...Alors, qu'est-ce que tu prends?

---

1. Mais non, voyons, Robert! Ce n'est pas Mireille! D'ailleurs, elle parle du nez, comme si elle avait un rhume! Mireille ne parle pas comme ça!

Du **Martini** *(un apéritif)*.

Un **cassoulet:** un plat de haricots avec de la saucisse, du confit d'oie.

Une **choucroute** *garnie*.

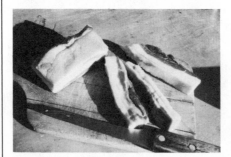

Du **lard.**

C'est **léger;** c'est facile à digérer. C'est **lourd;** ce n'est pas facile à digérer.

Du **jambon** *(avec une bouteille de beaujolais et du pain)*.

LA JEUNE FEMME: Boh, je ne sais pas. Je crois que je vais juste prendre une petite omelette aux fines herbes.

LE JEUNE HOMME: Ah, je te connais! Tu vas manger une omelette, et dans deux heures, tu mourras de faim! C'était comme ça, l'année dernière, quand tu suivais ton régime!

LA JEUNE FEMME: Ah, dis, tu as vu? Des oeufs à la Mireille!

LE JEUNE HOMME: Où ça?

LA JEUNE FEMME: Là, dans les hors-d'oeuvres.

LE GARÇON: Vous avez choisi?

LA JEUNE FEMME: Qu'est-ce que c'est, les oeufs à la Mireille?

LE GARÇON: Ce sont des oeufs durs farcis. Les jaunes sont mélangés avec une purée de thon aux tomates, avec un filet d'anchois, une olive noire, et des câpres sur le dessus.

5.

LA JEUNE FEMME: Les anchois, c'est trop salé.... Oh, il y a aussi un poulet sauté Mireille! Et des abricots Mireille dans les desserts!

LE JEUNE HOMME: Pourquoi avez-vous tous ces plats qui s'appellent Mireille?

LE GARÇON: Ah, ça, Monsieur, c'est toute une histoire! Une histoire bien triste.... Notre chef avait, dans sa jeunesse, une petite amie qui s'appelait Mireille, et qui est morte d'une indigestion de crevettes roses. Il est inconsolable, et il dédie à sa mémoire toutes ses plus brillantes créations culinaires.

LE JEUNE HOMME: C'est très touchant.... Et c'est comment, ce poulet Mireille?

LE GARÇON: Sauté avec des aubergines et des tomates. On fait sauter les morceaux de poulet dans l'huile très chaude, puis on garnit de tranches d'aubergines frites et de tomates sautées.

4.

Des **canards.**

Des **olives** (vertes et noires).

Des **cerises.**

Elle suit un **régime:** elle essaie de manger peu.

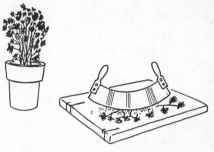

Des **fines herbes,** des herbes qui donnent du goût, comme le persil, l'estragon, la ciboulette....

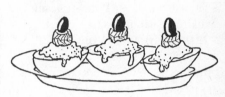

Des **oeufs Mireille.**

Du **thon.** (Le **thon** est un gros poisson de mer.)

Des **anchois.** (Les **anchois** sont de petits poissons de mer.)

6.

LA JEUNE FEMME: Bon, eh bien moi, je crois que je vais prendre une petite grillade... une entrecôte.

LE JEUNE HOMME: Et pour moi, ce sera... un steak au poivre.

LE GARÇON: Et comme cuisson, pour la grillade?

LA JEUNE FEMME: Pour moi, à point, s'il vous plaît.

LE JEUNE HOMME: Et pour moi, bleu.

LE GARÇON: Et pour commencer?

LA JEUNE FEMME: Pour moi, une assiette de saumon cru.

LE JEUNE HOMME: Vous n'avez pas d'escargots?

LE GARÇON: Non, Monsieur, je regrette....

LE JEUNE HOMME: Dommage... eh bien, je vais prendre une douzaine d'huîtres. Et vous nous apporterez une bouteille de muscadet, et une demie de moulin-à-vent.... Et une demi-bouteille d'eau minérale, de la Badoit.

Le garçon apporte les hors-d'oeuvres: "Le saumon, c'est pour Madame, et les huîtres, c'est pour Monsieur."

7.

Plus tard....

LE JEUNE HOMME: Ça va, ton entrecôte? Elle est à point?

LA JEUNE FEMME: Oui, très bien. Et toi? Il est bleu, ton steak?

LE JEUNE HOMME: Oui, pour une fois, il est vraiment bleu.

Puis le garçon présente le plateau de fromages.

LE GARÇON: Vous prenez du fromage?

LA JEUNE FEMME: Qu'est-ce que vous avez?

LE GARÇON: Camembert, roquefort, pont-l'évêque, cantal, saint-andré, brie, chavignol...ça aussi, c'est un chèvre.

5.

*Des **pêches**.*

*Des **abricots**.*

*Un **poulet** vivant.*

*Des **poulets** et des **poules**, chez un marchand de volaille.*

*Un **poulet** avec des tomates et des aubergines.*

*On fait sauter le poulet dans l'**huile** très chaude. (Il y a de l'**huile** d'olive, d'arachide, de maïs, de soja).*

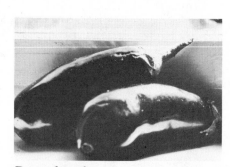

*Des **aubergines**.*

*Des **tomates**.*

LA JEUNE FEMME: Bon, eh bien je prendrai un peu de brie.
LE GARÇON: Et pour Monsieur?
LE JEUNE HOMME: Pour moi, un peu de chèvre. De celui-là.

8.

Un peu plus tard. . . .
LE GARÇON: Vous désirez un dessert?

LA JEUNE FEMME: Oh, non, pas de dessert pour moi, je n'ai plus faim.
LE JEUNE HOMME: Voyons ce que vous avez.
LE GARÇON: Bavarois, tarte aux framboises, oeufs à la neige, charlotte aux poires, mousse au chocolat, et les sorbets, et la coupe Privas.
LA JEUNE FEMME: Qu'est-ce que c'est, votre coupe Privas?

LE GARÇON: Ce sont des marrons glacés, avec du cognac, de la glace à la vanille et de la crème fraîche par-dessus.
LA JEUNE FEMME: Bon, je prendrai ça.
LE JEUNE HOMME: Et en avant les calories! Heureusement que tu n'avais pas faim! . . . Pour moi, ce sera un sorbet.
LE GARÇON: Poire, framboise, fruit de la passion?

*Des **crevettes** roses. (Il y a aussi des **crevettes** grises, plus petites.)*

*Des **huîtres**.*

*Des **fromages de chèvre**.*

6.

Degrés de **cuisson** pour les grillades:
    bien cuit (couleur brune)
    à point (couleur rose)
    saignant (couleur rouge)
    bleu (couleur rouge-violet)

*Une demi-bouteille de **moulin-à-vent**.*

*Un **escargot**.*

*Du **roquefort**.*

8.

Dessert: poire, confiture de groseille, biscuit. . . .

*Une **tarte** aux **framboises**.*

LE JEUNE HOMME: Framboise. Et
   vous nous apporterez deux
   express, et l'addition.
Au moment de partir, la jeune
femme se retourne vers Robert. Ce
n'est pas Mireille.[2]

2. Non, ce n'est pas Mireille, c'est sa soeur,
   Cécile. Le jeune homme, c'est son mari,
   Jean-Denis Labrousse.

Une **mousse au chocolat.**

Des **marrons glacés.**

Préparation de la **coupe Privas.**

De la **crème fraîche.**

🎧 Mise en oeuvre

Ecoutez la mise en oeuvre du texte et répondez aux questions suivantes.

1. Quel jour sommes-nous?
2. Que font les Français, le dimanche matin?
3. Qu'est-ce que c'est qu'un chou à la crème, un éclair, une tarte au citron?
4. Qu'est-ce que Robert achète?
5. Pour emporter?
6. Qui Robert remarque-t-il dans le restaurant?
7. Qu'est-ce que Robert se demande?
8. Si on veut commander un vin, dans un restaurant, qu'est-ce qu'il faut consulter?
9. Pourquoi la jeune femme veut-elle prendre quelque chose de léger?
10. Pourquoi ne veut-elle pas de cassoulet?
11. Qu'est-ce qui tente le jeune homme?
12. Pourquoi est-ce qu'il ne prend pas de choucroute?
13. Qu'est-ce qu'on prépare aux olives, à l'orange, aux cerises?
14. Qu'est-ce que la jeune femme va peut-être prendre?
15. Qu'est-ce qui va se passer si elle prend une omelette?

16. Qu'est-ce qu'elle faisait l'année dernière?
17. Qu'est-ce que c'est, les oeufs à la Mireille?
18. Comment la petite amie du chef est-elle morte?
19. Comment fait-on cuire les morceaux de poulet pour préparer le poulet Mireille?
20. Avec quoi est-ce qu'on le garnit?
21. Qu'est-ce que la jeune femme va prendre, finalement?
22. Et le jeune homme, qu'est-ce qu'il commande?
23. Si vous aimez la viande très peu cuite, comment faut-il la demander?
24. Et si vous l'aimez plus cuite?
25. Que prend la jeune femme pour commencer?
26. Et le jeune homme, qu'est-ce qu'il prend pour commencer?
27. Qu'est-ce qu'ils commandent à boire?
28. Qu'est-ce que c'est que le pont-l'évêque et le cantal?
29. Qu'est-ce que c'est que la coupe Privas?
30. Qu'est-ce que les jeunes gens prennent comme café?
31. Qu'est-ce qu'il faut demander quand on veut payer?

Document

Pour un art poétique

Prenez un mot prenez-en deux
Faites cuire comme des oeufs
Prenez un petit bout de sens
Puis un grand morceau d'innocence
Faites chauffer à petit feu
Au petit feu de la technique
Versez la sauce énigmatique
Saupoudrez de quelques étoiles
Poivrez puis mettez les voiles
Où voulez-vous donc en venir?
A écrire
      Vraiment? A écrire?

    Raymond Queneau
    Le Chien à la mandoline

Notes sur le document:

Ce texte est un art poétique. Un art poétique, ce sont des recettes pour faire de la poésie. C'est un peu comme un art culinaire; un art culinaire, ce sont des recettes pour faire la cuisine, pour préparer de bons plats.

Pour écrire, pour écrire un bon poème, il faut prendre des mots (d'abord un, puis deux...). Puis il faut faire cuire ces mots. (Les mots crus ne sont pas bons; le cuit est plus civilisé que le cru.) Il faut préparer les mots, il faut faire une petite cuisine. Pour faire cuire les mots, il faut les mettre sur le feu, il faut les faire chauffer, lentement, doucement, avec précaution. Il faut les faire chauffer à petit feu.

Pour réussir un bon poème et une bonne sauce, il faut avoir le temps, il ne faut pas aller trop vite, il faut du travail, de la technique. (Le feu, c'est la technique, la civilisation.) Pour faire un poème, il faut d'abord des mots; il faut aussi beaucoup d'innocence, et un peu de sens, un peu de signification.

Une sauce donne du goût à un plat, une sauce rend le plat plus intéressant, plus piquant. Pour être bon, pour être intéressant, pour être piquant, un poème doit être un peu énigmatique.

Enfin, il faut mettre sur le dessus quelque chose pour décorer...des étoiles. Et puis, il faut mettre les voiles, il faut partir, laisser le poème seul; il faut être absent du poème.

Leçon 27
Transports en tous genres I

1.

A neuf heures une, lundi matin, le téléphone sonne chez les Belleau. Mireille, qui, par hasard, se trouve près du téléphone, décroche.

MIREILLE: Allô!

LA VOIX: Allô... L'Armée du Salut?

MIREILLE: Ah, non, Madame, ce n'est pas l'Armée du Salut; vous vous êtes trompée de numéro. C'est la caserne des pompiers, ici. Vous avez un faux numéro.

LA VOIX: Ah? Je me suis trompée de numéro?

MIREILLE: Oui, vous vous êtes trompée de numéro, Madame.

LA VOIX: Ah, excusez-moi, Mademoiselle, excusez-moi....

MIREILLE: Il n'y a pas de mal, Madame, ce n'est pas grave.... Vous voulez l'Armée du Salut?

LA VOIX: Oui, l'Armée du Salut.

MIREILLE: Attendez, je vais vérifier le numéro. Ne quittez pas.... Allô! Madame, c'est le 43–87–41–19.

LA VOIX: Ah, vous êtes bien aimable, Mademoiselle. Je vous remercie, Mademoiselle.

MIREILLE: De rien, de rien, il n'y a pas de quoi, je vous en prie, c'est la moindre des choses. Au revoir, Madame.

2.

Mireille raccroche. A neuf heures trois, le téléphone sonne de nouveau. Mireille décroche aussitôt.

MIREILLE: Allô, ici l'Armée du Salut, le Major Barbara à l'appareil!

ROBERT: Allô... est-ce que je pourrais parler à Mademoiselle Mireille Belleau, s'il vous plaît?

MIREILLE (*riant*): Ah, c'est vous, Robert! Comment allez-vous?

ROBERT: Ça va, merci. Vous aussi? Je... je vous téléphone parce que ... l'autre soir, vendredi, vous m'avez dit de vous téléphoner ce matin. Je... voulais vous demander quand je pourrais vous revoir...enfin...si vous vouliez....

MIREILLE: C'est gentil, mais pas aujourd'hui. Aujourd'hui, je dois aller à Chartres.

ROBERT: Mais je croyais que vous étiez allée à Chartres l'autre jour, jeudi.

MIREILLE: Non, jeudi je n'ai pas pu y aller, mais aujourd'hui, je dois absolument y aller.

1.

C'est **par hasard** que Mireille se trouve près du téléphone. C'est un simple **hasard**. Elle n'avait aucune raison spéciale d'être près du téléphone. C'est une simple coïncidence...un pur **hasard**.

*Mireille **décroche** (le téléphone).*

2.

*Mireille **raccroche**.*

*Ici l'**Armée du Salut,** le Major Barbara à l'appareil.*

3.

ROBERT: Moi aussi, je devrais aller à Chartres.... La cathédrale! Est-ce que je ne pourrais pas y aller avec vous?

MIREILLE: Oh, si vous y tenez.... Mais vous savez, moi, je ne vais pas à Chartres pour voir la cathédrale. J'y vais pour aller au musée et pour parler au conservateur.

ROBERT: Ce n'est pas un problème: je pourrais visiter la cathédrale pendant que vous verriez ce monsieur!

MIREILLE: D'abord, le conservateur n'est pas un monsieur, c'est une dame. Et je trouve que vous arrangez bien facilement les choses!

ROBERT: Oh, vous savez, s'il n'y avait que des difficultés comme ça, la vie serait facile!... Et comment comptez-vous aller à Chartres? En auto? Par la route?

MIREILLE: Non, je n'ai pas de voiture.

ROBERT: Je pourrais en louer une, si vous vouliez!

MIREILLE: Non, c'est trop cher... et puis, avec une voiture de location, j'aurais trop peur de tomber en panne.

ROBERT: Si vous ne voulez pas louer de voiture, prenons l'autocar; ça ne doit pas être très cher.

MIREILLE: Non, l'autocar, ce n'est pas cher, mais ce n'est pas commode; ça ne va pas vite.

4.

ROBERT: Alors, allons-y en avion! Ça, au moins, c'est rapide!

MIREILLE: Mais non, voyons! On ne peut pas aller à Chartres en avion; c'est tout près! Chartres est trop près de Paris!

ROBERT: Et bien alors, si c'est tout près, allons-y à pied! J'aime bien marcher....

MIREILLE: Tout de même... ce n'est pas loin, mais ce n'est pas si près que ça!

3.

*Je devrais **aller à Chartres!***

*Est-ce que je pourrais **y aller avec vous?***

*Mireille ne va pas à Chartres pour voir la cathédrale, mais pour parler au conservateur du **musée.***

*On pourrait aller à Chartres **en auto, par la route.***

*Si on n'a pas de voiture, on peut en **louer** une.*

*Ce monsieur est **tombé en panne.***

*On peut aller à Chartres en **autocar.***

L'autocar n'est pas **commode:** il part à des heures impossibles. Il faut aller le prendre à la Porte Maillot, c'est loin! Et puis, il ne va pas très vite.

4.

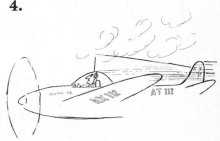

*On ne peut pas aller à Chartres **en avion!** C'est trop près!*

ROBERT: Eh bien alors, allons-y à bicyclette, ou à cheval!

MIREILLE: Ah, à cheval, ce serait bien . . . mais je n'ai pas le temps.

ROBERT: Alors, si vous êtes pressée, allons-y à motocyclette! Vrrraoum! J'adore la moto. Pas vous?

MIREILLE: Ouh, je ne sais pas! C'est un peu dangereux! Et puis de toute façon, je n'ai pas de casque; et le casque est obligatoire, à moto.

ROBERT: Alors, je suppose qu'on ne peut pas y aller en bateau. . . . Alors, qu'est-ce qu'il reste? L'hélicoptère? L'aéroglisseur?

MIREILLE: Il y a bien un service d'aéroglisseurs entre Boulogne et Douvres, mais pas entre Paris et Chartres. Et il n'y a pas de service d'hélicoptères non plus. Il y a bien les hélicoptères de la gendarmerie, mais ils ne prennent pas de passagers . . . sauf pour les transporter à l'hôpital. . . .

5.

ROBERT: Alors, vous allez y aller en train?

MIREILLE: Oui, bien sûr! Vous avez deviné! Le train, vous savez, c'est encore ce qu'il y a de mieux!

ROBERT: Chic! Je vais pouvoir prendre le TGV!

MIREILLE: Mais non, voyons! Il n'y a pas de TGV entre Paris et Chartres! Le TGV va trop vite, c'est trop près. Avec le TGV, on serait arrivé avant d'être parti!

ROBERT: TGV ou pas TGV, si vous vouliez bien, j'irais volontiers avec vous. . . .

MIREILLE: Bon, eh bien, entendu! Rendez-vous à 11 heures à la gare Montparnasse, côté banlieue.

ROBERT: Comment est-ce qu'on va à la gare Montparnasse?

MIREILLE: C'est facile, vous n'avez qu'à prendre le métro.

ROBERT: Vous croyez?

MIREILLE: Oui, bien sûr! Pourquoi pas?

Casque XVème siècle.

Casque 1914–18.

Le port du **casque** *est obligatoire pour les motocyclistes.*

On ne peut pas aller à Chartres **en bateau***. . . .*

Si nous éliminons l'autocar, la voiture, la bicyclette, la moto, le cheval, le bateau, l'avion . . . qu'est-ce qu'il **reste?** Il ne **reste** rien!

26 divisé par 4 égale 6, et il **reste** 2.

Vous avez 25 francs. Vous en dépensez 20 pour aller à Chartres; il vous **reste** 5F pour acheter un sandwich.

Allons-y **à pied***!*

On pourrait aller à Chartres **à bicyclette***. . . .*

Et si on allait à Chartres **à motocyclette?** *J'adore la moto!*

Casque *gaulois.*

Un **aéroglisseur**.

Il y a un **service d'aéroglisseurs** entre **Boulogne** (en France) et **Douvres** (en Angleterre).

Un **hélicoptère**.

Un **gendarme** de la route.

La **Gendarmerie** Nationale assure la sécurité publique. La **gendarmerie** maintient l'ordre. Elle s'occupe de la police de la route.

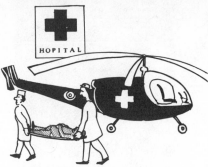

Les hélicoptères de la gendarmerie **transportent** les blessés à l'**hôpital**.

Une voiture peut prendre trois ou quatre **passagers** plus le chauffeur. Un autocar peut prendre 50 ou 60 **passagers** plus le chauffeur.

5.

C'est bien! C'est ce qu'il y a de **mieux!**

C'est bon marché. C'est ce qu'il y a de meilleur marché!

C'est commode. C'est ce qu'il y a de plus commode.

Le **TGV** (Train à Grande Vitesse) est un train de voyageurs qui peut aller à 300 km/h.

J'irais **volontiers** avec vous. Ça me plairait. J'aimerais bien y aller avec vous.

Pour prendre le train, il faut aller à la **gare**.

Il y a plusieurs **gares** à Paris:
la **gare** Montparnasse (Bretagne)
la **gare** Saint-Lazare (Normandie)
la **gare** du Nord (Nord, Belgique)
la **gare** de l'Est (Est, Suisse, Allemagne)
la **gare** de Lyon (Suisse, Midi, Italie)
la **gare** d'Austerlitz (Sud-Ouest, Espagne)

Prenez le **métro!**

ROBERT: L'autre jour, j'ai voulu prendre le métro, et je me suis complètement perdu.

MIREILLE: Sans blague? Ce n'est pas possible! On ne peut pas se perdre dans le métro!

ROBERT: Moi, si!

MIREILLE: Eh bien, écoutez, ce n'est pas difficile. Vous prenez le métro à la station Odéon ou Saint-Michel; vous prenez la ligne Porte de Clignancourt-Porte d'Orléans, direction Porte d'Orléans. Attention! Vous ne prenez pas le métro qui va à la Porte de Clignancourt, vous prenez celui qui en vient et qui va à la Porte d'Orléans. Et vous descendez à Montparnasse-Bienvenüe. C'est simple: c'est direct. Il n'y a pas de change-ment. Vous ne pouvez pas vous tromper. Vous achèterez un carnet de tickets, c'est moins cher.

6.

Dans le métro, Robert, l'homme qui se perd partout.

Face à lui, quatre portillons,

deux couloirs, 100 kilomètres de tunnels, le plus grand réseau souterrain du monde! Une fois de plus, Robert va faire la preuve de son exceptionnelle facilité à se perdre.... Robert, l'homme qui se perd partout...enfin, presque partout.

...Quand Robert arrive à la gare Montparnasse, Mireille est déjà là; elle l'attend en lisant un journal.

ROBERT: Salut! Excusez-moi, je suis un peu en retard; j'ai failli me perdre...Où est le guichet?

MIREILLE: Là-bas.

ROBERT: Je prends deux aller-retours de première, n'est-ce pas?

MIREILLE: Non, un seul billet. J'ai déjà acheté mon billet. Et moi, je voyage en seconde. Alors si vous aviez l'intention par hasard de voyager dans le même wagon que moi, vous feriez mieux d'acheter un billet de seconde.

Robert va acheter un billet au guichet.

ROBERT: Un aller-retour de seconde pour Chartres, s'il vous plaît. (*Il revient en courant vers Mireille.*) C'est par où?

MIREILLE: C'est par là.... Hé! Il faut composter votre billet!

Ils compostent tous deux leurs billets et montent dans le train qui

Robert peut aller à la **station** Saint-Michel pour prendre le **métro.**

Il faut prendre la **direction** Porte d'Orléans.

Il faut **descendre** à Montparnasse-Bienvenüe.

part peu après, exactement à l'heure indiquée.

6.

*Mireille **attend** Robert en lisant un journal.*

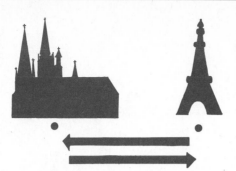

*Paris-Chartres, c'est un **aller simple.** Paris-Chartres-Paris, c'est un **aller-retour.***

*Avant de monter dans le train, il faut **composter** son billet. Le compostage est obligatoire.*

*Il faut aller au **guichet** pour acheter son **billet.***

*On vend les **billets** au **guichet.***

*Dans les trains français, il y a deux classes. La **première classe** est plus confortable que la **deuxième,** mais elle est plus chère.*

7.

Robert a une vaste culture. Il a entendu parler du château de **Versailles,** construit par Louis XIV (XVIIème siècle).

*Mireille reste **perdue dans ses pensées.***

7.

Une douzaine de minutes plus tard, le train passe en gare de Versailles, sans s'arrêter.

ROBERT: Ah, Versailles! Le château, le Grand Trianon, les grilles, la Galerie des Glaces, le parc, les parterres dessinés par Le Nôtre, les bassins, le hameau de Marie-Antoinette.... Je devrais aller à Versailles un de ces jours. Ce serait bien si je pouvais visiter ça avec une spécialiste d'histoire de l'art comme vous!

Mireille reste perdue dans ses pensées. Puis tout à coup....

MIREILLE: Je voulais vous dire.... Nous ne devrions pas nous vouvoyer comme ça...

Robert ne comprend pas.

MIREILLE: Oui, nous vouvoyer, nous dire "vous." Vous savez, les jeunes se tutoient très vite. Je ne voulais pas vous tutoyer devant les Courtois, l'autre jour, parce qu'ils sont un peu vieux jeu, mais j'ai l'habitude de tutoyer tous mes copains. Alors on peut se tutoyer?... A propos, mes parents aimeraient bien faire votre connaissance. Ils aimeraient vous avoir à dîner un de ces soirs. Les Courtois leur ont beaucoup parlé de vous. Jeudi soir, ça vous irait? Et on pourrait peut-être aller au cinéma, si vous voulez, après.

ROBERT: Oui, si vous voulez. Mais je croyais qu'on se tutoyait?

Elles se tutoient.

La jeune fille à droite est un peu vieux jeu. Les jeunes gens de gauche sont plus dans le vent.

Elles se vouvoient.

Mireille a beaucoup de copains et de copines; elle a beaucoup d'amis.

♫ Mise en oeuvre

Ecoutez la mise en oeuvre du texte et répondez aux questions suivantes.

1. Où se trouvait Mireille quand le téléphone a sonné?
2. Qu'est-ce que Mireille a fait quand le téléphone a sonné?
3. Est-ce que la dame voulait téléphoner chez les Belleau?
4. Pourquoi Robert téléphone-t-il? Qu'est-ce qu'il voulait demander à Mireille?
5. Pourquoi Mireille ne peut-elle pas voir Robert aujourd'hui?
6. Pourquoi Mireille n'est-elle pas allée à Chartres jeudi?
7. Qu'est-ce qu'il y a d'intéressant à Chartres?
8. Pourquoi Mireille doit-elle aller à Chartres?
9. Qu'est-ce que Robert pourrait faire pendant que Mireille irait voir le conservateur?
10. Est-ce que le conservateur est un monsieur?
11. Pourquoi Mireille ne va-t-elle pas à Chartres en auto?
12. Qu'est-ce que Robert suggère?
13. Pourquoi Mireille ne veut-elle pas que Robert loue une voiture?
14. Pourquoi Mireille ne veut-elle pas prendre l'autocar pour aller à Chartres?
15. Pourquoi ne peuvent-ils pas aller à Chartres en avion?
16. Pourquoi ne peuvent-ils pas y aller à pied?
17. Pourquoi Robert aimerait-il y aller à pied?
18. Pourquoi Mireille ne peut-elle pas y aller à cheval?
19. Est-ce que les hélicoptères de la gendarmerie prennent des passagers?
20. Comment Mireille compte-t-elle aller à Chartres?
21. Pourquoi est-ce qu'on ne peut pas prendre le TGV pour aller de Paris à Chartres?
22. Où Mireille donne-t-elle rendez-vous à Robert?
23. Comment Robert va-t-il aller à la gare Montparnasse?
24. Où doit-il prendre le métro?
25. Est-ce qu'il doit prendre le métro qui va à la Porte de Clignancourt, ou qui en vient?
26. Est-ce qu'il faut changer?
27. Que fait Mireille, quand Robert arrive à la gare?
28. Pourquoi Robert est-il en retard?
29. Où Robert doit-il aller pour acheter les billets?
30. Pourquoi Mireille lui dit-elle d'acheter un seul billet?

31. Pourquoi Mireille lui conseille-t-elle de ne pas acheter de billet de première?
32. Par quelle ville le train passe-t-il?
33. Qu'est-ce qu'il y a d'intéressant à Versailles?
34. Pourquoi Mireille n'a-t-elle pas proposé le tutoiement chez les Courtois?

35. Pourquoi trouve-t-elle plus naturel de tutoyer Robert?
36. Pourquoi les Belleau veulent-ils inviter Robert à dîner?
37. Quel jour Mireille propose-t-elle?
38. Qu'est-ce qu'ils pourraient faire après le dîner?

Documents

Versailles

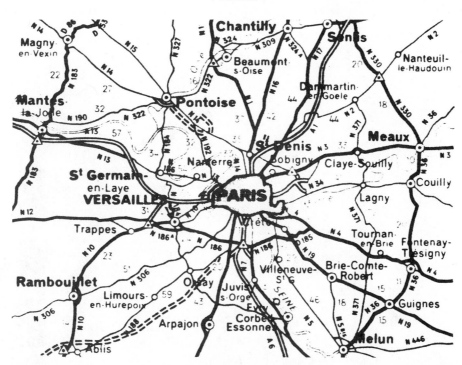

Le château vu du Midi. Façade de la Galerie des Glaces.

Plafond de la Galerie des Glaces.

Bassin d'Apollon.

Le parc.

Le Grand Trianon.

Parterres dessinés par Le Nôtre. Au fond, le Grand Trianon.

Grille de la Cour d'Honneur, au Grand Trianon.

Le Hameau où Marie-Antoinette jouait à la bergère.

Leçon 28
Transports en tous genres II

1.

Robert et Mireille viennent d'arriver à Chartres.

ROBERT: 11 heures 43.... Eh bien, dis donc, le train est arrivé à l'heure pile!

MIREILLE: Evidemment! Les trains sont toujours à l'heure, en France; ils sont très ponctuels. Ils partent exactement à l'heure et ils arrivent exactement à l'heure.

ROBERT: Toujours?

MIREILLE: Oh, oui, toujours! Enfin... presque toujours!

2.

Ils sortent de la gare.

MIREILLE: Tu as faim? Bon, allons manger quelque chose rapidement dans un café en face. ... Tiens, là-bas.

Ils s'installent à une table, consultent rapidement le menu. La serveuse s'approche.

LA SERVEUSE: Bonjour, Messieurs-dames.

ROBERT: Bonjour, Madame.

MIREILLE: Moi, je prendrai juste une assiette de crudités.

ROBERT: Pour moi, une assiette de charcuterie, s'il vous plaît, et un petit pichet de vin rouge.

MIREILLE: Et une carafe d'eau, s'il vous plaît.

LA SERVEUSE: Oui, Mademoiselle, tout de suite. (*Elle s'en va, et revient peu après avec la commande.*) Une assiette de crudités, une assiette de charcuterie, et le pichet de vin rouge. Voilà. Bon appétit.

MIREILLE: Et une carafe d'eau, s'il vous plaît!

LA SERVEUSE: Oui, Mademoiselle, tout de suite (*Elle apporte la carafe.*) Voilà.

MIREILLE: Merci.

3.

ROBERT: Ton musée est près de la cathédrale?

MIREILLE: Oui, juste à côté.

ROBERT: On va prendre un taxi....

MIREILLE: Mais tu plaisantes! C'est tout près! On y va à pied! C'est à dix minutes au plus.

1.

Il est midi **pile:** il est exactement midi.

2.

Une assiette de **crudités:** *plusieurs légumes crus; carottes râpées, tomates, céleri, concombres....*

Une assiette de **charcuterie:** *une tranche de jambon, du pâté, du saucisson....*

Un **pichet** *(de vin rouge).*

Au moment où ils vont traverser la Promenade des Charbonniers, ils assistent à un accident: un vélomoteur qui sort trop vite d'une rue latérale heurte une camionnette qui, heureusement, roule très lentement. Le cycliste est projeté par-dessus le capot sur le trottoir d'en face, juste devant une pharmacie. Le cycliste se relève: "Ce n'est rien." Mireille s'est approchée.

MIREILLE: Vous ne vous êtes pas fait mal?

LE CYCLISTE: Non, non, ça va. (*Il aperçoit la pharmacie et sourit.*) Je suis bien tombé!

4.

Robert et Mireille sont maintenant devant la cathédrale. Ils admirent le portail.

MIREILLE: Là, tu as tous les apôtres.

ROBERT: Ils ont de belles têtes.

MIREILLE: Et là, c'est le Christ, tu vois, avec les pieds posés sur des lions.

ROBERT: Tu as vu tous ces monstres?

MIREILLE: Ah, oui, ça, c'est l'Enfer. De ce côté, c'est l'Enfer, et de l'autre côté, c'est le Paradis. ...Entrons à l'intérieur de la cathédrale, tu veux?

Une **carafe** *(d'eau).*

3.

Tu **plaisantes**! Tu n'es pas sérieux! Sois sérieux!

Il ne faut pas **plaisanter** avec ces choses-là.

Robert et Mireille **assistent à** *un accident.*

Ils **assistent à** un accident comme spectateurs...ils n'y participent pas. Ils auraient aussi bien pu **assister à** la messe à la cathédrale, à une séance de cinéma, à un cours à la Sorbonne....

Les **vélomoteurs** *(Mobylette, Solex) sont très communs en France. Ce sont essentiellement des vélos équipés d'un petit moteur.*

Le vélomoteur **heurte** *une camionnette.*

Le cycliste est **projeté** *par-dessus le* **capot** *sur le* **trottoir**.

Une **pharmacie.**

4.

*L'***Enfer.**

ROBERT: Tu ne vas pas au musée?

MIREILLE: Si, tout à l'heure; j'ai le temps, il n'est même pas deux heures.

5.

Il y a très peu de monde dans la cathédrale. Quelqu'un joue du Bach à l'orgue. La lumière qui traverse les vitraux de la rosace projette des taches multicolores sur les dalles et sur les énormes piliers. Un rayon illumine un instant les cheveux blonds de Mireille.... Robert est très ému.

Ils sortent de la cathédrale.

MIREILLE: Bon, je vais y aller. Voyons, il est deux heures. Je te retrouve ici dans une heure, à trois heures pile. D'accord?

ROBERT: D'accord.

MIREILLE: A tout à l'heure.

Robert admire le portail royal, les statues-colonnes des rois, et des reines avec leurs longs cheveux.

Puis il va regarder les magasins qui vendent des cartes postales, des cuivres, des guides, des dentelles, toutes sortes de bibelots. Il se demande s'il ne pourrait pas acheter un petit cadeau pour Mireille... mais il n'ose pas.

5.

Il y a très **peu de monde** dans la cathédrale.

Quelqu'un **joue** du Bach **à l'orgue.**

La lumière traverse les **vitraux** de la **rosace.**

La lumière projette des taches sur les **dalles.**

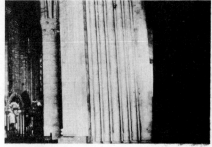

Les **piliers** de la cathédrale de Chartres sont énormes.

Un **rayon** illumine les cheveux de Mireille.

Robert est très **ému** (c'est l'émotion religieuse).

6.

Juste à ce moment, Robert croit voir Mireille qui sort du musée. Elle se trouve tout près d'un très beau jeune homme blond qui a l'air suédois. Elle remarque tout de suite sa silhouette sportive et ses jambes musclées. Il porte un short bleu extrêmement court. Elle trouve son visage agréable, et lui sourit. Il lui rend son sourire... et ils disparaissent derrière l'abside.

7.

Quelques instants plus tard, Mireille arrive comme une fleur devant le portail royal.

MIREILLE: Tu vois, je suis ponctuelle... comme les trains! Je suis même en avance; il n'est que 2h 59!

A ce moment, Robert remarque le beau Suédois qui démarre bruyamment dans une Alpine rouge....

6.

*Mireille remarque ses **jambes musclées**.*

7.

*Mireille arrive comme une **fleur**, innocemment.*

*Ils **disparaissent** derrière l'abside.*

*Robert remarque le beau Suédois qui **démarre** bruyamment dans une **Alpine** rouge.*

⌒ Mise en oeuvre

Ecoutez la mise en oeuvre du texte et répondez aux questions suivantes.

1. Où Robert et Mireille viennent-ils d'arriver?
2. Est-ce que le train a du retard?
3. Comment sont les trains, en France?
4. Que font Robert et Mireille en sortant de la gare?
5. Qu'est-ce que Mireille commande?
6. Et Robert, qu'est-ce qu'il prend?
7. Comment vont-ils à la cathédrale?
8. Est-ce que la cathédrale est loin de la gare?
9. Qu'est-ce qu'ils voient, sur la Promenade des Charbonniers?
10. Qu'est-ce qui a heurté la camionnette?
11. Qu'est-ce qui est arrivé au cycliste?
12. Est-ce que le cycliste a eu très mal?
13. Pourquoi le cycliste dit-il qu'il est bien tombé?
14. Qu'est-ce que Robert et Mireille admirent?
15. Est-ce qu'il y a beaucoup de monde dans la cathédrale?
16. Qu'est-ce qu'on joue à l'orgue?
17. A quelle heure Mireille doit-elle retrouver Robert?
18. Qu'est-ce qu'on vend, dans les magasins?
19. Qu'est-ce que Robert se demande en regardant les bibelots?
20. Pourquoi n'achète-t-il rien?
21. Que fait Mireille quand Robert croit la voir?
22. Est-ce qu'elle est seule?
23. Qu'est-ce qu'elle remarque?
24. Que porte ce jeune homme?
25. Que fait le jeune homme, quand Mireille lui sourit?
26. Est-ce que Mireille est nerveuse, tendue, inquiète, quand elle arrive au rendez-vous avec Robert?
27. Est-ce qu'elle est ponctuelle?
28. Que fait le Suédois à ce moment-là?

Documents

La cathédrale de Chartres a été construite au XIIème siècle. Chartres est, depuis le Moyen-Age, un lieu de pèlerinage, comme Saint-Jacques de Compostelle, ou, plus récemment, Lourdes. Chaque année, des milliers de gens vont à Chartres en pèlerinage, pour invoquer Notre Dame de Chartres. Il y a, en particulier, tous les ans, au mois de mai, un grand pèlerinage d'étudiants qui partent de Paris et qui vont à Chartres à pied (90 km).

Charles Péguy (1873–1914) a célébré le pèlerinage de Chartres dans son poème:

Présentation de la Beauce à Notre-Dame de Chartres

Nous arrivons vers vous du lointain Parisis.
Nous avons pour trois jours quitté notre boutique,
Et l'archéologie avec la sémantique,
Et la maigre Sorbonne et ses pauvres petits.

. . . .

Nous arrivons vers vous de l'autre Notre-Dame,
De celle qui s'élève au coeur de la cité,
Dans sa royale robe et dans sa majesté,
Dans sa magnificence et sa justesse d'âme.

La plaine de la Beauce. Champs de blé autour de Chartres.

La cathédrale dominant les maisons de Chartres.

Portail Sud de la cathédrale.

Statues-colonnes; portail Ouest.

Les statues de Chartres sont particulièrement célèbres pour l'expression des visages.

Notes sur les documents:
Le poète s'adresse à la Vierge, à Notre Dame de Chartres. Il est parti du Parisis, de la région de Paris, pour ce voyage religieux de trois jours. Il a quitté sa boutique de libraire (rue de la Sorbonne), en compagnie d'étudiants qui ont quitté la Sorbonne et leurs cours d'archéologie ou de sémantique. Péguy n'aimait pas beaucoup la Sorbonne. Il la considérait comme une mère qui n'avait pas grand-chose à donner à ses enfants, ses "pauvres petits."

Les pèlerins marchent sur les routes, dans la grande plaine de la Beauce où est Chartres. (Aujourd'hui, la plupart des étudiants qui font le pèlerinage à Chartres font l'aller—ou une partie de l'aller—à pied, et le retour en train.) Les pèlerins sont partis de Notre-Dame de Paris, dans l'Ile de la Cité, au centre de Paris. C'est une cathédrale majestueuse et magnifique extérieurement; son architecture, ses sculptures constituent une robe royale pour la Vierge à qui elle est dédiée. La symétrie, l'équilibre de sa construction expriment l'équité, la perfection de l'âme, de l'esprit qui l'animent.

Leçon 29
Transports en tous genres III

1.

Dans le train de Chartres, au retour. Robert n'est pas de très bonne humeur.

ROBERT: Il y a beaucoup de monde dans ton train! Tous les compartiments sont bondés. Non mais, c'est pas vrai! Toutes les places sont prises. Regarde-moi ça! Les gens sont serrés comme des sardines! Si j'avais su, je serais resté chez moi...ou j'aurais loué une voiture!

MIREILLE: Oui...ou tu serais venu à pied! Ne t'en fais pas, on ne va pas rester debout dans le couloir. Allons un peu plus loin, on trouvera bien une place.... Tiens, qu'est-ce que je te disais! Ce compartiment est vide... enfin, presque vide.

Il y a dans un coin un passager, caché derrière un journal: l'homme en noir.... Bizarre....

2.

Mireille et Robert s'installent et continuent leur conversation.

ROBERT: Je ne comprends vraiment pas comment tu peux préférer le train à la voiture.

MIREILLE: J'apprécie la SNCF...

ROBERT: La quoi?

1.

Un autobus **bondé.**

Un magasin **bondé.**

Toutes les **places** *sont* **prises.**

On est **serrés comme des sardines!**

Il y a des gens **debout** *dans le* **couloir.**

On est mieux assis que **debout,** et couché qu'assis.

Robert et Mireille sont assis dans un **compartiment.**

Il y a un monsieur tout en noir **caché** *derrière un journal.*

MIREILLE: La Société Nationale des Chemins de fer Français... mais je n'ai rien contre la voiture, au contraire! J'aimerais bien avoir une petite voiture décapotable, ou au moins avec un toit ouvrant, et un grand coffre pour mettre mes valises avec toutes mes robes dedans, et un mini-vélo... une petite 205 Peugeot.

ROBERT: Tu ne préférerais pas une petite Alpine Renault, par hasard?

3.

MIREILLE: Ben, ça, bien sûr! Ça, c'est de la bagnole! La vraie voiture de sport, rapide, nerveuse, des reprises foudroyantes! Et comme tenue de route, c'est formidable! Ça se conduit avec le petit doigt. Et ça marche! Tu peux faire du 140 à l'heure toute une journée sans chauffer. Et comme freinage, impeccable! Quatre freins à disques assistés. ... Et ça ne consomme presque rien: 6 litres et demi aux cent!

ROBERT: Eh bien, dis donc, tu as l'air de t'y connaître!

MIREILLE: Ben, forcément! C'est de naissance! Mon père est chez Renault.... Mais de toute façon, tout ça, ce n'est pas pour moi. Remarque que, d'une certaine façon, j'aime autant faire de l'auto-stop. Tous les avantages de la voiture sans les inconvénients.

ROBERT: Tu fais de l'auto-stop?

MIREILLE: Ça m'est arrivé. Une fois, je suis allée de Paris à Genève en stop. J'ai mis huit heures. Ce n'est pas mal!

ROBERT: Mais ce n'est pas dangereux? Tu n'as pas peur?

MIREILLE: Non... et puis, c'est ça, le charme! ...Ça y est, on est arrivés.

2.

Une gare de la **SNCF.**

Une voiture **décapotable.** (En été, c'est agréable!)

Quand le moteur est à l'arrière, le **coffre** est à l'avant, et inversement. Un grand **coffre,** c'est commode quand on a beaucoup de bagages.

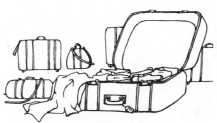

Mireille a beaucoup de robes, de jupes, de pulls. Quand elle voyage, elle a beaucoup de **valises.** ...

Une Peugeot 205, ce n'est pas mal, mais une **Alpine** Renault, c'est beaucoup mieux! (C'est aussi plus cher....)

3.

L'Alpine Renault, c'est de la **bagnole!** C'est de la voiture! C'est une voiture formidable!

La **foudre.**

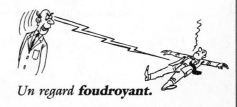

Un regard **foudroyant.**

4.

Mireille et Robert descendent du train et sortent de la gare Montparnasse.

ROBERT: Si on allait dîner sur un bateau-mouche? Ce serait bien! Je t'invite. Ça peut être bien, non? Avec tous les monuments illuminés....

MIREILLE: Penses-tu! C'est un truc pour les touristes américains, ça! Tu n'es pas un touriste américain, toi! De toute façon, ce soir, je ne suis pas libre. Je dois aller chez une amie, Boulevard Saint-Germain.... Et l'autobus est par là.

ROBERT: Comment? Ton chauffeur ne t'attend pas avec l'Alpine?

MIREILLE: Mon chauffeur? Ah, non, pas ce soir. Ce soir, je lui ai donné congé....

Tiens, voilà mon bus qui arrive. ...Bon, à jeudi soir! N'oublie pas que tu dînes à la maison. Vers 7h et demie, 8h.

ROBERT: Est-ce que je ne pourrais pas te voir demain?

MIREILLE: Non, impossible, demain, je vais à Provins. Au revoir!

Et l'autobus démarre.

*L'Alpine a une bonne **tenue de route**. Elle tient bien la route.*

Elle **marche!** Elle va vite! Elle est rapide!

140 (kilomètres) à l'heure = 87 miles à l'heure.
6 litres = 1,32 gallons.
100 kms = 62 miles.

*C'est une bonne voiture, mais elle **chauffe** dans les côtes....*

Mireille **s'y connaît!** C'est une experte en voitures!

C'est **de naissance;** c'est héréditaire. Elle est née comme ça.

*L'**auto-stop,** c'est un peu dangereux ...mais c'est ça, le charme!*

4.

*Les **bateaux-mouches** montent et descendent la Seine. C'est une très belle promenade. C'est surtout pour les touristes.*

Mireille (dit qu'elle) a donné **congé** à son chauffeur.

Robert, lui, s'est mis en **congé.** Il a décidé de prendre un **congé** (il a quitté l'Université et il est allé en France).

5.

"Une amie…" se dit Robert.… "Ça ne m'étonnerait pas si cette amie avait un petit air suédois et de belles jambes musclées dans un petit short bleu ciel!"

Robert serait-il jaloux?

Il arrête un taxi: "Taxi! Boulevard Saint-Germain, s'il vous plaît!"
LE CHAUFFEUR: Où est-ce que je vous arrête?
ROBERT: Euh…je ne sais pas.
LE CHAUFFEUR: Ben, moi non plus! Au café de Flore?
ROBERT: Oui, c'est ça.
Pas de Mireille ni de Suédois au Flore, ni aux Deux Magots, ni chez Lipp, ni au Drugstore, ni à la

*Mireille va prendre l'**autobus** pour aller à Saint-Germain.*

5.

Le café de Flore et le café des Deux Magots sont les deux cafés les plus connus de **Saint-Germain-des-Prés.** C'étaient des cafés pour intellectuels au temps de la mode existentialiste, vers 1945–50. La brasserie Lipp est un restaurant

"littéraire." Le Drugstore est un endroit à la mode, dans le vent. Il imite les drugstores américains, mais en plus luxueux. C'est un magasin, un café, un snack. La Rhumerie Martiniquaise est un café. Le Tabou est une "cave." C'est une des premières "caves existentialistes." Le Riverside et le Whisky à Gogo sont des boîtes de nuit. (Il y a du whisky à gogo; il y a beaucoup de whisky, tant qu'on veut.) Le Procope, rue de l'Ancienne Comédie, est un des plus anciens cafés de Paris (XVIIème siècle), fréquenté par Voltaire, Rousseau, Diderot, Beaumarchais, Marat, Robespierre, puis Musset, Balzac, Hugo, George Sand. C'est aujourd'hui un restaurant.

Rhumerie Martiniquaise, ni chez Vagenende, ni au Procope, ni au Tabou, ni au Riverside, ni au Whisky à Gogo.…Où peut-elle bien être?

⌂ Mise en oeuvre

Ecoutez la mise en oeuvre du texte et répondez aux questions suivantes.

1. Où se passe la scène?
2. Est-ce qu'il y a de la place dans le train?
3. Où Mireille et Robert trouvent-ils des places?
4. Qui est caché derrière un journal?
5. Qu'est-ce que la SNCF?
6. Quel genre de voiture Mireille aimerait-elle avoir?
7. Si elle avait une voiture, où mettrait-elle son minivélo?
8. Qu'est-ce qu'elle mettrait aussi dans le coffre?
9. Quelle sorte de voiture est l'Alpine?
10. Est-ce que l'Alpine accélère vite?
11. Est-ce que c'est une voiture qui va vite? Quelle vitesse peut-elle faire?
12. Si on va trop vite pendant longtemps, qu'est-ce qui arrive normalement à une voiture?
13. Combien l'Alpine consomme-t-elle?
14. Pourquoi Mireille s'y connaît-elle en voitures?
15. Pourquoi Mireille préfère-t-elle faire de l'auto-stop?
16. Combien de temps Mireille a-t-elle mis, une fois, pour aller de Paris à Genève en stop?
17. Est-ce que Mireille a peur quand elle fait du stop?
18. Où Robert voudrait-il aller dîner avec Mireille?
19. Pourquoi cette idée ne plaît-elle pas à Mireille?
20. Pourquoi Mireille n'est-elle pas libre?
21. Où son amie habite-t-elle?
22. Comment va-t-elle aller chez cette amie?
23. Où Mireille doit-elle aller le lendemain?
24. Quand Robert va-t-il dîner chez Mireille?
25. Qu'est-ce que Robert se demande, quand Mireille le quitte?
26. Qu'est-ce qu'il arrête, dans la rue?
27. Robert trouve-t-il Mireille et le Suédois dans les cafés de Saint-Germain-des-Prés?

Documents

Saint-Germain-des-Prés

Le café des Deux Magots.

Le restaurant Vagenende.

L'église Saint-Germain-des-Prés et la brasserie Lipp.

Le Drugstore.

Le café de Flore.

WHISKY A GOGO
Hallucinant et Fantastique
son laser show
TOUS LES SOIRS de 21 h 30 à l'AUBE
PRIX entrée et consommation ttc 40 F
(Vendredi 45 F et samedi 50 F)
Matinée dimanche 14 h 30. 30 F
57, rue de Seine. 633.74.99/325.64.87

La fanfare des Beaux-Arts à Saint-Germain.

La plaque du café Procope.

Leçon 30
Transports en tous genres IV

1.

Le lendemain matin, dans le hall de réception du Home Latin. Robert n'a pas l'air en forme; on dirait qu'il a mal dormi cette nuit.

LE PATRON DE L'HOTEL: Bonjour, Monsieur. Vous avez bien dormi?

ROBERT: Oui... enfin... pas trop. Dites-moi, Provins, vous connaissez?

LE PATRON: Oui, bien sûr!

ROBERT: Vous pouvez me dire où c'est?

LE PATRON: Eh bien, c'est vers l'est... enfin, le sud.... Oui, c'est ça, c'est le sud-est de Paris. Ce n'est pas très loin.

ROBERT: C'est du côté de Chartres?

LE PATRON: Ah, non, Chartres, c'est vers le sud-ouest! Provins, c'est au-dessus de Fontainebleau. ... Vous connaissez?

ROBERT: Ah, merci. Vous savez où je pourrais louer une voiture?

LE PATRON: Ah, oui! Chez Avis, Hertz, Europcar, Mattei.... Pourquoi? Vous voulez louer une voiture?

ROBERT: Oui.

LE PATRON: Allez au garage Shell, en bas du Boulevard Raspail, si vous voulez. C'est un ami. Dites-lui que vous venez de ma part.

ROBERT: Merci.

2.

Au garage Shell.

ROBERT: Bonjour, Monsieur. Je viens de la part du propriétaire du Home Latin. Je voudrais louer une voiture pour la journée.

LE GARAGISTE: Oui.... Qu'est-ce que vous voulez? Une grosse voiture? Une petite voiture? Changement de vitesse automatique ou manuel? Tenez, j'ai là une Renault 11 toute neuve, 5 vitesses synchronisées au plancher. J'ai aussi une CX avec suspension hydraulique, c'est très confortable....

ROBERT: Oh, ça, ça m'est égal. Donnez-moi la moins chère. Cette R5, là-bas, par exemple. Il paraît que les R5, ce sont les moins chères. C'est vrai?

LE GARAGISTE: Je regrette, mais elle n'est pas à louer. Je ne peux pas vous la donner. Mais si vous voulez, je peux vous donner une Peugeot 205.

ROBERT: C'est ce que vous avez de moins cher?

LE GARAGISTE: Oui.

ROBERT: Bon.... C'est combien pour la journée?

LE GARAGISTE: 450F.

ROBERT: D'accord, je la prends.

1.

*Provins est **au-dessus de** Fontainebleau, et **au-dessous de** Meaux.*

C'est **du côté de** Chartres? C'est près de Chartres? C'est dans la direction de Chartres?

2.

*Le levier de **changement de vitesses** est au plancher.*

3.

LE GARAGISTE: Si vous voulez bien me donner votre permis de conduire.... Ah, un permis américain!

Quelques minutes plus tard, Robert est au volant de la Peugeot.

ROBERT: Pour aller à Fontainebleau, c'est par là?

LE GARAGISTE: Oui. Remontez le boulevard Raspail, là, devant vous ... vous connaissez bien Paris?

ROBERT: Non, pas trop.

LE GARAGISTE (*sortant un plan*): Tenez, je vais vous montrer. Vous êtes ici. Vous remontez le boulevard Raspail jusqu'à Denfert-Rochereau, vous verrez, c'est une place avec un lion. Vous obliquez à droite pour prendre l'avenue du Général Leclerc. Vous la suivez jusqu'à la Porte d'Orléans, et là, vous prenez le boulevard périphérique sur la gauche. Vous n'aurez qu'à suivre les indications pour l'autoroute A6, direction Lyon. Il y a des panneaux partout. Il n'y a pas moyen de se tromper. Vous ne pouvez pas vous perdre.

ROBERT: Très bien. Merci! Au revoir.

LE GARAGISTE: Au revoir! Bonne route!

4.

Pendant ce temps-là, Mireille téléphone à son oncle Guillaume pour lui emprunter une voiture.

MIREILLE: Allô, Tonton? C'est moi, Mireille. Dis-moi, je dois aller à Provins, voir mon amie Colette, tu sais, Colette Besson.

Est-ce que tu pourrais me prêter une voiture?

ONCLE GUILLAUME: Mais oui, ma petite Mireille. Bien sûr! Prends celle que tu voudras, ça m'est égal.

MIREILLE: La CX?

Ici, le **changement de vitesses** *est sous le volant.*

3.

Le **volant.**

Je vais vous **montrer.** *Vous êtes ici.*

Le **périphérique** est une autoroute qui fait le tour de Paris. Quand on quitte le **périphérique,** on peut entrer dans Paris par des "portes": Porte d'Orléans, Porte de Versailles, Porte de Saint-Cloud, Porte Maillot, Porte de la Chapelle, Porte des Lilas, Porte de Vincennes, Porte d'Italie....

Regardez les panneaux et suivez les **indications!**

GUILLAUME: Entendu. Prends-la
au garage quand tu voudras. Je
vais téléphoner pour les prévenir.

MIREILLE: Je te remercie. Au
revoir!

5.

Pendant ce temps-là, Robert
remonte le boulevard Raspail. Il
arrive à la place Denfert-Rochereau,
la place avec le lion... obliquer à
droite... prendre l'avenue du
Général Leclerc... la suivre, la
suivre... jusqu'à la Porte d'Orléans.
Ça doit être ici.... Maintenant,
prendre le périphérique sur la
gauche.... L'autoroute A6. En
direction de Lyon. Il y a des
panneaux partout.... Il n'y a pas
moyen de se tromper.

ROBERT: Je ne peux pas me
perdre.

Trois heures plus tard, Robert est
complètement perdu à 300 km de
Paris, en pleine Bourgogne. Il
demande son chemin.

ROBERT: Excusez-moi, Monsieur.
La route de Paris, c'est bien par
là?

LE MONSIEUR: Ah, vous vous
trompez, jeune homme. La route
de Paris, c'est à droite, là-bas. Par
là, c'est Macon. Vous êtes perdu.

6.

Voilà ce qui s'est passé.
A Fontainebleau, il a voulu
sortir de l'autoroute pour remonter
vers Provins.

Juste au moment où il sortait de
l'échangeur, il a vu une Alpine avec
une blonde dedans, qui s'engageait
sur l'autoroute en direction de
Lyon. Robert a fait aussitôt demi-
tour et s'est lancé à sa poursuite.

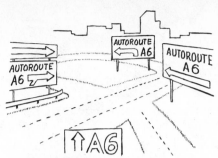

*Il y a des **panneaux** partout!*

4.

Mireille n'a pas de voiture, mais
elle peut **emprunter** la voiture de
son oncle. Elle peut lui **emprunter**
une voiture. Oncle Guillaume a
deux voitures; il peut **prêter** une
voiture à Mireille. Il peut lui en
prêter une.

Oncle Guillaume va **prévenir** le
garagiste. Il va le **prévenir.** Il va lui
dire que Mireille va prendre la
voiture.

5.

*Robert remonte le **boulevard
Raspail**.*

*Il arrive à la **Place Denfert-
Rochereau**.*

*Robert est complètement **perdu** en
pleine Bourgogne.*

6.

*A Fontainebleau, Robert est **sorti** de
l'autoroute.*

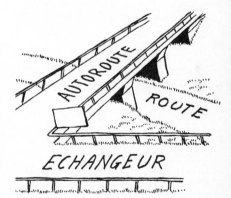

*Robert **a fait demi-tour**.*

Robert fonce, le pied au plancher, mais l'Alpine refuse de se laisser dépasser.

Juste avant Beaune, l'Alpine s'arrête pour prendre de l'essence.

La blonde descend de voiture et se dirige vers les toilettes. Ce n'est pas Mireille.

Ecoeuré, Robert sort de l'autoroute, et va se perdre dans les vignobles bourguignons: Aloxe-

*L'armée **fait demi-tour.** Elle revient en arrière.*

Robert s'est lancé à la **poursuite** de l'Alpine: il l'a suivie, aussi vite que possible, pour la rattraper. Il l'a suivie. Il l'a **poursuivie.** Il s'est lancé à sa **poursuite.**

Il **fonce:** il va aussi vite que possible.

Robert veut **dépasser** l'Alpine, mais il ne peut pas; elle va plus vite que lui.

*Robert fonce, **le pied au plancher.** Il appuie sur l'accélérateur à fond. Son pied touche le plancher.*

L'Alpine s'arrête pour prendre de l'essence.

Les voitures de tourisme marchent à l'**essence.** Les camions marchent au gasoil. Le métro et les trains marchent à l'électricité.

Corton, Nuits-Saint-Georges, Vosne-Romanée, Vougeot,   Chambolle-Musigny, Gevrey-Chambertin, Fixin. . . .

⋒ Mise en oeuvre

Ecoutez la mise en oeuvre du texte et répondez aux questions suivantes.

1. Pourquoi Robert n'a-t-il pas l'air en forme?
2. Où se trouve Provins?
3. Est-ce que c'est du côté de Chartres?
4. Où est Provins par rapport à Fontainebleau?
5. Qu'est-ce que Robert veut faire?
6. Où peut-il louer une voiture?
7. Qui est le patron du garage Shell?
8. Pour combien de temps Robert veut-il louer une voiture?
9. Comment est la cx?
10. Quelle voiture Robert veut-il?
11. Pourquoi Robert veut-il une R5?
12. Pourquoi le garagiste ne peut-il pas donner la R5 à Robert?
13. Quelle autre voiture le patron du garage propose-t-il?
14. Combien coûte la location de la Peugeot 205 pour une journée?
15. Si on est en bas du boulevard Raspail, qu'est-ce qu'il faut faire pour aller à la Porte d'Orléans?
16. Qu'est-ce qu'il y a sur la place Denfert-Rochereau?
17. Qu'est-ce qu'il faut faire, à Denfert-Rochereau, pour prendre l'avenue du Général Leclerc?
18. Dans quelle direction faut-il prendre le boulevard périphérique?
19. Pourquoi est-ce que c'est facile de trouver l'autoroute A6?
20. Est-ce qu'on peut se tromper?
21. Qu'est-ce que Mireille fait pendant ce temps là?
22. Pourquoi téléphone-t-elle à son oncle?
23. Comment s'appelle son amie de Provins?
24. Où est Robert trois heures plus tard?
25. Qu'est-ce que Robert a vu, quand il sortait de l'autoroute?
26. Qu'est-ce que Robert a fait?

27. Pourquoi est-ce que Robert a finalement réussi à rattraper l'Alpine?

28. Où va la jeune fille blonde en descendant de voiture?

29. Pourquoi Robert est-il écoeuré?

30. Qu'est-ce qu'il fait en sortant de l'autoroute?

Documents

La région bourguignonne

Vignes et château du Clos de Vougeot, un des grands crus de Bourgogne.

L'Hôtel-Dieu de Beaune, hôpital qui date du XVème siècle.

Un village bourguignon.

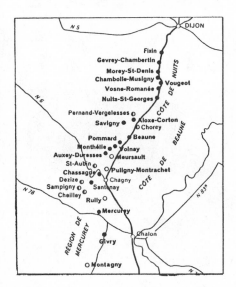

Les monts du Beaujolais.

Un vigneron au travail près du village de Chablis.

Vignoble dans le Beaujolais.

Une halte-dégustation à Volnay.

Leçon 31
Transports en tous genres V

1.

Robert est perdu en pleine Bourgogne. Il fait une étude systématique des grands crus....

Pendant ce temps, Mireille va chercher la voiture de Tonton Guillaume. Elle s'amène au garage, comme une fleur, met le contact; la voiture refuse de démarrer.

MIREILLE: Je crois qu'elle est morte. Elle ne veut pas démarrer.

LE GARAGISTE: Ah, ce n'est rien, ma petite demoiselle, les accus sont à plat, mais ne vous en faites pas. (*Chantant.*) Dans la vie faut pas s'en faire, moi je m'en fais pas.... Ouais, elle est morte... les accus sont à plat. Mais ne vous faites pas de bile, je vais arranger ça. Je vais vous prêter une autre voiture, une voiture de location qui vient de rentrer. Elle n'est pas très propre, mais ça vous dépannera.

2.

Celle-là démarre au quart de tour.

MIREILLE: Bon, ça va. Merci! La route est à nous!

Au premier feu rouge, elle appuie sur le frein: aucun effet. Elle brûle le feu rouge... et continue comme une fleur. Heureusement, il y avait un frein à main! Elle s'arrête dans un garage.

MIREILLE: Je n'ai plus de freins. J'ai été obligée de brûler un feu rouge!

1.

Les **grands crus** sont les vins qui viennent des meilleurs vignobles d'une région.

Mireille **s'amène** au garage. Elle arrive au garage. (C'est du langage familier.)

Mireille **met le contact.** Elle tourne la clé de contact.

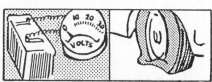

Les **accus** sont à plat.   Un pneu **à plat**.

Ne **vous en faites** pas! Ne **vous faites** pas **de bile!** Ne soyez pas inquiète!

L'appartement des Belleau n'était pas très bien, il était vieux, sale, pas confortable du tout; mais ils l'ont très bien **arrangé.** Ils ont fait des transformations.

Je suis en panne. Vous pouvez me **dépanner?**

Je n'ai plus d'argent du tout, et la banque est fermée. Est-ce que tu pourrais me prêter 100F jusqu'à demain? Ça me **dépannerait.**

2.

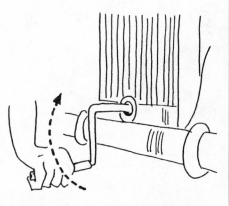

La voiture a démarré **au quart de tour**, tout de suite, instantanément.

LE GARAGISTE: Voyons ça.
Ouvrez votre capot.... C'est bien
ce que je pensais, vous n'avez
plus une goutte de fluide. Je vais
arranger ça.... Voilà. Essayez
votre frein, là, pour voir;
pompez, pompez!... Ça marche?

MIREILLE: Oui, ça va.

LE GARAGISTE: Eh bien, voilà!
C'est arrangé! Ce n'était pas bien
grave!

MIREILLE: Je vous dois combien?

LE GARAGISTE: Pour vous,
Mademoiselle, ça ne sera rien. Je
ne vais pas vous faire payer pour
ça!

MIREILLE: Mais si, enfin.... Le
fluide, au moins....

LE GARAGISTE: Pffuitt! Ce n'est
rien, allez! Au revoir, Mademoiselle, et soyez prudente!

3.

A la sortie de Paris, Porte des Lilas,
au milieu d'un embouteillage, le
moteur cale. Impossible de
redémarrer.

Heureusement, deux jeunes gens,
qui faisaient de l'auto-stop, la
poussent jusqu'à une station-service.

LE POMPISTE: Vous êtes en
panne?

MIREILLE: Oui, je ne sais pas ce
que c'est... le moteur s'est arrêté.

LE POMPISTE: Vous avez de
l'essence?

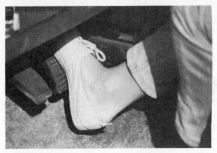

*Mireille **appuie** sur le **frein** (pour arrêter la voiture).*

*Mireille **brûle** le **feu rouge**!*

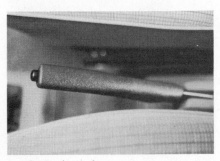

*Le **frein à main**.*

*Le garagiste regarde sous **le capot**. Il vérifie les **niveaux** (d'huile, de fluide pour les freins)....*

*Il n'y avait plus une goutte de **fluide** dans le système de freinage!*

Ce n'était pas bien **grave.** Ça n'a
pas exigé une grosse réparation.

Quand Robert est tombé d'un
balcon, à la Nouvelle-Orléans, il a
dû rester trois semaines à l'hôpital:
c'était **grave!**

3.

*Un bel **embouteillage**!*

Mireille **a calé;** son moteur **a
calé:** il s'est arrêté.

Mireille **fait le plein** d'essence.
Elle prend de l'essence. Elle met de
l'essence dans le réservoir. Elle le
remplit.

*Le **super (supercarburant)** est plus cher que l'**essence** ordinaire.*

MIREILLE: (*regardant la jauge*):
Non!
LE POMPISTE: Eh bien, ça doit
être ça! Je vous fais le plein?
MIREILLE: Oui, s'il vous plaît.
LE POMPISTE: Essence, ou super?
MIREILLE: Je ne sais pas.... Bon,
allez, super!
LE POMPISTE: Je vérifie les
niveaux?
MIREILLE: Oui, je crois qu'il vaut
mieux....
LE POMPISTE: ...C'est bon!
MIREILLE: Merci!
La route est à nous!

4.

Et Mireille repart, sans les deux
auto-stoppeurs qu'une Mercédès
suisse vient de ramasser.

   A quelques kilomètres de
Provins, le pneu avant gauche
crève, à la sortie d'un virage, et
Mireille manque se retrouver dans
le fossé. Elle se prépare à changer la
roue, mais la roue de secours est à
plat! Un cycliste arrive.

LE CYCLISTE: Vous êtes en panne?
MIREILLE: J'ai crevé....
LE CYCLISTE: Je vais vous aider.
MIREILLE: Ce n'est pas la peine,
   ma roue de secours est à plat....
LE CYCLISTE: Ne vous en faites
   pas, je vais vous envoyer un
   dépanneur.
MIREILLE: Oh, c'est gentil, merci!

5.

Mireille attend, en effeuillant des
marguerites, sur le bord de la route.
MIREILLE: Il m'aime, un peu,
   beaucoup, passionnément, à la
   folie, pas du tout.... Il va arriver

4.

C'est une Mercédès suisse qui **a
ramassé** les auto-stoppeurs.

Le pneu **crève.**

Ils n'ont pas vu le **virage.** Ils se sont
retrouvés dans le **fossé.**

   La voiture est presque allée dans
le fossé. Elle **a manqué** aller dans
le fossé.

La **roue de secours** (la cinquième
roue) est **à plat.**

5.

Mireille **effeuillant des
marguerites.**

Dépanneuse **remorquant** une
voiture.

dans une heure, dans une demi-
heure, dans un quart d'heure,
dans cinq minutes, tout de suite,
pas du tout.... Tiens, le voilà!
Le dépanneur remorque la voiture
jusqu'au garage. On répare les deux
pneus, et Mireille repart. Elle n'a
pas fait cent mètres qu'il se met à
pleuvoir. Evidemment, les essuie-

glace ne marchent pas, et elle est
obligée de conduire sous la pluie en
se penchant à la portière. Elle arrive
trempée chez les Besson.
COLETTE: Qu'est-ce qui t'arrive?
   Tu es en retard!... Et tu es toute
   trempée!
MIREILLE: Ne m'en parle pas!
COLETTE: Entre!

MIREILLE: Non, attends! Je vais d'abord essayer mes phares.... Ça marche?

COLETTE: Non! Essaie encore.... Non!

MIREILLE: Ils ne marchent pas! Je m'en doutais! J'en étais sûre! Ecoute, je repars, pour être sûre d'arriver avant la nuit.

6.

Juste comme elle arrive Porte des Lilas, un cycliste dérape devant elle. Elle donne un coup de volant pour l'éviter, puis elle met son clignotant ...mais trop tard. Elle a accroché une autre voiture.

MIREILLE: Mais vous ne pouviez pas faire attention, non?

Bilan: Une aile enfoncée, et une éraflure sur la portière de droite. Ah, quelle journée! ...Vive le train!

7.

Vers 23 heures, Mireille téléphone au Home Latin.

MIREILLE: Allô, le Home Latin? Monsieur Taylor, s'il vous plaît.

LA RECEPTION: Sa chambre ne répond pas, Madame.

MIREILLE: Vous êtes sûre? Sa clé est là?

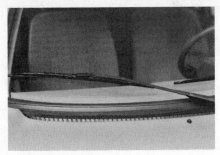

Un **essuie-glace.**

A table, on **s'essuie** la bouche avec une serviette. Quand on s'est lavé les mains, on les **essuie** avec un **essuie-**mains.

Mireille **se penchant** *à la* **portière.**

Mireille **est trempée.**

Ici, les phares **marchent;** *ils sont allumés.*

Mireille **se doutait** que les phares ne marchaient pas. Elle **s'en doutait.** Elle le pressentait, elle le soupçonnait, elle savait que ça allait arriver, elle l'avait deviné.

6.

Un cycliste **dérape** *devant la voiture de Mireille.*

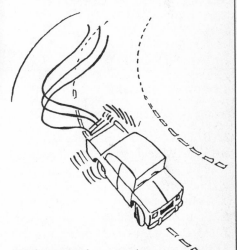

Dérapage *dans un virage.*

Si on veut tourner (à droite ou à gauche), il faut mettre son **clignotant** *pour prévenir les autres véhicules.*

LA RECEPTION: Oui, Madame. Sa
clé est là. Il n'est pas rentré.

MIREILLE: Bon, je vous remercie.
Au revoir.... Onze heures
passées! Mais où peut-il bien
être?

Où est Robert? Il est en Bourgogne!

Il continue, en chantant, son étude
des grands vins de la région:
"Quand je vois rougir ma trogne, je
suis fier d'être bourguignon, et je
suis fier, et je suis fier, et je suis fier
d'être bourguignon!"

7.

*Mireille **a accroché** une autre
voiture.*

*Sa **clé** est là.*

*Une **aile** légèrement enfoncée.*

⋒ Mise en oeuvre

Ecoutez la mise en oeuvre du texte et répondez aux questions suivantes.

1. Robert est-il à Paris en ce moment?
2. A qui Mireille va-t-elle emprunter une voiture?
3. Pourquoi la voiture a-t-elle refusé de démarrer?
4. Pourquoi Mireille n'a-t-elle pas à se faire de bile?
5. Comment démarre la nouvelle voiture?
6. Pourquoi Mireille a-t-elle dû brûler le feu rouge?
7. Avec quoi est-ce qu'elle a pu freiner?
8. Pourquoi les freins ne marchaient-ils pas?
9. Qu'est-ce qui est arrivé à Mireille à la sortie de Paris?
10. Où a-t-elle calé?
11. Qui a poussé la voiture jusqu'à la station-service?
12. Pourquoi Mireille est-elle tombée en panne?
13. Qu'est-ce qu'elle fait?
14. Où Mireille a-t-elle crevé?
15. Où Mireille a-t-elle failli se retrouver?
16. Pourquoi le cycliste n'a-t-il pas pu l'aider à changer la roue?
17. Que fait Mireille pendant qu'elle attend le dépanneur?
18. Où remorque-t-on sa voiture?
19. Qu'est-ce qu'on fait, au garage?
20. Pourquoi Mireille doit-elle conduire en se penchant à la portière?
21. Comment Mireille arrive-t-elle chez les Besson?
22. Pourquoi Mireille a-t-elle préféré rentrer à Paris avant la nuit?
23. Qu'est-ce que le cycliste a fait?
24. Qu'est-ce que Mireille a fait pour l'éviter?
25. Quel a été le bilan de cet accrochage?
26. Pourquoi Robert n'est-il pas dans sa chambre? Où est-il?

Documents

SERRE L'AUTOMOBILE

sempé

RIEN N'EST SIMPLE

Leçon 32
Résidences I

1.

Jeudi soir, Robert va dîner chez les Belleau. Il est un peu perdu. Il arrête un passant.

ROBERT: Pardon, Monsieur, excusez-moi.... Je suis un peu perdu. La rue de Vaugirard, s'il vous plaît? C'est par ici? C'est par là? C'est de quel côté?

LE PASSANT: Non, c'est par là. C'est tout près. Vous y êtes presque.

ROBERT: Merci. Au revoir!

LE PASSANT: Je vous en prie.

En effet, peu après, Robert débouche dans la rue de Vaugirard. "...52, ça doit être par là. 54! Non, alors, c'est par ici. 46...28 ...12! Il n'y a pas de 18? Ça n'existe pas? Ça, alors! Est-ce que Mireille m'aurait donné un faux numéro?"

Mais non! Voila, 18, c'est ici!

2.

C'est un immeuble assez ancien, à cinq étages, avec un sixième étage sous le toit. Près de la porte d'entrée, il y a un bouton et un petit écriteau qui dit: "Sonnez et entrez." Robert appuie sur le bouton, pousse la porte, et entre. La lumière s'éteint aussitôt! Le vestibule est sombre, et sent le pipi de chat. Robert cherche une liste des locataires. Il n'y en a pas. Il se dit qu'il aurait dû demander à Mireille à quel étage elle habitait. Cela aurait été plus simple. Sur la porte vitrée de la loge de la concierge, il y a un écriteau qui dit: "Frappez fort." Robert frappe: aucun effet. Il frappe plus fort....

LA CONCIERGE: Oui! Qu'est-ce que c'est? Entrez!

ROBERT: Belleau, s'il vous plaît!

LA CONCIERGE: Georgette Belleau? Au cinquième, au fond de la cour.

1.

Robert **débouche** *dans la* **rue de Vaugirard.** *Il vient d'une rue latérale, et, tout à coup, il se trouve dans la* **rue de Vaugirard.**

2.

Les Belleau ont un appartement dans un **immeuble,** *une grande maison à plusieurs* **étages.**

Robert **appuie** *sur le* **bouton.**

ROBERT: Non, Monsieur et Madame Belleau....

LA CONCIERGE: Ah, eux, ils habitent au quatrième droite. Prenez l'escalier, en face, l'ascenseur ne marche pas.

3.

L'ascenseur est petit et paraît fragile. Même s'il avait marché, Robert aurait sans doute préféré monter à pied.

Au pied de l'escalier, au rez-de-chaussée, un petit écriteau ordonne: "Essuyez-vous les pieds." Robert obéit: il s'essuie les pieds.

Arrivé sur le palier du quatrième, il remarque près de la porte de droite une petite carte de visite qui dit: "M. François Belleau, Ingénieur ECAM." Il donne un coup de sonnette discret.

Une jeune fille souriante ouvre. Ce n'est pas Mireille.

ROBERT: Ah, excusez-moi, j'ai dû me tromper. Je cherchais les Belleau....

LA JEUNE FILLE: C'est bien ici, vous ne vous êtes pas trompé. Vous devez être Monsieur Taylor, sans doute? Je suis Colette Besson, une amie de Mireille. Entrez donc!

4.

Dans l'entrée, Robert remarque un grand vase avec une demi-douzaine de roses qui se reflètent dans un miroir, ce qui complète heureusement la douzaine.

MARIE-LAURE: C'est l'Américain!

Quand Robert entre dans le vestibule, la lumière **s'éteint** toute seule. C'est un hasard, une pure coïncidence. Il se trouve que la minuterie **a éteint** la lumière.

Le vestibule, la loge de la concierge sont **sombres.** Il n'y a pas beaucoup de lumière. Mais l'appartement des Belleau est **clair:** il y a beaucoup de soleil et de lumière.

*Robert **frappe** à la porte de la loge de la concierge. La porte est **vitrée.** Elle n'est pas complètement opaque. Il y a une vitre, ce qui permet à la concierge de voir ce qui se passe dans le vestibule.*

Beaucoup d'immeubles parisiens ont une **cour** intérieure. Une partie de l'immeuble donne sur la rue, l'autre partie sur la **cour.**

COLETTE: Voyons, Marie-Laure, veux-tu être polie! Qu'est-ce que c'est que ces manières?

MARIE-LAURE: C'est mon cowboy adoré! Salut, cowboy! Où est-ce que tu as laissé ton cheval?

ROBERT: Je l'ai attaché dans le jardin, en bas.

MARIE-LAURE: Tu as bien fait. Parce qu'ici, on n'a pas de place. Et tu sais, on n'a pas trop l'habitude de recevoir des cowboys avec des chevaux.

COLETTE: Si vous voulez bien vous asseoir un instant au salon, je vais prévenir Madame Belleau.

*Robert prend l'**escalier,** il monte à pied, parce que l'**ascenseur** est en panne.*

3.

*Robert **s'essuie les pieds.***

A chaque étage, l'escalier débouche sur un **palier.** Les portes d'entrée des appartements s'ouvrent sur le **palier.**

5.

La pièce dans laquelle se trouve Robert est une assez grande salle de séjour qui communique avec la salle à manger où la table est déjà mise pour sept couverts. Divan, quelques chaises, des fauteuils Louis XVI et Second Empire, un piano. Au mur, deux ou trois tableaux modernes. Madame Belleau entre, suivie de Monsieur Belleau.

Mme Belleau: Monsieur Taylor! Je suis enchantée de faire votre connaissance. Les Courtois nous ont beaucoup parlé de vous!

M. Belleau: Monsieur Taylor, très heureux de vous connaître.

Enfin, c'est Mireille qui entre.

Mireille: Bonjour, Robert! Comment vas-tu? Je vois que tu as déjà fait la connaissance de mes parents!... Marie-Laure, éteins la télé, s'il te plaît!

6.

C'est le bulletin météo du journal télévisé, et Robert, tout étonné, reconnaît le présentateur: c'est lui qui lui a indiqué la rue de Vaugirard, quand il était un peu perdu.

Robert: Mais je le connais, ce monsieur!

Mme Belleau: Vraiment?

M. Belleau: Pas possible!

Marie-Laure: Sans blague?

Mireille: Tu connais Alain Gillot-Pétré? Depuis quand?

Robert: Depuis tout à l'heure. Je l'ai rencontré dans la rue. J'étais un peu perdu.... Il m'a indiqué la rue de Vaugirard.

Mme Belleau: Et il y a longtemps que vous l'avez vu?

Robert donne un **coup de sonnette.** (Il sonne, pour annoncer son arrivée.)

4.

Robert **a** (dit-il) **attaché** son cheval à un arbre pour être sûr de le retrouver là où il l'avait laissé....

5.

La **salle de séjour** est une pièce commune, où on peut lire, parler, regarder la télévision. On l'appelle quelquefois un "living."

La **table** est **mise.** On a mis sept **couverts** sur la table, parce qu'il y aura sept personnes pour le dîner.

Une **chaise** de salle à manger.

Une **chaise** de jardin.

Un **fauteuil** (de salon).

Des **fauteuils** (de jardin).

ROBERT: Non, tout à l'heure....Il y a une demi-heure, peut-être.

M. BELLEAU: Eh bien, il a fait vite pour aller au studio!

ROBERT: Il avait l'air pressé....

MARIE-LAURE: Et tu lui as parlé?

ROBERT: Oui.

MARIE-LAURE: Il va peut-être parler de toi: un cowboy américain perdu dans les rues de Paris....

MIREILLE: Marie-Laure, tu es insupportable!

7.

M. BELLEAU: Dites donc, il fait bien chaud, ici. Allons un moment sur le balcon. Je vous montrerai la vue...une vue imprenable, comme vous voyez, avec les jardins du Luxembourg juste en face. Là, le Sénat, naturellement. Là-bas, à gauche, c'est le Panthéon, et sur la droite, là-bas, hélas, la Tour Montparnasse. Cinquante-huit étages! Une horreur! Une catastrophe! On la voit de tout Paris!

ROBERT: Et la Tour Eiffel, on ne la voit pas?

M. BELLEAU: Non, pas d'ici, elle est plus à droite. On la voit des pièces qui donnent sur la cour. Venez, Monsieur Taylor....Ici, c'est notre chambre, là, la salle de bain...mais on ne peut pas voir la Tour Eiffel d'ici. On peut en apercevoir le sommet des pièces qui sont de ce côté, sur la cour.

ROBERT: Vous avez vraiment un très bel appartement.

M. Belleau et Robert reviennent vers le salon, en passant devant la cuisine.

M. BELLEAU: Eh bien, on dirait que tout le monde est à la cuisine!...Nous aimons bien cet appartement. Nous habitions déjà ici quand Mireille est née. Il est très bien situé, en plein midi; il y a beaucoup de soleil....Excusez-moi une minute, je vais préparer les apéritifs.

Un divan.

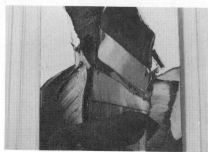

Un tableau moderne.

7.

M. Belleau, Robert, et Mireille sont sortis sur le balcon.

Les Belleau ont une vue **imprenable.** Personne ne peut leur prendre leur vue. Elle est **imprenable** (à cause du jardin du Luxembourg; personne ne pourra jamais construire d'immeuble dans le jardin, qui appartient à l'Etat).

*Le jardin du Luxembourg est **en face** de l'immeuble des Belleau, de l'autre côté de la rue de Vaugirard.*

*Le Palais du Luxembourg est le siège du **Sénat.***

On enterre les hommes célèbres au **Panthéon.**

La **Tour Montparnasse** est un grand immeuble moderne. Beaucoup de Parisiens le critiquent parce que, pour des raisons d'esthétique, ils préfèrent des immeubles relativement bas (six ou sept étages au maximum).

8.

Robert et Mireille sont un instant seuls sur le balcon.

ROBERT: C'est vrai que vous avez une vue magnifique!

MIREILLE: Oui.... Dis donc, je voulais te dire, mes parents ont invité un copain à moi, Hubert de Pinot-Chambrun. C'est un ami d'enfance. Il vient d'une famille très aristocratique. Il est toujours en train de parler de sa famille, de ses ancêtres, de leurs chasses, de leurs chevaux, de leurs châteaux.... La famille possède une grosse entreprise de construction.... Il ne faut pas trop le prendre au sérieux, parce qu'en fait, il joue, et il joue remarquablement bien son rôle de grand aristocrate. C'est un drôle de type, tu verras. Il est très amusant. Enfin, moi, il m'amuse; il m'amuse énormément.

Un coup de sonnette impérieux....

MIREILLE: Tiens! Ça doit être lui!

Une **chambre à coucher.**

Une **salle de bain.**

Une **cuisine.**

L'appartement des Belleau a beaucoup de soleil parce qu'il est orienté au sud, au midi. Toute la façade de l'immeuble est directement au sud, en plein sud, **en plein midi.**

8.

Il a des portraits de plusieurs de ses **ancêtres.**

M. de Pinot-Chambrun à la **chasse.**

Ils **possèdent** une grosse entreprise. L'entreprise est à eux. Elle leur appartient. C'est leur propriété; ils en sont propriétaires. C'est une de leurs **possessions.**

Il ne faut pas **prendre** Hubert **au sérieux,** parce qu'il n'est pas sérieux. Toute son attitude est un jeu, ce qu'il dit n'est pas sérieux; il s'amuse, il plaisante.

C'est un **drôle de type,** un garçon pas ordinaire.

⌕ Mise en oeuvre

Ecoutez la mise en oeuvre du texte et répondez aux questions suivantes.

1. Que fait Robert, le jeudi soir?
2. Où habitent les Belleau?
3. Comment est l'immeuble des Belleau?
4. Qu'est-ce que Robert cherche, dans le vestibule?
5. Pourquoi Robert ne sait-il pas à quel étage Mireille habite?
6. Qu'est-ce qu'il y a, sur la porte de la loge de la concierge?
7. Où habite Georgette Belleau?
8. A quel étage habitent les Belleau?
9. Pourquoi Robert doit-il prendre l'escalier?
10. Qu'est-ce que Robert remarque près de la porte de l'appartement?
11. Que fait Robert?
12. Qui est-ce qui ouvre la porte?
13. Qu'est-ce que Robert remarque dans l'entrée?
14. Comment Marie-Laure appelle-t-elle Robert?
15. Où Robert a-t-il laissé son cheval?
16. Où Colette invite-t-elle Robert à s'asseoir?
17. Quelle est la pièce qui communique avec la salle de séjour?
18. Comment sait-on qu'il y aura sept personnes à dîner?
19. Qu'est-ce qu'il y a pour s'asseoir dans la salle de séjour?
20. Qu'y a-t-il aux murs?
21. Qu'est-ce qu'on peut dire quand on rencontre quelqu'un pour la première fois?
22. Qui Robert reconnaît-il au journal télévisé?
23. Pourquoi M. Belleau veut-il aller sur le balcon?
24. Que voit-on du balcon?
25. Pourquoi voit-on la Tour Montparnasse de tout Paris?
26. Où est la Tour Eiffel?
27. Pourquoi les Belleau aiment-ils leur appartement?
28. Qui est aussi invité à dîner?
29. Quel genre de personne est-ce?
30. De quoi Hubert parle-t-il toujours?
31. Qu'est-ce que la famille de Pinot-Chambrun possède?
32. Comment Mireille trouve-t-elle Hubert? Il l'ennuie?

Document

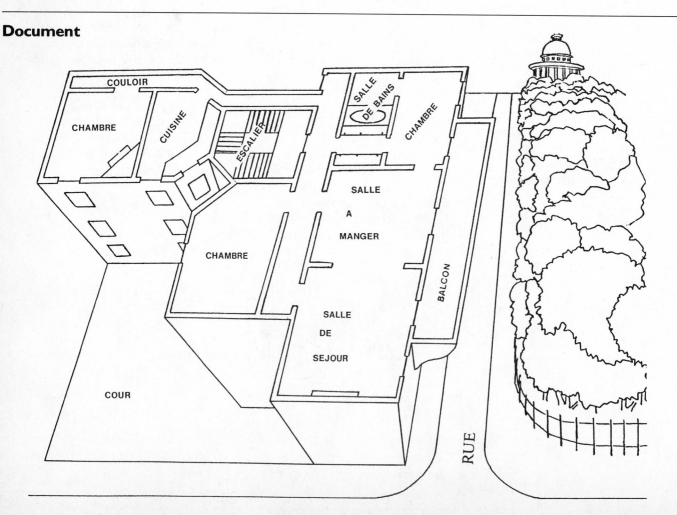

Leçon 33
Résidences II

1.

Jeudi soir, appartement des Belleau.
Un coup de sonnette impérieux.
MARIE-LAURE: Ça, c'est Hubert!
  Je reconnais son coup de
  sonnette!
Madame Belleau va ouvrir.
HUBERT (*lui baisant la main*):
  Mes hommages, Madame.
MME BELLEAU: Hubert, quel
  plaisir de vous voir! Merci pour
  votre magnifique bouquet!
HUBERT: Mais je vous en prie,
  Madame. C'est la moindre des
  choses; je sais que vous aimez les
  roses....
MME BELLEAU: Mais vraiment,
  vous n'auriez pas dû....
MARIE-LAURE: Bonsoir, Hubert!
HUBERT: Bonjour, toi!... Bonsoir,
  Colette. (*Il embrasse Mireille.*) Ça
  va? Tu es fraîche comme une
  rose!
Mireille présente Robert à Hubert,
et tout le monde se dirige vers la
salle à manger.

2.

MME BELLEAU: Tout le monde à
  table! Voyons...Monsieur
  Taylor à ma droite, Hubert à ma
  gauche, Colette, Mireille à côté
  d'Hubert, et toi, Marie-Laure, à
  côté de Papa.

Tout le monde s'installe, se sert.
MME BELLEAU: Un peu plus de
  foie gras, Monsieur Taylor?

Hubert **baise** *la main de Mme
Belleau.*

Mireille **présente** *Robert à Hubert.
(Hubert ne connaît pas Robert; ils ne
se sont jamais rencontrés.)*

Marie-Laure **se tient bien.**

Marie-Laure **se tient mal.**

ROBERT: Ah, je veux bien. Il est
  délicieux.
MME BELLEAU: C'est la maman
  de Madame Courtois qui le fait
  elle-même.... Marie-Laure, tiens-
  toi bien, s'il te plaît, ou tu vas
  aller dans ta chambre!

3.

Pendant le repas, Robert est un
peu surpris de la façon de parler
d'Hubert.
HUBERT (*à M. Belleau*): Soyez sûr
  que je partage entièrement votre
  opinion, cher Monsieur! (*A Mme
  Belleau.*) Ayez la bonté de me
  croire, chère Madame....(*A
  Colette.*) Veuillez avoir l'obligeance de me passer le sel....
  (*A Robert.*) Cher Monsieur,
  sachez qu'il n'y a de bons vins
  qu'en France.

ROBERT: Est-ce qu'il y a de bons vins du côté de Provins?

HUBERT: Oh, pour les grands vins, il faut aller un peu plus loin, jusqu'en Bourgogne....

ROBERT: Ah, oui! Beaune, Aloxe-Corton, Nuits-Saint-Georges, Vosne-Romanée, Vougeot, Chambolle-Musigny, Gevrey-Chambertin, Fixin.... Oh oui, je connais très bien! Excellent, excellent! (*A Colette.*) Si je comprends bien, Mademoiselle, vous habitez Provins?

4.

COLETTE: Oui, mais je viens souvent à Paris; presque tous les jours, en fait.

ROBERT: Oui, je comprends... la province, ça doit être un peu ennuyeux....

COLETTE: Oh, non! Pas du tout! Vous savez, entre Paris et la province, moi, je crois que je préfère la province. J'aime bien Provins....

HUBERT: Province pour province, moi, je préfère la Provence à Provins!

MARIE-LAURE: Ce qu'il est bête!

MME BELLEAU: Marie-Laure, tais-toi, s'il te plaît. Et tiens-toi bien!

MARIE-LAURE: Oh, si on ne peut même plus rire, maintenant!...

COLETTE: Notre villa n'est pas bien grande, mais nous avons un petit jardin avec quelques pommiers au bout.... C'est agréable. On se sent chez soi derrière les haies, les murs, la grille.... C'est la campagne, et pourtant je suis à Paris en une heure, au plus!

3.

Je **partage** votre opinion; je suis absolument d'accord.

Hubert **partage** le repas des Belleau; il dîne avec eux.

Jean-Pierre **partage** un petit appartement avec un autre étudiant; ils habitent le même appartement.

4.

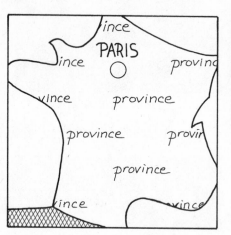

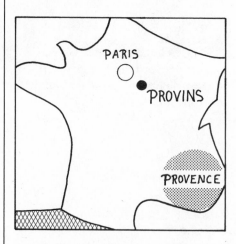

La France est divisée en deux: d'un côté, **Paris,** de l'autre, la **province.**

Provins, ce n'est pas **Paris:** c'est la **province.**

La **Provence** (Aix, Arles, Marseille, Orange) est une **province.** C'est, historiquement, la première **province,** celle qui a été occupée la première par les Romains (IIème siècle avant J.C.).

Une **villa.**

Un **jardin.**

Un **pommier.**

On **se sent chez soi.** On a l'impression d'être chez soi. On se sent bien, on se sent en sécurité, protégé.

5.

M. Belleau: Alors, comment ça va, la construction? Les affaires marchent?

Hubert: Ah, ne m'en parlez pas! Ce sont mes oncles qui s'en occupent; mais ils ne font rien de bien fascinant. On a fait pas mal de choses intéressantes....
Regardez la Défense, Beaubourg, la Villette, le Palais Omnisport de Bercy, L'Opéra de la Bastille, le Grand Louvre, le Forum des Halles.... Mais eux, mes oncles, ils ne font que des cages à lapins, des HLM, des logements ouvriers ... vous voyez le genre! Qu'est-ce que vous voulez, de nos jours, il n'y en a plus que pour la classe ouvrière! Les ouvriers veulent avoir le tout-à-l'égout, l'eau courante, le chauffage central, le gaz, l'électricité ... tout le confort moderne! Il leur faut des lave-vaisselle, des réfrigérateurs, des aspirateurs, des téléviseurs, des vide-ordures.... Mais il y a seulement cent ans, tous ces gens-là habitaient à dix dans une pièce sans éclairage, avec l'eau à la pompe et les cabinets au fond de la cour! Ils se débrouillaient

5.

Ce sont les oncles d'Hubert qui **s'occupent de** l'entreprise. Ce sont eux qui la dirigent.

Ils ont beaucoup de travail. Ils sont très **occupés.**

Des **cages à lapins.**

Les HLM **(Habitations à Loyer Modéré)** ne sont pas toujours d'une architecture très originale.

La concierge est **logée** dans l'immeuble dont elle s'occupe. On appelle son **logement** une **loge.**

Des **ouvriers** chez Renault.

Il n'y en a plus que pour la classe ouvrière; on ne s'occupe que des ouvriers. On fait tout pour eux, et rien pour les autres.

Le **tout-à-l'égout.**

L'**eau courante.**

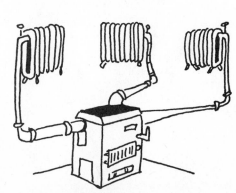
Le **chauffage central.**

Un **lave-vaisselle.**

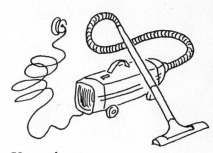
Un **aspirateur.**

Un **vide-ordures.**

très bien sans baignoire ni bidet! Et ils n'étaient pas plus malheureux pour ça!

6.

Robert ne peut s'empêcher d'intervenir.

ROBERT: Ils n'étaient pas plus malheureux pour ça? Ça, c'est vous qui le dites, cher Monsieur! Moi, je n'en suis pas si sûr que ça! J'aimerais vous voir, vous, loger à dix dans un taudis infect, sans votre bain quotidien, ou votre douche, sans votre téléphone, vos ascenseurs, vos domestiques! Je ne suis pas sûr que vous seriez si heureux que ça! Sachez que la classe ouvrière a les même droits au confort que les descendants des oppresseurs du Moyen-Age!

MME BELLEAU: A propos de Moyen-Age, est-ce que vous êtes allés voir l'exposition des manuscrits carolingiens au Petit Palais?

Aujourd'hui, on **s'éclaire** à l'électricité. Au Moyen-Age, on **s'éclairait** avec des torches.

Si on n'a pas l'eau courante, il faut aller chercher l'eau à la **pompe**.

Ils **se débrouillaient**: ils s'arrangeaient.

Une **baignoire**.

Un **bidet**.

Un gamin bien **malheureux**.

Un gamin qui n'a pas l'air **malheureux**.

6.

Mireille veut **empêcher** Robert de casser la figure à Hubert.

Un **taudis**.

Madame prend un **bain,** Monsieur prend une **douche**.

Un **domestique**.

Ꭿ **Mise en oeuvre**

Ecoutez la mise en oeuvre du texte et répondez aux questions suivantes.

1. Comment Hubert salue-t-il Mme Belleau? Qu'est-ce qu'il dit?
2. De quoi Mme Belleau le remercie-t-elle?
3. Qu'est-ce qu'Hubert lui a envoyé?
4. Comment Hubert salue-t-il Mireille?
5. Où se dirige tout le monde?
6. A table, où Robert s'assied-il?
7. Et Hubert?
8. Et Marie-Laure?
9. Qu'est-ce que Mme Belleau propose à Robert?
10. Qui a fait le foie gras?
11. Qu'est-ce que Robert pense de la façon de parler d'Hubert?
12. Que dit Hubert pour demander le sel?
13. Jusqu'où faut-il aller pour trouver de grands vins?
14. Où Colette habite-t-elle?
15. Quand Colette vient-elle à Paris?
16. Qu'est-ce que Robert pense de la province?
17. Comment est la villa de Colette?
18. Pourquoi est-ce qu'on se sent chez soi?
19. Combien de temps Colette met-elle pour aller à Paris?
20. Qui s'occupe de l'entreprise de construction Pinot-Chambrun?
21. Que sont la Défense, le Grand Louvre, Beaubourg, d'après Hubert?
22. Quel type de construction font les oncles d'Hubert?
23. Pour qui ces logements sont-ils construits?
24. Qu'est-ce que les ouvriers veulent avoir pour avoir l'eau dans toute la maison?
25. Qu'est-ce qu'ils veulent pour chauffer leur maison?
26. Qu'est-ce qu'ils veulent pour faire leur vaisselle?
27. Et pour se débarrasser des ordures?
28. Comment vivaient les ouvriers, il y a cent ans?
29. Pourquoi n'était-il pas commode de se laver, il y a cent ans?
30. Comment Robert réagit-il au petit numéro réactionnaire d'Hubert?
31. D'après Robert, de quoi Hubert ne pourrait-il pas se passer?
32. De quoi Mme Belleau parle-t-elle pour détourner la conversation?

Documents

Vue générale de Provins.

Un petit village en Provence.

Une calanque en Provence.

La campagne autour de Provins.

Paysage de Provence.

Agaves et lauriers-roses, végétation provençale.

Le Forum des Halles.

La Défense.

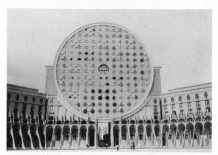

Les "arènes Picasso," complexe d'appartements dans la banlieue de Paris.

Beaubourg.

Leçon 34
Résidences III

1.

Jeudi soir. On est encore à table chez les Belleau.

MME BELLEAU: Colette, vous reprendrez bien un peu de foie gras, vous aimez ça.... Colette n'a plus de pain. Marie-Laure, va chercher le pain, s'il te plaît.

ROBERT: Les loyers doivent être chers, dans ce quartier?

M. BELLEAU: Oui, assez. Mais nous, nous ne louons pas, nous sommes en co-propriété. Nous avons acheté l'appartement il y a une vingtaine d'années. Chaque co-propriétaire paie sa part pour le chauffage, le traitement des gardiens, l'entretien, les réparations, le nettoyage périodique de la façade... mais au total, même avec toutes les charges, c'est plus économique que de louer.

2.

HUBERT: Oui, bien sûr, la propriété, ça a ses avantages. Mais ça devient infernal. Ma famille possédait autrefois un domaine en Vendée, un petit château en Touraine, un autre en Bourgogne, avec quelques vignes, un manoir en Bretagne, un pavillon de chasse en Sologne, un mas en Provence, un chalet dans les Alpes, une gentilhommière dans le Périgord, et un cottage en Normandie... mais maintenant,

1.

Quand on **loue,** l'ennui, c'est qu'il faut payer le **loyer** tous les trimestres. Dans les HLM (Habitations à **Loyer** Modéré), les **loyers** sont très raisonnables, mais en général, les **loyers** sont chers à Paris. Dans les immeubles de grand standing, les **loyers** sont exorbitants!

Tous les mois, chaque co-propriétaire paie une partie du traitement de la concierge.

Les **gardiens** (les concierges) sont logés, et ils reçoivent un **traitement** mensuel.

A cause de la pollution, les façades des immeubles deviennent grises, elles se salissent. Il faut les nettoyer tous les dix ans.

Il faut payer les **charges:** le chauffage, l'électricité, l'entretien de l'escalier et du vestibule, l'enlèvement des ordures ménagères....

2.

Ça devient un enfer! C'est **infernal!** C'est horrible!

Chaque année, il faut payer des **impôts** au gouvernement, des taxes sur la propriété, le revenu....

Autrefois, on était servi, on avait des domestiques, mais aujourd'hui, on n'est plus servi!

c'est devenu impossible, avec les impôts et surtout, surtout, le manque de domestiques. Car enfin, il faut bien le dire, on n'est plus servi!

ROBERT: Comme vous avez raison, cher ami!... Est-ce que vous voudriez bien me passer le sel, s'il vous plaît?

3.

M. BELLEAU: Nous, nous n'avons pas de problèmes de domestiques. Il faut dire que nous n'avons pas de grands domaines. Mais nous avons tout de même une petite maison à la campagne, qui nous sert de résidence secondaire, près de Dreux. C'était une petite maison de paysans qui était en très mauvais état quand nous l'avons achetée. Les portes ne fermaient pas, il n'y avait plus de vitres aux fenêtres. . . . Nous avons fait toutes les réparations nous-mêmes. Il a fallu remplacer presque toutes les tuiles du toit. Il a fallu tout repeindre, tout retapisser.

On a fait les maçons, les menuisiers, les charpentiers, les plombiers, les peintres.

Toute la famille y a travaillé. Ça nous a pris deux ans pour la rendre habitable. On a fait amener l'eau, mettre l'électricité. On a transformé la grange en garage. . . .

3.

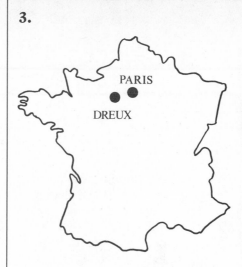

PARIS

DREUX

Un **paysan** au travail.

Une maison **en mauvais état.**

La porte ne **ferme** pas très bien.

Une **vitre** (cassée).

Une **fenêtre.**

Il a fallu tout **repeindre,** parce que les **peintures** étaient en mauvais état. Les Belleau **ont repeint** eux-mêmes. Ils n'ont pas appelé les **peintres.**

On peut repeindre les murs, ou les **retapisser** avec du papier-peint.

4.

MIREILLE: Ça, ce n'était pas le plus difficile: il suffisait de laisser tomber un *n* et d'ajouter un *a*....

COLETTE: Oh, eh, arrête! Arrête tes jeux de mots absurdes!

MARIE-LAURE: Qu'est-ce que c'est, le jeu de mots absurde?

M. BELLEAU: Grange, garage: tu as grange, le mot *grange*, et tu veux faire *garage*. Tu enlèves un *n*, et tu ajoutes un *a*. Tu vois?

MARIE-LAURE: Non.

M. BELLEAU: Va chercher ton scrabble, je vais te montrer.

Marie-Laure se lève. Mme Belleau, qui n'a pas suivi la conversation entre son mari et Marie-Laure, la réprimande.

MME BELLEAU: Marie-Laure, qu'est-ce que tu fais? Veux-tu bien t'asseoir!

MARIE-LAURE: C'est Papa qui m'a dit....

MME BELLEAU: Ah bon....

Marie-Laure revient avec son scrabble.

M. BELLEAU: Alors, tu as *grange*, tu enlèves un *n*, tu ajoutes un *a*, et tu as ...*garage*. Voilà.

MARIE-LAURE: C'est ça? Ce n'était pas difficile!

5.

Pendant ce temps, Mme Belleau continue sa conversation avec Robert.

MME BELLEAU: Ça se fait beaucoup, depuis quelque temps. Les gens de la ville achètent de vieilles maisons de paysans. Ils les modernisent et ils s'en servent comme résidences secondaires... ils y viennent pour le week-end.

ROBERT: Je trouve ça triste, de voir les paysans chassés de leurs vieilles maisons.

MIREILLE: Mais on ne chasse personne! Ce sont de vieilles maisons abandonnées, qui tombent en ruine, la plupart du temps! En tout cas, nous, notre maison, on l'a bien gagnée! On y a drôlement travaillé! Elle est bien à nous!

M. Belleau a fait le **menuisier:** *il a refait les portes, les cadres des fenêtres, les planchers.*

Les **charpentiers** *construisent les* **charpentes** *(en bois) qui supportent le toit.*

Les **plombiers** *installent les tuyaux, les salles de bain....*

Cette maison n'est pas vraiment **habitable**. ... *C'est une ruine. On ne peut pas y habiter.*

On a fait **amener l'eau.**

On a fait **mettre l'électricité.**

Une **grange.**

4.

Pour **transformer la grange en garage,** *laissez tomber un N et ajoutez un A. C'est facile!*

6.

A ce moment, on entend un coup de sonnette.

MME BELLEAU: Il me semble qu'on a sonné. Marie-Laure, veux-tu bien aller voir, s'il te plaît?

Marie-Laure se lève et sort de la pièce.

Un moment après, elle revient.

MME BELLEAU: Qu'est-ce que c'était?

MARIE-LAURE: Une bonne soeur.

MME BELLEAU: Qu'est-ce qu'elle voulait?

MARIE-LAURE: Elle voulait me vendre des billets de loterie, pour gagner un vieux prieuré du XVIème siècle.

M. BELLEAU: Qu'est-ce que c'est que cette histoire? Et qu'est-ce que tu as fait?

MARIE-LAURE: Je lui ai dit que ça ne nous intéressait pas; qu'on avait déjà une résidence secondaire, et qu'avec les impôts, le manque de domestiques, ça suffisait comme ça.

MME BELLEAU: Marie-Laure!

MARIE-LAURE: Quoi? Ce n'est pas vrai?

7.

MME BELLEAU: Mais tu aurais dû m'appeler, voyons! Cette pauvre bonne soeur....

MARIE-LAURE: Bah, ce n'était pas une vraie!

5.

Ça se fait; c'est à la mode, c'est devenu très fréquent.

*C'est triste de voir les **paysans chassés** de leurs vieilles maisons par les gens de la ville.*

*On a **bien gagné** notre maison, on l'a bien méritée (parce qu'on a bien travaillé).*

On y a **drôlement** travaillé! On y a vraiment beaucoup travaillé!

M. BELLEAU: Comment ça?

MARIE-LAURE: Ben non, c'était une fausse bonne soeur.

MME BELLEAU: Comment le sais-tu?

MARIE-LAURE: Elle avait de la moustache!

MME BELLEAU: Ce n'est pas une raison. Il y a sûrement des bonnes soeurs qui ont de la moustache....

6.

Une **bonne soeur** (une vraie).

*Une **bonne soeur** (fausse).*

Un **prieuré** est l'habitation d'un **prieur,** le supérieur d'un monastère.

MARIE-LAURE: Peut-être, oui. Tante Amélie, elle, elle a de la moustache. Mais elle, la bonne soeur, elle avait une moustache ...comme ça!

TOUT LE MONDE: Bizarre, bizarre!

⚲ Mise en oeuvre

Ecoutez la mise en oeuvre du texte et répondez aux questions suivantes.

1. Comment sont les loyers, dans le quartier des Belleau?
2. Quand les Belleau ont-ils acheté leur appartement?
3. Pourquoi n'ont-ils pas à payer de loyer?
4. Qu'est-ce qu'ils ont à payer?
5. Pourquoi M. Belleau préfère-t-il la co-propriété?
6. D'après Hubert, pourquoi est-il devenu impossible d'être propriétaire?
7. Pourquoi les Belleau n'ont-ils pas de problèmes de domestiques?
8. Qu'est-ce que les Belleau ont, comme résidence secondaire?
9. Dans quel état était la maison quand les Belleau l'ont achetée?
10. Comment étaient les portes?
11. Et les fenêtres?
12. Qui a fait les réparations?
13. Qu'est-ce qu'il a fallu faire au toit?
14. Qu'est-ce qu'il a fallu faire à l'intérieur?
15. Qu'est-ce que les Belleau ont fait pour réparer les murs?
16. Qu'est-ce qu'ils ont fait pour installer la salle de bain?
17. Qu'est-ce qu'ils ont fait pour tout repeindre?
18. Combien de temps les Belleau ont-ils mis pour rendre leur maison habitable?
19. Qu'est-ce que les Belleau ont fait pour avoir l'eau?
20. Et pour avoir l'électricité?
21. Qu'est-ce que les Belleau ont fait pour avoir un garage?
22. Qu'est-ce qu'il faut faire pour transformer une grange en garage, d'après Mireille?
23. Que font beaucoup de gens de la ville, depuis quelques années?
24. Comment sont ces maisons, quand ils les achètent?
25. Pourquoi Mireille pense-t-elle qu'ils ont bien gagné leur maison?
26. Qui avait sonné à la porte?
27. Qu'est-ce que la bonne soeur proposait?
28. Pourquoi Marie-Laure a-t-elle refusé?
29. Pourquoi n'était-ce pas une vraie bonne soeur, d'après Marie-Laure?

Document

Domaines ayant appartenu, d'après Hubert, à la famille de Pinot-Chambrun....

Un château en Bretagne.

Un cottage en Normandie.[1]

Un château en Bourgogne, avec des vignes.[2]

Un petit manoir en Vendée.

Un chalet dans les Alpes.[3]

Un château en Touraine.[4]

Un mas en Provence.

Une gentilhommière dans le Périgord.

Un petit pavillon de chasse en Sologne.[5]

1. Notez que, bien que le toit soit en chaume, c'est loin d'être une "chaumière."
2. Ce château ressemble étrangement au château du Clos de Vougeot, qui appartient depuis 1944 à la Confrérie des Chevaliers du Tastevin, et qui est situé au milieu d'un des vignobles les plus prestigieux de Bourgogne. Nous ne sommes pas sûrs que le château, construit à l'époque de la Renaissance, ait jamais appartenu aux Pinot-Chambrun.

3. Ce chalet est de dimensions beaucoup plus importantes que la plupart des chalets de montagne.
4. Il s'agit du château de Chenonceaux, qui n'est pas vraiment sur la Loire, mais sur le Cher. Il a été construit au XVIème siècle et a souvent changé de propriétaire. Mais nous ne pouvons pas être sûrs qu'il ait jamais appartenu à la famille de Pinot-Chambrun.

5. En fait, il s'agit ici du château de Cheverny, célèbre pour ses chasses, mais certainement beaucoup plus important qu'un "pavillon" de chasse. Le château, de style classique, a été construit au XVIIème siècle, et a toujours appartenu à la famille du propriétaire actuel, le Marquis de Vibraye. Nous pouvons affirmer qu'il n'a jamais appartenu à la famille de Pinot-Chambrun.

Leçon 35
Résidences IV

1.

Jeudi soir. On est toujours à table chez les Belleau.

MIREILLE: Ah, ça, on peut dire qu'on y a travaillé, sur cette maison de Dreux! Ah la la! C'est sans doute pour ça que je m'y suis tellement attachée.

On sonne de nouveau. Tout le monde s'arrête de manger et de parler. Marie-Laure va ouvrir.

MME BELLEAU: Je me demande ce que ça peut bien être.

Marie-Laure revient.

MME BELLEAU: Alors, qu'est-ce que c'était?

MARIE-LAURE: Le frère de la bonne soeur de tout à l'heure.

MME BELLEAU: Qu'est-ce que c'est que cette histoire?

MARIE-LAURE: Ben oui! Il avait la même moustache qu'elle!

2.

M. BELLEAU: Et qu'est-ce qu'il voulait?

MARIE-LAURE: Il m'a demandé si je n'avais pas une grande soeur qui avait l'air d'une actrice de cinéma.

MIREILLE: Et qu'est-ce que tu as dit?

MARIE-LAURE: Ben, cette question! J'ai dit que non, bien sûr!

MIREILLE: Quel culot! C'était peut-être la chance de ma vie de faire du cinéma, et maintenant, c'est raté. . . . Enfin. . . .

MME BELLEAU: C'est vraiment bizarre.

MIREILLE: C'est vrai que j'ai longtemps voulu être actrice. Je rêvais d'aller à Hollywood, jouer l'Inconnue de l'Orient-Express, voyager, descendre dans des palaces. . . . Maintenant, je ne sais pas; c'est fou ce que je me suis attachée à notre maison de campagne. Quand j'étais petite, je trouvais ridicule ce désir de beaucoup de Français d'avoir une petite maison à eux, le genre "Mon rêve," "Mon repos." Eh bien maintenant, en vieillissant, je commence à comprendre . . . avoir une petite maison bien à soi, même si elle est très modeste. . . .

2.

*Cette petite fille a du **culot**! Elle est très impertinente!*

*Mireille rêvait de jouer l'**Inconnue de l'Orient-Express**.*

3.

ROBERT: Je vois.... "Une chaumière et un coeur."

MIREILLE: Notre maison n'est pas vraiment une chaumière... d'abord, le toit n'est pas en chaume, mais en tuiles.

HUBERT: Oh, de la tuile? Vous ne préférez pas l'ardoise? Moi, je trouve ça tellement plus distingué....

M. BELLEAU: Ah, l'ardoise, c'est très joli, mais c'est plus cher.

ROBERT: Et puis, ça doit être joliment lourd!

HUBERT: C'est moins lourd que la tuile, mais évidemment ce serait trop lourd pour vos maisons en bois!

ROBERT: Pourquoi dites-vous "nos" maisons en bois? Vous n'avez pas de maisons en bois, en France?

M. BELLEAU: Très peu. Quelques chalets en montagne, mais à part ça, on construit en dur: en pierre, en brique, ou en blocs de ciment. En France, on aime ce qui dure.

*L'hôtel Carlton à Cannes. (C'est un **palace**, un hôtel de très grand luxe.)*

C'est fou! C'est dément! C'est incroyable!

Mireille à 15 ans.

*Mireille maintenant. Elle est beaucoup moins jeune. Elle a **vieilli**!*

3.

*Une **chaumière**. (Le toit est en **chaume**.)*

*Toits de **tuiles**.*

*Un toit en **ardoises**.*

Ça doit être **joliment lourd! Ça doit être drôlement lourd!**

*Du **bois**.*

4.

ROBERT: Votre maison de campagne est en dur?

MIREILLE: Bien sûr! C'est de la belle pierre du pays! Les murs ont au moins deux ou trois cents ans, et je compte bien qu'ils seront encore debout pour mes arrière-petits-enfants!

MARIE-LAURE: Tu ne peux pas avoir d'arrière-petits-enfants!

MIREILLE: Et pourquoi ça?

MARIE-LAURE: Tu es trop jeune, tu n'es même pas mariée!

5.

ROBERT: J'ai lu dans *Le Monde* qu'il y avait plus de 300.000 étudiants à Paris. Où est-ce qu'ils habitent?

MME BELLEAU: Eh bien, ça dépend. Ceux qui ont la chance d'avoir leurs parents à Paris, comme Mireille, habitent en général chez eux, bien sûr.

ROBERT: Et les étrangers?

HUBERT: Certains habitent à la Cité Universitaire. La plupart des pays étrangers ont une maison à la Cité... d'autres habitent à l'hôtel, ou bien louent une chambre chez des particuliers.

MIREILLE: Il y en a qui habitent dans des familles. Ils ont leur chambre, un cabinet de toilette, et ils prennent leurs repas avec la famille, un seul repas ou pension complète.

ROBERT: Je croyais que les familles françaises étaient très fermées?

MME BELLEAU: Oui, c'est assez vrai, dans un sens. Mais il y a des gens qui prennent des étrangers chez eux, parce qu'ils ont un appartement trop grand pour eux, et qu'ils ont besoin d'argent: des dames veuves, des retraités. ...Il y a aussi des gens qui veulent donner des amis étrangers à leurs enfants.

*Un mur de **pierres**.*

*Un mur de **briques**.*

*Tout est en ruine. Il ne reste qu'un mur **debout**.*

*Robert est **debout**. La dame est assise.*

4.

5.

*Des blocs de **ciment**.*

6.

ROBERT: La famille Belleau n'aurait pas l'intention de recevoir des étrangers, par hasard?

MME BELLEAU (*riant*): Oh, vous savez, nous n'avons pas un grand appartement! Nous n'avons que sept pièces, en comptant la cuisine et la salle de bain. Je ne suis ni veuve, ni retraitée, et Mireille n'a pas besoin qu'on lui trouve des amis étrangers; elle les collectionne! En un an de fac, elle a réussi à connaître un Canadien, une Chilienne, une Algérienne, un Israélien, une Syrienne, un Tunisien, un Egyptien, une Italienne, une Japonaise, une Danoise, trois Anglais, une Allemande, deux Américains, un Roumain...

M. BELLEAU: ...un Hongrois, un Turc, une Grecque, un Espagnol, une Russe, et un Suisse.

MIREILLE: Et tu oublies, un Suédois!

Le Monde

AVEC CE NUMÉRO **LE MONDE LOISIRS**

QUARANTE-DEUXIÈME ANNÉE - N° 12558 - **4,50 F**   Fondateur : Hubert Beuve-Méry   Directeur : André Fontaine   — SAMEDI 15 JUIN

6.

Mireille est française. Robert n'est pas français; il est **étranger.** (Il est américain.)

Un **particulier:** un individu (par opposition à une organisation).

Le prix de la **pension** complète comprend la chambre, le petit déjeuner, le déjeuner, et le dîner.

Les **familles** françaises sont très **fermées.**

*Monsieur qui **a besoin** d'argent.*

*Il a un petit **cabinet de toilette;** il n'a pas de baignoire.*

*Général en **retraite.***

*Monsieur qui **a besoin** de lunettes.*

⌒ Mise en oeuvre

Ecoutez la mise en oeuvre du texte et répondez aux questions suivantes.

1. Pourquoi Mireille aime-t-elle tant leur maison de Dreux?
2. Qui a sonné à la porte?
3. Quelle question le type à moustache a-t-il posée à Marie-Laure?
4. Qu'est-ce que Marie-Laure lui a répondu?
5. Pourquoi Mireille regrette-t-elle la réponse de Marie-Laure?
6. A quoi Mireille rêvait-elle, quand elle était plus jeune?
7. Quel est le rêve de beaucoup de Français?
8. Qu'est-ce que Mireille en pensait, quand elle était plus jeune?

9. Pourquoi comprend-elle mieux ce désir, maintenant?
10. En quoi est le toit de la maison des Belleau?
11. Pourquoi le toit n'est-il pas en ardoises?
12. En quoi sont la plupart des maisons, en France?
13. Pourquoi est-ce qu'on construit en dur?
14. Qu'est-ce qu'on trouve comme constructions en bois, en France?
15. En quoi est la maison des Belleau?
16. Quel âge a la maison?
17. Combien y a-t-il d'étudiants à Paris, d'après Robert?
18. Comment Robert sait-il cela?
19. Où les étudiants étrangers peuvent-ils habiter?

20. Comment s'organise la vie des étudiants qui habitent dans des familles?
21. Qui sont les particuliers qui louent des chambres aux étrangers?
22. Pourquoi le font-ils?
23. Pourquoi les Belleau ne veulent-ils pas loger des étrangers?
24. Combien de pièces ont-ils?

Documents

Maisons à Béthune, dans le Nord de la France.

Maison à toit de chaume dans les Charentes.

Maison a vendre, à Moissac, dans le Midi.

Immeuble à appartements moderne dans le 15ème arrondissement à Paris.

Maison à Domme en Dordogne.

Pavillon de banlieue, environs de Paris.

Maison en Provence.

Leçon 36
Divertissements I

1.

Jeudi soir, chez les Belleau. Le repas se termine enfin.
MME BELLEAU: Et si nous passions au salon?...

Vous voulez une menthe, un tilleul? (*A son mari.*) Et toi, tu prendras ton infusion?
M. BELLEAU: Oui, s'il te plaît.... Vous désirez peut-être un alcool, Monsieur Taylor? Hubert? Oui? Je vais voir ce que j'ai.... J'ai du Grand Marnier et du cognac. Colette?
COLETTE: Un petit Grand Marnier.
M. BELLEAU: Mireille, tu prends quelque chose?
MIREILLE: Oui, moi aussi, un Grand Marnier.
M. BELLEAU: Monsieur Taylor? Hubert?
ROBERT: Un Grand Marnier, s'il vous plaît.
HUBERT: Non, moi, je préfère du cognac, si vous permettez.
M. BELLEAU: Il est très bon, très, très bon.... Voilà. A votre santé. Moi, je ne prends rien.

2.

Il se fait tard.
MME BELLEAU: Tu as vu l'heure qu'il est, Marie-Laure? Allez, au lit, tout de suite! Dis bonsoir.

Après avoir embrassé ses parents, Marie-Laure est allée se coucher. Colette est partie vers 23 heures pour retourner à Provins.
COLETTE: Oh la la, onze heures! Il faut que je me sauve, je vais rater mon train!
M. et Mme Belleau se sont excusés peu après.
MME BELLEAU: Je crois que nous ferions bien d'aller nous coucher.
M. BELLEAU: Oui, excusez-nous, nous avons pris l'habitude de nous coucher tôt!
HUBERT: Bonsoir, Madame. Mes hommages; et merci. Dormez bien. J'espère que nous ne vous avons pas trop fatigués.... Quel délicieux repas!
MIREILLE: Bonne nuit. Tu me réveilles, demain matin, avant de partir?
MME BELLEAU: Oui, ma chérie.

1.

*Le thé est une **infusion;** on fait **infuser** des feuilles de thé dans de l'eau bouillante. On peut aussi faire des **infusions** de feuilles de **menthe,** ou de fleurs de **tilleul,** ou de fleurs de **camomille,** etc.*

*Le **Grand Marnier** est une liqueur à l'orange. Le **cognac** est une eau-de-vie, produite dans la région de **Cognac,** dans l'ouest de la France.*

2.

*Il **se fait tard.***

*Marie-Laure est allée **se coucher.** Elle est couchée. Elle est dans son lit.*

3.

Enfin, Hubert prend congé. Il est plus de 23 heures.

HUBERT: Bonsoir! A bientôt! On se téléphone... on s'appelle... demain?

Robert et Mireille restent seuls.

ROBERT: Je suppose qu'il est trop tard pour aller au cinéma, maintenant!

MIREILLE: Oui, j'en ai peur.... Tu veux qu'on y aille demain, en matinée?

ROBERT: Demain matin?

MIREILLE: Non, en matinée... l'après-midi!

ROBERT: Oui, si tu veux. Qu'est-ce qu'on va voir?

MIREILLE: Je ne sais pas.... Tu vois un *Pariscope*, par là?

ROBERT: Qu'est-ce que c'est?

MIREILLE: C'est comme l'*Officiel des spectacles*.... Tiens, en voilà un. C'est un programme des spectacles: théâtre, danse, cinéma, expositions, concerts, enfin, tout, quoi! Ça donne tous les films qui passent à Paris, classés par quartiers et par genres.

ROBERT: Par genres? Parce qu'en France, même les films sont masculins ou féminins?

4.

MIREILLE: Oh, ne fais pas l'idiot! Je veux dire qu'ils sont classés en films d'aventures, en westerns, comédies dramatiques, drames psychologiques, comédies musicales, érotiques, dessins animés.... Il y a même un petit résumé de chaque film.

ROBERT: Ah, bon! Qu'est-ce que tu vois d'intéressant?

Ce monsieur s'est réveillé tôt!

3.

Hubert prend congé. (Il s'en va.)

Un spectacle.

MIREILLE: Voyons, qu'est-ce qu'on donne, cette semaine? *La Cérémonie*, de Nagisa Oshima, version originale. Comment est ton japonais?

ROBERT: Un peu rouillé. Quoi d'autre?

MIREILLE: *Détachement féminin rouge*, version originale chinoise. *Le Grand silence*, yougoslave.

ROBERT: Non, sois sérieuse, il faut que je puisse comprendre!

MIREILLE: Oh, mais il y a toujours des sous-titres! Tiens,

Trash, américain. Tu crois que tu comprendrais? Oh, mais ça ne va pas; c'est interdit aux moins de dix-huit ans.

ROBERT: Oh, assez! Arrête! Ça suffit comme ça!

5.

MIREILLE (*vérifiant la date du Pa-riscope*): Oh, zut! De toute façon, c'est celui de la semaine dernière!

ROBERT: Et alors?

MIREILLE: Et alors, ce n'est plus bon! Les programmes changent toutes les semaines.... On va regarder sur le Minitel....

Tiens! On passe *L'Amour l'après-midi* au 14 Juillet-Parnasse.

ROBERT: Oh, ça, c'est un beau titre. Ça doit être très instructif.

MIREILLE: Oh, tu sais, j'ai peur que tu sois déçu. C'est un des six contes moraux d'Eric Rohmer.

ROBERT: Ça ne fait rien. Ça doit être très intéressant! Allons voir ça.

MIREILLE: Tu veux qu'on y aille?

ROBERT: Oui.

MIREILLE: D'accord, alors rendez-vous à 13h 30, à la terrasse de la Rotonde. C'est juste à côté. Tu n'auras qu'à prendre le métro et descendre à Vavin. C'est juste en face. Tu ne peux pas te tromper.

6.

ROBERT: Bon, entendu. Alors, à demain, à... comment tu dis?

MIREILLE: A la Rotonde, Boulevard Montparnasse, métro Vavin.

ROBERT: D'accord, à la Rotonde, à 13h 30.

4.

Un petit garçon qui **fait l'idiot.**

La **Rotonde.** *C'est un grand café à Montparnasse.*

Il ne faut pas marcher sur le gazon; c'est **interdit,** c'est défendu!

5.

6.

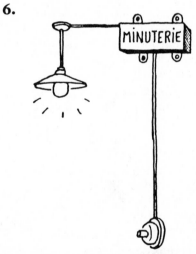

Il y a un système de **minuterie** dans les escaliers de tous les immeubles parisiens. La **minuterie** permet d'économiser l'électricité. Chaque fois qu'on allume la lumière, la **minuterie** l'éteint automatiquement après deux ou trois minutes (le temps nécessaire pour monter ou descendre l'escalier).

MIREILLE: Je te raccompagne.... Allez, bonsoir! Le bouton de la minuterie est là, à droite. Tu vois?

ROBERT: Où ça?

MIREILLE: Là! La petite lumière!

ROBERT: Là?

MIREILLE: Tu as deux minutes pour descendre.

ROBERT: Deux minutes? Pourquoi ça? Il faut que je descende en deux minutes? Qu'est-ce que c'est que cette histoire?

MIREILLE: Eh bien, oui! Quand tu appuies sur le bouton, la lumière reste allumée deux minutes, et puis elle s'éteint. On a l'habitude de l'économie, en France! Il faut que tu comprennes ça!

La lumière est **allumée.**

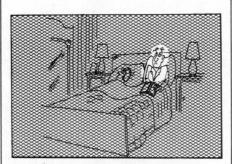

La lumière est **éteinte.**

ROBERT: Ils sont fous, ces Français!

MIREILLE: Mais non, nous ne sommes pas fous! Nous économisons l'énergie. Allez, dépêche-toi, ça va s'éteindre!

ROBERT: Bonsoir!... (*La lumière s'éteint.*) Ah, zut!

⌂ Mise en oeuvre

Ecoutez la mise en oeuvre du texte et répondez aux questions suivantes.

1. Qu'est-ce que Mme Belleau offre à ses invités?
2. Qu'est-ce qu'elle propose à son mari?
3. Que fait Marie-Laure, peu après?
4. Pourquoi Colette est-elle partie à 23 heures?
5. Pourquoi devait-elle se dépêcher?
6. Qu'ont fait les Belleau, peu après le départ de Colette?
7. Pourquoi Robert et Mireille ne peuvent-ils pas aller au cinéma ce soir?
8. Quand décident-ils d'y aller?
9. Qu'est-ce qu'on trouve dans le *Pariscope* ou l'*Officiel des spectacles*?
10. Comment sont classés les films?
11. Comment peut-on savoir de quoi il s'agit dans un film?
12. Comment est le japonais de Robert?
13. Pourquoi Robert n'aurait-il pas de mal à comprendre un film étranger?
14. Pourquoi Mireille dit-elle que *Trash*, ça ne va pas?
15. Pourquoi le *Pariscope* n'est-il pas bon?
16. Quand les programmes changent-ils?
17. Qu'est-ce qu'on donne au 14 Juillet-Parnasse?
18. Quel genre de film est-ce?
19. De quoi Mireille a-t-elle peur?
20. Où Mireille donne-t-elle rendez-vous à Robert?
21. A quelle heure vont-ils se retrouver?
22. Comment Robert peut-il aller au 14 Juillet-Parnasse?
23. A quelle station devra-t-il descendre?
24. Qu'est-ce qu'il y a dans les escaliers des immeubles français, pour économiser l'électricité?
25. Combien de temps Robert a-t-il pour descendre?
26. Pourquoi les Français utilisent-ils ce système?
27. Pourquoi Mireille dit-elle à Robert de se dépêcher?
28. Pourquoi Robert dit-il "Ah, zut"?

Document

Faites-le en Minitel

MINITEL 1

LE MINITEL 1 est un petit terminal que l'on branche immédiatement sur le téléphone pour accéder en direct à toutes sortes de services :

- annuaire électronique,
- horaires des transports,
- programmes des spectacles,
- messageries,
- services bancaires,
- etc...

dans le cadre des services Télétel.

guide pratique

COMMENT APPELER UN SERVICE TELETEL

1 Allumez votre Minitel à l'aide de l'interrupteur Marche-Arrêt.
La lettre **F** s'affiche peu après en haut à droite.

2 Décrochez le combiné téléphonique.

3 Composez le numéro d'appel permettant d'accéder au service Télétel *(voir page suivante)*.

4 Dès l'audition de la tonalité aiguë, appuyez sur CONNEXION/FIN
La lettre **C** apparaît à la place de **F**.

5 Raccrochez le combiné téléphonique.

6 La première page-écran apparaît après quelques secondes.
Suivez les instructions de l'écran.
Si aucune page-écran n'apparaît, renouvelez l'appel.

Leçon 37
Divertissements II

1.

Vendredi après-midi, deux heures moins le quart. Mireille attend depuis un quart d'heure à la terrasse de la Rotonde. A la table à côté est assis un monsieur d'une quarantaine d'années. Il a une moustache noire, les ongles noirs. Il est tout habillé de noir: chapeau noir, cravate noire, complet noir, imperméable noir, chaussures noires. Il a aussi une chaussette noire, mais l'autre est rouge. Il a posé une paire de lunettes noires à côté de sa tasse de café (noir, bien sûr). Il cligne d'un oeil, puis de l'autre, puis des deux. Ce tic agace prodigieusement

Mireille, qui va se lever et partir, quand elle aperçoit Robert, assis à la terrasse du café d'en face.

1.

*L'**homme** en **noir**.*

*. . . et une cravate **noire**.*

*Il a les moustaches **noires**.*

*Il y a une paire de lunettes **noires** et une tasse de café **noir** sur la table.*

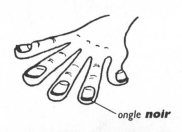

ongle **noir**

*Il **cligne** d'un oeil.*

*Il a un chapeau **noir** . . .*

*Il **cligne** de l'autre oeil.*

191

2.

Il regarde nerveusement autour de lui, à droite, à gauche. Il regarde sa montre. Puis il lève les yeux, et, tout à coup, il semble découvrir qu'il y a un café en face. Il se lève comme un ressort, bondit, fait quelques pas en avant, s'arrête, revient en arrière, jette un billet sur la table, repart en courant,

s'élance sur le boulevard, sans regarder ni à droite, ni à gauche. Un coup de frein strident, un juron retentissant, mais incompréhensible.

Mireille a fermé les yeux; quand elle les rouvre, Robert est assis à côté d'elle.[1]

---

1. Robert a bien failli se faire écraser, mais nous avons encore besoin de lui; l'étude du subjonctif vient à peine de commencer. (Note des auteurs)

3.

ROBERT: Je ne suis pas en retard, non?
MIREILLE: Non, non. . . . De toute façon, ça ne commence pas avant deux heures. Tu veux qu'on y aille?
ROBERT: D'accord, on y va.
MIREILLE: Allons-y!

Il **cligne** *des deux yeux.*

2.

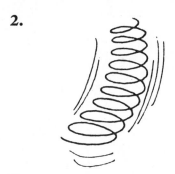

Un **ressort.**

Il **bondit.**

Et ils y vont.

Robert **jette** *un billet sur la table.*

Robert a failli passer sous une voiture. Quand le chauffeur de la voiture a aperçu Robert, il a exprimé sa surprise et sa désapprobation par un **juron.**

Il n'a pas murmuré ce juron. Il l'a crié d'une voix **retentissante.** Le juron **a retenti;** tout le monde l'a entendu.

Un jeune homme qui **s'est fait écraser** *par une voiture. (Rassurez-vous, ce n'est pas Robert.)*

4.

13 heures 50, devant le cinéma.

ROBERT: Deux places, s'il vous plaît.

MIREILLE: Attends! J'ai ma carte d'étudiante, moi. Une place étudiant, s'il vous plaît.

LA CAISSIERE: Voilà. Ça fait 64 francs. Mais il faut que vous attendiez un peu; ce n'est pas encore ouvert.

MIREILLE: C'est dommage que nous n'ayons pas pu venir lundi.

ROBERT: Pourquoi?

MIREILLE: Parce que c'est moins cher le lundi.

LA CAISSIERE: Voilà, vous pouvez entrer.

Une ouvreuse prend leurs tickets et leur indique des places.

L'OUVREUSE: Ici, ça ira?

ROBERT: Ce n'est pas un peu trop loin de l'écran?

L'OUVREUSE: Alors ici?... Merci!

5.

MIREILLE: Tu as les tickets? Elle te les a rendus?

ROBERT: Oui... mais tu as entendu comme elle a dit "merci"? Son ton n'était pas très aimable.... Et d'ailleurs, pourquoi m'a-t-elle remercié? Je ne lui ai rien donné!

MIREILLE: Mais justement, c'est pour ça! Elle s'attendait à ce que nous lui donnions un pourboire!

ROBERT: Ah bon? Il faut donner un pourboire aux ouvreuses?

MIREILLE: Ben oui, c'est l'habitude.

*Quand Mireille rouvre les yeux, Robert est assis **à côté** d'elle.*

4.

*Robert et Mireille sont **devant** le cinéma.*

*Une **ouvreuse** leur indique des places.*

ON EST UN PEU TROP LOIN DE L'ECRAN.

Au cinéma, l'action est sur l'**écran**. Au théâtre, l'action est sur la scène. Au cirque, elle est sur la piste.

Les **écrans** de cinémascope sont plus larges que les **écrans** normaux.

5.

Je **m'y attendais!** Ça ne m'a pas surpris. Je savais ce qui allait arriver.

Je ne **m'y attendais** pas. Ça m'a surpris.

Robert n'est pas **au courant;** il ne sait pas; il n'a pas été informé.

M. Courtois lit *Le Monde* tous les jours pour se tenir **au courant** de la politique internationale, de l'économie, des spectacles, et des arts.

*Quel **dommage!** Tous ces beaux verres cassés!*

ROBERT: Je ne savais pas! Tu aurais dû me le dire! Pourquoi ne me l'as-tu pas dit? Comment voulais-tu que je sache? Je ne suis pas au courant, moi!

MIREILLE: Ce n'est pas bien grave!

ROBERT: Quand est-ce que ça va commencer?

MIREILLE: Bientôt! Un peu de patience!

6.

Justement, les lumières s'éteignent. On passe d'abord de la publicité. Réclame pour du café, une planche à voile, un dentrifice, un rasoir, du cognac, de l'eau minérale, une machine à écrire électronique, et finalement des bonbons. A ce moment précis, les lumières se rallument, et les ouvreuses deviennent vendeuses: "Demandez dans la salle, bonbons, esquimaux...."

ROBERT: Tout ça, c'est très bien, mais ce n'est pas pour ça que je suis venu, moi! Moi, je suis venu pour voir *L'Amour l'après-midi!*

MIREILLE: Mais oui! Ça va venir! Il faut que tu aies un peu de patience, voyons!

7.

En effet, les lumières s'éteignent.

ROBERT: Je croyais que ça ne commencerait jamais. Dis, il faudra que tu m'expliques, si je ne comprends pas, hein? Promis?

MIREILLE: Oui, je te ferai un petit dessin... mais tais-toi, maintenant!

UN VOISIN: Chut! Ils ne vont pas bientôt se taire, ces deux-là? Ce qu'il y a des gens mal élevés, quand même!

Le film raconte l'histoire d'un monsieur d'une trentaine d'années, un jeune cadre dynamique, sympathique, marié. Il retrouve une jeune femme un peu bohème qu'il connaissait avant son mariage, et qui se met en tête de le séduire.

6.

On fait de la **réclame** pour différents produits dans les journaux, à la télévision, dans le métro (avec des affiches).

*L'**ouvreuse** est devenue **vendeuse:** elle vend des glaces, des caramels, des bonbons.*

Les ouvreuses **deviennent** vendeuses; elles se transforment en vendeuses.

Autrefois, on pouvait avoir des châteaux, mais maintenant, ce n'est plus possible. C'**est devenu** impossible.

7.

*Un petit garçon bien **mal élevé!***

Il est très **bien élevé**, très poli.

Il a été **élevé** en Suisse.

Il a été **élevé** chez les Frères, dans une école religieuse.

Il est très **mal élevé;** il se conduit mal, il parle mal, il est très désagréable. C'est un sauvage!

*De **jeunes cadres dynamiques** (des hommes d'affaires jeunes et ambitieux).*

*Une jeune fille un peu **bohème.** (Elle n'accepte pas le mode de vie bourgeois.)*

*Un jeune homme qui essaie de **séduire** une jeune femme.*

Ils se rencontrent plusieurs fois, l'après-midi. Il est tenté, mais, au dernier moment, il s'échappe. Il retourne à l'amour de sa femme, l'après-midi, bien sûr.

ROBERT: Enfin, tout cela est très moral. . . .

MIREILLE: Tout est bien qui finit bien, comme dit ma tante Georgette!

ᛘ Mise en oeuvre

Ecoutez la mise en oeuvre du texte, et répondez aux questions suivantes.

1. Depuis combien de temps Mireille attend-elle Robert?
2. Qui est assis à la table à côté?
3. Comment est-il habillé?
4. Comment sont ses chaussettes?
5. Quel tic a-t-il?
6. Pourquoi Mireille va-t-elle se lever et partir?
7. Où est Robert quand elle l'aperçoit?
8. Pourquoi Robert se lève-t-il comme un ressort?
9. Qu'est-ce que Robert fait quand il revient à sa table?
10. Pourquoi sait-on que Robert est imprudent?
11. Qu'est-ce que Mireille entend?
12. Où Robert est-il assis quand elle rouvre les yeux?
13. Pourquoi Mireille et Robert doivent-ils attendre un peu?
14. Combien coûtent leurs deux places?
15. Pourquoi est-il dommage qu'ils ne soient pas allés au cinéma un lundi?
16. Pourquoi le ton de l'ouvreuse n'était-il pas aimable?
17. Quelle est l'habitude, en France?
18. Pourquoi Robert n'est-il pas content? Qu'est-ce que Mireille aurait dû faire?
19. Qu'est-ce qu'on passe d'abord, avant le film?
20. Quelles sortes de réclames passe-t-on?
21. Que vendent les ouvreuses après les publicités?
22. Pourquoi Robert est-il si impatient?
23. Comment Mireille expliquera-t-elle le film à Robert, s'il ne comprend pas?
24. Qui est le héros du film?
25. Quel âge a-t-il?
26. Que fait la jeune femme bohème quand elle rencontre le monsieur?
27. Quand se rencontrent-ils?
28. Pourquoi la jeune femme ne réussit-elle pas?
29. Qu'est-ce que Tante Georgette aime bien dire?

Document

Lettre à mes amis pour apprendre à faire du cinéma ensemble

Je joue
Tu joues
Nous jouons
Au cinéma
Tu crois qu'il y a
Une règle du jeu
Parce que tu es un enfant
Qui ne sait pas encore
Que c'est un jeu et qu'il est
Réservé aux grandes personnes
Dont tu fais déjà partie
Parce que tu as oublié
Que c'est un jeu d'enfants
En quoi consiste-t-il?
Il y a plusieurs définitions
En voici deux ou trois
Se regarder
Dans le miroir des autres
Oublier et savoir
Vite et lentement
Le monde
Et soi-même
Penser et parler
Drôle de jeu
C'est la vie.

Jean-Luc Godard, *L'Avant-Scène du cinéma*, mai 1970

Leçon 38
Divertissements III

1.

Robert et Mireille sont allés voir *L'Amour l'après-midi* au 14 Juillet-Parnasse.

Ils sortent du cinéma.

ROBERT: Et si on marchait un peu?

MIREILLE: Oui, je veux bien. J'adore me promener dans Paris. Tiens, allons du côté de Montparnasse. Il faut que tu fasses connaissance avec le quartier des artistes et des intellectuels.

ROBERT: Je croyais que c'était Saint-Germain-des-Prés?

MIREILLE: Oui.... Ça a d'abord été Montmartre, puis Montparnasse, puis Saint-Germain.... Tiens, Modigliani a habité ici. Tu vois, tout ça, ce sont des ateliers de peintres.

Tout à coup, devant une librairie, Robert s'arrête, l'air inquiet. Il cherche dans ses poches.

MIREILLE: Qu'est-ce qu'il y a?

ROBERT: Mon passeport!

MIREILLE: Ben quoi? Tu l'as perdu?

ROBERT: Je ne sais pas! Je ne l'ai pas!

MIREILLE: Tu es sûr que tu l'avais? Tu ne l'as pas laissé dans ta chambre?

ROBERT: Tu crois? Je croyais que je l'avais pris....

MIREILLE: Ben, écoute, va voir! Je t'attends ici. Dépêche-toi!

Robert part en courant.

Il revient bientôt avec sa veste en seersucker et son passeport.

MIREILLE: Alors?

ROBERT: Je l'ai. Il était dans ma veste.

MIREILLE: Eh bien, tu vois! Tout va bien! Tout est bien qui finit bien, comme dit ma tante Georgette!

2.

Et ils reprennent leur promenade dans Montparnasse.

MIREILLE: Et voilà les cafés littéraires; au début du siècle, on y rencontrait Trotsky, Lénine, Foujita, Picasso.... Alors, qu'est-ce que tu as pensé du film? Ça t'a plu?

ROBERT: Oui, bien sûr ... mais à choisir, je crois que je préfère *Ma Nuit chez Maud*.

MIREILLE: Ah, oui? Quelle idée! Ça, alors! Pas moi! *Ma Nuit chez Maud*, c'est un peu trop chaste. Il ne se passe rien! Il n'y a pas d'action. Ce ne sont que des discussions sur la religion, le marxisme, le pari de Pascal.... Je suppose qu'il y a des gens à qui ça plaît.... C'est intéressant, remarque, mais ce n'est pas du cinéma!

ROBERT: Pourquoi? Parce que pour toi, le cinéma, c'est la violence et l'érotisme? Kiss, kiss, pan, pan?

1.

Un peintre au travail dans son **atelier.**

Robert s'aperçoit qu'il n'a pas son passeport quand ils sont devant une **librairie,** *un magasin qui vend des livres.*

2.

Blaise **Pascal:** mathématicien, physicien, philosophe, et écrivain (1623–62).

3.

MIREILLE: Mais non, pas du tout, je n'ai jamais dit ça! Mais je me demande si le vrai cinéma, ce n'était pas le muet, tu vois; les films de Charlot.

ROBERT: Charlot? Quel Charlot? De Gaulle?

MIREILLE: Mais ne fais pas l'idiot! Tu n'as jamais entendu parler de *L'Emigrant*, de *La Ruée vers l'or*? Ça, c'est du cinéma! Il n'y avait pas besoin de bande sonore. Regarde Griffith, les Russes... Eisenstein, Poudovkine.... Tout est dans les images, le montage, le jeu des gros plans et des plans généraux.

ROBERT: Ah, bon! Alors, tu es contre le cinéma parlant! Et contre la couleur aussi, je suppose?

MIREILLE: Pas forcément, mais il y a de merveilleux films en noir et blanc....

4.

Tout en parlant, ils sont passés devant la statue de Rodin qui représente Balzac.

MIREILLE: Un jour, quand Marie-Laure était petite, elle est passée là avec maman, et elle a dit: "Maman, regarde la vache!"

Puis ils sont passés devant le garage où Robert a loué une voiture pour aller à Provins.

ROBERT: C'est là que j'ai loué une voiture, l'autre jour, quand je suis allé me promener en Bourgogne....

Puis ils ont suivi le Boulevard Saint-Germain jusqu'à l'Assemblée Nationale.

MIREILLE: C'est là que nos députés préparent les projets de lois.... Ensuite, ils les envoient en face de chez nous, au Sénat.

3.

Les premiers films étaient **muets.** Le cinéma est devenu sonore en 1927, et parlant un peu plus tard. Par exemple, *La Petite marchande d'allumettes*, de Renoir, est un film sonore, mais non parlant.

La Ruée vers l'or *est un film de* **Charlot** *(Charlie Chaplin).*

Le Général **de Gaulle** *(Charles de son prénom).*

Quand un cinéaste fait un film, il tourne toutes les scènes plusieurs fois. Au **montage,** il choisit les meilleures prises, et il constitue la version finale du film.

Un **plan général.**

Un **gros plan.**

4.

La **statue** *de Rodin qui représente Balzac.*

5.

Ils ont traversé la Seine sur le Pont de la Concorde, où ils se sont arrêtés un instant.

MIREILLE: A droite, là-bas, c'est le musée d'Orsay. Autrefois, c'était une gare. Maintenant, c'est un musée du XIXème siècle. Et au fond, là-bas, on aperçoit l'Ile de la Cité, et, à gauche, le Louvre et le jardin des Tuileries.... Là-bas, en face, au fond de la Rue Royale, c'est l'église de la Madeleine. C'est là que Maman veut que je me marie...à cause de l'escalier.... Et à gauche, la maison blanche derrière les arbres, c'est l'ambassade américaine. C'est là qu'il faudra que tu ailles la prochaine fois que tu perdras ton passeport!...Tu ne l'as pas encore perdu?

ROBERT: Non, ça va, je l'ai.... Au milieu de la place, c'est l'Obélisque, j'imagine. Allons voir de plus près. J'aimerais bien essayer de déchiffrer quelques hiéroglyphes.

MIREILLE: Mais non! Tu es fou! Tu ne vois pas cette circulation? On va se faire écraser![1] Allons plutôt du côté des Champs-Elysées.

6.

Dans les allées derrière le Petit Palais, c'est le calme et le silence. Quelques moineaux se baignent dans la poussière.

Deux militaires en permission arrivent en sens inverse. La veste en seersucker de Robert semble les amuser.

L'UN DES SOLDATS (à l'autre): Eh, dis, tu as vu le garçon-boucher qui promène sa nana? Mireille se retourne et, sans un mot, en trois gestes précis, elle l'envoie rouler dans la poussière... à la grande surprise des moineaux qui s'envolent, et de Robert....

ROBERT: Qu'est-ce qui te prend? Tu ne crois pas que tu y vas un peu fort, non?

1. Robert a déjà failli se faire écraser une fois. Ça suffit.

5.

L'Obélisque (rapporté de Louxor, en Egypte, par Napoléon) se trouve au centre, **au milieu,** de la place de la Concorde.

L'Obélisque est couvert de **hiéroglyphes.**

C'est Champollion qui **a déchiffré** les premiers hiéroglyphes égyptiens en 1824.

6.

Une **allée** dans la forêt de Fontainebleau.

Moineaux se baignant dans la poussière.

Il y a beaucoup de pigeons et de **moineaux** à Paris. On essaie de lutter contre les pigeons parce qu'ils salissent les façades des monuments, mais tout le monde aime les **moineaux;** il sont plus petits, et si mignons! On dit que quand ils **se baignent** dans la poussière, c'est signe qu'il va pleuvoir.

Robert et Mireille rencontrent deux soldats **en permission,** en congé.

Ces militaires sont un peu vulgaires. Ils ne devraient pas dire "sa **nana**" mais plutôt "sa petite amie."

MIREILLE: Je n'aime pas qu'on se moque des gens! Et puis, il fallait que je fasse un peu d'exercice; j'ai manqué ma leçon de karaté, samedi. Je commençais à me rouiller un petit peu. J'ai un peu soif, tiens. . . . Si on allait boire quelque chose?

ROBERT: Si tu veux. . . .

Et Robert, écoeuré, jette sa veste en seersucker.

MIREILLE: Mais qu'est-ce que tu fais? Ça ne va pas, non? Ils sont fous, ces Américains! En France, on a le sens de l'économie!

Elle ramasse la veste, et ils vont s'asseoir à la terrasse du Fouquet's.

*Mireille **envoie** le soldat **rouler** dans la poussière.*

Tu y vas un peu fort! Tu exagères!

*En France, les **bouchers** portent des vestes à fines rayures blanches et bleu-gris, qui ressemblent beaucoup aux vestes en seersucker américaines.*

♫ Mise en oeuvre

Ecoutez la mise en oeuvre du texte et répondez aux questions suivantes.

1. Qu'est-ce que Mireille aime bien faire?
2. Pourquoi emmène-t-elle Robert du côté de Montparnasse?
3. Quel était le quartier des artistes et des intellectuels avant Montparnasse et Saint-Germain-des-Prés?
4. Où les peintres travaillent-ils?
5. Pourquoi Robert est-il inquiet, tout à coup?
6. Où était son passeport?
7. Qui pouvait-on voir dans les cafés "littéraires," au début du siècle?
8. Quel film Robert a-t-il préféré à *L'Amour l'après-midi*?
9. Pourquoi Mireille n'a-t-elle pas tellement aimé *Ma Nuit chez Maud*?
10. De quoi parle-t-on, dans ce film?
11. D'après Mireille, qu'est-ce qui serait le vrai cinéma?
12. Qu'est-ce qui est important dans le cinéma muet?
13. Qu'est-ce que Mireille pense des films en noir et blanc?
14. Que représente la statue de Rodin qu'ils regardent?
15. Quel commentaire Marie-Laure avait-elle fait devant la statue?
16. Pourquoi Robert connaît-il le garage devant lequel ils passent?

17. Que font les Députés à l'Assemblée Nationale?
18. Qu'en font-ils ensuite?
19. Le musée d'Orsay, autrefois, qu'est-ce que c'était?
20. Et aujourd'hui?
21. Quel jardin se trouve à côté du Louvre?
22. Qu'est-ce qui plaît à Mme Belleau dans l'église de la Madeleine?
23. Comment est l'ambassade américaine?
24. A quelle occasion Robert devrait-il aller à l'ambassade?
25. Qu'y a-t-il au milieu de la Place de la Concorde?
26. Pourquoi Robert aimerait-il le voir de plus près?
27. Pourquoi Mireille refuse-t-elle d'y aller?
28. Qui se moque de Robert?
29. D'après le soldat, à qui Robert ressemble-t-il, avec sa veste en seersucker?
30. Comment Mireille répond-elle au commentaire du soldat?
31. Pourquoi a-t-elle réagi ainsi?
32. Qu'est-ce que Mireille a manqué, samedi?
33. Pourquoi Mireille suggère-t-elle qu'ils aillent boire quelque chose?

Document

L'escalier de la Madeleine.

La colline de Montmartre.

Le Louvre.

L'Ambassade américaine et l'Hôtel Crillon.

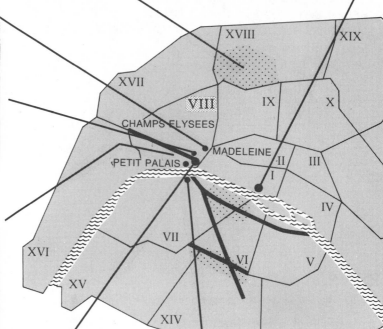

Les allées entre le Petit Palais et les Champs-Elysées.

La Place de la Concorde et l'Obélisque.

L'Assemblée nationale.

Leçon 39
Divertissements IV

1.

La scène se passe sur les Champs-Elysées. Les deux jeunes premiers, Robert et Mireille, sont assis à la terrasse d'un grand café, le Fouquet's.

ROBERT: Il va falloir que j'aille au théâtre, un de ces jours. Il faut que tu me dises ce que je devrais voir. J'ai acheté l'*Officiel des spectacles* ce matin. C'est fou le nombre de théâtres qu'il y a à Paris!

MIREILLE: Il doit y en avoir une quarantaine, je pense, sans compter une vingtaine de théâtres en banlieue, plus tous les cafés-théâtres. Remarque que beaucoup sont minuscules. Au théâtre de Poche-Montparnasse, par exemple, ou au théâtre de la Huchette, je ne crois pas qu'il y ait cent places.

2.

ROBERT: Alors, qu'est-ce que tu me conseilles?

MIREILLE: Je ne sais pas, moi.... Tu pourrais commencer par les salles subventionnées...

ROBERT: Qu'est-ce que c'est que ça?

MIREILLE: Eh bien, les théâtres nationaux, ceux qui reçoivent des subventions de l'Etat, comme la Comédie-Française, par exemple.

1.

L'avenue des **Champs-Elysées.**

Robert et Mireille sont les **jeunes premiers.** Dans un film, les **jeunes premiers** sont toujours beaux et séduisants.

Dans un **café-théâtre,** on peut dîner ou prendre un verre pendant le spectacle.

THEATRE

les 49 pièces

Amants terribles (Les) .... Montparnasse
Amphitryon .... Comédie-Française
A quoi on joue ? .... Hébertot
Avare (L') .... Comédie-Française
Branquignols (Les) .... La Bruyère
Cage aux folles (La) .... Palais-Royal
Canard à l'orange (Le) .... Gymnase
Cantatrice chauve (La) .... Huchette
Chevauchée burlesque des saigneurs
  de La Villette (La) .... Théâtre Présent
Claque (La) .... Michodière
Crépuscule de l'orchidée (Le) .... Kaléidoscope
Critique de l'Ecole des Femmes (La)
  Comédie-Française
Dernier sorti nettoie la salle (Le). Théâtre 347
Directeur de l'Opéra (Le) Com. Champs-Elysées
Ecole des bouffons (L').... Chapelle St-Roch
Ecole des Femmes (L') . Comédie-Française
Etourdi (L') .... T.E.P.
Femmes savantes (Les) .. Comédie-Française
Fleur des Sans-Culottes (La) .... Love Théâtre
Futura .... Th. Cité Internationale
Grand Standing .... Saint-Georges
J'habite seul avec maman .... Le Globe
Lycée Thiers - Maternelle
  Jules Ferry ...... Cartoucherie de Vincennes
Mais qu'est-ce qui fait courir les
  femmes, la nuit, à Madrid ? .... Athénée
Model-Boy .... Capucines
Noir te va si bien (Le) .... Antoine
Nuit d'Ulysse (La) ...... Gaîté-Montparnasse
Parlerie de Ruzante revenant
  de guerre (La) .... Cyrano-Théâtre
Pianiste tricote (Le) .... Carré Thorigny
Premier (Le) .... Poche Montparnasse
Rappelez-moi votre nom .... Capucines
Salle d'attente .... Lucernaire
Seul le poisson rouge est au
  courant .... Ch. de Rochefort
Soupière (La) .... Variétés
Têtes rondes et Têtes pointues.. Th. Mécanique
Un fil à la patte .... Comédie-Française
Un yaourt pour deux .... Gramont

comédies dramatiques

120 journées de Sodome (Les).. Ambassadeurs-
  Espace Cardin
Chéri .... Globe M.C.D.V.
La Grande Imprécation devant
  la Ville .... Cyrano-Théâtre
Liola .... Récamier
Lulu .... Théâtre Mécanique
1789 .... Cartoucherie de Vincennes
1793 .... Cartoucherie de Vincennes
Phèdre .... Carré-Thorigny
Salomé .... Le Globe

spectacles musicaux, opérettes

Dédé .... Nouveautés
Gipsy .... Châtelet
Godspell .... Porte St-Martin

ROBERT: Ah oui, la Comédie-Française, je connais, j'en ai entendu parler. Est-ce que c'est bien? Ça vaut la peine d'y aller?

MIREILLE: Oh oui, très bien! Evidemment, on ne peut pas dire que ce soit du théâtre d'avant-garde, non. On y joue plutôt des pièces du répertoire classique: Molière, Racine, Labiche, Claudel.... Mais c'est toujours très bien joué, la mise en scène est toujours très soignée. C'est un spectacle de qualité. Tu en as pour ton argent!

3.

ROBERT: Bon! En dehors de ça, qu'est-ce que tu me conseilles?

MIREILLE: Je ne sais pas, ça dépend de ce que tu aimes.... Il y a tous les genres: tu as du théâtre expérimental, du théâtre d'avant-garde, des pièces d'Arrabal, d'Obaldia, des mises en scène de Chéreau, Vitez, Mnouchkine. Et puis tu as les pièces traditionnelles, le théâtre bien fait, Anouilh, Françoise Dorin.... Et puis, il y a le théâtre de boulevard, les comédies ultra-légères, avec des histoires de ménage à trois ... mais je ne pense pas que tu veuilles voir ça; ce n'est pas très profond. Ça ne doit pas faire beaucoup penser!

ROBERT: Mais qui est-ce qui t'a dit que j'avais envie de penser au théâtre?

MIREILLE: Oh! Eh bien, alors, va aux Folies-Bergère! Au Lido! Là, tu n'auras pas besoin de beaucoup penser; ça ne te fatiguera pas beaucoup les méninges. Mais je doute que ça vaille la peine.

*L'entrée (minuscule) du **théâtre de Poche-Montparnasse.***

*Le **théâtre de la Huchette,** rue de la Huchette, dans le Quartier Latin.*

2.

Il y a des **salles** à manger, des **salles** de séjour, des **salles** de bain. Et puis, il y a aussi des **salles** de spectacle: des **salles** de cinéma, des **salles** de théâtre, des **salles** de concert.

*Les salles **subventionnées** sont des théâtres qui reçoivent des subventions de l'Etat.*

Les spectacles de la Comédie-Française **valent la peine** d'être vus; on prend la peine d'y aller, on fait l'effort d'y aller, d'acheter un billet, mais on est bien récompensé de sa peine, parce que ce sont des spectacles de grande qualité. Le plaisir qu'on éprouve vaut la dépense.

Molière *(XVIIème siècle), auteur de comédies:* Le Bourgeois gentilhomme, L'Avare, Don Juan, Les Fourberies de Scapin....

Racine *(XVIIème siècle), auteur de tragédies:* Andromaque, Phèdre....

Labiche (1815–88), auteur de comédies et de vaudevilles. **Claudel** (1868–1955), auteur de drames: *L'Otage, Le soulier de satin....*

4.

ROBERT: Tu veux un autre Gini?
Moi, je crois que je vais prendre
une autre bière.
MIREILE: Tiens! Mais voilà
quelqu'un que nous connaissons!

Mais c'est bien lui, c'est Hubert
lui-même! Comme c'est bizarre,
comme c'est curieux, et quelle
coïncidence!
HUBERT: Mireille!
MIREILLE: Hubert!
HUBERT: Comment? Toi au
Fouquet's?
MIREILLE: Qu'est-ce que tu fais
là?
HUBERT: Je passais. . . . Je ne
m'attendais pas à te voir! Quelle
heureuse coïncidence! Je suis
heureux de te voir!
Et Hubert s'installe, avec beaucoup
de sans-gêne.

5.

Une table est libre à côté d'eux. Un
jeune homme vient s'y asseoir. Il
regarde Mireille avec insistance.
LE JEUNE HOMME: Mais Mademoiselle, nous nous connaissons!
Nous n'avons pas bavardé
ensemble au Luxembourg, il y a
quelques jours? Mais si, mais si!
Vous portiez une ravissante jupe
rouge.

*Le **metteur en scène** dirige la **mise
en scène**.*

*Il **en a pour son argent**.*

*Travail **soigné**.*

*Il **n'en a pas pour son argent**.*

3.

*Travail **mal fait**.*

*Les spectacles des **Folies-Bergère** et
du **Lido** sont assez somptueux par les
décors, les costumes, ou l'absence de
costumes, mais pas très cérébraux.*

MIREILLE: C'est bien possible! Le hasard est si grand.... Je portais une jupe rouge? Comme c'est curieux, comme c'est bizarre, et quelle coïncidence!

JEAN-PIERRE: Mais oui.... Vous permettez?

Et il s'invite avec autant de sans-gêne qu'Hubert.

6.

HUBERT (*à Robert*): Mais vous ne vous quittez plus, tous les deux! Avec un guide comme Mireille, vous allez bientôt connaître la France à fond, cher ami!

ROBERT: Mais je l'espère bien!

HUBERT: Et quelles sont vos impressions?

ROBERT: Oh, excellentes, jusqu'à présent. Mais je ne connais pas encore grand-chose! Mireille vient de me faire découvrir *L'Amour l'après-midi*.

HUBERT: Ah, bon?

ROBERT: Vous connaissez? Vous aimez?... Ce n'est pas mal. Je dois dire que, dans l'ensemble, la France me plaît assez. Je ne fais que de très légères réserves. Par exemple, je suis tout à fait contre le pourboire aux ouvreuses dans les cinémas.

HUBERT: Oh, là, je suis on ne peut plus d'accord avec vous, cher Monsieur. Le pourboire, c'est la honte de notre pays!

MIREILLE: Oh, tu sais, c'est partout pareil....

*Ce n'est pas très **profond**.*

*C'est plus **profond**.*

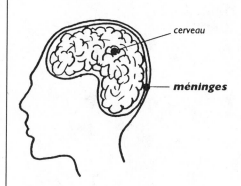

cerveau

méninges

4.

*Robert n'est pas très content qu'Hubert s'installe à leur table. Hubert n'est pas très délicat. Il a pas mal de **sans-gêne**. La présence d'Hubert **gêne** Robert, ça l'ennuie. Mais Hubert, lui, n'est pas **gêné!** Il est même très à l'aise!*

6.

Ils ne **se quittent** plus! Ils sont toujours ensemble.

Je **vous quitte!** Je vous laisse! Je m'en vais!

C'est une **honte!** C'est une indignité, une infamie!

7.

JEAN-PIERRE: Il a raison. Ces ouvreuses ne servent qu'à déranger les gens. Elles ont toujours le chic pour vous aveugler avec leur torche au moment le plus pathétique....

ROBERT: Il faut bien que ces pauvres femmes gagnent leur vie. Ce n'est pas si grave que ça....

HUBERT: Pas si grave que ça? Il s'agit de la dignité humaine! Le pourboire dégrade l'homme... et la femme. Il crée une mentalité d'esclave....

ROBERT: Seriez-vous contre l'esclavage? Je ne l'aurais pas cru!... Et que pensez-vous de la publicité dans les salles de cinéma?

HUBERT: C'est une honte! Un scandale! On profite de la passivité du public! C'est un vol, un viol, pire; c'est un abus de confiance. La publicité ne sert qu'à créer des besoins artificiels. C'est le triomphe du mensonge, la dégradation de l'esprit humain!

MIREILLE: Allons, Hubert! Toujours les grands mots! Tu exagères! Il y a d'excellentes publicités; d'ailleurs, personne ne s'en plaint que toi!

HUBERT: Eh bien, ça prouve à quel point le public est abruti!

8.

A ce moment-là, un couple d'amoureux se dirige vers la table que Jean-Pierre a laissée libre, et va s'y installer quand un homme tout en noir arrive, les bouscule et s'y asseoit à leur place.

Il tire un numéro d'*A Suivre* de sa poche et fait semblant de se plonger

7.

Les ouvreuses s'arrangent toujours pour vous **aveugler** *avec leur* **torche.**

Si vous regardez le soleil en face, ça vous **aveugle.** Vous n'y voyez plus rien.

Ce monsieur travaille pour **gagner sa vie.**

Deux **esclaves.**

L'**esclavage** a été aboli dans toutes les possessions françaises en 1848.

Boris Vian a eu l'idée géniale de **voler** le camion des pompiers. Ali Baba a eu l'idée géniale de cacher quarante **voleurs** dans des jarres d'huile.

Lucrèce a été **violée** par un fils de Tarquin (509 avant J.C.). C'est un viol. Il a eu des relations sexuelles avec elle contre sa volonté.

C'est un **abus de confiance.** On abuse de la crédulité des gens.

Nurse **se plaignant** *d'une autre nurse à un agent de police.*

Personne ne **se plaint;** tout le monde est content.
Ils ne sont jamais contents! Ils **se plaignent** toujours!
Il ne faut pas **se plaindre!** Il y a des gens plus malheureux!

Le public est **abruti,** stupide.

8.

Monsieur **bousculant** *un couple d'amoureux.*

dans la lecture de ce magazine. En fait, il écoute la conversation des jeunes gens avec une attention soutenue. Qui est-ce? Qui est ce mystérieux personnage? Le saurons-nous jamais? Peut-être pas. . . . La vie est pleine de ces mystères. Il n'y a que dans la fiction que les énigmes se résolvent. Mystère . . . et boule de gomme, comme dirait Marie-Laure!

A six heures dans le métro, il y a beaucoup de monde. On est **bousculé.** Les gens **se bousculent** pour monter. Ils vous marchent sur les pieds, ils vous poussent.

Il est difficile de **soutenir** l'attention très longtemps. Après un moment, l'attention faiblit, elle baisse, elle diminue.

Monsieur écoutant avec une attention **soutenue.**

⌓ Mise en oeuvre

Ecoutez la mise en oeuvre du texte et répondez aux questions suivantes.

1. Où sont Robert et Mireille?
2. Où Robert aimerait-il aller?
3. Qu'est-ce qu'il veut que Mireille lui dise?
4. Qu'est-ce qu'il a acheté?
5. Combien de théâtres y a-t-il à Paris?
6. Comment sont beaucoup de ces théâtres?
7. Qu'est-ce que c'est qu'une salle subventionnée?
8. Qu'est-ce qu'on joue souvent à la Comédie-Française?
9. Comment sont les spectacles de la Comédie-Française?
10. Pourquoi Mireille ne conseille-t-elle pas le théâtre de boulevard à Robert?
11. Qu'est-ce que Robert devrait aller voir, s'il ne veut pas beaucoup penser?
12. Qui arrive au café?
13. Où Jean-Pierre avait-il rencontré Mireille?
14. Qu'est-ce que Mireille portait ce jour-là?
15. Que dit Mireille de cette coïncidence?
16. Quelles sont les impressions de Robert sur la France?
17. Qu'est-ce que Robert connaît de la France?
18. D'après Hubert, qu'est-ce que le pourboire?
19. D'après Mireille, est-ce qu'il n'y a qu'en France qu'on donne des pourboires?
20. Que font les ouvreuses, d'après Jean-Pierre?
21. Avec quoi est-ce qu'elles aveuglent le public?
22. Que fait l'institution du pourboire, d'après Hubert?
23. Qu'est-ce qu'Hubert pense de la publicité au cinéma?
24. A quoi sert la publicité, d'après lui?
25. Qui vient s'installer à la table voisine?
26. Comment est-il habillé?
27. Qu'a-t-il dans sa poche?
28. Qu'est-ce qu'il fait semblant de faire?
29. En fait, que fait-il?

Documents

La Cantatrice chauve, *scène IV (extraits)*

Mme et M. Martin sont assis, l'un en face de l'autre, dans le salon des Smith, à Londres.

M. MARTIN: Depuis que je suis arrivé à Londres, j'habite rue Bromfield, chère Madame.

MME MARTIN: Comme c'est curieux, comme c'est bizarre! Moi aussi, depuis mon arrivée à Londres, j'habite rue Bromfield, cher Monsieur.

M. MARTIN: Comme c'est curieux! Mais alors, mais alors, nous nous sommes peut-être rencontrés rue Bromfield, chère Madame.

MME MARTIN: Comme c'est curieux, comme c'est bizarre! C'est bien possible, après tout! Mais je ne m'en souviens pas, cher Monsieur.

M. MARTIN: Je demeure au numéro 19, chère Madame.

MME MARTIN: Comme c'est curieux, moi aussi j'habite au numéro 19, cher Monsieur.

M. MARTIN: Mais alors, mais alors, mais alors, mais alors, mais alors, nous nous sommes peut-être vus dans cette maison, chère Madame!

MME MARTIN: C'est bien possible, mais je ne m'en souviens pas, cher Monsieur.

M. MARTIN: Mon appartement est au cinquième étage, c'est le numéro 8, chère Madame.

MME MARTIN: Comme c'est curieux, mon Dieu, comme c'est bizarre! Et quelle coïncidence! Moi aussi j'habite au cinquième étage, dans l'appartement numéro 8, cher Monsieur! (. . .)

M. MARTIN: Comme c'est bizarre, curieux, étrange! (. . .) C'est peut-être là que nous nous sommes rencontrés!

MME MARTIN: Comme c'est curieux et quelle coïncidence! C'est bien possible que nous nous y soyons rencontrés, et peut-être même la nuit dernière. Mais je ne m'en souviens pas, cher Monsieur.

M. MARTIN: J'ai une petite fille, ma petite fille, elle habite avec moi, chère Madame. Elle a deux ans, elle est blonde, elle a un oeil blanc et un oeil rouge, elle est très jolie, elle s'appelle Alice, chère Madame.

MME MARTIN: Quelle bizarre coïncidence! Moi aussi j'ai une petite fille, elle a deux ans, un oeil blanc et un oeil rouge, elle est très jolie et s'appelle aussi Alice, cher Monsieur!

M. MARTIN (*même voix traînante et monotone*): Comme c'est curieux et quelle coïncidence! Et bizarre! C'est peut-être la même, chère Madame!

MME MARTIN: Comme c'est curieux! C'est bien possible, cher Monsieur!

Eugène Ionesco

Notes sur le document:

Ionesco est né en Roumanie en 1912, d'un père roumain et d'une mère française. Il parle parfaitement français. Il est même membre de l'Académie Française. (Il pourrait dire, comme Robert: "Je n'ai aucun mérite, ma mère est française.") D'ailleurs, il a passé la plus grande partie de sa vie en France.

Vers 1948–49, il a voulu apprendre l'anglais dans un manuel de conversation franco-anglaise. Les phrases tirées de ce manuel lui ont révélé des vérités surprenantes; par exemple, qu'il y a sept jours dans la semaine, et que le plancher est en bas et le plafond en haut.

Il s'est aperçu que les gens autour de lui parlaient comme son manuel de conversation franco-anglaise. Ils disaient des choses évidentes et inutiles. C'est ce qui lui a donné l'idée d'écrire *La cantatrice chauve*. Dans cette pièce, les personnages disent n'importe quoi, et "ce n'importe quoi n'a pas de signification."

Le titre de la pièce n'a pas de signification non plus; dans la pièce, il n'y a pas de femme qui chante, il n'y a pas de chanteuse blonde, brune, ou chauve. La pièce s'est appelée d'abord *L'Heure anglaise*; elle aurait pu s'appeler *L'Institutrice blonde*.

"Cette pièce voulait exprimer le sentiment d'étrangeté que j'ai devant le monde," dit-il dans les *Entretiens*, publiés par C. Bonnefoy en 1966.

"Le dialogue des Martin était tout simplement un jeu; je l'avais inventé avec ma femme un jour dans le métro. Nous étions séparés par la foule. Au bout de deux ou trois stations, les passagers commençant à descendre et le wagon à se vider, ma femme, qui a beaucoup d'humour, est venue vers moi et m'a dit: "Monsieur, il me semble que je vous ai rencontré quelque part!" J'ai accepté le jeu, et nous avons ainsi presque inventé la scène. Les gens, étonnés, nous examinaient tant que nous avons dû descendre du métro, en riant beaucoup. Maintenant, vouloir donner à tout cela un contenu psychologique et en faire le drame de la solitude à deux . . . cela me semble aller un peu loin." (Ionesco, cité par Simone Benmussa)

Théâtre

toutes les salles : les subventionnés

prochains programmes

Jeudi 21, 19 h 30 : **Hommages à Varèse**. Vendredi 22, 19 h 30 : **Il Trovatore**. Samedi 23, 19 h 30 : **Hommages à Varèse**. Lundi 25, collectivités, 19 h 30 : **La Sylphide**. Mardi 26, 19 h 30 : **Hommages à Varèse**. Mercredi 27, 19 h 30 : **Il Trovatore**.

OPERA. Place de l'Opéra. Opé 95-26 et Opé 71-82. Loc. 11 h à 18 h 30 (7 j. à l'av.). La Sylphide. Hommages à Varèse. Pl. : 5 à 50 F. Il Trovatore. Pl. : 5 à 90 F.

La Sylphide. Chorégraphie de Pierre Lacotte, d'après Philippe Taglioni. Musique de Schneitzhoeffer Direction musicale : Catherine Comet. Avec Christiane Vlassi (les 14 et 19), Noella Pontois (le 15), Raymond Franchetti (les 14 et 19), Cyril Atanassoff (le 15), Nicole Chouret (les 14, 19), Martine Vuillermoz. Lucien Duthoit (les 14, 15), Claude Ariel (le 19). (Jeudi 14, vendredi 15, mardi 19, 19 h 30.)

COMEDIE-FRANÇAISE, place du Théâtre-Français (Mo Palais-Royal). 742-27-31. Location de 11 h à 18 h, 8 jours à l'avance. Pl. : 5 à 25 F.

L'Avare, comédie de Molière. Mise en scène de Jean-Paul Roussillon. Avec Jacques Eyser, Michel Aumont, René Arrieu, Marco-Béhar, Raymond Acquaviva, Simon Eine, Alain Pralon Françoise Seigner, Ludmila Mikaël, Isabelle Adjani, Claire Boërs. (Jeudi 14, 20 h 30).

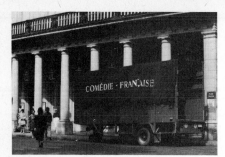

La Comédie-Française.

L'Opéra-Comique.

L'Opéra.

Leçon 40
Divertissements V

1.

La terrasse du Fouquet's. On entend des fragments de conversation un peu snobs: "Vous avez vu le dernier film de Godard? C'est absolument génial."... "Vous trouvez?"... Quatre jeunes gens sont assis à une table.

A la table à côté, un homme tout en noir les regarde avec attention.

JEAN-PIERRE (*à voix basse*): Vous avez vu les yeux du type, à côté?

MIREILLE: Eh bien, quoi? Qu'est-ce qu'ils ont, ses yeux? Il a un oeil qui dit zut à l'autre, comme mon oncle Victor?

JEAN-PIERRE: Non, ce sont les deux! Ce sont ses deux yeux qui disent zut à je ne sais pas qui....

ROBERT: Comment ça?

JEAN-PIERRE: En morse!

HUBERT: Qu'est-ce que c'est que cette histoire?

JEAN-PIERRE: Si, si, regardez: il cligne d'un oeil, c'est un point; il cligne des deux yeux, c'est un trait. Trait, trait, point, point: *Z*. Point, point, trait: *U*. Un point: *T*. Je croyais qu'il faisait de l'oeil à Mireille, mais non! C'est un message!

HUBERT: Sûrement! Ça doit être un dangereux espion!

MIREILLE: Attention, il nous écoute. Reprenons la conversation comme si de rien n'était.

2.

ROBERT: ... Quel est l'avenir du théâtre?

JEAN-PIERRE: Nul! L'avenir est au cinéma et à la télévision.

HUBERT: C'est faux! Rien ne pourra jamais remplacer la présence de l'acteur vivant, en chair et en os.

MIREILLE: Hubert a raison. Le cinéma, c'est de la conserve. C'est mécanique. Tandis qu'au théâtre, l'acteur reste en contact avec le public. Au théâtre, un bon acteur modifie constamment son jeu d'après la réaction du public.

3.

JEAN-PIERRE: Oui, mais au théâtre, le spectacle est éphémère, tandis qu'au cinéma, c'est fixé pour toujours. Avec les cinémathèques, à Chaillot, à Beaubourg, ou avec la vidéo, vous pouvez voir presque tous les bons films qui ont été tournés depuis que le cinéma existe. *Le Misanthrope*, mis en scène et joué par Molière, c'était sûrement génial, oui, mais personne ne pourra plus jamais le voir!

1.

L'oncle de Mireille, Victor, a un léger strabisme. Il louche. Il a **un oeil qui dit** *zut à l'autre.*

Un homme qui **fait de l'oeil** *à une jeune femme. (C'est une technique— plutôt élémentaire—pour attirer l'attention de la jeune femme et engager la conversation.)*

TAISEZ-VOUS, MEFIEZ-VOUS, DES OREILLES ENNEMIES VOUS ECOUTENT!

Un **espion.**

4.

ROBERT: Et puis, le cinéma dispose de moyens tellement plus considérables que le théâtre! Au cinéma, on peut mettre deux mille figurants dans une plaine de Russie, avec des canons, des charges de cavalerie, une armée perdue dans la neige....

MIREILLE: L'armée perdue dans la neige, moi j'ai vu ça au théâtre, dans *Ubu Roi*, sur une toute petite scène.

Il y avait tout simplement un bonhomme, avec une pancarte qui disait: "L'armée polonaise en marche dans l'Ukraine."

5.

ROBERT: Oui, mais au cinéma, il est plus facile de jouer avec le temps et l'espace. Tous les trucages sont possibles: on peut transformer un monstre en prince charmant, faire sauter la Tour Eiffel, incendier la Tour Montparnasse....

JEAN-PIERRE: Et puis, au cinéma, il y a la possibilité de doublage dans toutes les langues.

MIREILLE: Ah, eh bien ça, je m'en passerais! Quelle horreur! Je déteste les films doublés. Il n'y a rien de plus faux!

ROBERT: Moi aussi, je préfère les V.O.[1]...avec des sous-titres pour les films japonais.

MIREILLE: Parce que son japonais est un peu rouillé!

---

1. Version originale.

2.

*Une personne **en chair et en os** (surtout **en chair**).*

Un revenant. (Ce sont surtout des **os**.)

Une personne vivante est **en chair et en os**. Dans un squelette, il n'y a que des **os** sans **chair**.

3.

CINEMAS - 99

CINEMATHEQUE
Musée du Cinéma - Palais de Chaillot
Métro Trocadéro - Tél. : 704-24-24

MERCREDI 7 JUIN

15h : Sourcouf, le tigre des 7 mers, de S. Bergonzelli (1965) ; 18h30 : Panorama « 80 ans de cinéma brésilien » : A Estrela Sobe, de B. Barreto (1974) ; 20h30 : Panorama « 80 ans de cinéma brésilien »

*Silence! On **tourne**!*

Les films de la Nouvelle Vague ne sont pas **tournés** en studio.

4.

Les acteurs principaux, les vedettes, reçoivent des millions, et ont leur nom en grosses lettres dans le générique. Les **figurants** sont peu payés et ils ne figurent pas au générique.

5.

*Terroriste **faisant sauter la Tour Eiffel**.*

Pour **faire sauter la Tour Eiffel**, il faudrait beaucoup de dynamite...ou alors un bon trucage.

6.

JEAN-PIERRE: Moi, il n'y a que le cinéma, le music-hall, et le cirque qui m'intéressent.

HUBERT: Le cirque? "Panem et circenses!"[2] Vous avez des goûts bien vulgaires. Parlez-moi plutôt du ballet, de la danse moderne ou classique. Mais le music-hall, c'est pour les voyeurs qui prennent leur pied à regarder des femmes nues en train de lever la jambe!

JEAN-PIERRE: Mais non, pas du tout! Le music-hall, c'est le conservatoire de la culture contemporaine. Je ne parle pas des spectacles de music-hall comme ceux des Folies-Bergère ou du Concert Mayol, non! Je veux dire les grands récitals de Montand ou, autrefois, Brel, Brassens à Bobino ou à l'Olympia. Et aussi les spectacles de cabaret et de café-théâtre avec Raymond Devos, Villeret, Coluche, Zouc....

7.

MIREILLE (*à voix basse*): Le type nous écoute toujours?

JEAN-PIERRE: Ça alors, c'est bizarre!

MIREILLE: Quoi, qu'est-ce qu'il y a?

JEAN-PIERRE: Il n'est plus là.

Mais à sa place, il y a une bonne soeur, tout en noir, qui lit *La Croix*, et on dirait qu'elle fait du morse avec sa cornette!

2. Ne cherchez pas; c'est du latin pour "du pain et des jeux." (Note de Marie-Laure)

Incendie (*truqué*) *de la Tour Eiffel.*

Il **prend son pied!** *Il adore ça, il se régale!*

6.

*Jean-Pierre aime le **cirque**.*

*L'**Olympia**.*

*A Rome, le peuple demandait du **pain** et des **jeux**.*

*Les dieux et demi-dieux grecs sont souvent représentés **nus.***

Les reines de France sont représentées habillées.

∩ Mise en oeuvre

Ecoutez la mise en oeuvre du texte et répondez aux questions suivantes.

1. Que font les quatre jeunes gens?
2. Qui les regarde, à la table d'à côté?
3. Qu'est-ce que les yeux de l'oncle Victor ont de particulier?
4. Qu'est-ce que le type fait pour produire un point en morse?
5. Et pour produire un trait?
6. Qu'est-ce que Jean-Pierre a d'abord cru quand il a vu l'homme en noir cligner des yeux?
7. D'après Hubert, qu'est-ce que cet homme en noir doit être?
8. D'après Jean-Pierre, où est l'avenir?
9. D'après Hubert, qu'est-ce qui donne au théâtre un avantage sur le cinéma?
10. D'après Jean-Pierre, pourquoi est-ce qu'un film n'est pas un spectacle éphémère?
11. Qu'est-ce qu'on peut voir à la cinémathèque ou avec la vidéo?
12. Dans quelle pièce Mireille a-t-elle vu une armée perdue dans la neige?
13. Comment l'armée était-elle représentée?
14. Avec quoi peut-on jouer au cinéma, d'après Robert?
15. Qu'est-ce qu'on utilise, au cinéma, pour faire sauter la Tour Eiffel, par exemple?
16. Quels films Mireille déteste-t-elle?
17. Qu'est-ce qu'il faut pour comprendre un film japonais en version originale?
18. Quel genre de spectacle Jean-Pierre préfère-t-il?
19. Qu'est-ce qu'Hubert pense des goûts de Jean-Pierre?
20. D'après Jean-Pierre, qu'est-ce que le music-hall?
21. Qui pouvait-on entendre autrefois à Bobino et à l'Olympia?
22. Qui est maintenant assis à la place du type en noir?
23. Qu'est-ce qu'elle fait?
24. Que fait-elle avec sa cornette?

Document

Suggestions d'Alfred Jarry pour la mise en scène d'*Ubu Roi* (extraits d'une lettre adressée à Lugné-Poë, directeur du Théâtre de l'Oeuvre.)

"Adoption d'un seul décor, ou mieux, d'un fond uni, supprimant les levers et baissers de rideau pendant l'acte unique. Un personnage correctement vêtu viendrait, comme dans les Guignols, accrocher une pancarte signifiant le lieu de la scène. (Notez que je suis certain de la supériorité 'suggestive' de la pancarte écrite sur le décor. Un décor, ni une figuration ne rendrait 'l'armée polonaise en marche dans l'Ukraine.')

"Suppression des foules, lesquelles sont souvent mauvaises à la scène et gênent l'intelligence. Ainsi, un seul soldat dans la scène de la revue, un seul dans la bousculade où Ubu dit: 'Quel tas de gens, quelle fuite, etc.'"

Ubu Roi, Scène III. *L'armée polonaise en marche dans l'Ukraine.*

PERE UBU: Cornebleu. Jambedieu. Tête de vache! Nous allons périr, car nous mourons de soif et sommes fatigué. Sire Soldat, ayez l'obligeance de porter notre casque à finances, et vous, sire Lancier, chargez-vous du ciseau à merdre et du bâton à physique pour soulager notre personne, car, je le répète, nous sommes fatigué.

Les soldats obéissent.

PILE: Hon! Monsieuye! Il est étonnant que les Russes n'apparaissent point!

PERE UBU: Il est regrettable que l'état de nos finances ne nous permette pas d'avoir une voiture à notre taille; car, par crainte de démolir notre monture, nous avons fait tout le chemin à pied, traînant notre cheval par la bride. Mais quand nous serons de retour en Pologne, nous imaginerons, au moyen de notre science en physique et aidé des lumières de nos conseillers, une voiture à vent pour transporter toute l'armée.

LE GENERAL LASCY: Père Ubu, ne voyez-vous pas dans la plaine les Russes?

PERE UBU: C'est vrai, les Russes! Me voilà joli. Si encore il y avait moyen de s'en aller, mais pas du tout, nous sommes sur une hauteur et nous serons en butte à tous les coups.

L'ARMEE: Les Russes! L'ennemi!

PERE UBU: Allons, Messieurs, prenons nos dispositions pour la bataille. Nous allons rester sur la colline et ne commettrons point la sottise de descendre en bas. Je me tiendrai au milieu comme une citadelle vivante et vous autres graviterez autour de moi. J'ai à vous recommander de mettre dans les fusils autant de balles qu'ils en pourront tenir, car 8 balles peuvent tuer 8 Russes et c'est autant que je n'aurai pas sur le dos. Nous mettrons les fantassins à pied au bas de la colline pour recevoir les Russes et les tuer un peu, les cavaliers derrière pour se jeter dans la confusion, et l'artillerie autour du moulin à vent ici présent pour tirer dans le tas. Quant à nous, nous nous tiendrons dans le moulin à vent et tirerons avec le pistolet à phynances par la fenêtre, en travers de la porte nous placerons le bâton à physique, et si quelqu'un essaye d'entrer, gare au croc à merdre!

OFFICIERS: Vos ordres, Sire Ubu, seront exécutés.

Scène IV. *Les mêmes, un capitaine, puis l'armée russe.*

UN CAPITAINE ARRIVANT: Sire Ubu, les Russes attaquent.

PERE UBU: Eh bien, que veux-tu que j'y fasse? Ce n'est pas moi qui le leur ai dit. Cependant, Messieurs des Finances, préparons-nous au combat.

LE GENERAL LASCY: Un second boulet!

PERE UBU: Ah, je n'y tiens plus. Ici, il pleut du plomb et du fer, et nous pourrions endommager notre précieuse personne. Descendons.

Tous descendent au pas de course. La bataille vient de s'engager. Ils disparaissent dans des torrents de fumée au pied de la colline.

UN RUSSE (*frappant*): Pour Dieu et pour le Czar!

RENSKY: Ah! Je suis mort!

PERE UBU: En avant! Ah, toi, Monsieur, que je t'attrape! (. . .)

LE GENERAL LASCY: Père Ubu, nous avançons partout.

PERE UBU: Je le vois bien, je n'en peux plus, je suis criblé de coups de pied, je voudrais m'asseoir par terre. Oh, ma bouteille.

LE GENERAL LASCY: Allez prendre celle du Czar, Père Ubu.

PERE UBU: Eh! J'y vais de ce pas. Allons, sabre à merdre, fais ton office, et toi, croc à finances, ne reste pas en arrière. Que le bâton à physique travaille d'une généreuse émulation et partage avec le petit bout de bois l'honneur de massacrer, creuser et exploiter l'Empereur moscovite. En avant, Monsieur notre cheval à finances!

Il se rue sur le Czar.

UN OFFICIER RUSSE: En garde, Majesté!

PERE UBU: Tiens, toi! Oh! Aïe! Ah! mais tout de même. Ah, Monsieur, pardon, laissez-moi tranquille! Oh, mais, je ne l'ai pas fait exprès!

Il se sauve, le Czar le poursuit.

PERE UBU: Sainte Vierge, cet enragé me poursuit! Qu'ai-je fait, grand Dieu! Ah! bon, il y a encore le fossé à repasser. Ah, je le sens derrière moi et le fossé devant! Courage, fermons les yeux.

Il saute le fossé. Le Czar y tombe.

LE CZAR: Bon, je suis dedans!

POLONAIS: Hurrah! Le Czar est à bas!

PERE UBU: Ah! j'ose à peine me retourner! Il est dedans. Ah! C'est bien fait et on tape dessus. Allons, Polonais, allez-y à tour de bras, il a bon dos, le misérable! Moi, je n'ose pas le regarder! (. . .)

Les dragons russes font une charge et délivrent le Czar.

LE GENERAL LASCY: Cette fois, c'est la débandade!

PERE UBU: Ah! voici l'occasion de se tirer des pieds. Or donc, Messieurs les Polonais, en avant! Ou plutôt, en arrière!

POLONAIS: Sauve qui peut!

PERE UBU: Allons! En route. Quel tas de gens, quelle fuite, quelle multitude, comment me tirer de ce gâchis? (*Il est bousculé.*) Ah! mais toi! fais attention, ou tu vas expérimenter la bouillante valeur du Maître des Phynances. Ah! il est parti, sauvons-nous et vivement pendant que Lascy ne nous voit pas.

Il sort, ensuite on voit passer le Czar et l'armée russe poursuivant les Polonais.

Alfred Jarry

Notes sur le document:
Alfred Jarry (1873–1907) a imaginé le personnage d'Ubu avec ses camarades quand il était au lycée de Laval (en Bretagne) vers 1888. Le Père Ubu est la caricature de leurs professeurs. Il est gros, bête et méchant. Le Père Ubu, officier dans l'armée du roi de Pologne, tue celui-ci pour devenir roi lui-même. Ubu est un très mauvais roi. Il ne pense qu'à s'enrichir. Il est obsédé par la "finance." Il a toute une collection d'instruments qu'il utilise pour extraire la "phynance" de ses sujets: le croc à phynance, le bâton à phynance, etc. Le Czar l'attaque. Il est obligé de partir en guerre contre les Russes.

La façon de parler d'Ubu est aussi caricaturale que sa personne. Elle est souvent emphatique, archaïque, prétentieuse. Il parle à la première personne du pluriel: il dit "nous" en parlant de lui. Il dit: "nous allons périr," au lieu de "nous allons mourir." Il appelle un soldat "sire," comme si c'était un roi. Il dit: "notre monture" au lieu de "mon cheval"; "nous serons en butte aux coups des Russes," au lieu de "nous serons exposés à leurs coups." (Il fait là un jeu de mots, parce qu'ils sont sur une butte, c'est-à-dire une hauteur, une petite colline, comme la Butte Montmartre.)

Par contre, sa façon de parler est aussi très souvent naïve, familière, et très vulgaire. Il a tout un répertoire de jurons bien à lui: "Merdre" (attention, très vulgaire, à ne pas imiter...), "de par ma chandelle verte! Jarnicotonbleu! Cornegidouille! Cornefinance! Cornebleu! Jambedieu! Tête de vache!"

Il a aussi un répertoire de tortures tout aussi pittoresque: décollation, torsion des jambes, extraction de la cervelle par les talons, éclatement de la vessie natatoire, torsion du nez et des dents, extraction de la langue, et enfoncement du petit bout de bois dans les oneilles (les oreilles en jargon ubuesque).

Il emploie des redondances ridicules, comme "descendre en bas" et "les fantassins à pied"; des expressions familières et puériles: "Ah! que je t'attrape!"; "Monsieur," en parlant à un officier, "que veux-tu que j'y fasse!"; "c'est bien fait" pour "il l'a bien mérité"; "taper dessus" pour "frapper"; et "se tirer des pieds" au lieu de "fuir" ou "s'en aller."

Leçon 41
Question de chance 1

1.

A la terrasse du Fouquet's; Mireille, Hubert, Robert, Jean-Pierre.
JEAN-PIERRE: Garçon, l'addition!
Le garçon regarde ailleurs. Cinq minutes après, Hubert fait signe au garçon.
HUBERT: Alors, elle vient, cette addition?
Aucun effet. Au bout de dix minutes, Mireille appelle le garçon.
MIREILLE: Vous nous apportez l'addition, s'il vous plaît?
LE GARÇON: Tout de suite, Mademoiselle....
Et il se dirige vers une autre table. Dix minutes après, Robert tente sa chance.
ROBERT: Est-ce que nous pourrions avoir l'addition, s'il vous plaît?

LE GARÇON: Mais oui, Monsieur. Voilà, Monsieur. Ça fait 135F.

2.

Robert tend un billet de 200F au garçon. Hubert, Jean-Pierre, et Mireille se détournent pudiquement. Le garçon pose son plateau plein de verres sur la table, pour rendre la monnaie à Robert.
LE GARÇON: Alors, 135 et 5, 40, et 10....
En rendant la monnaie, il laisse tomber une pièce. Tout le monde se précipite pour la ramasser. Le plateau tombe par terre; les verres se cassent en mille morceaux.
JEAN-PIERRE: Et merde![1]
HUBERT: Ça, ce n'est pas de veine, alors!
MIREILLE: Mais non, au contraire, ça porte bonheur; c'est du verre blanc!

3.

Hubert a pris congé....
HUBERT: Bon, eh bien il ne me reste plus qu'à prendre congé, en vous remerciant. Au revoir tout le monde.
Jean-Pierre est parti....
JEAN-PIERRE: Bon, ben écoutez, ciao, hein!
Robert et Mireille se lèvent, eux aussi, et s'en vont. Ils descendent les Champs-Elysées. Robert note que plusieurs jeunes couples, et même des moins jeunes, se tiennent par la main. Il se demande s'il devrait prendre la main de Mireille, lui aussi...mais il n'ose pas.

---

1. Ce Jean-Pierre est extrêmement mal élevé! Malgré notre respect de l'authenticité, nous avons beaucoup hésité à reproduire son propos. (Note des auteurs)

1.

*Mireille **fait signe** au garçon.*

"**Tentez votre chance!** Achetez un billet de la Loterie Nationale!"
Robert **tente sa chance**...mais il n'a pas de chance; c'est lui qui est obligé de payer l'addition! Ce n'est pas de chance!

2.

*Robert **tend** un billet au garçon.*

Quand un Français rencontre quelqu'un qu'il connaît, il lui **tend** la main.
Quand on veut écouter attentivement, on **tend** l'oreille.
"Si on te frappe la joue droite, **tends** la gauche" (Jésus-Christ).
Mme Courtois est **tendue** (c'est de la **tension** nerveuse). Elle devrait se **détendre** un peu...se reposer, partir en vacances....

4.

Sur le trottoir, à côté d'un kiosque à journaux, il remarque un petit stand qui porte une pancarte: LOTERIE NATIONALE. TIRAGE MERCREDI.

ROBERT: Dis-moi, est-ce qu'on gagne quelquefois à cette loterie?

MIREILLE: Oh, j'imagine que oui, mais moi, je n'ai jamais rien gagné. Il faut dire que je n'ai jamais acheté de billet. Ce n'est pas exactement contre mes principes, mais je n'aime pas beaucoup ça.

ROBERT: Ce n'est pas particulière-ment dans mes principes non plus, mais j'aurais bien besoin d'un peu d'argent frais. . . . La vie a l'air d'être chère, en France! Et puis, il faut profiter de la chance! Avec tout ce verre blanc cassé. . . . Allez, achetons un billet. D'accord?

5.

MIREILLE: Si ça t'amuse. . . . De toute façon, une partie de l'argent va à une bonne oeuvre: pour les tuberculeux, les maisons de retraite pour les vieux, les Ailes Brisées, les Gueules Cassées. . . .

ROBERT: Allez, vas-y, choisis!

MIREILLE: Non, choisis, toi!

ROBERT: Non, toi!

MIREILLE: Mais non, pas moi. Je n'ai jamais de chance!

ROBERT: Mais si, mais si! Tu dois avoir beaucoup de chance en ce moment, tu viens de casser au moins douze verres blancs!

MIREILLE: Ce n'est pas moi qui les ai cassés, c'est toi!

ROBERT: Non, ce n'est pas moi, c'est toi! . . . En fait, non, c'est Hubert. Je l'ai vu. Mais ça ne fait rien. Vas-y! Prends n'importe quel billet, pourvu que les deux derniers chiffres fassent 9: 18, 27, 36, 45, 54, 63, 72, 81, 90.

MIREILLE: Pourquoi ça?

ROBERT: C'est évident! Tu as dix-huit ans. . . .

*Pendant que Robert se livre à de vulgaires transactions financières, les autres **se détournent**, ils regardent ailleurs (par délicatesse).*

*A six heures du soir à Paris, tout le monde **se précipite** dans le métro.*

*Les verres **se sont cassés** en mille morceaux.*

*Un monsieur qui **s'est cassé** la jambe.*

Ce n'est pas de **veine!** Ce n'est pas de chance!

Vous partez en vacances? Vous avez de la **veine!**

*Un trèfle à quatre feuilles, un fer à cheval, ça **porte bonheur**, ça porte chance.*

3.

*Robert remarque deux jeunes gens qui **se tiennent par la main**.*

4.

Les piétons sont dans la rue. (Ils traversent.)

*Ici, ils sont sur le **trottoir**.*

MIREILLE: Presque dix-neuf!
ROBERT: Bon. . . . Tu habites au 18 (8 et 1, 9); les consommations ont coûté exactement 135F (3 et 1, 4, et 5, 9); et j'ai compté neuf couples, jeunes ou vieux, qui se tenaient par la main.

6.

Mireille choisit un billet vendu au profit d'une organisation qui s'occupe de bébés abandonnés, parce que le billet lui a plu tout de suite; il porte, sur fond bleu pâle, un adorable poupon rose, et le numéro 63.728.127, série MR, ce qui fait beaucoup de 9, si on regarde bien, et des initiales reconnaissables. . . . Robert voudrait que Mireille garde le billet.
ROBERT: Tiens, garde-le.

*Un **kiosque à journaux.***

*Les **Ailes Brisées** est une association d'anciens combattants de l'Armée de l'Air qui ont été blessés pendant la guerre.*

Il y a des dessins roses sur un **fond** bleu. Les dessins roses se détachent sur un **fond** bleu.

Pour aller chez Tante Georgette, il faut prendre l'escalier qui est au **fond** de la cour.

Au lycée, on travaille beaucoup, mais il y a tellement de matières différentes qu'on ne sait jamais rien à **fond.**

*Un **stand** de la Loterie Nationale.*

*Les **Gueules Cassées** est une association d'anciens combattants qui ont été blessés à la figure pendant la guerre.*

*Robert voudrait que Mireille **garde** le billet.*

Ne me donne pas le billet! **Garde**-le!

Je n'ai pas besoin de la voiture. Tu peux la **garder.**

Dans les crèches, les pouponnières, on **garde** les bébés des femmes qui travaillent.

Les **garde**-malades **gardent** les malades.

Il y a des **gardiens** de nuit dans toutes les banques.

*Voilà un monsieur qui **a gagné** beaucoup d'argent au casino. (Il a eu de la chance!)*

5.

Les dames de la bonne société ne travaillent pas. Elles s'occupent de leurs **bonnes oeuvres;** elles appartiennent à des organisations charitables.

Nous irons nous promener sur les Champs-Elysées **pourvu qu'**il ne pleuve pas . . . à condition qu'il ne pleuve pas.

6.

Le billet est vendu **au profit d'**une organisation. Une partie de l'argent va à l'organisation. L'organisation tire un certain profit de la vente des billets.

*Il ne faut pas **avoir peur!** Il n'est pas si méchant que ça!*

MIREILLE: Oh, non, pas moi. J'aurais trop peur de le perdre.

ROBERT: Tu perds les choses, toi?

MIREILLE: Moi? Non! C'est toi qui perds les choses et qui te perds! Pas moi. . . . Mais quand même, je préfère que ce soit toi qui le gardes. Il ne faudra pas oublier d'acheter le journal, jeudi matin, pour voir la liste des gagnants.

ROBERT: Oui, pour voir combien on a gagné!

♭♭ Mise en oeuvre

Ecoutez la mise en oeuvre du texte et répondez aux questions suivantes.

1. Qu'est-ce que Jean-Pierre demande au serveur?
2. De combien est l'addition?
3. Qui va payer?
4. Qu'est-ce que Robert donne au garçon?
5. Qu'est-ce que le garçon a dans les mains?
6. Pourquoi le pose-t-il sur la table?
7. En rendant la monnaie, que fait-il?
8. Que font Hubert, Jean-Pierre, et les autres?
9. Quel est le bilan?
10. D'après Mireille, pourquoi est-ce que ça porte bonheur?
11. Qu'est-ce que Robert remarque, sur les Champs-Elysées?
12. Pourquoi ne prend-il pas la main de Mireille?
13. Où se trouve le petit stand de la Loterie Nationale?
14. Que dit la pancarte?
15. Pourquoi Mireille n'a-t-elle jamais acheté de billets de loterie?
16. Pourquoi Robert veut-il acheter un billet?
17. Comment lui paraît la vie, en France?
18. Où va une partie de l'argent, quand on achète un billet?
19. Qui va choisir le billet?
20. Combien doivent faire les deux derniers chiffres du billet?
21. Pourquoi?
22. A quelle organisation ira l'argent du billet?
23. Pourquoi Mireille aime-t-elle le billet qu'elle a acheté?
24. Quelles sont les initiales sur le billet?
25. Pourquoi Mireille ne veut-elle pas garder le billet?
26. Qu'est-ce que Mireille et Robert devront faire jeudi matin?
27. Qu'est-ce qui paraît dans le journal, ce jour-là?

Document

Loterie Nationale

Leçon 42
Question de chance II

1.

Jeudi matin, à 7 heures 15, le téléphone sonne chez les Belleau. Mireille vient, à moitié endormie, à l'appareil.

"Nous avons gagné!" crie Robert.

MIREILLE: Nous avons gagné? Qui est-ce qui a gagné?
ROBERT: Nous! Toi et moi!
MIREILLE: Nous avons gagné quelque chose? Qu'est-ce que nous avons gagné?
ROBERT: 400.000 francs! Mais oui, c'est dans le journal! Tous les billets qui se terminent par les chiffres 8127 gagnent 400.000 francs!
MIREILLE: 400.000 balles! Ce billet de loterie gagne 400.000 francs?... Oh, mais tu n'as acheté qu'un dixième! Ça, c'est malin, alors! Je prends la peine de choisir un billet gagnant, pour la première fois de ma vie, et toi, tu n'achètes qu'un dixième! Ça ne fait que 40.000 francs.

2.

ROBERT: Qu'est-ce que c'est que cette histoire?
MIREILLE: Ben oui! Ce que nous avons acheté l'autre jour, ce n'est pas le billet entier, ce n'est qu'un dixième. Le billet a gagné 400.000F; chaque dixième a gagné 400.000F divisé par 10: ça fait 40.000. C'est simple, non?

ROBERT: Tu veux dire qu'on n'a gagné que 40.000F?
MIREILLE: Ben oui!... Remarque que ce n'est déjà pas si mal que ça! C'est déjà pas mal! Te voilà riche! Qu'est-ce que tu vas faire de cet argent?
ROBERT: Je ne sais pas.... Qu'est-ce que tu suggères?

3.

MIREILLE: Eh bien, tu pourrais entretenir une danseuse de l'Opéra, bien que ça ne se fasse plus beaucoup aujourd'hui (c'était plutôt pour les riches banquiers du siècle dernier). ... Tu pourrais acheter une île déserte dans le Pacifique, ou aller explorer les sources de l'Amazone; ça se fait beaucoup, ces temps-ci, les sources de l'Amazone. Mais avec 40.000F, tu n'iras pas loin: c'est cher, pour remonter l'Amazone!
ROBERT: Non. De toute façon, l'Amérique du Sud, je connais. Ça ne m'intéresse pas... à moins que tu viennes, bien sûr. Mais avec tous ces piranhas, ce n'est pas commode pour se baigner.

Tu ne préférerais pas qu'on aille explorer la France? Ce serait moins dangereux.

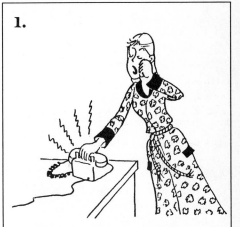

1.

Mireille est mal réveillée; elle est **à moitié endormie** (et à moitié réveillée).

Ce n'est pas très **malin!** Ce n'est pas très intelligent!

Il n'est pas très **malin;** il n'est pas astucieux, il ne fait que des bêtises!

3.

Au siècle dernier, les messieurs qui avaient de l'argent **entretenaient** des danseuses.

Il faut beaucoup d'argent pour **entretenir** une famille de sept personnes!

Il ne travaille pas. C'est sa soeur qui l'**entretient**.

Les grosses voitures coûtent cher à **entretenir**.

4.

MIREILLE: Oh, la France, tu sais, je connais un peu. J'avais d'autres projets pour cet été. . . . J'avais pensé à la Yougoslavie, ou à la Suède. . . . Ou alors les chutes du Zambèze, ou les chutes d'Iguaçu, ou les chutes du Niagara. Tu vois, ce qui m'attirerait, ce serait plutôt la nature sauvage, la grande nature américaine.

ROBERT: Ecoute, il faut que nous en parlions . . . mais pas au téléphone. On ne pourrait pas se voir?

MIREILLE: Quand?

ROBERT: Maintenant!

MIREILLE: Ben non, écoute! Tu as vu l'heure qu'il est? Il n'est même pas 7 heures et demie.

Je ne suis même pas habillée, et il faut que je fasse déjeuner Marie-Laure.

ROBERT: Bon, alors à neuf heures.

MIREILLE: Disons dix heures, au Luxembourg, près de la Fontaine Médicis.

ROBERT: Bon, d'accord. A tout de suite. Au revoir!

5.

Mireille téléphone aussitôt à Hubert.

MIREILLE: Allô, Hubert! Qu'est-ce que tu fais à midi? Tu es libre? On déjeune ensemble? Où ça? . . . Rue de Rivoli, chez Angélina? OK, si tu veux. Bon, à midi et demie chez Angélina. Je t'embrasse. A tout à l'heure. Salut!

Et Mireille va préparer le petit déjeuner.

4.

—Vous avez des plans pour les vacances?

—Non, nous n'avons pas fait de **projets.** Je ne sais pas ce que nous ferons.

Des **chutes** *(d'eau).*

La grande nature américaine **attire** Mireille. Mireille a envie de voir la grande nature.

La **nature sauvage** *(d'après le Douanier Rousseau).*

La **Fontaine Médicis,** *dans le jardin du Luxembourg.*

5.

Marie-Laure **étale** *de la confiture sur un morceau de pain.*

Des gens **étalés** *sur la plage.*

MIREILLE: Alors, Marie-Laure, ça y est? Tu es prête?

MARIE-LAURE: Oui, j'arrive.... Je ne trouve pas mon livre de français!

MIREILLE: Dépêche-toi! Marie-Laure s'installe devant son bol de chocolat à la table de la cuisine, et se fait une tartine avec un fond de pot de confiture.

MARIE-LAURE: La confiture, c'est comme la culture. Moins on en a, plus on l'étale ... comme dit Tante Georgette.

6.

Robert, lui, dès dix heures moins dix, fait les cent pas devant la Fontaine Médicis. Il a déjà acheté une carte de l'ensemble du réseau routier français, la carte Michelin numéro 989. Enfin, à dix heures dix, Mireille arrive.

ROBERT: Ah, te voilà! Tu as mis le temps.... Ecoute, voilà ce que je propose: avec nos 40.000F, on loue une voiture, et on part sur les routes.

MIREILLE: Eh là, eh là, doucement! Ne t'excite pas! Minute, papillon, je n'ai pas encore dit que je partais, moi!

ROBERT: Tu ne peux pas me laisser partir tout seul; je me perdrais! Tu sais bien que je suis venu en France pour me trouver. Tu verras, ce sera très amusant ... on ira où on voudra, on pourra s'arrêter dans les Auberges de Jeunesse (il paraît que c'est très bon marché), on pourra faire du camping. Et puis, de temps en temps, avec tout l'argent qu'on a, on pourra descendre dans les palaces, rien que pour voir la tête

6.

Robert **fait les cent pas** devant la *Fontaine Médicis.*

Le **réseau** des chemins de fer français est plus dense que le **réseau** américain; pour une même superficie, il y a plus de lignes de chemin de fer en France qu'en Amérique.

Air France est le plus grand **réseau** aérien du monde.

*La **carte** Michelin 989.*

Minute, papillon! Pas si vite! (Les **papillons** sont des insectes aux ailes très colorées. Il y a des gens qui les collectionnent, mais il faut d'abord les attraper, et ce n'est pas facile!)

*Regarde **la tête des clients!***

des clients quand ils nous verront arriver avec nos sacs à dos et nos sacs de couchage, et nos barbes de trois semaines!

7.

MIREILLE: Mais je n'ai aucune intention de me laisser pousser la barbe! Et puis, j'ai bien un sac de couchage, comme toutes les jeunes filles de bonne famille, mais je n'ai pas de sac à dos. Et puis, tu sais, je n'ai pas grand-chose comme matériel de camping.
ROBERT: Pas de problème. C'est simple; il n'y a qu'à en acheter.
MIREILLE: Si tu veux, mais rien ne presse. De toute façon, moi, je ne peux pas m'en aller avant quinze jours. J'ai un examen à passer de lundi en huit, et puis, il faut que je dise au revoir à mes enfants.
ROBERT: Quels enfants?
MIREILLE: Un groupe de gosses dont je m'occupe. Mais si tu veux, en attendant, on peut toujours aller faire un tour dans un magasin, si ça t'amuse. Ça n'engage à rien.

8.

ROBERT: Prenons un taxi. Maintenant qu'on roule sur l'or, on peut se payer ce luxe.

On va rouler en taxi. Tiens, en voici justement un!

Les Auberges de Jeunesse sont très **bon marché;** elles ne sont pas chères du tout.

*Un **sac à dos.***

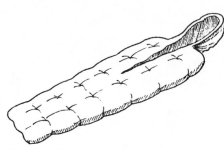

*Un **sac de couchage.***

7.

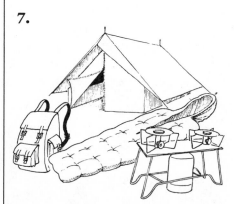

*Du **matériel** de camping (un sac à dos, un réchaud . . .).*

Rien ne presse, nous avons le temps! Nous ne sommes pas pressés, **rien ne** nous **presse!**

L'examen n'est pas lundi prochain, mais de **lundi en huit.**

Mireille s'occupe d'un groupe de **gosses,** de gamins, d'enfants.

Ça n'engage à rien. Ça ne nous oblige à rien.

8.

*Monsieur qui **roule sur l'or.***

Robert et Mireille **roulent sur l'or;** ils sont riches! Ils peuvent se payer le luxe de rouler en taxi puisqu'ils **roulent sur l'or!**

*Monsieur qui **se baisse** (pour ramasser des petites voitures).*

vendredi	samedi	dimanche	lundi	mardi...	lundi
aujourd'hui	demain	après-demain	lundi prochain	...	**de lundi en huit**

L'escrimeur de gauche **recule.**

Dame **en deuil** *(veuve).*

Mireille ouvre la portière et se baisse pour entrer dans le taxi. Soudain, elle recule avec un cri, "Ah!" Elle referme la portière du taxi qui démarre aussitôt.

ROBERT: Qu'est-ce qu'il y a?

MIREILLE: Rien... il était pris. Il y avait quelqu'un dedans. Un drôle de type, tout en noir. Il me semble que je l'ai déjà vu quelque part. Il a fait comme s'il voulait m'attraper le bras et me faire monter dans le taxi.

ROBERT: Tu es folle!

MIREILLE: Mais non, je t'assure! Il a avancé vers moi une main velue, horrible!... avec des ongles en deuil....

ROBERT: Bizarre, bizarre!

Une main toute **velue.**

Monsieur **en deuil** *(veuf).*

Ongle **en deuil** *(sale!).*

ᘀ **Mise en oeuvre**

Ecoutez la mise en oeuvre du texte et répondez aux questions suivantes.

1. Comment est Mireille quand elle répond au téléphone, ce matin-là?
2. Combien le billet a-t-il gagné?
3. Pourquoi Robert n'a-t-il pas gagné 400.000F?
4. Pourquoi Robert n'a-t-il pas envie d'aller remonter l'Amazone?
5. Pourquoi est-ce qu'il n'est pas prudent de se baigner dans l'Amazone?
6. Qu'est-ce que Robert préférerait faire?
7. Pourquoi préférerait-il la France?
8. Quels projets Mireille avait-elle faits pour l'été?
9. Qu'est-ce qui l'attirerait plutôt?
10. Pourquoi Mireille ne peut-elle pas retrouver Robert tout de suite?
11. Où Mireille donne-t-elle rendez-vous à Robert?
12. A qui Mireille téléphone-t-elle après?
13. Qu'est-ce qu'elle demande à Hubert?
14. A quelle heure Robert est-il arrivé au rendez-vous?
15. Qu'est-ce qu'il a acheté?
16. A quelle heure Mireille arrive-t-elle?

17. Qu'est-ce que Robert veut faire de leurs 40.000F?
18. Pourquoi Mireille ne peut-elle pas laisser Robert partir seul?
19. Où dormiront-ils?
20. Pourquoi descendront-ils dans des palaces, de temps en temps?
21. Qu'est-ce que Mireille n'a pas?
22. C'est un gros problème de ne pas avoir de matériel de camping. Qu'est-ce qu'on peut faire?
23. Pourquoi Mireille ne peut-elle pas partir tout de suite?
24. Qui sont ces enfants dont Mireille parle?
25. En attendant, qu'est-ce que Mireille et Robert peuvent aller faire?
26. Est-ce qu'ils seront obligés d'acheter quelque chose?
27. Pourquoi Mireille et Robert peuvent-ils rouler en taxi?
28. Pourquoi Mireille a-t-elle reculé au moment d'entrer dans le taxi?
29. Qu'est-ce que le type a fait?

Document

Leçon 43
Pensez vacances I

1.

Aux Grands Magasins de la Samaritaine. Robert et Mireille sont sur l'escalier roulant. Ils arrivent au quatrième étage, où se trouve le rayon du camping.

ROBERT: Quatrième... c'est ici. Pardon, Monsieur, nous avons l'intention de faire une grande randonnée. Nous voudrions voir ce que vous avez comme matériel de camping. Est-ce que vous pourriez nous conseiller?

LE VENDEUR: Excusez-moi, le camping, ce n'est pas mon rayon. Je n'y connais rien. Moi, je suis au rayon des poissons rouges. Adressez-vous à mon collègue, là-bas.

2.

ROBERT (*au nouveau vendeur*): Ça vaut combien, une tente comme celle-là?

LE VENDEUR: Ce modèle fait 955F. C'est une excellente occasion à ce prix-là. C'est une petite tente très pratique. C'est de la toile de coton imperméabilisée; vous avez un double toit, un tapis de sol indépendant, une porte avec fermeture à glissière.

ROBERT: Oui, ça a l'air pas mal.... Et comme sacs à dos, qu'est-ce que vous nous conseillez?

LE VENDEUR: Ça dépend de ce que vous voulez y mettre....

ROBERT: Eh bien, nos affaires... des vêtements, et quelques provisions....

LE VENDEUR: Non, je veux dire: combien vous voulez y mettre en argent, combien vous voulez dépenser, parce que nous en avons à tous les prix. Tenez, voilà un très bel article pour 1200F, solide, léger, trois poches, bretelles réglables....

3.

MIREILLE (*à Robert*): Tu dois avoir besoin d'un sac de couchage, non?

ROBERT: Oui, j'ai été idiot, je n'ai pas apporté le mien. (*Au vendeur.*) Qu'est-ce que vous auriez comme sacs de couchage?

1.

Un **escalier roulant.**

On peut faire de grandes **randonnées** à pied dans le Massif Central, les Alpes, les Pyrénées. Il y a des cartes spéciales et des itinéraires balisés. On peut aussi faire des **randonnées** à cheval à travers toute la France.

Le vendeur au **rayon des poissons rouges.**

LE VENDEUR: Là aussi, ça dépend de ce que vous voulez y mettre. . . . Tenez, ce modèle-ci est en solde. Il fait 174F. C'est du nylon, garni de fibres synthétiques. C'est ce qu'il y a de moins cher. Dans le haut de gamme, vous avez ça: c'est du duvet. C'est très chaud, très léger. C'est ce qu'on fait de mieux. Vous ne trouverez pas mieux. C'est le plus beau que nous ayons. En fait, celui-ci est le dernier que nous ayons dans ce modèle.

MIREILLE: Merci. Nous allons réfléchir. Nous reviendrons.

4.

ROBERT: Ce n'est pas de la blague! Il faudra qu'on revienne. Je ne suis pas équipé du tout; je n'ai rien! Tout ce que j'ai pour aller me promener dans la nature, c'est un maillot de bain. C'est un peu insuffisant!

Est-ce qu'on ne pourrait pas s'arrêter au rayon d'habillement, en descendant? Justement, c'est là.

MIREILLE: Bon, écoute, tu achèteras tes caleçons tout seul. Tu sauras bien te débrouiller sans moi. Il n'y a pas de danger que tu te perdes. Il faut que je m'en aille. Je viens de me rappeler que j'ai rendez-vous avec Hubert. Je te laisse. Je suis curieuse de voir la tête qu'il fera quand je lui dirai que nous avons gagné à la loterie! Au revoir. On se téléphone?

ROBERT: Quand?

MIREILLE: Quand tu voudras!

2.

Un **tapis** *(persan?).*

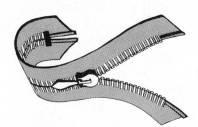

Une **fermeture à glissière.**

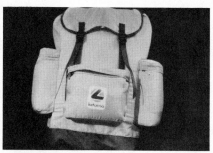

Un **sac à dos.**

Des **bretelles.**

3.

Ce sac de couchage est **en solde:** *le prix a été réduit de 224F à 174F.*

A la Samaritaine, on peut trouver une **gamme** *complète de sacs de couchage, du moins cher au plus luxueux.*

Du **duvet.**

4.

Ce n'est pas **de la blague!** Ce n'est pas une plaisanterie, c'est sérieux, c'est vrai!

5.

Dans la rue, elle rencontre Jean-Pierre Bourdon, qu'elle ne reconnaît pas.

JEAN-PIERRE: Pardon, Mademoiselle, vous auriez du feu?

MIREILLE (*sans trop le regarder*): Tenez, écoutez, voilà 10F, et allez vous acheter une boîte d'allumettes.... Ah, c'est vous? Quelle coïncidence!

JEAN-PIERRE (*la pièce de 10F dans la main*): Vous voilà bien généreuse!

MIREILLE: Je n'aime pas les dragueurs.... Et vous n'allez pas me croire, mais je viens de gagner à la Loterie Nationale.

JEAN-PIERRE: Ah? Vous avez gagné à la Loterie Nationale!

MIREILLE: Oui.

JEAN-PIERRE: Ah, mais ça ne m'étonne pas! Avec tout ce verre blanc cassé....

MIREILLE: Ah, vous aussi, vous croyez au verre blanc cassé?

JEAN-PIERRE: Ah, non, non, moi, je ne suis pas superstitieux; mais le verre blanc cassé, alors là, ça marche à tous les coups. C'est vrai, ça ne rate jamais.

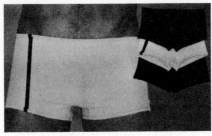
Un **maillot de bain** *pour homme.*

Un **maillot de bain** *pour femme.*

Un **caleçon.**

Un monsieur un peu **embrouillé.**

Il s'est bien **débrouillé!**

5.

Des **boîtes d'allumettes.**

6.

MIREILLE: Vous croyez au verre blanc cassé, mais vous n'êtes pas superstitieux....

Non, il n'est pas superstitieux pour deux sous!

MIREILLE: Et vous passez sous les échelles, vous?

JEAN-PIERRE: Non, jamais, mais ça, ce n'est pas par superstition, c'est parce qu'une fois, il y en a une qui m'est tombée dessus... avec un pot de peinture.

MIREILLE: Et quand vous renversez une salière sur la table, qu'est-ce que vous faites?

JEAN-PIERRE: Alors là, je prends un peu de sel et je le jette par-dessus mon épaule gauche.

MIREILLE: Par-dessus votre épaule gauche? Et pourquoi?

JEAN-PIERRE: Eh bien, parce que je suis droitier, tiens!

MIREILLE: Et vous écrasez les araignées?

JEAN-PIERRE: Ah, les araignées, ça dépend. Le matin seulement: araignée du matin, chagrin; araignée du soir, espoir.

MIREILLE: Evidemment... Et vous accepteriez d'être treize à table?

JEAN-PIERRE: Oui, bien sûr! Le nombre treize m'a toujours porté bonheur!

6.

Jean-Pierre ne passe pas sous les **échelles.**

Un monsieur **renversé** *(par une voiture).*

Une échelle **lui est tombée dessus,** *avec un pot de peinture.*

Dame **jetant** *une vieille chaussette à la poubelle.*

Une   *La même, écrasée.*
araignée.

Mme Courtois a eu beaucoup de **chagrin** quand la mère de Minouche est morte.

"Plaisir d'amour ne dure qu'un moment,
  Chagrin d'amour dure toute la vie."
  (Chanson du début du siècle)

Jean-Pierre **a renversé** *la salière.*

Une salière debout, une salière **renversée.**

Jean-Pierre **jette** *du sel par-dessus son épaule gauche.*

"Que celui qui est sans péché **jette** la première pierre" (Jésus-Christ).

Il ne faut jamais rien **jeter.** Ça peut toujours servir!

Moi, je ne **jette** rien. Je garde tout.

L'**espoir** fait vivre. (Dicton)
Tant qu'il y a de la vie, il y a de l'**espoir.** (Dicton)
Il n'y a plus d'**espoir.** Tout est fini.
Je n'espère rien. Je n'ai aucun **espoir.**

7.

A ce moment-là, Jean-Pierre lève un peu la tête pour regarder le numéro treize sur l'immeuble devant lequel ils passent, et il se fait mal à la jambe, en heurtant une borne sur le trottoir: "Ah, ah...ah, si, si, ah...."

MIREILLE: Bon, allez, ce n'est pas la peine, ça ne marche pas, ce truc-là, avec moi!...Vous ne vous êtes pas fait mal?

JEAN-PIERRE: Ah, si, ben si!

MIREILLE: Bon, il faut que j'y aille. Salut!

7.

*Le **nombre treize** porte bonheur.*

*Voilà un monsieur qui a dû **se faire mal!***

ᔥ Mise en oeuvre

Ecoutez la mise en oeuvre du texte et répondez aux questions suivantes.

1. Où Robert et Mireille sont-ils?
2. A quel étage s'arrêtent-ils?
3. Qu'est-ce qu'ils ont l'intention de faire pendant l'été?
4. De quoi est-ce qu'ils ont besoin pour leur randonnée?
5. A quel rayon travaille le premier vendeur?
6. Combien coûte la première tente qu'ils regardent?
7. En quoi est la tente?
8. De quoi d'autre Robert a-t-il besoin?
9. Combien coûtent les sacs à dos?
10. Qu'est-ce que Robert n'a pas apporté des Etats-Unis?
11. Pourquoi le sac de couchage que lui montre le vendeur est-il peu cher?
12. Quels sont les avantages du sac de couchage haut de gamme?
13. Qu'est-ce que Robert a comme vêtements pour cette randonnée?
14. Où Robert veut-il s'arrêter?
15. Pourquoi Mireille pense-t-elle que Robert n'a pas besoin d'elle au rayon vêtements?
16. Pourquoi doit-elle quitter Robert?
17. Qu'est-ce que Mireille donne au type qui lui demande du feu?
18. Qu'est-ce qu'elle lui dit de faire de cet argent?
19. Quel type d'hommes Mireille n'aime-t-elle pas?
20. Pourquoi Jean-Pierre ne passe-t-il plus sous les échelles?
21. Que fait Jean-Pierre quand il a renversé une salière sur la table?
22. Pourquoi jette-t-il le sel par dessus son épaule gauche?
23. Qu'est-ce qu'on dit en France au sujet des araignées?
24. Pourquoi Jean-Pierre aime-t-il le nombre treize?

Document

Camping sauvage.

Camping organisé; terrain de camping dans les Pyrénées.

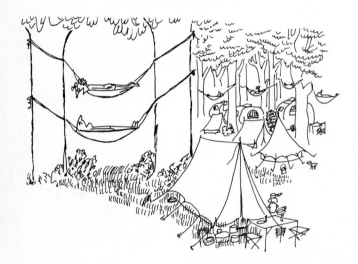

Leçon 44
Pensez vacances II

1.

Avant d'aller retrouver Hubert, Mireille va faire un tour place Vendôme.... Elle arrive chez Angélina, rue de Rivoli, où Hubert l'attend pour déjeuner.

MIREILLE: Hubert! Tu ne devineras jamais! Je te le donne en mille!

HUBERT: Puisque je ne devinerai jamais, dis-le moi tout de suite.

MIREILLE: Nous avons gagné à la loterie!

HUBERT: Qui ça, "nous"?

MIREILLE: Eh bien, Robert et moi, pardi!

HUBERT: C'est une honte! La loterie est une des institutions les plus immorales de notre triste époque. Il n'y a que le loto et le tiercé qui soient pires.

MIREILLE: Mais qu'est-ce que ça a de si honteux que ça, la loterie?

HUBERT: D'abord, ça décourage les vertus capitales de notre société capitaliste: le travail, l'économie, l'épargne. Et puis, ça encourage la paresse; au lieu de compter sur leur travail, les gens ne comptent plus que sur leur chance. Ils vivent dans l'attente du jeudi matin.

MIREILLE: Mais je croyais que tu jouais aux courses à Longchamp?

HUBERT: Ce n'est pas la même chose, parce que moi, je travaille pour l'amélioration de la race chevaline!

1.

*Mireille et Hubert **déjeunent** chez Angélina.*

Je te le **donne en mille!** Je parie un contre mille que tu ne devineras pas.

Pardi! Evidemment! Bien sûr!

Ne dépensez pas tout ce que vous gagnez. **Epargnez** pour vos vieux jours.

L'**épargne** est à la base du système capitaliste.

Les gens qui n'ont pas beaucoup d'argent peuvent placer leurs économies à la Caisse d'**Epargne**. Ça ne rapporte pas un gros intérêt, mais c'est un placement sûr. La Caisse d'**Epargne** est gérée par l'Etat.

Il est **paresseux!** Il ne travaille pas beaucoup.

La **paresse** est la mère de tous les vices.

231

2.

Pendant ce temps, Robert essaie courageusement de faire quelques achats.

Il est au rayon des chaussures à la Samaritaine.

LE VENDEUR: Vous cherchez des bottes?

ROBERT: Non. Je voudrais des chaussures que je puisse mettre pour conduire et pour faire de la marche. Quelque chose qui soit solide, mais pas trop lourd.

LE VENDEUR: Quelle est votre pointure?

ROBERT: Comment?

LE VENDEUR: Du combien chaussez-vous?

ROBERT: Je chausse du onze et demi.

LE VENDEUR: Vous, du onze et demi? Vous plaisantez! Vous faites au moins du 43, je dirais même du 44!

2.

TU ÉTAIS SORTI?

OUI, J'AI FAIT QUELQUES PETITS ACHATS...

Vous **faites** au moins **du** 43, je dirais même **du** 44!

3.

Ce sont justement les chaussures que j'**ai aux pieds.**

Des **bottes.**

Chaussure du Général de Gaulle (grande **pointure:** le Général chaussait du 46).

Chaussure de Cendrillon (petite **pointure:** Cendrillon chaussait du 26).

Le vendeur **prend les mesures.** Il mesure le pied de Robert.

3.

ROBERT: Mais je vous assure! La dernière fois que j'ai acheté des chaussures (c'était à Boston, cet hiver), c'était du onze et demi. Tenez, ce sont justement celles que j'ai aux pieds.

LE VENDEUR: Eh bien, elles devaient être élastiques! Elles ont grandi depuis cet hiver. Du onze et demi! Vous autres Américains, vous ne dévaluez pas le dollar, mais vous avez certainement dévalué vos pointures! Asseyez-vous que je prenne vos mesures.

...44 juste! C'est bien ce que je pensais. Je ne me trompe pas souvent. J'ai le compas dans l'oeil!

ROBERT: Un compas dans l'oeil? Ça ne vous gêne pas pour prendre les mesures?

4.

Mireille arrive chez Tante Georgette, toujours très excitée.

GEORGETTE: Alors, qu'est-ce que ton père m'a dit? Tu as gagné à la loterie?

MIREILLE: Oui!

GEORGETTE: Gagner à la Loterie Nationale, mon rêve! Mais aujourd'hui, il n'y en a plus que pour les jeunes.... Eh bien, les vieux n'ont plus qu'à crever dans leur coin, ou trier des lentilles....

MIREILLE: Attends, je vais t'aider.

GEORGETTE: Ah, c'est Georges qui les aimait, les lentilles....

MIREILLE: Georges?

GEORGETTE: Non, pas ton cousin, non.... Georges, Georges de Pignerol, il s'appelait. Tu ne l'as pas connu. Tes parents ne l'aimaient pas, ils ne voulaient pas le voir. Quel bel homme! Grand, brun, distingué.... Je l'avais rencontré, un soir, sur le Boulevard des Italiens. On avait pris un café. On se comprenait. ...On voulait monter ensemble un salon de coiffure pour chiens. On avait réuni nos économies pour acheter un très beau magasin. Ton père n'était pas d'accord. Il a été très désagréable avec Georges. Georges ne l'a pas supporté. Il est parti; je ne l'ai jamais revu.... Alors, dis-moi, c'est combien que tu as gagné à la loterie?

5.

GEORGETTE: 40.000F? Mais qu'est-ce que tu vas faire de tout cet argent?

MIREILLE: Ben, je ne sais pas. J'ai téléphoné à Cécile, tout à l'heure, pour lui annoncer la nouvelle; elle me conseille de garder l'argent pour quand je serai mariée. Son mari dit que je devrais acheter un terrain. Il dit que c'est le placement le plus sûr. Papa voudrait que j'achète des tableaux qui vaudront des millions dans dix ans. ...Et toi, qu'est-ce que tu me conseilles?

GEORGETTE: C'est bien égoïste, tout ça! Moi, si j'étais toi, je ferais une donation à la SPA.

MIREILLE: La SPA? Qu'est-ce que c'est que ça?

GEORGETTE: La Société Protectrice des Animaux, voyons! Et puis, tu pourrais m'aider pour mon cimetière de chiens. Pas vrai, Fido?

Un **compas.**

Le vendeur a le **compas** dans l'oeil: il n'a pas eu besoin de **compas** pour voir que Robert chaussait du 44; il l'a deviné simplement en regardant les pieds de Robert.

4.

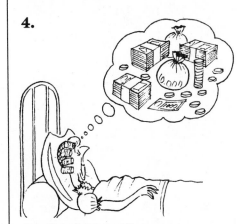

Le **rêve** *de Tante Georgette.*

Il **n'y en a plus que pour** les jeunes. Tout est pour les jeunes, rien pour les vieux. On ne s'occupe que des jeunes.

Les vieux peuvent **crever dans leur coin,** ils peuvent mourir tout seuls.

Les **lentilles** sont des sortes de haricots secs. Dans les paquets de **lentilles,** on trouve parfois aussi de petits cailloux. Il faut donc **trier** les **lentilles** pour enlever les cailloux, et les **lentilles** qui ont noirci et qui risqueraient de donner mauvais goût.

Mireille **aide** *Tante Georgette* **à** *trier les lentilles.*

Un **salon de coiffure pour chiens.**

6.

Robert est toujours au rayon des chaussures....

LE VENDEUR: Vous voulez des chaussures de montagne?

ROBERT: Non, j'ai peur que ça soit trop lourd. Tout de même, pour la marche, il vaudrait mieux des chaussures montantes, pas des souliers bas.

LE VENDEUR: Voilà ce qu'il vous faut: des Pataugas. Ce sont des chaussures montantes; ça tient très bien la cheville, mais c'est très souple, très léger. Vous avez des semelles anti-dérapantes. Avec ça, vous ne pouvez pas glisser. Essayez-les, vous verrez.... Comment vous vont-elles?

ROBERT: Pas mal, mais celle de gauche me serre un peu.

LE VENDEUR: Ce n'est rien, vous vous y habituerez.

7.

ROBERT: Combien valent-elles?

LE VENDEUR: 450 francs.

ROBERT: Celle de droite est vraiment très bien, mais celle de gauche me serre vraiment.... Et si je ne prenais que celle de droite, ce serait combien?

LE VENDEUR: 450 francs. Je regrette, Monsieur, mais nous ne les vendons pas séparément.

ROBERT: Vraiment? Bon, alors tant pis, je prendrai la paire. Celle de droite est réellement très bien. Je m'y sens très bien!

LE VENDEUR: Vous n'avez pas besoin de sandales, d'espadrilles, de pantoufles?

ROBERT: Non, merci, pas aujourd'hui.

5.

Pour construire une maison, il faut d'abord avoir un **terrain.**

On vend les **terrains** au mètre carré.

La villa des Besson, à Provins, n'est pas très grande, mais il y a beaucoup de **terrain** autour.

En 1905, les tableaux de Picasso ne **valaient** pas très cher. Ils **valent** des fortunes maintenant.

Les tableaux d'Ambrogiani **vaudront** très cher dans quelques années.

Un **cimetière de chiens.**

6.

Des **chaussures de montagne.**

Des **chaussures montantes.**

Des **souliers bas.**

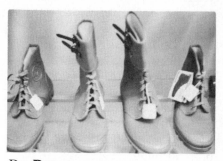

Des **Pataugas.**

Patineur qui **a glissé** *sur une peau de banane.*

*Vous ne glisseriez pas si vous portiez des **semelles** anti-dérapantes Agrippine!*

7.

*Des **sandales.***

*Des **pantoufles.***

CELLE DE GAUCHE ME SERRE UN PEU. CELLE DE DROITE EST TROP GRANDE.

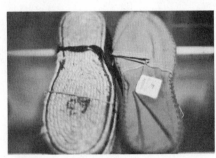

*Des **espadrilles.***

ᘒ Mise en oeuvre

Ecoutez la mise en oeuvre du texte et répondez aux questions suivantes.

1. Où Hubert et Mireille se sont-ils donné rendez-vous?
2. Qu'est-ce qu'Hubert ne devinera jamais?
3. Qu'est-ce qu'Hubert pense de l'institution de la loterie?
4. Pour lui, qu'est-ce qui est encore pire que la loterie?
5. D'après Hubert, qu'est-ce que l'institution de la loterie décourage?
6. Qu'est-ce que ça encourage?
7. Que font les gens qui jouent à la loterie?
8. A quoi Hubert joue-t-il?
9. Pourquoi pense-t-il que ce n'est pas la même chose que de jouer à la loterie?
10. Où Robert va-t-il pendant ce temps-là?
11. Quel genre de chaussures Robert cherche-t-il?
12. Quelle est sa pointure?
13. Dans le système français, du combien Robert chausse-t-il?
14. Où et quand Robert a-t-il acheté les chaussures qu'il porte maintenant?
15. Pourquoi le vendeur demande-t-il à Robert de s'asseoir?
16. Qui Mireille va-t-elle voir après le déjeuner avec Hubert?

17. De quoi Georgette a-t-elle toujours rêvé?
18. De qui Georgette parle-t-elle?
19. Comment était-il physiquement?
20. Qu'est-ce que Georgette et lui pensaient faire ensemble?
21. Pourquoi Georges a-t-il dû quitter Georgette?
22. Qu'est-ce que Cécile pense que Mireille devrait faire de son argent?
23. Selon le mari de Cécile, qu'est-ce qui est un excellent placement?
24. Qu'est-ce que M. Belleau conseille à Mireille de faire?
25. Que ferait Georgette si elle avait cet argent?
26. Quelles sont les chaussures qui sont bien pour la marche?
27. Pourquoi le vendeur recommande-t-il les Pataugas?
28. Pourquoi ne peut-on pas glisser avec des Pataugas?
29. Comment les chaussures qu'il essaie vont-elles à Robert?
30. Qu'est-ce que le vendeur essaie de vendre à Robert, en plus des Pataugas?

Document

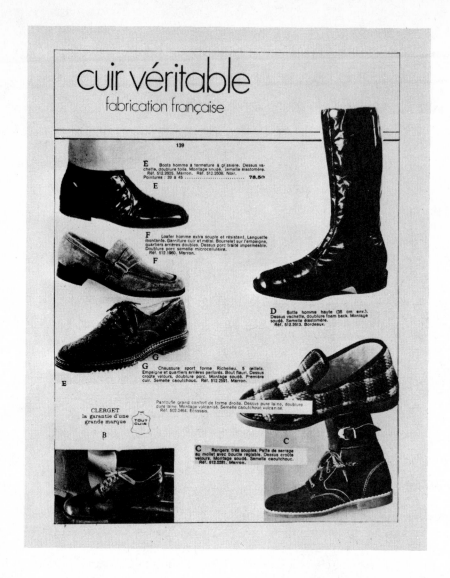

Leçon 45
Pensez vacances III

1.

Mireille téléphone à son oncle Guillaume.

MIREILLE: Allô, Tonton Guillaume? Devine ce qui m'arrive!

GUILLAUME: Tu te maries?
MIREILLE: Mais non! C'est une bonne nouvelle! C'est bien mieux que ça!
GUILLAUME: Alors, je ne vois pas.
MIREILLE: Je viens de gagner 40.000F à la Loterie Nationale!
GUILLAUME: Sans blague! Mais c'est formidable, ça! Te voilà riche.... Ecoute, il faut fêter ça!
Et Tonton Guillaume invite Mireille à prendre le thé à la Grande Cascade.
GUILLAUME: Quatre heures, ça te va? Bon, alors parfait. Je passe te prendre?
MIREILLE: Non, je me débrouillerai.
GUILLAUME: Tu es sûre? Bon, alors à 4 heures. D'accord; à tout à l'heure. Au revoir!

2.

A quatre heures, Mireille arrive au salon de thé de la Grande Cascade.
GUILLAUME: Alors, comme ça, tu as gagné 40.000F? Qu'est-ce que tu vas en faire?
MIREILLE: Je me le demande.... Tante Georgette voudrait que je lui donne de l'argent pour son cimetière de chiens....

GUILLAUME: Ah, ça, c'est bien elle! C'est Georgette, tout craché! Il y a des millions de gosses qui meurent de faim partout dans le monde, et tout ce qui l'intéresse, c'est d'assurer une sépulture décente aux toutous défunts! Quelle vieux chameau, cette Georgette!

1.

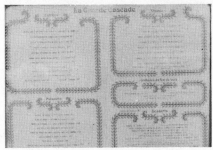

*Tonton Guillaume a invité Mireille à prendre le thé à **la Grande Cascade**.*

2.

C'est elle **tout craché!** C'est exactement elle!

*Quel **chameau!***

MIREILLE: Oh, tu n'es pas gentil, Tonton!... Tante Paulette a une autre idée: elle dit que je devrais lui acheter sa vieille bagnole.

GUILLAUME: Oh la la, méfie-toi! C'est une très belle voiture, mais elle n'a pas roulé depuis l'exode de 1940. Et puis, une voiture, moi, je peux toujours t'en prêter une! Tu n'as pas besoin de t'acheter une voiture! Avec l'assurance, l'essence, les réparations.... Il vaut mieux que tu te serves de celle de ton vieux tonton!

3.

MIREILLE: Philippe me conseille d'acheter des actions à la Bourse.

GUILLAUME: Aïe! Attention! La Bourse baisse, en ce moment. Ce n'est peut-être pas un bon investissement. Moi, je te conseillerais plutôt de faire quelques bons gueuletons avec des copains. Tu pourrais essayer tous les restaurants à trois étoiles de Paris. Tu garderais les menus; ça te ferait des souvenirs pour tes vieux jours. Les bons souvenirs, c'est encore la valeur la plus sûre.

MIREILLE: Oui, bien sûr, mais tu sais bien qu'il faut que je fasse attention à mon foie!

GUILLAUME: Poh, poh, poh! Encore une invention de ta mère, ça! Tu n'as pas le foie plus malade que les cinquante-cinq millions d'autres Français. Tu n'auras qu'à faire une cure d'eau de Vichy!

MIREILLE: Mais non! Tu sais très bien que depuis Pétain, Papa ne veut pas entendre parler de Vichy à la maison!

GUILLAUME: Il te reste encore Vittel, Evian, Badoit, Vals, et Volvic.

MIREILLE: De toute façon, je dois dire que l'idée de dépenser 300 ou 400F pour un repas, je trouve ça presque immoral.... Non, tu sais, je crois que je vais plutôt faire un voyage en France avec mon copain américain, tu sais,

La **vieille bagnole** de Tante Paulette.

En juin 1940, les troupes allemandes ont envahi la France. Les populations sont parties sur les routes, vers le sud, pour fuir les Allemands. Des centaines de milliers de personnes sont ainsi parties en **exode,** en voiture, à bicyclette, à pied.

3.

On achète et on vend les **actions** à la **Bourse.** Quand la conjoncture économique est favorable, la valeur des **actions** monte.

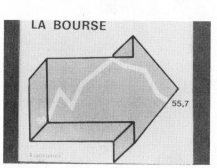

La **Bourse** baisse.

Aigle dévorant le **foie** de Prométhée.

Les Français aussi ont mal au **foie,** parce qu'ils font trop de gueuletons.

L'**eau de Vichy** est une eau minérale qui favorise la digestion.

Pendant l'occupation allemande (1940–44), le gouvernement français était dirigé par le Maréchal **Pétain**, et était installé à Vichy, petite ville du centre de la France, célèbre pour son eau minérale.

A un repas de mariage, on mange beaucoup et bien! On fait un **gueuleton!**

Robert. D'ailleurs, l'argent est un peu à lui; c'est lui qui a payé le billet.

4.

Robert, au rayon des vêtements pour hommes. . . .

LE VENDEUR: On s'occupe de vous?

ROBERT: Non. Je voudrais un blouson, ou une veste de sport, peut-être. Quelque chose que je puisse mettre en ville, et aussi pour faire du camping.

LE VENDEUR: Vous tenez à une couleur particulière?

ROBERT: Non, pas vraiment. Ça m'est un peu égal. Bleu foncé, peut-être? Et sourtout quelque chose qui ne soit pas trop salissant.

LE VENDEUR: Vous faites quelle taille?

ROBERT: Ma foi, je ne sais pas.

LE VENDEUR: Voyons. Permettez, je vais prendre votre tour de poitrine. . . .

124. . . . Tenez, celui-ci devrait vous aller. C'est votre taille.

5.

ROBERT: Ce n'est pas vraiment bleu foncé!

LE VENDEUR: C'est le seul que nous ayons dans votre taille. Nous n'avons plus de bleu. Celui-ci est jaune et blanc.

ROBERT: C'est ce qui me semblait. . . .

LE VENDEUR: Tenez, essayez-le donc. (*Robert, en garçon obéissant,*

l'essaie.) Il vous va comme un gant! C'est exactement ce qu'il vous faut.

ROBERT: Je n'aime toujours pas la couleur. . . . Enfin, avec ça, je ne passerai pas inaperçu; on me verra de loin! Si je me perds, on me retrouvera facilement. Je voudrais aussi un pantalon.

4.

Ça vous va comme un **gant.** *Ça vous va très bien. C'est exactement votre taille. On dirait que ça a été fait pour vous, sur mesures.*

C'est **salissant!** Ça se salit, c'est vite sale! La saleté se voit!

Permettez que je prenne votre **tour de poitrine.**

Robert fait 83 comme **tour de taille.**

5.

Robert **essaie** *le blouson.*

C'est à la fois **sport** *et* **habillé.**

LE VENDEUR: Vous devez faire 88 comme tour de taille.... Ah, non ... 83.

Tenez, voilà un très beau pantalon en velours côtelé. La couleur irait très bien avec votre blouson, non?... Tenez, voilà un article en tergal; c'est très beau comme tissu, ça tient très bien le pli, c'est à la fois, comment dirais-je?... Eh bien, je dirais tout simplement: sport et habillé. Vous voulez l'essayer?

ROBERT: Non, ça a l'air d'aller. Je le prends.

6.

LE VENDEUR: Vous n'avez pas besoin de chemises? C'est très bien pour le voyage, ça se lave très facilement; ça sèche en quelques minutes.

ROBERT: Non, merci.

LE VENDEUR: Des slips?

ROBERT (*extrêmement étonné*): Je ne porte pas de slips, moi!

LE VENDEUR: Des caleçons, alors?

ROBERT: Non, je ne porte plus de caleçons non plus.

LE VENDEUR (*lui aussi extrêmement étonné*): Mais alors, qu'est-ce que vous portez? Vous ne portez rien en-dessous?

6.

Une **chemise.**

Le nylon **sèche** vite. C'est sec en quelques minutes.

Des **caleçons.**

Des **slips** pour hommes.

Des **slips** pour dames.

ROBERT: Mais si, je porte ces espèces de petits caleçons très courts....

LE VENDEUR: C'est bien ce que je disais, des slips!

ROBERT: Mais je croyais que les slips, c'était pour les dames!

LE VENDEUR: Ah oui, nous en avons aussi pour les dames, mais alors avec de la dentelle... c'est plus féminin.

ROBERT: Non, merci. Avec ou sans dentelle, j'ai tout ce qu'il me faut.

7.

En sortant du magasin, Robert aperçoit un taxi qui semble l'attendre. Il y monte, et donne l'adresse du Home Latin. Le taxi démarre aussitôt, et fonce à travers la circulation parisienne, avec une rapidité et une maladresse inquiétantes. Il avance par bonds désordonnés. C'est une succession d'accélérations courtes et d'accélérations plus longues. Intrigué et vaguement inquiet, Robert cherche la cause de ce phénomène. Il remarque que c'est bien le pied du chauffeur qui imprime des secousses irrégulières à l'accélérateur. Ce pied est chaussé d'une chaussure noire au-dessus de laquelle apparaît une chaussette rouge. En regardant mieux, Robert s'aperçoit qu'il s'agit, en fait, de l'extrémité d'un caleçon long en laine rouge.

8.

Intrigué et inquiet, Robert l'est encore plus quand il voit, dans le rétroviseur, que le chauffeur cligne d'un oeil, puis de l'autre, en parfaite synchronisation avec les coups d'accélérateur. Tout à coup, Robert s'aperçoit qu'ils sont en train de passer devant la gare Saint-Lazare.
ROBERT: Mais où allez-vous comme ça? Je vous ai dit "rue du Sommerard"! C'est à l'opposé!
Le chauffeur ne répond pas, mais donne un formidable coup d'accélérateur. Robert, en garçon prudent, profite de l'intervalle entre deux accélérations pour sauter en marche du taxi. Celui-ci s'éloigne en faisant du morse avec ses clignotants.

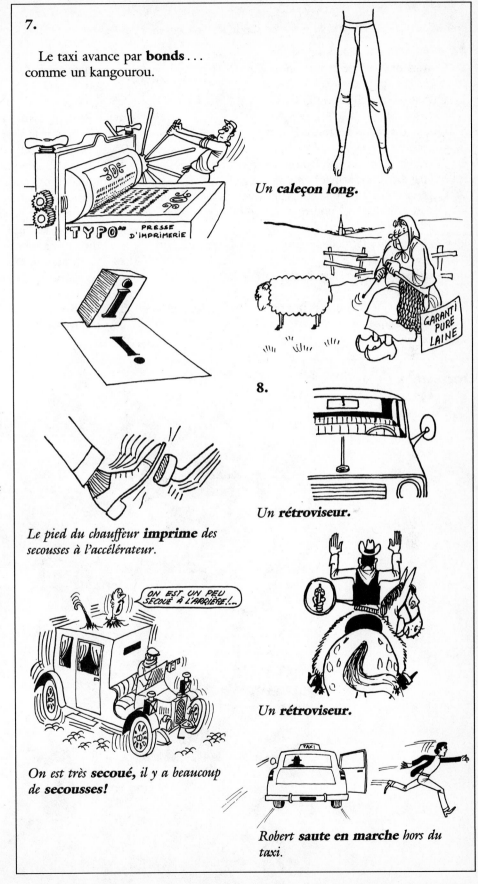

7.

Le taxi avance par **bonds**... comme un kangourou.

*Un **caleçon long**.*

8.

*Un **rétroviseur**.*

*Un **rétroviseur**.*

*Le pied du chauffeur **imprime** des secousses à l'accélérateur.*

ON EST UN PEU SECOUÉ À L'ARRIÈRE!...

*On est très **secoué**, il y a beaucoup de **secousses**!*

*Robert **saute en marche** hors du taxi.*

☊ Mise en oeuvre

Ecoutez la mise en oeuvre du texte et répondez aux questions suivantes.

1. A qui Mireille téléphone-t-elle?
2. Comment Mireille et son oncle vont-ils fêter la nouvelle?
3. Qu'est-ce que Tonton Guillaume pense de Tante Georgette?
4. Quelle est l'idée de Tante Paulette?
5. Comment est sa voiture?
6. Pourquoi Tonton Guillaume pense-t-il que Mireille n'a pas besoin d'acheter de voiture?
7. Qu'est-ce que Philippe conseille à Mireille de faire?
8. D'après Guillaume, pourquoi est-ce que ce n'est pas une bonne idée?
9. Qu'est-ce que Guillaume conseille à Mireille de faire de son argent?
10. Pourquoi Mireille devrait-elle garder les menus des restaurants?
11. Qu'est-ce que Mireille pense de l'idée de dépenser tant d'argent pour un repas?
12. Qu'est-ce que Mireille préférerait faire?
13. Pourquoi Mireille considère-t-elle que l'argent est un peu à Robert?
14. Où est Robert?
15. Quel genre de blouson veut-il?
16. Quelle couleur voudrait-il pour son blouson?
17. Comment le blouson jaune va-t-il à Robert?
18. Pourquoi l'achète-t-il, finalement?
19. Qu'est-ce que Robert veut aussi s'acheter?
20. Quel est l'avantage des articles en tergal?
21. Pourquoi Robert dit-il qu'il ne veut pas de slips?
22. Comment appelle-t-on un petit caleçon très court?
23. En quoi les slips pour dames sont-ils différents des slips pour hommes?
24. Comment le taxi que Robert a pris avance-t-il?
25. Qu'est-ce que le chauffeur de taxi porte?
26. Qu'est-ce que Robert remarque dans le rétroviseur?
27. Où Robert veut-il aller?
28. Pourquoi Robert saute-t-il en marche du taxi?

Document

Leçon 46
Invitations au voyage

1.

Hubert et Mireille, à la terrasse d'un café.

HUBERT: Mais enfin, ma petite Mireille, tu ne vas tout de même pas t'en aller toute seule sur les routes avec ce jeune Américain!

MIREILLE: Pourquoi pas?

HUBERT: Mais, au bout de deux jours, tu vas t'ennuyer à mourir.

MIREILLE: Pourquoi? Robert est un garçon intelligent et intéressant. Je ne vois pas pourquoi je m'ennuierais avec lui! Non, au contraire, voyager en France avec un étranger, lui faire découvrir ce qu'on aime, ça doit être passionnant.

HUBERT: Et comment comptez-vous parcourir l'Hexagone?

MIREILLE: Avec une voiture que nous louerons. Nous passerons les nuits en plein champ, sous un arbre, au milieu des fleurs et des petits oiseaux, ou alors dans un bon hôtel, quand on sentira le besoin de prendre une douche.

2.

HUBERT: Mais une location de voiture, ça va vous coûter les yeux de la tête! Vous n'y pensez pas!... Ecoute! J'ai une idée. Je viens justement de m'acheter une Méhari....

MIREILLE: Un chameau?

HUBERT: Non, pas un méhari, une Méhari, une voiture. Pour l'été, ce sera parfait. C'est exactement ce qu'il vous faut. Je l'amène demain. Tu verras....

MIREILLE: C'est gentil, ça.... Mais je ne sais pas si nous devrions....

HUBERT: Mais si, mais si, tu verras. C'est une petite voiture formidable. Ça passe partout. On s'amusera comme des fous.

1.

JE SUIS AU BOUT DE LA CORDE!

Ils étaient partis pour quinze jours, mais ils sont revenus **au bout de** deux jours.

Ils ont fait un **parcours** de deux kilomètres en six minutes. Ils **ont parcouru** deux kilomètres en six minutes.

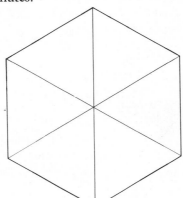

La France s'inscrit dans un **hexagone.**

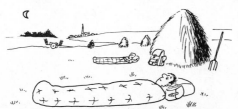

Ils passent la nuit **en plein champ.**

2.

C'est horriblement cher! Ça **coûte les yeux de la tête!**

un méhari

une **Méhari**

La Méhari est une petite voiture qui **passe partout.**

On a fait les fous; on s'est bien amusés. On **s'est amusés comme des fous!**

MIREILLE: Ah!... parce que tu viendrais avec nous?
HUBERT: Ben, oui, bien sûr!

3.

Un peu plus tard, Mireille téléphone à Colette.
MIREILLE: Allô, Colette? Tu viens à Paris, cet après-midi? Il faut absolument que je te voie. C'est urgent. A 4 heures à la Passion du Fruit. C'est Quai de la Tournelle. Je t'attendrai. Je te fais un bisou. Salut!

Un peu plus tard, Colette et Mireille se retrouvent à la Passion du Fruit.
COLETTE: Alors, qu'est-ce qui se passe?
MIREILLE: Eh bien, voilà.... Mais d'abord, dis-moi, est-ce que tu as des projets fermes pour l'été?
COLETTE: Ben, non, pas vraiment....
MIREILLE: C'est épatant! Bon, alors, voilà, écoute: j'ai quelque chose à te proposer; mais d'abord je dois te dire que si tu peux accepter, tu me rends un sacré service....

4.

Mireille raconte alors à Colette l'histoire du verre blanc cassé, du billet de loterie, le projet de voyage avec Robert et l'intrusion d'Hubert.
MIREILLE: Tu imagines bien que je ne meurs pas d'envie de me trouver seule entre Hubert et mon Américain. Si tu pouvais venir avec nous, ça arrangerait tout, et on pourrait vraiment s'amuser!
COLETTE: Quand partiriez-vous? Et ce serait pour combien de temps?

3.

*Mireille a donné rendez-vous à Colette à la **Passion du Fruit.***

Je t'embrasse. Je te fais une bise. Je te fais un **"bisou."**

J'ai reçu un chèque de mes parents. Ça m'a rendu un **sacré service!** Je n'avais plus un sou!
Si on est scout, on doit rendre **service:** porter les sacs des vieilles dames, aider sa mère....
"Le téléphone est une **sacrée** invention." (Louis Aragon)

4.

Ça résoudrait le problème. Ce serait une excellente solution. Ça **arrangerait** tout!

*Une jeune femme qui **en a assez**, qui n'a plus de patience!*

Tante Georgette à ses neveux: "Ah, ça suffit! Taisez-vous! Arrêtez de faire du bruit! J'**en ai assez**, à la fin! Vous m'agacez! Ce que vous êtes fatigants!"

*Bouée de **sauvetage** pour **sauver** les gens qui se noient.*

5.

*Une **colonie de vacances** (une **colonie**, une **colo**, une **col' de vac'**).*

Mireille n'a jamais passé ses vacances en **colonie de vacances.** Elle est toujours partie avec ses parents, en Bretagne ou dans le Pays Basque; mais le fils de la concierge, lui, va passer trois semaines en **colonie de vacances** tous les étés, parce que ses parents ne vont pas en vacances.

Georges Belleau est très bon en ski. Pendant les vacances de Noël et de Pâques, il est **moniteur** dans un camp de l'UCPA (Union des Camps de Plein Air). Il donne des leçons de ski.

MIREILLE: On partirait dans une quinzaine de jours. Et on reviendrait, disons, fin août... à moins qu'on en ait assez avant.

COLETTE: Ça pourrait être amusant.... De toute façon, je n'ai aucune envie de rester à Provins entre Papa et Maman. Ecoute... oui, en principe, j'accepte.

MIREILLE: Formidable! Tu me sauves la vie! A quatre, ce sera sûrement plus intéressant.

5.

Le dimanche suivant, Mireille va voir "ses enfants." C'est un groupe de filles et de garçons dont elle s'est occupée, l'été dernier, comme monitrice, dans une colonie de vacances. Il y avait là, aussi, comme moniteur, Jean-Michel, un jeune homme très sympathique, à tendances gauchistes, que les enfants adoraient. A la fin de l'été, Mireille et Jean-Michel ont décidé de rester en contact avec le groupe, et de les réunir tous les dimanches matin. C'est à cette réunion hebdomadaire que Mireille est allée aujourd'hui. Après la réunion:

JEAN-MICHEL: Il faut que je te dise.... Je ne crois pas que je puisse aller à la colo cet été. Je suis crevé. Je n'en peux plus. Il faut que je prenne de vraies vacances, tu vois, que je change un peu d'horizon.

La **réunion** du dimanche matin.

Il ne faut pas toujours rester au même endroit. Il faut **changer d'horizon,** voir du nouveau. Il faut **changer d'air,** aller respirer l'air de la mer, ou l'air des montagnes. Le **changement d'air** fait du bien.

6.

Tu te f——— de moi? Tu te moques de moi?

Qu'est-ce que j'irais f——— dans cette galère! Qu'est-ce que j'irais faire dans cette galère!

MIREILLE: C'est vrai, tu as l'air fatigué. Est-ce que tu prends des vitamines?

JEAN-MICHEL: Non, Docteur.

MIREILLE: Moi aussi, j'ai besoin de changer d'air. Justement, je voulais te dire, je ne pourrai plus venir après dimanche prochain.

6.

Et Mireille raconte à Jean-Michel ses projets pour l'été. Elle ne mentionne pas le verre blanc cassé, ni la loterie, mais elle parle du voyage projeté avec Robert, de l'intrusion d'Hubert, et de l'appel à Colette. Et puis soudain:

MIREILLE: Mais, j'y pense! Pourquoi est-ce que tu ne viendrais pas avec nous? C'est ça qui te changerait les idées!

JEAN-MICHEL: Non, mais dis donc! Tu te f———[1] de moi ou quoi? Tu me vois entre cet aristocrate dégénéré et ce sauvage américain? Qu'est-ce que j'irais f——— dans cette galère?

MIREILLE: D'abord, ce n'est pas une galère, c'est une Méhari. Et Hubert n'est pas dégénéré du tout, je t'assure! Et mon Américain n'a rien d'un sauvage! C'est un garçon très instruit, très cultivé. Tu pourras discuter avec lui; tu verras, ce sera très intéressant pour tous les deux. Allez! Viens avec nous! A cinq, on s'amusera comme des fous!

Et Mireille finit par convaincre Jean-Michel.

---

1. Là aussi, nous avons beaucoup hésité. Ce Jean-Michel parle encore plus mal que Jean-Pierre! Ah, la jeunesse d'aujourd'hui! (Notes des auteurs)

7.

Maintenant, il s'agit d'expliquer à Robert qu'ils vont partir à cinq, et à Hubert qu'il y aura cinq personnes dans sa petite Méhari.

MIREILLE (*à Robert*): Eh bien, tu sais, nos projets prennent forme. En fait, même, tout est arrangé. J'ai un tas de bonnes nouvelles. D'abord, Hubert nous prête sa Méhari.

ROBERT: C'est gentil, ça. . . . Mais je ne sais pas si nous devrions. . . .

MIREILLE: Naturellement, il viendra avec nous!

ROBERT: Ah! je me disais aussi que je devais me méfier de ce chameau-là. . . . Sérieusement, je ne crois pas que ça marche très bien à trois. . . .

MIREILLE: C'est ce que je me suis dit aussi; alors j'ai invité Colette à venir, et elle a accepté.

ROBERT: Mince! On sera quatre?

MIREILLE: Mais non, tu vas voir! On ne sera pas quatre, on sera cinq, parce que j'ai aussi invité un garçon formidable, super-sympa; Jean-Michel, il s'appelle. Je suis sûre qu'il te plaira. C'est un type très intéressant. Il est trotskyste ou guévariste, ou quelque chose comme ça. . . . Avec Hubert qui est plutôt à droite, ça va faire des étincelles. Ce sera très intéressant pour toi.

ROBERT: Ça, je n'en doute pas, mais j'aurais quand même préféré la solitude à deux. . . .

8.

Mireille, Hubert, et la Méhari.

HUBERT: Voilà le chameau des grandes randonnées d'été. Sobre, résistant, passe-partout. Tu veux l'essayer?

MIREILLE (*montant dans la Méhari*): Alors, j'ai parlé à Robert. C'est entendu, il accepte.

Mais nous avons pensé que ça ne marcherait peut-être pas très bien à trois. Si bien que j'ai demandé à Colette de nous accompagner. Elle a été assez gentille pour accepter.

HUBERT: Eh, mais la Méhari n'est pas extensible! A quatre, on va être serrés comme des sardines!

MIREILLE: Allons, Hubert, je te connais! Malgré tes airs d'enfant de chœur, ça m'étonnerait que tu sois fâché d'être serré contre Colette!

HUBERT: Serré pour serré, ma chère Mireille, je préférerais que ce soit contre toi.

Jean-Michel est désespérément littéraire. Il cite Molière: "Qu'allait-il faire dans cette **galère?**" (*Fourberies de Scapin*, II.xi)

Les **galères** étaient des bateaux à rames et à voiles de l'Antiquité. Il y avait encore des galères au XVIIème siècle, à l'époque de Molière.

En France, l'**instruction** est obligatoire pour tous les enfants entre six et seize ans.

Robert est **instruit** et **cultivé:** il a une vaste **culture.** Il sait beaucoup de choses.

Mireille a tellement insisté qu'elle **a convaincu** Jean-Michel de partir avec eux.

7.

Tante Georgette n'est pas confiante. Elle **se méfie** de tout et de tout le monde. Elle ne fait confiance à personne. **Méfiez-vous,** c'est dangereux!

Les chocs violents produisent des **étincelles.**

8.

Un **enfant de chœur.**

9.

MIREILLE: Et puis aussi, avant que j'oublie: j'ai vu mon copain, hier, tu sais, Jean-Michel. Il avait l'air vachement déprimé, si bien que je l'ai invité, lui aussi, à venir.

HUBERT: Mais c'est un dangereux anarchiste, ce garçon-là!

MIREILLE: Lui? Il n'est pas anarchiste du tout, il est marxiste! Et j'ai pensé qu'il ferait équilibre à tes opinions d'un autre âge.

HUBERT: Mais où veux-tu mettre tout ce monde-là? La Méhari n'a pas d'impériale, je te signale!

MIREILLE: Bah! On sera peut-être un peu à l'étroit, mais ça ne fait rien. Plus on est de fous, plus on rit, comme dit ma tante Georgette, qui, elle, ne rit pas beaucoup... la pauvre.... Tu me laisses chez moi?

HUBERT: Oui.

A Londres, les autobus ont des **impériales.**

On est un peu **à l'étroit!** On est un peu serrés!

Il est **déprimé.** Il souffre de dépression.

Un fou ne rit pas beaucoup; deux fous rient un peu plus... cinq fous rient beaucoup! **Plus on est de fous, plus on rit!**

Les opinions politiques de Jean-Michel **font équilibre** à celles d'Hubert.

ᠺᠣ **Mise en oeuvre**

Ecoutez la mise en oeuvre du texte et répondez aux questions suivantes.

1. Pourquoi, d'après Hubert, Mireille ne devrait-elle pas partir seule avec Robert?
2. Pourquoi Mireille pense-t-elle qu'elle ne s'ennuiera pas avec lui?
3. Qu'est-ce qui semble passionnant à Mireille?
4. Comment Robert et Mireille comptent-ils voyager?
5. Où comptent-ils coucher?

6. Pourquoi Hubert désapprouve-t-il l'idée de louer une voiture?
7. Qu'est-ce qu'une Méhari?
8. Pourquoi Hubert dit-il que c'est une voiture formidable?
9. Pourquoi Mireille aimerait-elle tant que Colette accepte sa proposition?
10. Quand Robert et Mireille comptent-ils partir?
11. Quand reviendront-ils?
12. Pourquoi Colette accepte-t-elle la proposition de Mireille?
13. Où était Mireille l'été dernier?
14. Qu'est-ce qu'elle y faisait?
15. Qui est-ce qu'elle a rencontré?
16. Comment Mireille et Jean-Michel restent-ils en contact avec les enfants dont ils s'occupaient l'été d'avant?
17. Pourquoi Jean-Michel ne pense-t-il pas retourner à la colo cet été?
18. De quoi a-t-il besoin?
19. Qu'est-ce que Mireille lui propose?
20. Pourquoi Jean-Michel refuse-t-il d'abord?
21. Qu'est-ce que Mireille dit à Robert?
22. Quelle est la première grande nouvelle que Mireille annonce à Robert?
23. Pourquoi Robert pense-t-il que c'est une mauvaise idée qu'Hubert les accompagne?
24. Qui sera la quatrième personne du groupe?
25. Pourquoi Mireille pense-t-elle que ce sera intéressant pour Robert d'être en présence d'Hubert et de Jean-Michel?
26. Qu'est-ce que Robert aurait préféré?
27. Quelle objection Hubert fait-il quand Mireille lui dit qu'elle a invité Colette?
28. Qu'est-ce que Mireille pense?
29. Par quelle galanterie Hubert répond-il?
30. Pourquoi Mireille a-t-elle invité Jean-Michel?
31. Pourquoi Hubert n'a-t-il pas l'air enchanté que Mireille ait invité Jean-Michel?
32. Pourquoi Mireille pense-t-elle que ce sera très bien à cinq?

Document

Les voyages forment la jeunesse.

—Tante Georgette

(Mais) les vrais voyageurs sont ceux-là seuls qui partent
Pour partir; coeurs légers, semblables aux ballons,
De leur fatalité jamais ils ne s'écartent,
Et, sans savoir pourquoi, disent toujours: Allons!

—Charles Baudelaire

Je hais les voyages et les explorateurs.

—Claude Lévi-Strauss, *Tristes tropiques*

J'ai peine à croire à l'innocence des êtres qui voyagent seuls.

—François Mauriac, *Journal I*

Le voyageur est encore ce qui importe le plus dans un voyage.

—André Suarès

Le chameau voyage sans boire
Et moi, je bois sans voyager.

—Guillaume Apollinaire

Partir, c'est mourir un peu.

—Edmond Haraucourt

On ne part pas.

—Arthur Rimbaud

Leçon 47
Quelle variété!

1.

Nos cinq amis sont réunis chez les Belleau pour parler de leur voyage.

JEAN-MICHEL: Alors, où on va?

HUBERT: Où va-t-on? Mais partout! On va aller partout! On va voir la France entière, telle que l'ont faite la nature, deux mille ans d'histoire, et nos quarante rois.

JEAN-MICHEL: Tes quarante rois, et la sueur du peuple, oui, et les géants de 93!

MARIE-LAURE: C'est qui, les géants de 93?

JEAN-MICHEL: Les grands hommes de la Révolution Française, tu sais, Danton, Robespierre, des grands, des purs, des durs....

HUBERT: Des monstres assoiffés de sang! (*A Robert.*) Il faut absolument que vous voyiez nos campagnes françaises, soignées comme des jardins, nos magnifiques forêts, nos sites incomparables: les aiguilles de Chamonix, le Cirque de Gavarnie, les gorges du Verdon et celles du Tarn, les calanques de Cassis, les Baux de Provence....

1.

*"Tu gagneras ton pain à la **sueur de ton front**." (Dieu)*

Les vampires sont **assoiffés de sang;** ils ont soif de sang.

*La campagne est **soignée comme un jardin**.*

*Une **forêt**.*

2.

MIREILLE: Mais il faut surtout qu'il voie nos cathédrales.

ROBERT: Mais j'ai déjà vu Notre-Dame.

MIREILLE: Tu crois que quand tu en as vue une, tu les as toutes vues?

ROBERT: On a aussi vu Chartres.

MIREILLE: Pfeuh! Deux cathédrales, mais ce n'est rien! Il y a des centaines d'églises à voir!

HUBERT: Amiens et sa nef, Strasbourg et sa flèche, Reims où tous nos rois ont été sacrés, Bourges et ses vitraux, le Mont-Saint-Michel et sa merveille....

MARIE-LAURE (*récitant un passage de son livre de géographie*): Et ses marées qui avancent à la vitesse d'un cheval au galop....

MIREILLE: La cathédrale d'Albi avec ses énormes murailles de petites briques roses....

HUBERT: Toutes les merveilleuses églises romanes, Vézelay, Paray-le-Monial, Saint-Benoît-sur-Loire, Poitiers, Conques, Saint-Nectaire....

COLETTE: Saint-Nectaire, là où on fait le fromage....

HUBERT: Toutes les églises fortifiées: Agde, les Saintes-Maries-de-la-Mer, Luz....

MIREILLE: Et toutes les églises modernes, Yvetot, l'église du Plateau d'Assy, celle de Cocteau, Royan, Ronchamp....

3.

HUBERT: Et puis, il faut que vous voyiez nos châteaux: Champ, Chambord, Chaumont, Chantilly....

COLETTE: Chantilly, hmm...la crème Chantilly....

HUBERT: Châteaudun, Chenonceaux, Chinon, Valençay....

COLETTE: Là où on fait le fromage de chèvre....

HUBERT: Anet, Amboise, Angers, Azay-le-Rideau, Blois, Fontainebleau....

COLETTE: Ah! Fontainebleau...le fromage à la crème....

HUBERT: Loches, Langeais, Pierrefonds, Saumur....

COLETTE: Saumur, là où il y a le vin....

HUBERT: Et une des meilleures écoles de cavalerie du monde!

4.

ROBERT: Tout ça m'a l'air fort intéressant, passionnant, admirable, mais il me semble que ça fait beaucoup! On ne va pas pouvoir aller partout.

MIREILLE: Oh, tu sais, la France n'est pas bien grande....

MARIE-LAURE: Juste un millième des terres des bergers.

MIREILLE: E-mer-gées! Au-dessus de la mer!

MARIE-LAURE (*vexée*): Evidemment! Si ce n'est pas au-dessus de la mer, ce n'est pas une terre! (*A Robert, citant encore son livre de géographie.*) La France est un peu plus petite que le Texas.

HUBERT: Mais quelle variété! Quelle richesse! Il y a de tout en France!

2.

Robert a vu **Notre-Dame** de Paris.

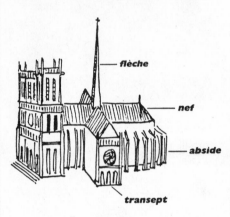

flèche
nef
abside
transept

Les **rois** de France étaient **sacrés** dans la cathédrale de Reims.

Au Mont-Saint-Michel, en Normandie, les **marées avancent à la vitesse d'un cheval au galop.**

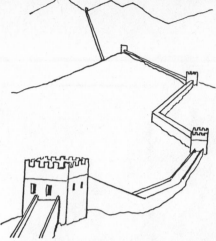

La Grande **Muraille** de Chine.

Une **église romane.**

Une **église fortifiée.**

Une **église moderne.**

5.

ROBERT: Ouais, mais j'étais en train de penser... on va être plutôt serrés à cinq dans votre Méhari. On va avoir les articulations rouillées. Je me demande si ce ne serait pas mieux de faire ça à vélo, histoire de faire un peu d'exercice.

MIREILLE: Oui, la France à vélo, ce ne serait pas mal. Cécile et son mari ont fait les châteaux de la Loire à vélo, quand ils étaient fiancés. Ils ont trouvé ça formidable. Mais il faut dire que la Vallée de la Loire, ça va tout seul, surtout en descendant! Par contre, grimper le col du Tourmalet, ou de l'Iseran....

MARIE-LAURE (*imbattable en géographie*): 2770 mètres!

MIREILLE: ...ça, c'est une autre histoire!

6.

JEAN-MICHEL: C'est qu'on en a, des montagnes, en France....

MARIE-LAURE: Les Alpes, les Pyrénées, le Jura, les Ardennes, le Massif des Vosges et le Massif Central....

MIREILLE: Et tu en oublies un... en Bretagne....

MARIE-LAURE: Ah oui! Le Massif Américain!

MIREILLE: Armoricain!

MARIE-LAURE: Armoricain, qu'est-ce que c'est que ça?

MIREILLE: Ça veut dire breton. L'Armorique, c'est la Bretagne. On ne t'a pas appris ça, en géographie?

MARIE-LAURE (*détournant la question*): Oh, mais ce n'est pas très haut, alors, ça ne compte pas!

COLETTE: Oui, ce ne sont pas les montagnes qui manquent; et moi, je tiens absolument à aller en montagne. Je commence à en avoir assez de la plaine de l'Ile-de-France.

MARIE-LAURE: C'est où, l'Ile-de-France?

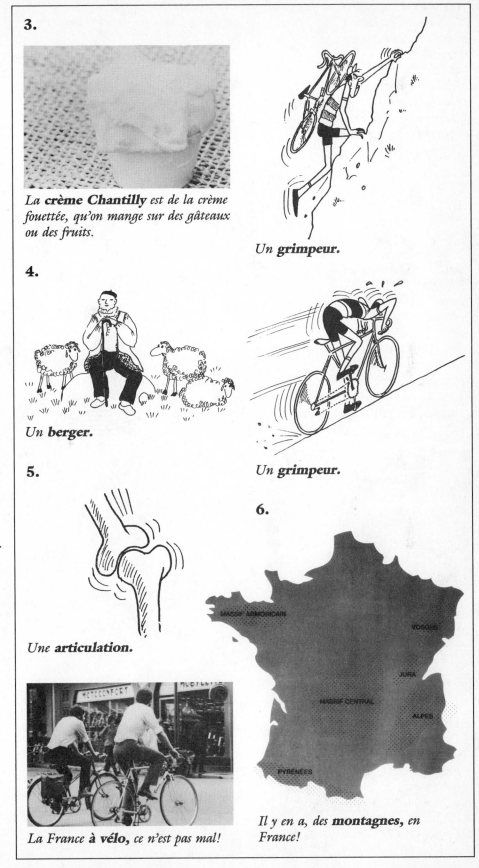

3.

La **crème Chantilly** *est de la crème fouettée, qu'on mange sur des gâteaux ou des fruits.*

Un **grimpeur.**

4.

Un **berger.**

Un **grimpeur.**

5.

Une **articulation.**

6.

La France **à vélo,** *ce n'est pas mal!*

Il y en a, des **montagnes,** *en France!*

MIREILLE: Eh bien, c'est ici! Paris, Provins, c'est dans l'Ile-de-France.

MARIE-LAURE: Mais, ce n'est pas une île!

MIREILLE: Mais ça ne fait rien, ça s'appelle comme ça.

JEAN-MICHEL: Moi aussi, j'en ai marre de la plaine; j'en ai ras le bol. Je veux aller faire de la montagne.

7.

HUBERT: Eh bien, c'est entendu! Pas de problème! On ira dans le Massif Central; mes parents ont une propriété dans le Cantal.

COLETTE: Là où on fait le fromage?

JEAN-MICHEL: Bien sûr. Le Massif Central, c'est de la montagne à vaches.... (*A Hubert.*) C'est ça que tu appelles de la montagne, toi? Il faut aller au moins dans les Pyrénées!

HUBERT: Les Pyrénées? Mais il n'y a plus de Pyrénées, mon cher ami!

JEAN-MICHEL: Il n'y a plus de Pyrénées! Ah! Encore une stupidité de ton Louis XIV!

Marie-Laure les regarde d'un air étonné; elle ne comprend plus.

MIREILLE (*à Marie-Laure*): Mais oui, tu as étudié ça, en histoire, non? Tu sais bien, la Paix des Pyrénées, en 1659.... Louis XIV avait signé un traité avec l'Espagne, et il a dit: "Voilà, maintenant on est amis, copains, copains, il n'y a plus de pro-blème. Rien ne sépare plus la France de l'Espagne... c'est comme s'il n'y avait plus de Pyrénées!"

J'en ai marre! J'en ai ras le bol!

Bol *vide.*   **Bol** *plein à ras.*

J'EN AI ASSEZ!
J'EN AI JUSQUE LÀ!
J'EN AI RAS LE BOL!

MOI, J'AIME FAIRE DE LA MONTAGNE, DE LA VRAIE, PAS DE LA MONTAGNE À VACHES!

7.

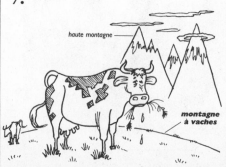

haute montagne

montagne à vaches

8.

JEAN-MICHEL: Il n'y a plus de Pyrénées! Ah, elle est bien bonne celle-là! C'est la meilleure de l'année! Il n'y a plus de Pyrénées! Allez donc demander aux coureurs du Tour de France quand ils se tapent[1] le col d'Aubisque et le col du Tourmalet dans la même étape! Remarquez que moi, à choisir, je crois que je préfère les Alpes, c'est plus haut: la Meije (3983 mètres), le Mont Blanc (4807 mètres)....

HUBERT: 4810!

MIREILLE: Allons, Hubert, où est-tu allé chercher ça? Tout le monde sait que le Mont Blanc n'a que 4807 mètres! N'est-ce pas, Marie-Laure? Le Mont Blanc, altitude?

MARIE-LAURE: 4807 mètres!

MIREILLE: Tu vois!

HUBERT: Moi, on m'a toujours appris 4810. Je sais que de mauvais Français, qui n'avaient pas le sens de la grandeur, ont essayé de la rabaisser à 4807 mètres; mais ça, moi, je ne l'accepterai jamais.

JEAN-MICHEL: Cocorico!

9.

MIREILLE (*ouvrant une carte*): Bon, parlons peu, parlons bien. Où va-t-on?

---

1. Pourquoi ne pas dire *font le col d'Aubisque*, comme tout le monde? On peut se demander si Jean-Michel n'utilise pas le mot d'argot *se taper* pour le seul plaisir de faire un très mauvais jeu de mots (se *tapent*... dans la même *étape*). Ce jeune homme, pourtant bien sympathique, nous déçoit un peu! (Note des auteurs)

JEAN-MICHEL: Je propose de faire le tour de la France dans le sens inverse des aiguilles d'une montre. Première étape: Lille, Roubaix, Tourcoing.

COLETTE: Le Nord? Oh, non, encore de la plaine, des champs, des mines, des usines.... Qu'est-ce qu'il y a à voir?

JEAN-MICHEL: Mais le peuple, Mademoiselle! La vraie France, la France qui travaille!

COLETTE: Oui, mais pour la gastronomie, le Nord, ce n'est pas formidable. Si on commençait par la Normandie, plutôt? Là, au moins, on mange bien... le camembert, la crème fraîche, le beurre d'Isigny, la sole normande, le canard rouennais, les tripes à la mode de Caen....

TOUS: Hmm.... Va pour la Normandie!

10.

Pendant que les jeunes gens discutent de leur voyage, derrière la fenêtre apparaît l'homme en noir.

Il lave les carreaux. Bizarre, bizarre. Personne ne le remarque, sauf Marie-Laure qui l'observe, un peu intriguée.

HUBERT: Départ lundi matin à l'aube. Première étape, Rouen!

JEAN-MICHEL: Non, Tourcoing!

TOUS: Rouen! Rouen!

JEAN-MICHEL: Tourcoing!

8.

*Le **Tour de France** est une course cycliste qui a lieu tous les ans au début de l'été.*

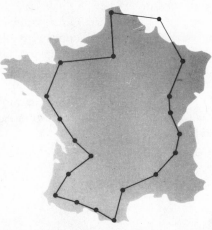

*Les coureurs du Tour de France font le Tour de France en vingt **étapes**.*

*Le coq français (l'emblème de la France) fait **"Cocorico."***

9.

*Le **sens inverse** des aiguilles d'une montre.*

*Dans le Nord, il n'y a que des **champs**, des **mines**, et des **usines**.*

10.

*Il lave les **carreaux**; il lave les vitres.*

*On entend le chant du coq à l'**aube**, très tôt le matin.*

♫ Mise en oeuvre

Ecoutez la mise en oeuvre du texte et répondez aux questions suivantes.

1. Pourquoi les cinq amis se sont-ils réunis?
2. D'après Hubert, qui a fait la France?
3. Qui sont les géants de 93?
4. D'après Hubert, comment sont les campagnes françaises?
5. Pourquoi, d'après Mireille, la visite de deux cathédrales n'est-elle rien?
6. Qu'est-ce qu'il y a d'intéressant à voir à Saint-Nectaire?
7. Qu'est-ce qu'on y fait aussi?
8. Qu'est-ce qu'il y a à voir à Chambord, Chaumont, Chantilly?
9. Qu'est-ce qu'on fait à Valençay?
10. A Saumur, qu'est-ce qu'on fait?
11. Comment est la France par rapport au Texas?
12. Pourquoi Hubert dit-il que la France est riche et variée?
13. Pourquoi Robert préférerait-il faire le voyage à vélo?
14. Quel voyage Cécile et son mari ont-ils fait à vélo?
15. Qu'est-ce que les Alpes, les Pyrénées, le Jura, etc.?
16. Pourquoi Colette tient-elle à aller en montagne?
17. Où sont Paris et Provins?
18. Où Hubert propose-t-il d'aller?
19. Pourquoi?
20. Qu'est-ce qu'on fait dans le Cantal?
21. Quel type de montagne est le Massif Central, d'après Jean-Michel?
22. Qu'est-ce que Louis XIV a fait en 1659?
23. Qui est-ce qui fait les cols des Pyrénées à vélo, tous les étés?
24. Pourquoi Jean-Michel préfère-t-il les Alpes aux Pyrénées?
25. Quelle est l'altitude du Mont-Blanc?
26. Qu'est-ce que Jean-Michel propose de faire?
27. Pourquoi Colette ne veut-elle pas aller dans le Nord?
28. Qu'est-ce qu'on peut manger de bon en Normandie?
29. Quand les amis partiront-ils?
30. Quelle sera leur première étape?

Document

Variété du paysage

Une forêt de sapins dans les Pyrénées.

Des campagnes soignées comme des jardins.

Le Cirque de Gavarnie, dans les Pyrénées.

La volonté de grandeur de Dieu le Père ne dépasse pas 4810 mètres en France,
altitude prise au-dessus du niveau de la mer.

André Breton et Philippe Soupault
Les Champs magnétiques

Le village des Baux, en Provence.

Une calanque, sur la Méditerranée.

Les gorges du Verdon.

Une des aiguilles de Chamonix, l'Aiguille Verte.

Leçon 48
Quelle richesse!

1.

Le lendemain, chez les Belleau.

Mireille, Robert, et Marie-Laure attendent leurs amis. Ils ont quelques difficultés à arrêter un itinéraire. On sonne.

MARIE-LAURE: Je vais ouvrir.... C'est Hubert!

HUBERT: Ça va depuis hier? Tenez, regardez, j'apporte les châteaux de France. Les autres ne sont pas là?

MIREILLE: Tiens, les voilà.

COLETTE (*les bras chargés de petits paquets*): Bonjour les enfants!

MIREILLE: Que tu es chargée! Qu'est-ce que tu apportes?

COLETTE: Le Gault et Millau, le *Guide de l'Auto-Journal*, le *Guide Michelin* avec la carte des trois étoiles, des madeleines de Commercy, des berlingots de Carpentras, du nougat de Montélimar, et des bêtises de Cambrai pour Marie-Laure.

MIREILLE: Eh bien, je pense que tu la gâtes un peu trop!

COLETTE: J'espère qu'elle nous en laissera goûter un peu.

2.

MARIE-LAURE: Je ne sais pas, il faut voir... si vous m'emmenez avec vous, d'accord. Sinon, je garde tout.

MIREILLE: Allons, Marie-Laure, tu sais très bien qu'on ne peut pas t'emmener. Tu iras à Saint-Jean-de-Luz avec Papa et Maman.

MARIE-LAURE: Non, non! Moi, je ne veux pas aller à Saint-Jean-de-Luz avec Papa et Maman, je veux aller avec vous!... Je m'en fiche,[1] si vous ne voulez pas

---

1. Allons, Marie-Laure! On dit: "Ça m'est égal." On voit bien que tes parents ne sont pas là. (Note des auteurs)

1.

Colette est **chargée.** Elle a les bras **chargés** de cadeaux et de livres.

Colette a apporté des **guides** de voyage, le **guide** des restaurants, des livres qui donnent des informations sur les itinéraires, les hôtels, etc.

Les **madeleines** sont de petits gâteaux qu'on sert avec le thé.

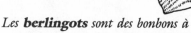

Les **berlingots** sont des bonbons à rayures rouges et blanches.

Le **nougat** est une confiserie à base de miel, d'amandes, et de blanc d'oeuf.

Les **bêtises** sont des bonbons à la menthe.

m'emmener, je partirai toute
seule. Et je ne dirai pas où je
vais. Et tu seras bien embêtée!
MIREILLE: Allons, Marie-Laure,
arrête de dire des bêtises et offre
des bonbons à tout le monde.
MARIE-LAURE: Pas à toi! (*A
Robert.*) Qu'est-ce que tu veux,
mon cowboy adoré, des bêtises
de Cambrai, des berlingots de
Carpentras, du nougat de
Montélimar, ou des madeleines
de Commercy?
ROBERT: Une bêtise!
JEAN-MICHEL: C'est bien le
Guide Vert de la Normandie et
de la Bretagne que je devais
apporter?

3.

HUBERT: Alors, on est bien tous
d'accord, on va d'abord à Rouen?
JEAN-MICHEL: A Tourcoing!
MIREILLE: Bon, j'ai bien réfléchi.
On ne va ni à Rouen, ni à
Tourcoing, mais à Ouessant.
ROBERT: Ouessant? Où est-ce, ça,
Ouessant?
MIREILLE: En mer. A vingt
kilomètres des côtes de Bretagne.
Bon, j'ai une idée. On met la
table de côté et on met la carte
par terre. Ce sera mieux.
HUBERT: Oui, c'est une idée.
Faisons la France en bateau.
ROBERT: La France en bateau?
C'est moi que vous voulez mener
en bateau. . . .
HUBERT: Mais non, cher ami,
personne ne veut vous mener en
bateau, je ne me permettrais pas
de me moquer de vous. Non,
non, c'est tout à fait sérieux, je ne
plaisante pas. On peut très bien
faire la France en bateau. Pensez,
cinq mille kilomètres de côtes!
MIREILLE: Ça en fait, des plages!
On va pouvoir se baigner tous les
jours.
JEAN-MICHEL: Oh, eh là, minute!
Ça dépend où! Moi, je ne me
baigne pas dans la Manche ni
dans la Mer du Nord. Pas
question! C'est trop froid.

3.

La **côte** atlantique.

Mireille a mis la carte **par terre**;
c'est plus commode pour la regarder.

En URSS, il y a des gens qui **se
baignent** en janvier, au milieu des
glaçons et des **ours blancs**.

4.

Faisons la France **en bateau!**

HUBERT: Monsieur est frileux!
Mais cher Monsieur, en URSS, il
y a des gens qui se baignent en
janvier, au milieu des glaçons et
des ours blancs!
MARIE-LAURE: C'est vrai?
MIREILLE: Je n'en suis pas sûre.
MARIE-LAURE: Ils ont sûrement
des combinaisons thermiques!

4.

ROBERT: Je vois très bien
comment on pourrait longer la
côte depuis la Belgique jusqu'au
Pays Basque, mais comment
passer de là jusqu'à la Méditerranée, ça je vois moins bien . . .
même si Louis XIV a supprimé
les Pyrénées . . .
MARIE-LAURE: Mais il ne les a
pas supprimées pour de vrai!
HUBERT: Aucun problème! On
remonte la Garonne, puis on

prend le canal du Midi (encore
une grande réalisation de Louis
XIV, entre parenthèses), et on
arrive à la Méditerranée.

JEAN-MICHEL: Oh la la! Il y en a
qui commencent à m'embêter
avec leur Louis XIV! Cela dit, je
reconnais qu'on peut aller
presque partout en bateau, avec
tous ces fleuves, toutes ces rivières,
tous ces canaux....

HUBERT: Oui, bien sûr, de la
Manche, on pourrait remonter la
Seine, puis la Marne; de la
Marne passer dans la Saône par le
canal; de la Saône, on passe
dans le Rhône, et on descend
tranquillement jusqu'à la
Méditerranée.

COLETTE: Et on va manger une
bouillabaisse à Marseille! Voilà:
la vraie bouillabaisse de Marseille.
Vous voulez la recette?

5.

HUBERT: Mais j'y pense! Ma
famille a un petit voilier à
Villequier. On pourrait peut-être
l'emprunter!

MIREILLE: Minute! Je n'ai pas
envie d'aller me noyer à la fleur de
l'âge!

MARIE-LAURE: Pourquoi tu te
noierais? Tu sais nager!

MIREILLE: Oui, mais faire de la
voile à Villequier, c'est dangereux.

MARIE-LAURE: Pourquoi?

MIREILLE: Tu sais, Victor
Hugo....

MARIE-LAURE: Ouais....

MIREILLE: Il avait une fille....

MARIE-LAURE: Ouais....

MIREILLE: Et cette fille, elle s'est
mariée....

MARIE-LAURE: Ouais....

MIREILLE: Et un jour, elle est
allée avec son mari à Villequier,
sur la Seine, dans une propriété
de la famille....

MARIE-LAURE: Ouais....

MIREILLE: Et là, il y avait un
bateau, un voilier; et elle est allée
faire du bateau, sur la Seine, avec
son mari....

*Un **fleuve**, la Seine. (Un **fleuve** se jette dans la mer.)*

*Une **rivière**. (Une **rivière** se jette dans une autre **rivière** ou dans un fleuve.)*

*Un **canal**.*

*Colette lisant la **recette** de la **bouillabaisse**, une soupe de poissons.*

5.

*Un **voilier**.*

*Un monsieur qui est en train de se **noyer**.*

*Mireille est à la **fleur de l'âge**; elle a dix-huit ans! Tante Amélie, elle, n'est plus à la **fleur de l'âge**; c'est une vieille dame.*

*Le monsieur se **retourne**.*

Le bateau où était la fille de
Victor Hugo **s'est retourné**; il
s'est renversé.

MARIE-LAURE: Ouais?

MIREILLE: Et le bateau s'est retourné, et elle s'est noyée.

MARIE-LAURE: Et alors?

MIREILLE: Et alors, Victor Hugo a écrit un poème.

MARIE-LAURE: Et toi, tu ne veux pas aller te noyer à Villequier, parce que Papa n'écrirait pas de poème.

MIREILLE: Voilà, tu as tout compris.

6.

JEAN-MICHEL: Eh bien, moi, je n'ai pas non plus envie d'aller me noyer à la fleur de l'âge.... Et puis moi, je ne vais pas passer l'été à faire du tourisme sur un yacht de fils à papa! J'aurais mauvaise conscience; et puis de toute façon, ce n'est pas à bord d'un yacht qu'on peut découvrir la vraie France. Non, il faut aller voir la France qui travaille, il faut aller voir les ouvriers des aciéries de Lorraine, les mineurs de fond. Il faut aller voir fabriquer les pneus Michelin, l'Airbus, les voitures Renault et les pointes Bic. C'est ça, la France! La vraie France, ce sont les travailleurs.

HUBERT: Les travailleurs! Ce ne sont pas eux qui fabriquent les Renault!

7.

JEAN-MICHEL: Ah non? Et c'est qui, d'après toi?

HUBERT: Les robots! Et puis, vous me faites rire avec vos pointes Bic. La France est peut-être à la pointe du progrès avec les pointes Bic; la pointe Bic est une magnifique réussite technique et commerciale, d'accord. Mais il y a des choses encore plus remarquables. Tenez, prenez l'usine marémotrice de la Rance, par exemple, hein? Ce n'est pas partout qu'on fait de l'énergie électrique avec la force des marées!

6.

Un **fils à papa** sur son **yacht.**

7.

La **boîte de conserve,** une grande découverte française.

Le **stéthoscope** est une invention française.

C'est en France qu'on a inventé le **cinéma.**

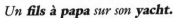

La France est le pays de l'**amour** et de la **liberté.**

JEAN-MICHEL: Tu me fais rigoler avec ta marémotrice. La marémotrice de la Rance, ce n'est pas mal, mais les Russes aussi en ont une, de marémotrice!

HUBERT: Oui... qu'ils ont copiée sur la nôtre!

JEAN-MICHEL: Ça, c'est à voir!

HUBERT: C'est tout vu. D'ailleurs, il n'y a pas que les Russes; le monde entier nous copie, parce que toutes les grandes découvertes ont eu leur origine en France: la pasteurisation, la radioactivité, la boîte de conserve, le stéthoscope, le champagne, l'aviation, le télégraphe, le cinéma, le principe de Carnot, le foie gras, l'amour, la liberté....

8.

JEAN-MICHEL: Ce n'est pas
possible d'être chauvin à ce
point-là! . . . Tenez, un truc qui
est vachement bien, c'est les
installations d'énergie solaire dans
les Pyrénées Orientales. Vous
connaissez? Ça, c'est quelque
chose! Je me rappelle avoir vu,
quand j'étais petit, un four solaire
qui liquéfiait les métaux en un
clin d'oeil. Vous vous rendez
compte? Du métal qui fond au
soleil! Ça m'avait sidéré.
COLETTE: Tu nous embêtes avec
ta sidérurgie. Ça n'intéresse
personne.
JEAN-MICHEL: Ah ben! La
sidérurgie solaire, je t'assure
que c'est quelque chose. C'est
impressionnant.
MIREILLE: Tiens, Marie-Laure, on
a sonné. Tu vas voir?

9.

Marie-Laure va ouvrir la porte
d'entrée; c'est l'homme en noir. . . .
Elle revient dans le salon. Personne
n'a fait très attention à ce qui s'était
passé.
MIREILLE (*plus occupée de son projet
de voyage que de l'incident de la
porte*): Qu'est-ce que c'était?
MARIE-LAURE: Le frère de la
soeur.
MIREILLE: Qui?
MARIE-LAURE: Tu sais bien, le
frère de la bonne soeur qui était
venue l'autre jour.
MIREILLE: Qu'est-ce qu'il voulait?
MARIE-LAURE: Il me rapportait
mes boules de gomme.
MIREILLE: Tu les avais perdues?
MARIE-LAURE: Non.

8.

Hubert est **chauvin;** il est
français et fier de l'être.

*Le **four solaire** d'Odeillo, dans les
Pyrénées.*

*Dame **sidérée** par ce qu'elle lit dans
le journal.*

C'est extrêmement surprenant.
C'est **sidérant.**

10.

MIREILLE: Qu'est-ce que c'était,
ces boules de gomme qu'il te
rapportait?
MARIE-LAURE: Ce n'étaient pas
les miennes. C'étaient d'autres
boules de gomme.
MIREILLE: Je n'y comprends rien.
MARIE-LAURE: C'est pourtant
simple! Il m'a dit: "Je vous
rapporte vos boules de gomme."
Mais j'ai vu que ce n'étaient pas
les miennes, alors je lui ai dit:
"Non, ce ne sont pas les
miennes," et je les lui ai rendues.
Alors, il est parti.
MIREILLE: Ce n'est pas très clair!
C'est bien mystérieux, cette
histoire de boules de gomme.
MARIE-LAURE: Ben, toi, on peut
dire que tu n'es pas douée!

11.

Tout le monde se lève pour partir.
COLETTE: Il est cinq heures. Il faut
que je parte.
HUBERT: Je vous accompagne.
JEAN-MICHEL: Moi aussi, il faut
que je parte.
Robert aussi s'en va.

MARIE-LAURE: Moi aussi, je
descends.
MIREILLE: Tu vas où?
MARIE-LAURE: Au jardin.
MIREILLE: Bon, d'accord, mais tu
reviens à six heures, tu entends?
Six heures pile! Papa et Maman
ne sont pas là, ce soir. Alors, on
mangera tôt, et si tu es sage, on
ira au cinéma.
MARIE-LAURE: Chouette!
MIREILLE: Six heures, pile! Pas
une minute de plus!

♫ Mise en oeuvre

Ecoutez la mise en oeuvre du texte et répondez aux questions suivantes.

1. Où les amis se retrouvent-ils?
2. Quel guide Colette a-t-elle apporté?
3. Quelles sortes de bonbons a-t-elle apportées pour Marie-Laure?
4. A quelle condition Marie-Laure leur fera-t-elle goûter des bêtises de Cambrai?
5. Où Marie-Laure doit-elle aller cet été?
6. Qu'est-ce qu'elle menace de faire s'ils ne l'emmènent pas?
7. Où Mireille propose-t-elle d'aller?
8. Où est Ouessant? Qu'est-ce que c'est?
9. Quand Hubert dit qu'il veut faire la France en bateau, est-ce qu'il est sérieux ou est-ce qu'il veut "mener Robert en bateau"?
10. Pourquoi y a-t-il tant de plages en France?
11. Pourquoi Jean-Michel refuse-t-il de se baigner dans la Manche ou la Mer du Nord?
12. Comment peut-on passer du Pays Basque jusqu'à la Méditerranée?
13. Pourquoi peut-on aller presque partout en bateau en France?
14. Comment peut-on passer de la Marne dans la Saône?

15. Pourquoi Colette aimerait-elle aller à Marseille?
16. Qu'est-ce que la famille d'Hubert possède à Villequier?
17. Pourquoi Mireille ne veut-elle pas aller faire de la voile à Villequier?
18. Comment est morte la fille de Victor Hugo?
19. Pourquoi Jean-Michel ne veut-il pas emprunter le voilier de la famille d'Hubert?
20. Quelle est la France que Jean-Michel veut voir?
21. D'après Hubert, qui fabrique les Renault?
22. A quoi sert l'usine marémotrice de la Rance?
23. Quelles découvertes ont été faites en France?
24. Qu'est-ce que Jean-Michel reproche à Hubert?
25. Qu'est-ce qu'il y a dans les Pyrénées Orientales?
26. Qu'est-ce que Jean-Michel avait vu quand il était petit?
27. Qui sonne à la porte des Belleau?
28. Pourquoi l'homme en noir est-il venu?
29. Pourquoi Marie-Laure n'a-t-elle pas accepté les boules de gomme de l'homme en noir?
30. Qu'est-ce que Mireille et Marie-Laure feront ce soir, si Marie-Laure est sage?

Document

La plage de Royan.

Le canal du Midi.

Le port de La Rochelle, sur l'Atlantique.

Villefranche-de-Lauragais, où on peut louer un bateau pour descendre le Canal du Midi jusqu'à la Méditerranée.

Le Chateau d'If (prison du Comte de Monte-Cristo) à l'entrée du port de Marseille.

Le vieux port de Marseille.

*Port-Grimaud, sur la Méditerranée,
près de Saint-Tropez.*

*La plage et le port de Collioure, sur la Méditerranée,
près de la frontière espagnole.*

*Le port et la vieille ville de Menton, près de la frontière
italienne.*

Leçon 49
Quelle horreur!

1.

Chez les Belleau. Il est plus de six heures, et Marie-Laure n'est pas rentrée. Mireille attend, et elle s'inquiète.

MIREILLE: Mais qu'est-ce qu'elle fait? Mais, ce n'est pas possible! Qu'est-ce qu'elle peut bien faire?... Mon Dieu, il lui est sûrement arrivé quelque chose!

Vers 19 heures, elle se décide à téléphoner à Robert.

MIREILLE: Allô, Monsieur Taylor, s'il vous plaît.... Allô, Robert, c'est toi? Est-ce que Marie-Laure est avec toi?

ROBERT: Marie-Laure? Non, pourquoi?

MIREILLE: Je ne sais que faire. Marie-Laure a disparu. Mais qu'est-ce qui a bien pu lui arriver? Elle devait être ici à six heures. Il est sept heures et quart, et elle n'est toujours pas rentrée. Mon Dieu! Je me disais qu'elle était peut-être partie avec toi?

ROBERT: Non, je crois qu'elle est allée au Luxembourg.

MIREILLE: Mais alors, elle devrait être là.... Ah, je ne sais pas que faire.

ROBERT: Ecoute, tu veux que je vienne? J'arrive tout de suite.

MIREILLE: Bon, je t'attends. Fais vite. Au revoir.

1.

*Il est **plus de** six heures, six heures passées.*

Qu'est-ce qui est **arrivé?** Qu'est-ce qui s'est passé?

Quelque chose est **arrivé** à Marie-Laure. Il lui est **arrivé** quelque chose. Elle a été victime d'un accident, d'une catastrophe....

*Mireille **se décide à** téléphoner à Robert.*

2.

Un quart d'heure plus tard, Robert est là.[1]

MIREILLE: Il est 7h 40! Ça fait une heure et demie qu'elle devrait être là! Je ne comprends pas.

ROBERT: Tu as regardé dans sa chambre?

MIREILLE: Son bateau n'est pas là.

ROBERT: Il me semble bien qu'elle est partie avec, tout à l'heure.... Allons voir au Luxembourg.

3.

Au Luxembourg. Robert et Mireille cherchent, cherchent. Mais il n'y a plus personne. Tout à coup, Mireille aperçoit le bateau de Marie-Laure, à moitié caché derrière un palmier.

MIREILLE: Regarde son bateau! Ah, mon Dieu, le bassin! Mais c'est affreux!

Robert et Mireille courent vers le bassin. Ils aperçoivent des cheveux blonds dans l'eau... mais ce sont ceux d'une poupée!

ROBERT: C'est une poupée. Elle n'est pas à elle?

MIREILLE: Mon Dieu, où peut-elle bien être passée? Qu'est-ce qui a bien pu lui arriver? Je n'aurais jamais dû la laisser partir.

---

1. Il a fait vite! Il ne s'est pas perdu. (Note des auteurs)

Il paraît qu'il y a un drôle de type qui se promène dans le quartier. La concierge l'a vu. Tu crois. . . .

ROBERT: Mais non, qu'est-ce que tu vas imaginer! Ecoute, on va revenir chez toi et téléphoner à la police.

MIREILLE: Huit heures! Ça fait trois heures qu'elle est partie! Il lui est sûrement arrivé quelque chose.

4.

Mais, chez les Belleau, Marie-Laure est assise sur son lit, en train de jouer tranquillement avec son bateau.

MIREILLE: Marie-Laure, mais qu'est-ce que tu fais?

MARIE-LAURE: J'arrange mon bateau. Les ficelles sont tout emmêlées. . . .

MIREILLE: Mais où étais-tu?

MARIE-LAURE (*pas bavarde*): Je viens de rentrer. . . .

Mireille n'en peut plus. Elle se met à pleurer; Robert essaie de la calmer.

ROBERT: Allons, allons, calme-toi! Tu vois: tout va bien. Tout est bien qui finit bien, non? Il ne lui est rien arrivé du tout!

MIREILLE (*à Marie-Laure*): Tu veux manger?

MARIE-LAURE: J'ai déjà mangé. Je vais me coucher.

MIREILLE: Oui, c'est ça. Couche-toi. Je viendrai te dire bonsoir.

5.

Mireille raccompagne Robert jusqu'à la porte.

MIREILLE: Qu'est-ce qu'elle a bien pu faire?

ROBERT: L'essentiel, c'est qu'elle soit là. Ça va aller?

MIREILLE: Oui. . . . C'est gentil d'être venu. J'ai eu tellement peur!

ROBERT: C'est fini! Je peux te laisser? Ça va aller, tu es sûre? A demain, tâche de dormir. Tu ne

3.

Le bateau de Marie-Laure est à moitié **caché,** *à moitié dissimulé derrière un* **palmier.**

Ce n'est pas Marie-Laure, mais une **poupée** *que Robert sort du bassin.*

4.

Marie-Laure est assise sur son **lit,** *en train de jouer avec son bateau.*

Mireille **n'en peut plus.** *Elle est à bout de nerfs, elle est épuisée; elle ne peut pas s'empêcher de pleurer.*

vas pas être trop en forme pour ton examen. . . . C'est quand, le matin ou l'après-midi?

MIREILLE: L'après-midi. Je devrais avoir fini à six heures. On a rendez-vous avec les autres à six heures et demie.

ROBERT: Où ça?

MIREILLE: A Saint-Germain-des-Prés, au petit square, près de l'église, tu sais, juste en face des Deux Magots.

ROBERT: Des deux gâteaux?

MIREILLE: Des Deux Magots, idiot! Espèce d'idiot! Aux Deux Magots, le café.

ROBERT: Oui, je crois que je vois où c'est. Bon, allez, à demain!

6.

Un peu plus tard, dans la chambre de Marie-Laure.

MIREILLE: Tu es couchée? Ça va? Alors dis-moi, maintenant. Qu'est-ce qui t'est arrivé?

MARIE-LAURE: C'est un secret. Alors, je ne peux pas te le dire. De toute façon, ça ne servirait à rien que je te le dise, parce que si je te le dis, tu ne me croiras pas.

MIREILLE: Mais si!

MARIE-LAURE: Mais non!

MIREILLE: Mais si!

MARIE-LAURE: Eh bien voilà. . . . Je suis allée jouer au Luxembourg, et là, j'ai vu le frère de la soeur qui se promenait avec un air bizarre. Il avait l'air d'observer la maison. Alors, je me suis dit: "Qu'est-ce qu'il veut celui-là? Il n'a pas l'air net. C'est un voleur, un espion ou quoi?" . . . Alors à ce moment-là, je crois qu'il m'a vue. Il m'a reconnue. Alors il a eu peur et il est parti. Alors j'ai vite caché mon bateau et j'ai commencé à le suivre, mais en me cachant, pour qu'il ne sache pas que je le suivais. Et lui, il se retournait tout le temps pour voir si je le suivais. Tu me suis? . . . Il avait vachement peur, parce qu'il se doutait bien que je le suivais.

7.

MARIE-LAURE: Il est sorti du jardin. Il a traversé, et il est entré dans le métro. Moi, je l'ai suivi, bien sûr. Il est monté dans le RER. Moi aussi, mais pas dans le même wagon. A Denfert, j'ai vu qu'il descendait. Alors, je suis descendue aussi. Il est sorti, et il a commencé à marcher. Il croyait que je l'avais perdu. Mais il m'a vue. Alors, là, il a eu vachement peur! Et il est parti à toute vitesse... et il s'est précipité dans la première porte ouverte qu'il a vue. Devant la porte, il y avait un type en uniforme qui criait: "Dépêchons-nous pour la dernière visite!" Je suis vite entrée.... C'était tout noir. On ne voyait rien. Puis le type en uniforme est entré. Il a fermé la porte. Il a dit: "Par ici, messieurs-dames." Ce qui était bête, parce qu'il n'y avait que l'homme en noir, et il n'y avait pas de dame. (Il y avait bien moi, mais il ne m'avait pas vue: je m'étais cachée derrière; alors il ne savait pas que j'étais là.) Il a commencé à faire visiter (parce que c'était une sorte de guide, tu vois). Il y avait tout un tas de trucs bizarres, des têtes de mort, des os, des vrais! Et l'homme en noir, il avait vachement peur, parce qu'il savait que je le suivais.

5.

Tâche de dormir! Essaie de dormir!

Mireille ne va pas être **en forme;** elle ne va pas être en excellente condition physique ni mentale.

Les **deux magots** qui ont donné son nom au café.

6.

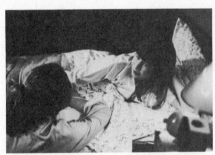

Marie-Laure est **couchée.** Elle est dans son lit.

Au Luxembourg, Marie-Laure a vu l'homme en noir qui **se promenait** avec un air bizarre.

Il n'a pas l'air **net.** Il n'a pas l'air innocent, honnête. Il n'est pas **net.** On ne peut pas lui faire confiance.

Il avait **vachement** peur. Il avait très peur.

7.

Le RER (**Réseau Express Régional**): des lignes de métro qui sont plus rapides et qui vont plus loin en banlieue.

Devant la porte, il y a un type **en uniforme.**

On peut **visiter** les catacombes.

Des **têtes de mort.**

L'homme en noir **a peur,** parce qu'il sait que Marie-Laure l'a suivi dans les catacombes.

8.

MARIE-LAURE: Puis, on est revenus à l'escalier....

LE GUIDE: Voilà, Mesdames et Messieurs, la visite est terminée. Par ici la sortie. N'oubliez pas le guide, svp.

MARIE-LAURE (*enfermée à l'intérieur, tapant à la porte*): Ouvrez! Ouvrez!

LE GUIDE (*ouvrant la porte*): Qu'est-ce que vous faites là, vous?

MARIE-LAURE: J'attendais que vous m'ouvriez! Je ne vais pas passer la nuit ici!

...L'homme en noir en avait profité pour disparaître. Alors je suis rentrée à pied, parce que je n'avais pas assez d'argent pour prendre le métro. Et puis, j'avais envie de prendre l'air! Et voilà, tu es contente?

MIREILLE: Je me demande où tu vas chercher toutes ces histoires à dormir debout!

MARIE-LAURE: Parce que tu ne me crois pas?...Je savais bien que tu ne me croirais pas. C'est toujours pareil. Tu ne veux jamais me croire! Bon, je suis fatiguée, moi; je dors.

MIREILLE: C'est ça, dors, et ne rêve pas trop à l'homme en noir....Et dis-moi, je crois qu'il vaudrait mieux ne rien dire à

8.

N'oubliez pas le guide!

Il ne faut pas **oublier** de donner quelque chose au **guide** à la fin de la visite.

Marie-Laure est enfermée dans les catacombes! Elle ne peut pas sortir!

Marie-Laure n'a pas assez d'argent pour prendre le métro.

C'est une histoire à **dormir debout,** une histoire incroyable!

Mireille **passe** une boule de gomme à Marie-Laure. Elle la lui donne, elle la lui tend.

Papa et Maman; d'accord?

MARIE-LAURE: D'accord... mystère et boule de gomme!

Tiens, passe-m'en une, pour m'endormir.

ଋ **Mise en oeuvre**

Ecoutez la mise en oeuvre du texte et répondez aux questions suivantes.

1. Pourquoi Mireille s'inquiète-t-elle?
2. A qui téléphone-t-elle?
3. A quelle heure Marie-Laure devait-elle rentrer?
4. Qu'est-ce que Mireille avait pensé?
5. Qu'est-ce que Robert et Mireille ne voient pas dans la chambre de Marie-Laure?
6. Où vont-ils chercher Marie-Laure?
7. Où Mireille voit-elle le bateau de Marie-Laure?
8. Qu'est-ce que Robert voit dans le bassin?
9. A qui sont les cheveux blonds?
10. Qu'est-ce que Mireille pense qu'elle n'aurait pas dû faire?
11. Qui la concierge a-t-elle vu dans le quartier?
12. Où est Marie-Laure?
13. Qu'est-ce qu'elle fait?
14. Pourquoi Robert essaie-t-il de calmer Mireille?
15. Qu'est-ce que Mireille a, le lendemain?
16. Où Robert et Mireille ont-ils rendez-vous le lendemain, à 6h et demie?
17. Pourquoi Marie-Laure ne veut-elle pas dire son secret?
18. Qui Marie-Laure a-t-elle vu au Luxembourg?
19. Qu'est-ce que Marie-Laure a décidé de faire?
20. Pourquoi le type se retournait-il tout le temps?
21. Pourquoi avait-il peur?
22. Où le type, suivi de Marie-Laure, est-il entré?
23. Qui était le type en uniforme?
24. Qu'est-ce qu'il y avait de bizarre dans cet endroit?
25. Pourquoi Marie-Laure a-t-elle dû taper à la porte?

26. Qu'est-ce que le type en noir avait fait pendant que Marie-Laure était enfermée?
27. Pourquoi Marie-Laure est-elle rentrée à la maison à pied?

28. Pourquoi Marie-Laure n'est-elle pas surprise que Mireille ne la croie pas?
29. Qu'est-ce que Marie-Laure veut manger pour s'endormir?

Document

Il existe, sous les rues et les maisons de Paris, des centaines de kilomètres de galeries souterraines, celles du métro, bien sûr, celles des égouts, et celles des catacombes. Les galeries des catacombes ont été creusées au cours des siècles pour extraire la pierre dont on s'est servi pour construire les maisons de Paris. Certaines galeries, celles qui se trouvent sous l'hôpital Sainte-Anne, correspondent à une ancienne mine de charbon.

Les catacombes ont servi à de nombreux usages, et surtout de cachette, évidemment. Au moment de la Libération de Paris, le 20 août 1944, le colonel qui commandait les Forces Françaises de l'Intérieur avait installé son P.C. (Poste de Commandement) dans les catacombes. A la fin du XVIIIème siècle, les grands cimetières de Paris, comme celui des Saints Innocents qui se trouvait à l'emplacement actuel du Forum des Halles, étaient pleins. On les a alors vidés, et on a transporté les ossements dans les catacombes. Il y a ainsi, le long des galeries, de cinq à six millions de squelettes (dont celui de la Marquise de Pompadour), méthodiquement rangés par cimetière d'origine et par catégorie anatomique: il y a des piles de crânes, des piles de tibias, des piles de fémurs, etc.

On peut visiter une partie des catacombes. L'entrée officielle se trouve 2 bis, Place Denfert-Rochereau, mais il y a beaucoup d'autres entrées plus mystérieuses.

VILLE DE PARIS

DIRECTION DES AFFAIRES CULTURELLES

VISITE DES CATACOMBES

Tous les jours sauf le lundi et jours fériés

Entrée:

Du mardi au vendredi de 14h à 16h

Samedi et dimanche de 9h à 11h et de 14h à 16h

Visite guidée le mercredi à 14h 45

Pour tous renseignements Tél. 43 22 47 68

Leçon 50
Encore de la variété, encore de la richesse

1.

Dans le petit square derrière l'église Saint-Germain.

JEAN-MICHEL (*à Hubert*): Salut l'aristo!

HUBERT: Bonjour, crapule, ça va?

JEAN-MICHEL: On est les premiers?

HUBERT: Tiens, voilà l'Amerloque qui arrive, en roulant ses mécaniques... et Colette.... Mireille n'est pas avec vous?

ROBERT: Vous savez bien qu'elle passait son examen....

HUBERT: Ah, la voilà!... Alors, comment ça va? Ça s'est bien passé?

MIREILLE: C'est fini, on n'en parle plus. Parlons plutôt d'autre chose, si ça ne vous fait rien, du voyage par exemple. Moi, ce que je préfère, dans les voyages, c'est la préparation... faire des plans.

2.

JEAN-MICHEL: Oui, à mon avis, il faudrait s'organiser. On ne peut pas partir comme ça, au hasard. Il faut avoir un fil conducteur, un thème.

HUBERT: Ça pourrait être les châteaux....

1.

*Hubert et Jean-Michel sont dans le petit **square** derrière l'église Saint-Germain-des-Prés.*

C'est une **crapule!** C'est un bandit, un gangster!

Robert est américain. C'est un **Amerloque.**

Il **roule les mécaniques:** il roule les épaules pour montrer qu'il est sportif et musclé.

2.

*Une bobine de **fil**.*

*Une **andouille** (c'est une sorte de saucisse).*

3.

Colette ne pense qu'à la **bouffe,** la nourriture. Elle ne pense qu'à manger, à **bouffer.**

MIREILLE: Ou les églises romanes....

COLETTE: Moi, j'ai une meilleure idée: je vous propose un tour de France culturel et éducatif; par exemple une étude systématique des charcuteries et des fromages de France. La France et ses trois cents fromages! Ah! Quelle richesse, quelle variété! On pourrait commencer par la Normandie, comme prévu, avec le camembert et le pont-l'evêque pour les fromages, les rillettes du Mans et l'andouille de Vire pour les charcuteries.

HUBERT: L'andouille de Vire? Ah, non, quelle horreur! Comme c'est vulgaire! C'est fait avec des tripes de porc....

COLETTE: Et alors? C'est très bon, les tripes! Les tripes à la mode de Caen... hmm! C'est fameux!

3.

MIREILLE: Arrête, tu nous embêtes avec ta bouffe. Tu ne penses qu'à ça! Il n'y a pas que ça dans la vie! D'abord, la Normandie, c'est trop riche, trop gras.... Trop de crème, trop de beurre. C'est un pays enfoncé dans la matière ...

JEAN-MICHEL: ... grasse!

MIREILLE: Parlez-moi plutôt de la Bretagne! Voilà un pays qui a de l'âme! C'est austère, mystique; tous ces calvaires bretons sculptés dans le granit, Saint-Thégonnec, Guimilliau, Plougastel.... Et les pardons bretons, avec toutes ces femmes en coiffe qui suivent la procession....

COLETTE: Oui, la Bretagne, c'est intéressant. Il y a les crêpes, les huîtres de Cancale, le homard à l'armoricaine....

ROBERT: A l'américaine!

HUBERT: A l'armoricaine! C'est une vieille recette bretonne, évidemment!

JEAN-MICHEL: Mais non, pas du tout! Où est-ce que vous êtes allés chercher ça? Tu es tombé sur la tête? C'est le homard à l'américaine!

MIREILLE: A l'armoricaine, tout le monde sait ça!

4.

COLETTE: De toute façon, c'est très bon. On pourrait organiser

de la culture française, mais il n'y a pas que ça! Il y a aussi les porcelaines de Limoges, les poteries de Vallauris, les tapisseries d'Aubusson....

MIREILLE: La dentelle du Puy, la toile basque....

*Le **calvaire** de Tronoën, en Bretagne.*

*Les vieilles femmes bretonnes portent encore la **coiffe** traditionnelle de dentelle.*

Il est **tombé sur la tête!** Il est fou!

4.

La **fondue**, une spécialité de Savoie (la province des Alpes françaises), se prépare avec du vin blanc dans lequel on fait **fondre** trois sortes de fromages: du gruyère, de l'emmenthal, et du beaufort. On met la fondue au ... de la table, et chacun y ... es morceaux de pain.

*Les **calissons** sont une spécialité d'Aix-en-Provence, à base de pâte d'amandes.*

COLETTE: Oh, vous m'embêtez, vous deux, avec votre artisanat. Ce qu'il y a de mieux, dans le Pays Basque, c'est la pelote et le poulet basquaise.

HUBERT: Poulet pour poulet, moi, je préfère le poulet Mireille.

MIREILLE: Oh, toi, tu m'embêtes avec tes galanteries de basse cuisine!

COLETTE: La pelote, le poulet basquaise, et le jambon de Bayonne.

5.

MIREILLE: Bof! Mon oncle Guillaume, qui est un fin gourmet, prétend que le jambon de montagne qu'on trouve en Auvergne est meilleur.

HUBERT: Ce qu'il y a d'intéressant en Auvergne, ce sont les eaux.

COLETTE: Les os de jambon?

HUBERT: Ha, ha, ha, elle est bien bonne! ... Les eaux thermales! Vichy, la Bourboule, le Mont-Dore.... Les eaux thermales, et les volcans.

JEAN-MICHEL: Pfeuh ... tous éteints, ces volcans!

COLETTE: Et depuis longtemps!

MIREILLE: Heureusement! Que ferions-nous de volcans en éruption dans notre douce France? La France est le pays de la raison, un pays civilisé. Les fureurs de la nature, les cataclysmes, ce n'est pas notre genre. Nous préférons le calme d'une palme qui se balance sur la mer....

6.

ROBERT: Une palme? La France est peut-être le paradis terrestre, mais je doute que vous ayez beaucoup de palmes en France.

MIREILLE: Mais si, il y a des palmiers sur la Côte d'Azur ... comme en Afrique, ou en Floride.

HUBERT: Il y a de tout en France, mon cher!

ROBERT: Sans blague? Vous avez des séquoias, par exemple?

MIREILLE: Des séquoias, non, bien sûr, c'est trop grand! Je viens de te dire que la France est le pays de la raison et de la mesure. Il n'y a pas de séquoias, mais dans tous les jardins publics, il y a des cèdres du Liban, ramenés par Jussieu dans son chapeau.

HUBERT: Il y a aussi des séquoias; pas aussi grands que ceux de Californie, mais il y en a. Et puis, nous avons de magnifiques forêts de sapins, dans les Vosges et dans les Alpes.

MIREILLE: Comme au Canada ou en Norvège.

HUBERT: De grandes forêts de pins dans les Landes. . . .

JEAN-MICHEL: Pour la résine et le papier.

HUBERT: Et même des chênes-liège, comme au Portugal. . . .

JEAN-MICHEL: Pour faire des bouchons.

COLETTE: Très important, les bouchons, pour le vin.

7.

HUBERT: Il y a de tout, absolument de tout! Du blé, comme en Ukraine ou dans le Kansas, du maïs comme en Hongrie ou dans l'Iowa, du riz comme en Chine ou au Cambodge. . . .

ROBERT: Du riz? Ha, ha, je ris! Du riz? Vous voulez rire! Ça m'étonnerait que vous ayez beaucoup de riz en France.

JEAN-MICHEL: Mais si! Pour une fois, je dois reconnaître qu'Hubert a raison. On produit pas mal de riz dans le sud de la France, en Camargue. Tu as entendu parler de la Camargue? C'est génial. Il faudra y aller, je suis sûr que ça te plaira: il y a des chevaux sauvages, des taureaux sauvages, des cowboys. . . .

MIREILLE: Comme au Texas!

*La **poterie** de Vallauris.*

6.

*Des **palmiers,** à Nice.*

5.6.7.

*Jussieu ramenant dans son chapeau un **cèdre** du Liban.*

*Des **sapins.***

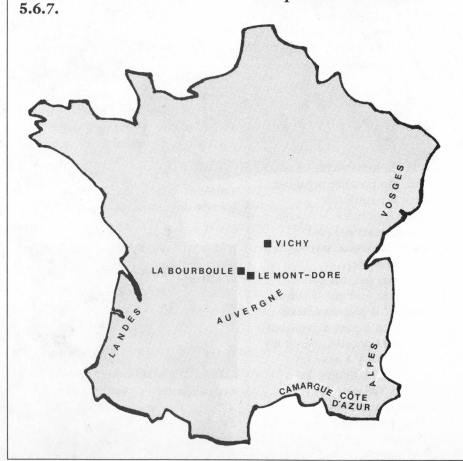

JEAN-MICHEL: Seulement, en Camargue, on les appelle des gardians. Mais c'est la même chose. Il y a même des flamants roses.

MIREILLE: Comme en Egypte.

ROBERT: Et de la canne à sucre, vous en avez, en France?

MIREILLE: Bien sûr que nous en avons! A la Martinique!

8.

ROBERT: Bon, admettons que vous ayez du sucre… mais est-ce que vous avez du café?

MIREILLE: Le café au lait au lit? Tous les matins… avec des croissants.

JEAN-MICHEL: Evidemment, le café vient du Brésil, de Colombie, ou de Côte d'Ivoire.

ROBERT: Et des oliviers, vous en avez?

MIREILLE: Mais oui, évidemment qu'on en a, dans le Midi! Heureusement! Avec quoi est-ce qu'on ferait l'huile d'olive, l'aïoli, ou la mayonnaise?

COLETTE: L'huile d'olive, je n'aime pas trop ça. Ça a un goût trop fort. Chez moi, on fait toute la cuisine au beurre.

MIREILLE: A la maison, on fait toute la cuisine à l'huile.

JEAN-MICHEL: Dans ma famille, qui est du Sud-Ouest, on fait la cuisine à la graisse.

HUBERT: Tiens, ça me rappelle une version que j'ai faite en cinquième. C'était du César, si je ne me trompe: "Gallia omnia divisa est in partes tres."[1] La France est divisée en trois parties: la France du beurre dans le Nord, la France de l'huile dans le Midi, et la France de la graisse dans le Centre et le Sud-Ouest.

---

1. Il n'est vraiment pas fort en latin, cet Hubert! César a écrit: "Gallia est omnis divisa in partes tres."

7.

Un épi de **blé.**

Un **flamant rose.**

Un épi de **maïs.**

Taureaux *sauvages, en Camargue.*

8.

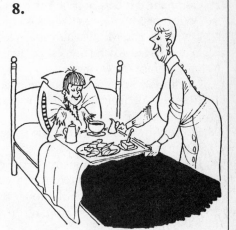

Le **café au lait au lit** … *avec des croissants.*

L'**aïoli** est une mayonnaise fortement parfumée d'ail.

Quand il était en classe de cinquième, Hubert apprenait le latin. Pour apprendre le latin, il faut faire beaucoup de traductions: des **versions** (du latin en français), et des thèmes (du français au latin).

9.

JEAN-MICHEL: Eh bien, dis donc, tu ne devais pas être très fort en version latine! Quand César dit que la Gaule est divisée en trois parties, ça n'a rien à voir avec les matières grasses!

HUBERT: Vraiment?

JEAN-MICHEL: En fait, je vais vous dire.... La vérité, c'est qu'il y a la France du vin dans le Midi, la France de la bière dans l'Est et dans le Nord, et la France du cidre dans l'Ouest: en Bretagne et en Normandie.

COLETTE: Ah, le cidre! Ce que j'aime ça! J'en boirais bien une bouteille, tiens!

HUBERT: Qu'à cela ne tienne! Allons prendre un pot aux Deux Magots!

MIREILLE: Bonne idée!

TOUS: On y va!

♫ Mise en oeuvre

Ecoutez la mise en oeuvre du texte et répondez aux questions suivantes.

1. Comment Jean-Michel appelle-t-il Hubert?
2. Comment Hubert appelle-t-il Robert?
3. Pourquoi Mireille n'est-elle pas encore arrivée?
4. Qu'est-ce que Mireille aime dans les voyages?
5. D'après Jean-Michel, qu'est-ce qu'il faut avoir quand on organise un voyage?
6. Quelle sorte de voyage Colette propose-t-elle?
7. Combien de fromages y a-t-il en France?
8. De quoi est faite l'andouille?
9. Pourquoi Mireille ne veut-elle pas aller en Normandie?
10. D'après Mireille, comment est la Bretagne?
11. Qu'est-ce qu'il y a d'intéressant à voir en Bretagne?
12. Que portent les femmes bretonnes?
13. Quelles sont les spécialités gastronomiques de la Bretagne?
14. Autour de quoi Colette pense-t-elle qu'ils devraient organiser leur voyage?
15. Quelle est la spécialité de Limoges?
18. Qu'est-ce qu'il y a dans le Pays Basque?
19. Quel jambon Oncle Guillaume préfère-t-il au jambon de Bayonne?
20. Qu'est-ce qu'il y a à Vichy, à la Bourboule, au Mont-Dore?
21. Comment sont les volcans en France?
22. D'après Mireille, qu'est-ce que la France?
23. Où y a-t-il des palmiers en France?
24. Quels arbres trouve-t-on dans les jardins publics?
25. Quels arbres donnent la résine et la pâte à papier?
26. Qu'est-ce qu'on fait avec les chênes-liège?
27. Qu'est-ce qu'on cultive en Camargue?
28. Dans quel département français trouve-t-on de la canne à sucre?
29. Comment Colette aime-t-elle le café?
30. Avec quoi est-ce qu'on fait la mayonnaise et l'aïoli?
31. Chez Colette, comment fait-on la cuisine?
32. Quelles sont les trois sortes de matière grasse qu'on utilise en France pour faire la cuisine?

l'origine de deux pèlerinages qui attirent beaucoup de monde, au mois de mai et au mois d'octobre. On sort les statues des Maries, on les promène dans les rues et jusque dans la mer, accompagnées par des gardians à cheval, des Arlésiennes en costume, et des gitans, ce qui fait un spectacle très pittoresque.

Autre détail intéressant: il y a, aux Saintes-Maries-de-la-Mer, une statue de Mireille sur la place Mireille.

Panneau sur l'autoroute du soleil.

Taureaux sauvages.

L'église fortifiée des Saintes-Maries-de-la-Mer.

Chevaux sauvages.

Les statues des deux Maries, pendant la procession.

Etangs et marécages.

Maison camarguaise.

Arlésiennes et gardians pendant la procession.

Flamants roses sur un étang.

Rue aux Saintes-Maries-de-la-Mer.

Gardians à cheval dans la mer, à la fin de la procession.

Leçon 51
Revue et défilé

1.

Mireille, Robert, Colette, Hubert, et Jean-Michel s'installent à la terrasse des Deux Magots.

JEAN-MICHEL: C'est une drôle d'idée de venir prendre un pot ici. Vous ne trouvez pas que ça fait un peu snob, non?

HUBERT: Pas du tout! Moi, je trouve ça tout à fait naturel!... Regardez, c'est le rendez-vous de l'élite intellectuelle. Et puis ça fait partie de l'éducation de Robert. C'est un café historique. (*A Robert.*) Ça ne vous fait pas quelque chose de penser que vous êtes peut-être assis sur la chaise de Jean-Paul Sartre?

ROBERT: Si, si, si! Je me suis déjà assis sur la chaise d'Hemingway à la Closerie des Lilas.... Mon

2.

HUBERT (*au garçon*): Garçon, une bouteille de cidre bouché, s'il vous plaît!

LE GARÇON: Je suis désolé, nous n'en avons pas, Monsieur.

HUBERT: Mademoiselle veut une bouteille de cidre.

LE GARÇON: Mais puisque je vous dis que nous n'en avons pas, Monsieur....

HUBERT: Débrouillez-vous! Trouvez-nous du cidre...de Normandie!

3.

A ce moment-là, Mireille, qui fait face au boulevard, s'écrie, avec le plus grand étonnement: "Tiens, comme c'est curieux!" Jean-Pierre

1.

*Robert et Mireille **prennent un pot** à la Closerie des Lilas. Ils prennent un verre, ils boivent quelque chose.*

Ça **fait partie de** l'éducation de Robert. Ça constitue une part de son éducation.

Hubert a l'impression qu'il **fait partie de** l'élite intellectuelle parisienne.

4.

Une dame passe sur le trottoir avec un chat dans les bras.

ROBERT (*à Mireille*): Tiens, dis, regarde, ce n'est pas ta marraine, ça, la dame avec le chat?

MME COURTOIS (*apercevant Mireille*): Ma petite Minouche! Qu'est-ce que tu fais là? Tu as passé tes examens? Tu es reçue? Tu vois, moi, j'emmène Minouche en pension. Nous partons ce soir pour la Bulgarie. Il paraît que c'est formidable. Je vais faire une cure de yaourt. Mais ils n'ont pas voulu donner son visa à Minouche. Elle va s'ennuyer, la pauvre chérie, toute seule à Paris. Tu ne voudrais pas aller la voir, de temps en temps?

MIREILLE: Ah non, je suis désolée, je ne pourrai pas. Nous partons tous demain matin à l'aube.

5.

HUBERT (*au garçon*): Alors, cette bouteille de cidre?

LE GARÇON: Oui, Monsieur, je m'en occupe.

HUBERT: Du cidre normand, hein? Et le garçon se dirige vers une autre table.

MIREILLE: Eh, pas possible, mais c'est Ghislaine! Ghislaine, où vas-tu comme ça?

GHISLAINE: Je pars en Angleterre, à Brighton, Bruce m'attend. Bye, je t'enverrai des cartes postales!

HUBERT (*au garçon*): Notre cidre?

LE GARÇON: Tout de suite, Monsieur, je vous l'apporte. Et le garçon se dirige vers une autre table....

6.

Deux jeunes gens passent à vélo.

COLETTE (*à Mireille*): Dis donc, ce n'est pas ta soeur, là-bas, sur ce magnifique vélo de course à dix vitesses?

MIREILLE: Mais si, c'est Cécile et son mari! Quelle surprise et quelle coïncidence! Cécile!... C'est à vous, ces vélos?

CECILE: Oui, on vient de les acheter au B.H.V. On part demain au Portugal.

MIREILLE: A vélo?

CECILE: A vélo.

COLETTE: Rapportez-moi une bouteille de porto. Je vous rembourserai. (*Aux autres.*) Il paraît qu'il est pour rien là-bas.

HUBERT (*au garçon*): Ce cidre? On commence à avoir soif!

LE GARÇON: Une minute, Monsieur!

4.

Mme Courtois a son chat **dans les bras.**

Mme Courtois doit partir en voyage, alors elle va mettre sa chatte **en pension,** elle va la mettre (temporairement) dans un chenil, une sorte d'hôtel pour chiens et chats.

Un **yaourt.**

6.

Deux **vélos de course** *à dix vitesses.*

Course de vélos.

7.

MIREILLE: Tiens! Ça, c'est formidable! Oncle Victor!
HUBERT: Un de tes oncles? Où ça?

MIREILLE: Là-bas, dans la petite 2CV qui vient de s'arrêter au feu rouge, avec les cannes à pêche et les valises sur la galerie... Eh, Tonton Victor, tu vas à Brest?
ONCLE VICTOR: Non, je vais à Bordeaux.
HUBERT: C'est dommage qu'il n'aille pas en Bretagne. On aurait pu lui demander de nous la rapporter, cette bouteille de cidre.
COLETTE: Ah, non! Moi, je tiens à mon cidre de Normandie.
HUBERT: Dites donc, garçon, ce cidre, ça vient?
LE GARÇON: Certainement, Monsieur.

8.

Un peu plus tard....
MIREILLE: Comme c'est curieux,

7.

Pêcheur qui pêche avec une canne à pêche.

La vieille 2CV de l'oncle Victor a une galerie sur le toit, pour mettre les cannes à pêche et les valises.

8.

ONCLE GUILLAUME: Non, merci, tu es gentille... mais ce n'est pas la peine. Je file!

9.

ROBERT: Tiens, il me semble que je reconnais ces belles jambes musclées!
COLETTE (*intéressée*): Où? Où? Où ça?
ROBERT: Là, le type sur le Vélosolex! Qu'est-ce qu'il a fait de son Alpine 310, celui-là?
MIREILLE: Lui? Il n'a jamais eu d'Alpine. Il est fauché comme les blés. Il n'a pas un rond. Hé! Fersen, où est-ce que tu vas comme ça?
LE BEAU SUEDOIS: Je pars pour la Grèce. Delphes, le théâtre d'Epidaure, le Parthénon.... Et vous, vous partez, non?
MIREILLE: Oui, demain, à l'aube.
COLETTE: Dès qu'on aura bu notre cidre.
LE BEAU SUEDOIS: A votre santé! Skoal!
HUBERT (*au garçon*): Alors, ce cidre?
LE GARÇON: Oui, oui, il arrive.

10.

Arrive un magnifique cabriolet décapotable....
MIREILLE: Mais pincez-moi, dites-moi que je rêve! Ce n'est pas possible... Mais non, il n'y a pas

MIREILLE: La nana! Tu ne la reconnais pas? Mais, c'est ma tante Georgette, voyons!
COLETTE: Non, pas possible!
MIREILLE: Mais si, je t'assure! C'est ma tante Georgette!

11.

Mireille se lève et s'approche de la décapotable.

GEORGETTE (*apercevant Mireille*): Houhou, Mireille! Tu ne devineras jamais ce qui m'arrive. Je te le donne en mille!
MIREILLE: Puisque je ne devinerai jamais, dis-le moi tout de suite!
GEORGETTE: Tu n'as pas lu, dans les journaux? J'ai gagné le gros lot à la loterie!
MIREILLE: Ce n'est pas vrai! Mais comment ça? Tu achètes des billets, maintenant?
GEORGETTE: Penses-tu! Il y a longtemps que je n'en achète plus. Je ne gagnais jamais! C'est un billet que Fido a trouvé pendant que je le promenais le long de la grille du Luxembourg. C'est un drôle de numéro: rien que des 9: 99.999.999. Cinq cent mille balles qu'il a gagnées, ce numéro!... Et le lendemain, j'ai retrouvé Georges! Nous partons vivre notre vie en Orient: nous allons en Inde, nous allons nous fiancer au Taj-Mahal, puis nous irons en Iran respirer les roses d'Ispahan. Ce n'est pas enivrant, tout ça?

9.

Un **vélosolex**: *un vélo avec un petit moteur sur la roue avant.*

Il n'a **pas un rond**... *il n'a pas un sou. Il est fauché (comme les blés).*

10.

Une **pince** *à linge.*

Crabe qui **a pincé** *le doigt de pied de Mireille.*

Le nouveau **cabriolet** *de Tante Georgette. C'est une voiture décapotable.*

La **soie** est un textile de luxe. On fait des foulards, des chemisiers en **soie.** Les kimonos japonais sont en **soie.** Aujourd'hui la **soie** naturelle est souvent remplacée par du nylon ou d'autres textiles artificiels.

Beau ténébreux avec un **collier de barbe.**

11.

Georgette promenant Fido **le long de** *la grille du Luxembourg.*

12.

MIREILLE (*qui a rejoint les autres*):
Elle va se fiancer au Taj-Mahal!
HUBERT: A son âge, c'est délirant!
...Alors, garçon, ce cidre
normand?
LE GARÇON: Le voilà, Monsieur.
COLETTE: Enfin!
JEAN-MICHEL: Ce n'est pas trop
tôt!
HUBERT: Nous avons failli
attendre, comme dirait Louis
XIV!
MIREILLE: Mieux vaut tard que
jamais, comme dirait ma tante
Georgette.
ROBERT: Tout vient à point à qui
sait attendre, comme dirait ma
mère.
HUBERT (*au garçon*): Donnez-nous
vite cette bouteille. Nous allons
la déboucher nous-mêmes.
LE GARÇON: Méfiez-vous, c'est du
mousseux, Monsieur!

HUBERT: Tenez, Robert. A vous
l'honneur. Attention de ne pas
faire sauter le bouchon. Allez-y

Georgette **respirant** une rose, à
Ispahan. Le parfum des roses est
enivrant, comme l'alcool.

12.

Quand le garçon de café vous apporte
un verre de bière, il y a deux ou trois
centimètres de **mousse** blanche sur le

Le bouchon **saute,** et libère une
gerbe de cidre.

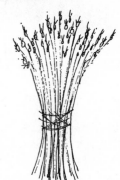

Une **gerbe** de blé.

La veste de Robert est **inondée**
de cidre, elle est trempée.
Si vous oubliez de fermer le
robinet de votre baignoire, vous
allez **inonder** votre salle de bain.
Quand Dieu a inondé

précipitamment en renversant deux ou trois chaises, et en abandonnant sur sa table une tasse de café noir, des lunettes noires, et un carnet d'où s'échappent plusieurs photos ... et dont les pages sont noircies de notes. En haut de la première page, on peut lire: Mireille Belleau, 18, rue de Vaugirard, Paris, 6ème. Etudiante en histoire de l'art. Attention, elle fait du karaté. Il faut absolument la surprendre seule le plus vite possible. Malheureusement, elle est presque toujours accompagnée d'un grand jeune homme brun. Plan d'attaque: (*illisible, illisible*).

Malheureusement, le reste des notes est absolument indéchiffrable.

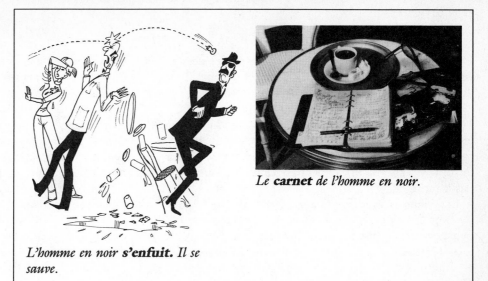

L'homme en noir **s'enfuit.** *Il se sauve.*

Le **carnet** *de l'homme en noir.*

♫ Mise en oeuvre

Ecoutez la mise en oeuvre du texte, et répondez aux questions suivantes.

1. Où les amis vont-ils boire un verre?
2. Pourquoi Jean-Michel trouve-t-il que c'est une drôle d'idée d'aller aux Deux Magots?
3. Quel genre de café est le café des Deux Magots?
4. Quel écrivain célèbre venait régulièrement aux Deux Magots?
5. Qui allait souvent à la Closerie des Lilas?
6. Quelle boisson Hubert commande-t-il?
7. Qui passe sur le trottoir?
8. Pourquoi Jean-Pierre n'accepte-t-il pas la proposition de Mireille?
9. Où va-t-il?
10. Qu'est-ce que Colette pense de Jean-Pierre?
11. Où Madame Courtois emmène-t-elle Minouche?
12. Pourquoi?
13. Pourquoi Minouche ne peut-elle pas aller en Bulgarie?
14. Pourquoi Mireille ne pourra-t-elle pas aller voir Minouche de temps en temps?
15. Que va faire Ghislaine?
16. Qui Colette aperçoit-elle à vélo?
17. Comment est le vélo?
18. Où Cécile et son mari vont-ils aller cet été?
19. Qu'est-ce que Colette aimerait qu'ils lui rapportent du Portugal?
20. Qui Mireille aperçoit-elle dans la petite 2CV?
21. Qu'est-ce qu'il y a sur la galerie de la voiture?
22. Où Oncle Victor va-t-il?
23. Pourquoi Oncle Guillaume conduit-il un vieux tacot?
24. Pourquoi est-il ruiné?
25. Qu'est-ce qu'il va faire à Katmandou?
26. Pourquoi a-t-il choisi Katmandou?
27. Où le beau Suédois part-il?
28. Qu'est-ce qu'il a l'intention de visiter?
29. Comment est le type brun que Mireille aperçoit dans la voiture décapotable?
30. Qui est à côté de lui dans la voiture?
31. Qu'est-ce que Mireille ne devinera jamais à propos de Tante Georgette?
32. Pourquoi Tante Georgette n'achetait-elle plus de billets?
33. Qui a trouvé ce billet gagnant?
34. Qu'est-ce que ce billet avait de spécial?
35. Combien Tante Georgette a-t-elle gagné?
36. Avec qui part-elle en Inde?
37. Que vont-ils y faire?
38. Qu'est-ce qu'ils feront en Iran?
39. Pourquoi Hubert doit-il se méfier en débouchant la bouteille?
40. Qu'est-ce que le cidre va inonder?
41. Pourquoi le garçon laisse-t-il tomber son plateau?
42. Qui le bouchon frappe-t-il ensuite?
43. Que fait le monsieur?
44. Qu'est-ce qu'il abandonne sur la table?
45. Qu'est-ce qu'il y a dans le carnet?
46. De qui s'agit-il dans le carnet?
47. Pourquoi est-ce difficile de surprendre Mireille seule?
48. Pourquoi ne peut-on pas lire le plan d'attaque?

Document

La Martinique

La Martinique et la Guadeloupe sont deux îles des Antilles où l'on parle français. En fait, elles sont devenues des départements français en 1946.

Christophe Colomb a découvert la Martinique en 1493, mais, peut-être parce qu'il avait entendu dire que les Indiens Caraïbes qui y habitaient étaient un peu cannibales, il a regardé l'île de loin, sans mettre pied à terre. Il y a abordé brièvement en 1502, mais ne s'y est pas arrêté.

Les Français sont arrivés à la Martinique en 1635 et s'y sont installés. Ils y ont introduit les plantations de bananes et de canne à sucre. L'île, devenue riche, a été disputée aux Français par les Hollandais et les Anglais et, au cours d'un siècle et demi de guerres, elle a souvent changé de mains.

En 1902, Saint-Pierre, qui était alors la ville principale, a été entièrement détruite par une éruption du volcan local, la Montagne Pelée. Les 30.000 habitants ont été tous tués, sauf un, un homme qui avait été mis en prison la veille et qui a été protégé par les murs épais de sa prison.

Avec ses montagnes volcaniques, ses belles plages, sa végétation tropicale, sa forêt de la pluie, et ses fleurs multicolores, l'île est très pittoresque. Aujourd'hui, sa ressource principale est le tourisme. On y trouve plusieurs grands hôtels et un Club Méditerranée.

On y cultive des ananas, des bananes, et surtout de la canne à sucre avec laquelle on fait un rhum dont les Martiniquais sont très fiers. Ils sont aussi très fiers de Joséphine de Beauharnais qui est née à la Martinique, a épousé Napoléon, et est ainsi devenue impératrice des Français.

Une plage.

La plage et le rocher du Diamant où l'armée anglaise avait installé ses canons pour bombarder l'île.

Le village des Anses d'Arlet.

Plantation de bananiers.

Ruines de l'église de Saint-Pierre.

Un gommier, bateau creusé dans un tronc d'arbre sur le modèle des bateaux des Indiens Caraïbes.

Martiniquaise coiffée du foulard traditionnel.

Marchande de fleurs sur le marché de Fort-de-France, qui est devenu la ville principale après la destruction de Saint-Pierre.

Filets séchant sur la plage, tendus entre deux palmiers.

Gravure représentant l'éruption de la Montagne Pelée.

Statue de Joséphine de Beauharnais sur la place principale de Fort-de-France.

Plantation de canne à sucre.

Panneau indicateur à l'entrée de Saint-Pierre.

Leçon 52
Tout est bien qui finit bien...ou mal

1.

Le lendemain matin, Jean-Michel et Robert se retrouvent Place Vavin.

JEAN-MICHEL: Il y a longtemps que tu es là?

ROBERT: Non, je viens d'arriver.

JEAN-MICHEL (*montrant le sac de Robert*): C'est tout ce que tu emportes?

ROBERT: Oui, j'aime voyager léger. Tu es bien chargé, toi! Qu'est-ce que c'est que ça?

JEAN-MICHEL: Une tente. Hubert en apporte une aussi, comme ça on pourra camper si on trouve un endroit sympa.... Tiens, les voilà!

2.

En effet, la Méhari arrive avec Hubert, Colette, et Mireille.

TOUS: Salut, ça va?

MIREILLE: Ça fait longtemps que vous êtes là?

JEAN-MICHEL: Non, on vient d'arriver. Où est-ce que je mets tout ça?

HUBERT: Par là. On va prendre un petit café avant de partir?

Mireille jette un coup d'oeil au petit café sur la place, et aperçoit l'homme en noir, caché derrière son journal.

MIREILLE: Non, non, on n'a pas le temps... tout à l'heure, sur la route, plus tard.... Allez, hop, en voiture! On part!

3.

JEAN-MICHEL: Comment est-ce qu'on se met?

COLETTE: Eh bien, les garçons devant, Mireille et moi derrière.

HUBERT: Non, non, il n'y a pas assez de place devant; ça va me gêner pour conduire. Mireille, qui est petite, devant, et les autres derrière.

COLETTE: Non, on va être serrés comme des sardines! Jean-Michel devant, et Robert avec nous derrière.

MIREILLE (*secrètement inquiète, cherchant à accélérer le départ*): Allez, allez, vite, tout le monde en voiture, dépêchez-vous!

HUBERT: Bon, alors ça y est, tout le monde y est? On n'a rien oublié?

MIREILLE: Non, non, vas-y!

COLETTE: Allons-y!

Et ils y vont; la Méhari Azur démarre bruyamment.

4.

Jean-Michel a pris le volant. Au premier croisement, il oblique vers la gauche.

HUBERT: A droite, voyons!

JEAN-MICHEL: Mais non, c'est à gauche!

HUBERT: Je vous dis que c'était à droite qu'il fallait aller!

JEAN-MICHEL: Mais non, mais non, mais non, à gauche!

MIREILLE: Passe-moi la carte. ...Oui, eh bien, à droite ou à gauche, ça revient au même!

1.

*Jean-Michel et Robert s'étaient quittés aux Deux Magots, la veille. Ils **se retrouvent** place Vavin le lendemain.*

Ils passent toujours leurs vacances au même **endroit,** un petit village dans le Pays Basque.

Aujourd'hui, il est difficile de trouver un **endroit** pour camper. On est obligé d'aller dans un camping organisé. Mais dans les montagnes, on peut encore trouver des **endroits** pour camper. Le bord d'une rivière peut être un **endroit** agréable pour camper ou pique-niquer.

Les deux amis se retrouvent toujours au même **endroit** (au Luxembourg).

4.

Attention: **croisement.**

Ça revient au même; c'est la même chose. Ça ne fait pas de différence.

5.

A l'arrière de la voiture, Mireille étudie dans le guide la description des musées et des églises de Rouen. Colette est plongée dans le Gault et Millau, pour découvrir les meilleurs restaurants de la région. Devant, Hubert et Jean-Michel discutent politique, avec de grands gestes.

HUBERT: Marx! Marx! Mais Marx vivait au siècle dernier, mon cher ami!

COLETTE: Ah, là, j'ai un restaurant qui a l'air très intéressant... spécialité de sole normande....

JEAN-MICHEL (*poursuivant sa discussion avec Hubert*): On croit rêver!

COLETTE: Canard rouennais....

HUBERT: Mais c'est faux, archifaux!

COLETTE: Poulet Vallée d'Auge....

HUBERT: Mais c'est vous qui raisonnez comme une casserole, mon cher ami!... Ah, voilà Rouen!

6.

Ils entrent dans la ville par des rues étroites et pittoresques, passent sous le Gros Horloge, et arrivent sur la place du Vieux Marché. Hubert, debout à l'avant de la voiture, fait le guide.

HUBERT: C'est sur cette place qu'on a brûlé Jeanne d'Arc sur un bûcher.

ROBERT: J'aurais aimé vivre à cette époque.

JEAN-MICHEL: Tu te sens une vocation pour le bûcher?

ROBERT: Non, au contraire. J'ai une vocation de pompier. J'ai toujours rêvé d'être pompier. Je me vois très bien arrivant sur mon cheval (les pompiers étaient à cheval à l'époque, je suppose) avec un magnifique casque d'argent, plongeant dans la fumée et sauvant Jeanne d'Arc des flammes.

HUBERT: Vous auriez saboté la formation de la nation française!

5.

Colette est **plongée** dans le Gault et Millau; elle lit le guide avec beaucoup d'attention; elle ne fait attention à rien d'autre.

La **sole normande** se prépare avec du vin blanc, de la crème, du beurre et quelques huîtres.

Le **canard rouennais** est un canard élevé dans la région de Rouen. Il est souvent servi à la **rouennaise,** c'est-à-dire avec une sauce au vin rouge, échalotes, foie de canard.

C'est **archifaux!** C'est complètement faux!
C'est faux, c'est **archifaux;** c'est plein, c'est **archiplein.**

Le **poulet Vallée d'Auge** est une spécialité normande; le poulet est préparé avec de la crème et du Calvados, de l'alcool de pomme.

Une **casserole.**

Les **casseroles** peuvent résonner, faire du bruit, si on les frappe avec une cuillère, par exemple. Mais elles ne raisonnent pas; elles ne pensent pas logiquement.

6.

Une **bûche.**

Un **bûcher.**

Un **bûcher.**

Au Moyen Age, et même bien après, on s'est souvent servi de **bûchers** pour faire brûler des gens qu'on accusait d'être des sorciers ou sorcières, ou de ne pas suivre la religion établie. Jeanne d'Arc a été brûlée sur un **bûcher,** comme sorcière, à Rouen, en 1431.

Les mauvais ouvriers **sabotent** le travail.
Les combattants clandestins **sabotent** les lignes de chemin de fer, les usines de l'ennemi.

JEAN-MICHEL: Quelle bêtise! La formation d'une nation est dûe à des raisons purement économiques.

HUBERT: Matérialisme débile!... Où va-t-on pouvoir se garer?

7.

Une fois la Méhari garée près de l'église Saint-Maclou, pas très loin de la cathédrale, Hubert commence à s'intéresser sérieusement à la question du déjeuner.

HUBERT: Alors, Colette, où est-il, ce fameux restaurant?

COLETTE: Il ne doit pas être loin d'ici.... Attends, je vais voir.... (*Elle regarde le guide.*) Quel jour on est, au fait? Mardi? Ah, zut! Ça alors!

TOUS: Quoi?

COLETTE: Il est fermé le mardi. Qu'est-ce qu'on va faire?

HUBERT: Ce n'est pas grave. On n'a qu'a aller ailleurs.

COLETTE: Dommage, quand même.

MIREILLE: Ecoutez, j'ai une idée: on va acheter des provisions, et on va aller pique-niquer sur les bords de la Seine!

JEAN-MICHEL: Bonne idée!

MIREILLE: Bon, alors, allez visiter la cathédrale; il est midi et demie ...je m'occupe des provisions. Il faut que je me dépêche avant que tous les magasins soient fermés! Rendez-vous à une heure devant la cathédrale.

HUBERT: Parfait. Nous, allons visiter.

ROBERT (*à Mireille*): Je viens avec toi.

8.

Robert et Mireille, seuls dans une rue de Rouen.

ROBERT: Tu t'amuses, toi?

MIREILLE: Ben, oui!

ROBERT: Pas moi. J'en ai assez d'entendre Hubert et Jean-Michel discuter, et Colette lire des menus. Ecoute, laissons-les et partons tous les deux, seuls!

MIREILLE: Robert! On ne va pas faire ça, voyons!

ROBERT: Pourquoi?

MIREILLE: Parce que!

9.

Ils font quelques pas en silence. Ils passent devant un café, et, à la terrasse de ce café, Mireille aperçoit ...qui?

L'homme en noir, caché derrière un journal....

MIREILLE: Tu vois le café, à gauche? Ne te retourne pas.

ROBERT: Eh bien, qu'est-ce qu'il a de spécial, ce café?

MIREILLE: Rien, mais je viens d'y voir un type que j'ai déjà vu ailleurs.

ROBERT: Quelqu'un que tu connais?

MIREILLE: Non.... Tu te souviens, le jour où on est allés au cinéma? Je t'ai attendu dans un café.... Eh bien, ce type était assis à côté de moi. C'est le même.

ROBERT: Sans blague! Tu es sûre?

MIREILLE: Oui, mais le plus inquiétant, c'est que je l'ai vu ce matin, place Vavin, avant qu'on parte, au café où Hubert voulait aller.

10.

ROBERT: Tu as rêvé!

MIREILLE: Mais non, je suis sûre que c'est lui et je suis sûre de l'avoir vu ailleurs aussi. Tu te souviens, le jour où on est allés à la Samaritaine ... on a voulu prendre un taxi, et il y avait quelqu'un dedans.... Eh bien, c'était lui, j'en suis sûre!

ROBERT: Tu crois? Tu l'as reconnu?

MIREILLE: Oui!

ROBERT: Comment est-il?

MIREILLE: Il est habillé tout en noir, et il a un tic dans les yeux: il cligne constamment des yeux.

ROBERT: Ça, alors!

MIREILLE: Quoi?

ROBERT: Un type tout en noir, qui cligne des yeux.... Tu sais, le jour où on est allés faire des courses à la Samaritaine? En revenant, j'ai pris un taxi avec un chauffeur complètement dingue,

---

7.

Cette dame est allée faire des **provisions.** *Elle rapporte un sac plein de* **provisions.**

10.

Il est **dingue!** Il est fou!

C'est **dingue,** ce truc-là! C'est incroyable!

—Il y a beaucoup de monde sur les plages?

—Oh, il y a un monde **dingue!** C'est **dingue,** le monde qu'il y a!

tellement que j'ai été obligé de sauter du taxi en marche.... Eh bien, maintenant que j'y pense, ce chauffeur était habillé tout en noir, et clignait des yeux comme un fou!

11.

MIREILLE: Tu es sûr?

ROBERT: Oui.... Et le jour où on est allés à la Closerie des Lilas.... Quand je suis allé téléphoner, il y a un type tout en noir qui m'a suivi, je suis sûr que c'est le même. Et plus tard, je l'ai revu quand j'étais au Luxembourg avec Marie-Laure.

MIREILLE: Et Marie-Laure, qui parle toujours d'un homme en noir quand elle raconte ses histoires à dormir debout. ...C'est peut-être vrai.... Elle n'inventait pas.... Mais qui c'est? Qu'est-ce qu'il veut? Pourquoi il nous suit? Et qui est-ce qu'il suit, d'abord? Toi ou moi? Il est de la police? C'est un terroriste? Pourquoi tu es venu en France? Tu as tué quelqu'un? Tu es un terroriste? Tu fais du trafic de drogue?

ROBERT: Non.... C'est peut-être toi qu'il suit.

12.

MIREILLE: Robert, je crois que j'ai peur. J'ai peur parce que je ne comprends pas. Qu'est-ce qu'on va faire?

ROBERT: Il faut partir tout de suite.

MIREILLE: Oui, c'est ça, allons rejoindre les autres!

ROBERT (*qui a de la suite dans les idées*): Non, il faut partir sans les autres.

MIREILLE: Pourquoi?

ROBERT: Réfléchis! Si le type nous a suivis jusqu'ici, c'est qu'il nous a vus partir ce matin dans la Méhari. Il faut laisser partir les autres avec la Méhari, et partir de notre côté. Allez, viens vite!

13.

Robert et Mireille courent jusqu'à la Méhari. Ils prennent leurs sacs et laissent un mot sur le pare-brise: "Des circonstances imprévues et impératives nous obligent à vous quitter. Continuez sans nous. Bises. M. et R."

ROBERT: Tu as ton sac?

MIREILLE: Oui. Tu as le fric?

ROBERT: Quoi?

MIREILLE: Le fric, l'argent... l'argent de la loterie.

ROBERT: Oui.... Prends-en la moitié.

MIREILLE: Non, j'aurais peur de le perdre.

ROBERT: On ne sais jamais ce qui peut arriver! Prends-en la moitié. ...Filons!

MIREILLE: Où on va?

ROBERT: Je ne sais pas. L'important, c'est de partir d'ici le plus vite possible. Allez, viens! Et ils partent en courant à travers les vieilles rues de Rouen.

14.

MIREILLE (*essoufflée*): Faisons du stop!

Le premier camion qui passe, s'arrête.

LE CHAUFFEUR: Bonjour, vous allez où?

MIREILLE: Et vous?

LE CHAUFFEUR: En Turquie.

MIREILLE: Nous aussi!

LE CHAUFFEUR: Eh bien, ça, c'est une coïncidence! Eh bien, montez! Allez-y!

MIREILLE: Merci!

Dix minutes après, le camion passe devant un aéroport. Robert aperçoit un petit avion qui semble prêt à partir. Il demande aussitôt au chauffeur d'arrêter.

ROBERT: Vous pouvez nous arrêter?

LE CHAUFFEUR: On n'est pas arrivé!

ROBERT: Je sais, mais j'ai oublié ma brosse à dents!

LE CHAUFFEUR: Ah, dans ce cas....

12.

Partez devant, je vous **rejoins** dans une minute.

Je vais acheter quelques provisions, et je vous **rejoins** à la cathédrale.

Robert et Mireille ont laissé un mot sur le **pare-brise** *de la Méhari.*

Ça, c'est **imprévu!** C'est inattendu! Je n'avais pas prévu ça; je ne m'y attendais pas!

14.

Mireille est **essoufflée** parce qu'elle a couru. Elle respire difficilement.

L'avion **décolle.** *Il quitte le sol; il part.*

L'avion **atterrit.** *Il se pose sur le sol. Il arrive.*

15.

Le camion s'arrête. Robert et Mireille descendent et courent vers l'aéroport. Robert s'approche du petit avion, discute avec le pilote, essaie d'être persuasif. Il sort un paquet de billets qu'il met dans les mains du pilote ahuri (car Robert est un garçon honnête, même quand il est pressé).

ROBERT: Ça, c'est pour l'essence ... et ça, c'est pour l'assurance.

Et les voilà tous les deux dans l'avion, avant que le pilote ait bien compris ce qui se passait. Robert essaie tous les boutons, pousse, tire ... par miracle, le moteur commence à tourner, l'avion démarre et, après quelques hésitations bien compréhensibles, accepte de décoller.

MIREILLE: Tu sais piloter?

ROBERT: Un peu. ... Il nous suit?

Mireille regarde derrière eux et ne voit pas trace de l'homme en noir.

16.

Robert fonce, droit devant lui.

MIREILLE: Tu sais où tu es?

ROBERT: Non, je suis complètement perdu! Regarde! Qu'est-ce que tu vois?

MIREILLE: Je crois que je vois le Mont-Saint-Michel. Mais oui, c'est le Mont-Saint-Michel.

ROBERT: Qu'est-ce que je fais?

MIREILLE: Je ne sais pas. Va vers la droite.

ROBERT: Bon, regarde. Qu'est-ce que tu vois maintenant?

MIREILLE: Un château. ... On doit être au-dessus des châteaux de la Loire. Oui, c'est ça. Ça, ça doit être Chinon. ... Azay-le-Rideau. Ça, c'est Cheverny ... Chambord. Ça, je crois que c'est Valençay.

ROBERT: Là où on fait le fromage de chèvre?

MIREILLE: Oui, c'est ça.

17.

ROBERT: Qu'est-ce que tu vois maintenant?

MIREILLE: Attends. Je vois des volcans.

ROBERT: Eteints?

MIREILLE: Oui, bien sûr. On doit être au-dessus du Massif Central.

ROBERT: Et maintenant?

MIREILLE: Je vois une ville fortifiée. C'est Carcassonne! On est dans le Midi! Mais oui, on est dans le Midi, je vois des arènes gallo-romaines. Ça, ça doit être Nîmes ... ou Arles. ...

17.

La **ville fortifiée** de Carcassonne, dans le Midi de la France.

Les **arènes** gallo-romaines de Nîmes.

ROBERT: Qu'est-ce que je fais?

MIREILLE: Tourne vers la droite. On est au-dessus de la Côte d'Azur. Oui, oui, c'est la Méditerranée. Maintenant je vois des montagnes. Ce sont les Alpes ... oui, sûrement. Ça doit être le Mont Blanc. Ça, ça doit être les gorges du Verdon. ... Mais qu'est-ce que tu fais? On redescend vers le sud. Voilà la mer de nouveau. Les calanques de Cassis. Des chevaux ... c'est la Camargue! Mais où vas-tu? On est sur les Pyrénées, maintenant!

18.

ROBERT: Qu'est-ce qu'on fait? On passe en Espagne?

MIREILLE: Non, non, remonte vers le Nord. On est sur l'Atlantique, maintenant. Je vois la Rochelle. ... On est au-dessus de la Bretagne. ... Une cathédrale. ... Mais c'est Notre-Dame! On est au-dessus de Paris. Une autre cathédrale. Je crois que c'est Amiens ... Reims. Tiens, Strasbourg! On est en Alsace! Attention, on va passer en Allemagne! Tourne, tourne, reviens en arrière. ... Des vignes! On est en Bourgogne!

ROBERT: Eh bien, dis donc, on peut dire qu'on a parcouru l'Hexagone ... dans tous les sens!

MIREILLE: Avec tous les zigzags qu'on a faits, l'homme en noir ne risque pas de nous retrouver.

ROBERT: Ah, ça non!

Le petit avion descend dangereusement.

MIREILLE: Remonte, remonte. Attention! Attention, remonte, remonte!

19.

Robert réussit à remonter, mais juste à ce moment-là, un avion à réaction traverse le ciel. Robert, qui a l'esprit vif, a tout de suite compris que c'est l'homme en noir.

ROBERT: Zut, c'est lui, il nous a rattrapés!

MIREILLE: Qu'est-ce qu'on fait?

ROBERT: On descend . . . de toute façon, il n'y a plus d'essence.

MIREILLE: Attention, il paraît que c'est l'atterrissage qui est le plus dangereux!

ROBERT: Ne t'inquiète pas! On va se poser comme un papillon!

20.

Robert arrive à poser l'avion au milieu d'un champ. Robert et Mireille sautent de l'avion et se dirigent vers une route qu'ils aperçoivent pas très loin.

ROBERT: Enfin seuls! Ça repose. . . .

Ils arrivent à la route et voient un panneau indicateur. Robert lit Lyon, et ajoute (car il commence à avoir une grande culture): "Lyon . . . la capitale gastronomique de la France. . . . On y va?"

MIREILLE: Allons-y!

Il n'y a qu'à faire de l'auto-stop! Une dame, qui conduit une toute petite voiture, s'arrête.

LA DAME: Vous allez où?

MIREILLE: A Lyon.

LA DAME: Et où, à Lyon?

MIREILLE: A la gare.

LA DAME: C'est justement mon chemin.

MIREILLE: Merci.

Et la dame emmène Robert et Mireille dans sa toute petite voiture, et les laisse devant la gare de Lyon.

21.

ROBERT: Cette fois, je crois que ça y est, on l'a semé! Qu'est-ce qu'on fait?

MIREILLE: On prend le premier TGV pour Marseille; on va quelque part sur la Côte; tranquilles, au soleil . . . on va se reposer de nos émotions!

ROBERT: Chouette! J'ai toujours voulu prendre le TGV!

Dans le TGV, ils se laissent aller à une douce béatitude.

MIREILLE (*posant sa main sur celle de Robert*): J'ai vraiment eu peur. Je suis bien contente que tu aies été là.

Le haut-parleur annonce: "Mesdames et Messieurs, nous venons d'atteindre notre vitesse de pointe de 270km/h."

ROBERT: A la vitesse où on va, ça m'étonnerait qu'il puisse nous rattraper!

Mais Robert et Mireille ne voient pas que l'homme en noir, caché par son journal, est là, juste derrière eux.

22.

Le Carlton, à Cannes, l'après-midi. Robert et Mireille ont pu avoir deux belles chambres avec balcon donnant sur la mer: vue imprenable sur la plage, les palmiers, et la Méditerranée. Mireille s'installe dans sa chambre et commence à peigner ses cheveux, qui sont longs et fins, devant la fenêtre ouverte. Robert s'avance vers son balcon, perdu dans la contemplation du ciel, qui est bleu comme les yeux bleus de Mireille.

21.

On **a semé** l'homme en noir! Il est loin derrière, il ne pourra pas nous rattraper!

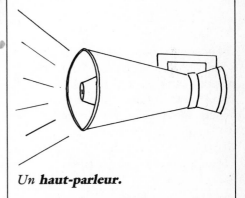

*Voilà un monsieur qui **se laisse aller à une douce béatitude**; il se sent bien, il se détend.*

*Un **haut-parleur**.*

ROBERT (*se parlant à lui-même*): Quel beau temps!

MIREILLE (*continuant à peigner ses cheveux blonds*): Robert!

Mais Robert ne l'entend pas. Toujours perdu dans la contemplation du bleu de la mer et du ciel, il continue à avancer. . . .

ROBERT: Quelle mer! Quel ciel! Pas un nuage!

Mireille, un peu étonnée de ne pas avoir de réponse, arrête de se peigner un instant.

MIREILLE: Robert?

23.

Toujours pas de réponse. Sérieuse-ment inquiète, cette fois, elle se lève, se précipite sur le balcon, se penche... et voit Robert étendu par terre.[1]

Un infirmier et une infirmière le mettent dans une ambulance qui démarre dans un grand bruit de sirène.

"Ce n'était pas l'hélicoptère de la gendarmerie, mais ils l'emmènent sûrement à l'hôpital," pense Mireille, car elle a toujours l'esprit aussi vif. "Pourvu qu'il n'ait que des contusions légères," pense-t-elle encore, car elle manie aisément le subjonctif.

24.

A l'hôpital. Robert est dans son lit, bandé des pieds à la tête. Mireille a mis une blouse blanche d'infirmière. Elle joue les infirmières avec beaucoup de talent. Elle fait boire un peu de thé à Robert.

MIREILLE: Ce n'est rien. Ce n'est pas aussi grave que ça aurait pu l'être.... Ça va aller mieux! (*Elle regarde sa montre.*) Quelle heure est-il? Oh, 8 heures, déjà! Il faut que je rentre à l'hôtel. Tu n'as besoin de rien? Surtout sois sage, et sois prudent, et ne fais pas de bêtises!

Et elle s'en va, sa blouse d'infir-mière sous le bras.

---

1. Vous l'aviez deviné: il est encore tombé du balcon! On ne peut pas le laisser seul deux minutes! (Note des auteurs)

22.

Mireille se peigne. Elle se peigne les cheveux. Elle peigne ses longs cheveux blonds. (Et elle peint des tableaux, les murs de sa chambre, ses ongles....)

23.

Robert est étendu par terre.

Un infirmier et une infirmière mettent Robert dans une ambulance.

24.

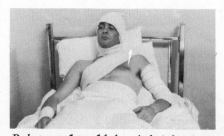

Robert est bandé des pieds à la tête.

25.

Au moment où elle arrive au Carlton, elle voit l'homme en noir qui en sort et qui se dirige vers elle.

Elle s'arrête, terrifiée. L'homme en noir aussi s'est arrêté. Il la regarde. Lentement, il met sa main droite dans la poche intérieure de sa veste. Mireille a fermé les yeux. Quand elle les rouvre, elle voit que l'homme en noir lui tend... une carte de visite.

L'HOMME EN NOIR: Mademoiselle ... permettez-moi.... Ça fait un mois.... Excusez-moi, je ne me suis pas présenté.... Oui, ça fait un mois... que dis-je? Permettez-moi de... Fred Barzyk, cinéaste. ... Je dois tourner un film pour enseigner le français. Voilà, je vous observe depuis... ça fait un mois que je cherche à vous aborder... parce que je cherche ... voyez-vous... une jeune fille ... bien française, jolie... fine, distinguée... pour le rôle principal, n'est-ce pas... et vous êtes exactement ce qu'il faut! J'espère que vous voudrez bien accepter le rôle!

MIREILLE: Ah, Monsieur... mais c'est le plus beau jour de ma vie! J'ai enfin réalisé le rêve de mon enfance: être infirmière... et actrice! Quel bonheur!

26.

Dans sa chambre d'hôpital, le pauvre Robert s'ennuie. Il écoute la radio pour passer le temps. Il dort à moitié... mais tout à coup, il se réveille: "Nous apprenons à l'instant qu'une bombe vient d'éclater à l'hôtel Carlton. L'immeuble est en flammes. On ignore s'il..."

Robert se lève comme un ressort. Il bondit vers la porte, s'arrête, arrache ses bandages, met son pantalon, et se précipite dans la rue. Juste à ce moment, un camion de pompiers, qui roule à toute vitesse, passe devant l'hôpital. Robert court et, se prenant pour Tarzan, saute sur le camion, qui va évidemment au Carlton.

Robert cherche des yeux la grande échelle et une fenêtre qui crache des flammes et de la fumée pour y plonger, mais il ne voit que de la fumée. Il s'élance alors, sans regarder ni à droite, ni à gauche,

26.
BOUM

*Une bombe qui **éclate**.*

pour se précipiter dans la fumée, mais un pompier l'arrête: "Non, il faut un casque! Le port du casque est obligatoire."

Qu'à cela ne tienne! Robert prend le casque du pompier et plonge héroïquement dans la fumée.... Quelques minutes plus tard, il réapparaît, traîné par Mireille, à moitié évanoui.

27.

Ça doit être une erreur: ils ont dû se tromper de scénario! Est-ce que ce ne serait pas plutôt Robert qui devrait sortir de la fumée en portant Mireille évanouie dans ses bras? Mais oui, mais oui, c'est ça!... Allez, on recommence! Ils disparaissent de nouveau dans la fumée, et réapparaissent quelques minutes plus tard, Robert portant triomphalement Mireille, évanouie ou souriante, dans ses bras.

C'est le soir. La fumée a disparu. Le soleil se couche sur la mer. Des lumières s'allument tout le long de la côte. C'est vraiment une très belle soirée de printemps. Un couple qui se tient par la main s'éloigne sur la plage. C'est sûrement Mireille et Robert, qui s'en vont vers de nouvelles aventures.

𝄞 Mise en oeuvre

1. Où les amis se sont-ils donné rendez-vous?
2. Qu'est-ce qu'Hubert aimerait faire avant de partir?
3. Pourquoi Mireille dit-elle qu'ils n'ont pas le temps?
4. Où Jean-Michel va-t-il s'asseoir?
5. Qui sera à l'arrière de la voiture?
6. Que fait Colette à l'arrière de la voiture?
7. Qu'est-ce que le Gault et Millau?
8. Que font Hubert et Jean-Michel à l'avant?
9. Où Jeanne d'Arc est-elle morte?
10. Quelle est la vocation de Robert?
11. Qu'est-ce que Robert se verrait bien faire?
12. D'après Jean-Michel, à quoi est dûe la formation d'une nation?
13. Pourquoi les amis ne peuvent-ils pas aller déjeuner au restaurant que Colette avait choisi?
14. Qu'est-ce que Mireille propose de faire?
15. Pourquoi Mireille doit-elle se dépêcher pour faire les courses?
16. Pourquoi Robert ne s'amuse-t-il pas?
17. Qu'est-ce qu'il veut faire?
18. Qui est-ce que Mireille aperçoit, à la terrasse du café?
19. Où Mireille a-t-elle déjà vu l'homme en noir?
20. Où était-il ce matin?
21. Dans quel autre endroit Mireille avait-elle vu le type?
22. Comment est-il?
23. Quel jour Robert a-t-il déjà vu ce type?
24. Que faisait-il alors?
25. Qu'est-ce qui s'est passé à la Closerie des Lilas?
26. Quelle est la question que Mireille se pose au sujet de ce type?
27. Et qu'est-ce qu'elle se demande au sujet de Robert?
28. Pourquoi Mireille a-t-elle peur?
29. Pourquoi Robert veut-il partir sans les autres?
30. Où Robert et Mireille laissent-ils un mot pour les autres?
31. Qu'est-ce que leur mot dit?
32. Pourquoi Mireille ne veut-elle pas prendre l'argent?
33. Comment Mireille et Robert vont-ils continuer leur voyage?
34. Où va le chauffeur du camion?
35. Où Mireille et Robert veulent-ils descendre?
36. Qu'est-ce que Robert dit au chauffeur du camion pour expliquer qu'il veut s'arrêter là?
37. Où Robert et Mireille courent-ils?
38. A qui Robert donne-t-il de l'argent?
39. Qu'est-ce que cela paiera?
40. Dans quoi Mireille et Robert montent-ils maintenant?
41. Qui pilote?
42. Qu'est-ce que le type en noir a fait?

43. Pourquoi Robert et Mireille doivent-ils descendre de toute façon?

44. En avion, qu'est-ce qui est le plus dangereux?

45. Où Mireille et Robert décident-ils d'aller?

46. Comment Robert et Mireille arrivent-ils à Lyon?

47. Pourquoi Robert est-il si content de prendre le TGV?

48. Où est Robert quand il admire la mer et le ciel qui sont si bleus?

49. Qu'est-ce qui arrive à Robert?

50. Où Mireille va-t-elle voir Robert?

51. Quand Mireille rentre à l'hôtel, qui voit-elle?

52. Que sort-il de sa poche?

53. Depuis combien de temps le type suit-il Mireille?

54. Quel genre de film doit-il tourner?

55. Pourquoi observait-il Mireille depuis un mois?

56. Pourquoi Mireille dit-elle que c'est le plus beau jour de sa vie?

57. Quel était son rêve d'enfance?

58. Quelle annonce Robert entend-il à la radio?

59. Comment Robert va-t-il au Carlton?

60. Pourquoi un pompier veut-il arrêter Robert quand il se précipite vers le Carlton en feu?

61. Qu'est-ce que Robert fait?

62. D'après vous, est-ce que c'est Robert qui devrait sortir de la fumée en portant Mireille, où l'inverse?

63. D'après vous, comment l'histoire devrait-elle finir?

Lexique

Abréviations

a.	adjective	f.	feminine	p. part.	past participle
abbr.	abbreviation	indef. art.	indefinite article	part. art.	partitive article
adv.	adverb	indef. pron.	indefinite pronoun	pl.	plural
adv. phr.	adverbial phrase	inf.	infinitive	prep.	preposition
aux.	auxiliary	int.	interjection	prep. phr.	prepositional phrase
coll.	colloquial	inv.	invariable	pron.	pronoun
conj.	conjunction	m.	masculine	sl.	slang
def. art.	definite article	n.	noun	v.	verb
excl.	exclamative	p.	proper		

Lexique

A (section A; section Lettres) letter which designates an arts major in secondary school

à *prep.* (contracts with the article **le** into **au**, with the article **les** into **aux**) in, to, at; **à moi, à toi** it's my turn, it's your turn; it's mine, it's yours; **ils sont à moi autant qu'à toi** they are mine as much as yours; **à onze heures** at eleven o'clock; **à Paris** in Paris; **aux Etats-Unis** in the United States

abandonner *v.* to abandon, to leave

abattoir *m.n.* slaughterhouse

abondant *a.* abundant, plentiful

aborder *v.* to accost, to approach (someone)

abricot *m.n.* apricot

abruti *a.* idiotic, moronic, stupefied; *n.* idiot, fool

absent *a.* absent

abside *f.n.* apse

absolument *adv.* absolutely

abstrait *a.* abstract

absurde *a.* absurd

abus *m.n.* abuse, misuse; **abus de confiance** breach of trust

accélérateur *m.n.* accelerator (pedal)

accélération *f.n.* acceleration

accent *m.n.* accent, stress

accepter *v.* to accept

accident *m.n.* accident

accompagner *v.* to go, to come with, to escort, to accompany; **accompagné de** accompanied by

accrocher *v.* to hit, to scrape

accus *abbr. for* accumulateurs, *m.pl.n.* accumulator, car battery

acheter *v.* to buy

acide *m.n.* acid

aciérie *f.n.* steel works

acteur, -trice *n.* actor, actress

action *f.n.* action, act, deed; **actions à la Bourse**, shares, stock

actuel *a.* present

adapté *a.* adapted, suited

addition *f.n.* addition, bill, check

admirable *a.* wonderful

admiration *f.n.* admiration, wonder

admirer *v.* to admire

adopter *v.* to adopt, to take up, to embrace

adoption *f.n.* adoption

adorable *a.* adorable, delightful

adorer *v.* to adore, to dote on

adresse *f.n.* address

adressé *a.* addressed

adresser *v.* to address; **s'adresser à** *v.* to speak to, to inquire of, to ask

aéroglisseur *m.n.* hovercraft

aéroport *m.n.* airport

affaire *f.n.* business; **les affaires** business, belongings

affreux *a.* dreadful, horrible, hideous

Afrique *f.p.n.* Africa

agaçant *a.* annoying, irritating

agacer *v.* to irritate, to get on someone's nerves

agave *m.n.* agave

Agde *p.n.* picturesque town in the south of France

âge *m.n.* age; **quel âge as-tu?** how old are you?

âgé *a.* old

agence *f.n.* agency; **agence de voyages** travel agency

agent de police *m.n.* policeman

agir *v.* to act; **s'agir de** to be the matter, to concern; **de quoi s'agit-il?** what is it about?

agréable *a.* pleasant

agriculteur *m.n.* farmer

agriculture *f.n.* agriculture

ah *int.* ah! oh!

ahuri *a.* flabbergasted; *n.* idiot

aider *v.* to help

aïe *int.* ow! ouch!

aiguille *f.n.* needle; **aiguilles d'une montre** hands (of watch, clock); **dans le sens inverse des aiguilles d'une montre** counterclockwise; **aiguilles (de Chamonix)** needle-shaped peaks

aiguillette (de canard) *f.n.* duck fillet

aile *f.n.* wing, fender

ailleurs *adv.* elsewhere

aimable *a.* likeable, pleasant, kind; **vous êtes bien aimable** it's very kind of you

aimer *v.* to like, to be fond of, to love; **aimer bien** to like

aïoli *m.n.* garlic mayonnaise

air *m.n.* air; **avoir l'air** to appear, to look; **avoir l'air de** to look as if, to look like

Airbus *m.p.n.* a type of wide-bodied airplane

aisé *a.* well-off, well-to-do

aisément *adv.* easily, comfortably

Aix-en-Provence *p.n.* town in the South of France

ajouter *v.* to add

Albi *p.n.* southern town known for its pink brick cathedral

album *m.n.* album

alcool *m.n.* alcohol

algérien *a. & n.* Algerian

allemand *a. & n.* German

aller (aller-simple) *m.n.* one-way ticket; **aller-retour** round-trip ticket

aller *v.* to go, to be going (well or badly); **allons-y** let's go; **ça va bien** things are going well; **aller bien / mal** to feel well / sick; **ça va?** how are you?; **s'en aller** to go away, to leave; **aller à** to fit, to suit someone; **ça vous irait de** would you like to; **aller comme un gant** to fit like a glove; **aller + inf. (aux. use)** to be about to to, to be going to; **ça va aller mieux** things are going to get better; **je vais y aller** I'm going to go; *int.* **allons, voyons** come on now; **allez, les enfants** all right, kids

allô *int.* hello

allongé *a.* long, elongated

allumé *a.* lit, switched on

allumette *f.n.* match; **boîte d'allumettes** matchbox

allusion *f.n.* allusion, hint; **faire allusion à** to allude to

alors *adv.* then (at that time), then (in that case), therefore, so; **ça alors** you don't say; **et nous alors?** what about us?; **mais alors** well then

Aloxe-Corton *p.n.* town in Burgundy famous for its wine

Alpes *f.pl.p.n.* the Alps, highest mountains in France

Alpine *f.p.n.* Renault sports car

alpinisme *m.n.* mountaineering

alsacien *a. & n.* Alsatian

altitude *f.n.* altitude

Amazone *f.p.n.* the Amazon River

ambassade *f.n.* embassy

ambassadeur *m.n.* ambassador

Ambassadeur *m.p.n.* brand of apéritif wine

Amboise *p.n.* town on the Loire river famous for its Renaissance castle

âme *f.n.* soul

amélioration *f.n.* improvement, betterment

amener *v.* to bring, to take someone somewhere; **s'amener** to turn up

américain *a. & n.* American

Américano *m.p.n.* type of apéritif

Amérique du Sud, Amérique Latine *f.p.n.* South America, Latin America

Amerloque *m. or f.n. (sl.)* Yankee

ami *m.n.* friend; *a.* friendly; **petit ami** boyfriend

Amiens *p.n.* town north of Paris famous for its Gothic cathedral

amour *m.n.* love, affection; **c'est un amour** he's an angel

amoureux *a.* in love; *n.pl.* sweethearts

amusant *a.* amusing

amusement *m.n.* entertainment, recreation, pastime

amuser *v.* to entertain, to divert; **s'amuser** to have fun

an *m.n.* year

ananas *m.n.* pineapple

anarchiste *a. & n.* anarchist

anatomique *a.* anatomical

ancêtre *m.n.* ancestor

anchois *m.n.* anchovy

ancien *a.* old, ancient, former

andouille *f.n.* chitterling sausage

Anet *p.n.* town with sixteenth-century castle near Dreux

Angélina *p.n.* fashionable tearoom near the Louvre

Angers *p.n.* town on the Loire river

anglais *a. & n.* English

Angleterre *f.p.n.* England

animal *m.n.* animal

animé *a.* animated, lively

année *f.n.* year

anniversaire *m.n.* birthday

annonce *f.n.* announcement, notice

annoncer *v.* to announce

annuaire *m.n.* directory

Anouilh, Jean (1910–) French dramatist

Anses d'Arlet (les) *pl.p.n.* village in Martinique, French West Indies

anticipation *f.n.* anticipation; **roman d'anticipation** science fiction novel

antidérapant *a.* nonskid

Antilles (les) *f.pl.p.n.* the West Indies

août *m.n.* August

apercevoir *v.* to catch sight of, to catch a glimpse of; **s'apercevoir** to realize, to become aware of

apéritif *m.n.* apéritif, before-dinner drink

apparaître *v.* to appear

appareil *m.n.* appliance, fixture, apparatus, machine; **appareil electro-ménager** electric household appliance

appartement *m.n.* apartment, flat

appartenir (à) *v.* to belong (to)

appel *m.n.* call

appeler *v.* to call, to hail (taxi), to send for; **s'appeler** to be called, to be named; **comment t'appelles-tu?** what's your name?

appétissant *a.* appetizing

appétit *m.n.* appetite; **bon appétit** enjoy your meal

apporter *v.* to bring

apprécier *v.* to appreciate, to value, to like

apprendre *v.* to learn

approcher *v.* to come close to, to bring near; **s'approcher de** to come up to

appuyer *v.* to press; **appuyez sur le bouton** press the button

après *prep.* after

après-demain *adv. phr. & inv. m.n.* the day after tomorrow

après-midi *m. or f.n.* afternoon

arabe *a. & n.* Arab

araignée *f.n.* spider

arbre *m.n.* tree; **arbre généalogique** family tree

arcade *f.n.* arcade, archway

Arc de Triomphe *m.p.n.* triumphal arch on the **place de l'Etoile**

archaïque *a.* archaic

archéologie *f.n.* archeology

archifaux *a. (coll.)* completely wrong

architecture *f.n.* architecture

archives *f.pl.n.* archives

Ardennes *f.pl.p.n.* wooded region in the northeast of France

ardoise *f.n.* slate

arène *f.n.* arena, amphitheater; **les Arènes de Lutèce** Roman amphitheater ruins in Paris; **les arènes Picasso** apartment complex outside of Paris

argent *m.n.* silver, money; **avoir de l'argent** to be rich, to have money; **en avoir pour son argent** to get one's money's worth

argentin *a. & n.* Argentinian

aristo *abbr.* for **aristocrate** *m. & f.n.* aristocrat

Arles *p.n.* city in southern France known for its Roman monuments

Armagnac *m.p.n.* region in southwest France famous for its brandy, also called armagnac

armature *f.n.* support

armée *f.n.* army; **l'Armée du Salut** Salvation Army

armoricain *a. & n.* Armorican

Armorique *f.p.n.* Armorica, Brittany

Arrabal, Fernando (1932–) Spanish playwright and film director

arracher *v.* to tear off

arranger *v.* to arrange, to put in order, to straighten, to repair; **arranger les choses** to fix things, to put things right; **s'arranger** to get better; **tout s'arrangera** things will turn out all right

arrêter *v.* to stop; **arrêter un itinéraire** to settle on an itinerary; **où est-ce que je vous arrête?** where shall I drop you off?; **s'arrêter** to stop

arrière *adv.* back, behind; **en arrière** behind, in back

arrière-grand-mère *f.n.* great-grandmother

arrière-grand-père *m.n.* great-grandfather

arrière-petite-fille *f.n.* great-granddaughter

arrière-petit-fils *m.n.* great-grandson

arrière-petits-enfants *m.pl.n.* great-grandchildren

arriver *v.* to arrive, to come; **j'arrive** I'll be right there; **arriver à quelqu'un** to happen to someone; **ça m'est arrivé** it happened to me; **il lui est arrivé quelque chose** something has happened to him/her

art *m.n.* art

article *m.n.* piece of merchandise

articulation *f.n.* articulation, joint

artificiel *a.* artificial

artisanat *m.n.* handicrafts

artiste *a. & n.* artist

ascenseur *m.n.* elevator

aspirateur *m.n.* vacuum cleaner

aspirine *f.n.* aspirin

Assemblée Nationale *f.p.n.* House of Representatives

asseoir (s') *v.* to sit down

assez *adv.* rather, enough; **en avoir assez** to be fed up

assiette *f.n.* plate

assis *a.* seated

assisté *a.* assisted; **freins assistés** power brakes

assister à *v.* to be present at, to attend, to witness

assoiffé *a.* thirsty

assurance *f.n.* insurance

assurer *v.* to assure

Assy *p.n.* site of modern church in the Alps

Astérix *m.p.n.* French cartoon character representing a shrewd Gaul

astrophysique *f.n.* astrophysics

A Suivre French comic book series

atelier *m.n.* studio

athlète *m. & f.n.* athlete

athlétisme *m.n.* athletics

Atlantique (l') *m.p.n.* the Atlantic Ocean

attacher *v.* to attach, to tie up, to tether; **s'attacher à** to become attached to, to grow fond of

attaque *f.n.* attack

attendre *v.* to wait for; **en attendant** in the meantime, meanwhile; **s'attendre à** to expect something, to be prepared for

attente *f.n.* waiting, expectation, anticipation

attention *f.n.* attention, care; **faire attention à** to take care of; **(fais) attention!** look out, watch it!

atterrissage *m.n.* landing, touchdown

attirer *v.* to attract, to appeal to

attraper *v.* to catch

au *prep. contraction of* **à** *and* **le**

aube *f.n.* dawn

auberge *f.n.* inn; **auberge de jeunesse** youth hostel

aubergine *f.n.* eggplant

Aubisque (col d') *p.n.* mountain pass in the Pyrenees

Aubusson *p.n.* town in central France famous for its tapestry manufacture

aucun *a.* any, no; *pron.* anyone, no one

Auge (vallée d') *p.n.* valley in Normandy; **poulet vallée d'Auge** chicken dish prepared with cream and calvados

aujourd'hui *adv.* today

aussi *adv.* as (*in comparative sentences*), so, also, too; *conj.* after all, therefore

aussitôt *adv.* immediately, at once

austère *a.* austere, strict

autant *adv.* as much, so much, as many, as well; **j'aime autant faire du stop** I'd just as soon hitchhike

authenticité *f.n.* authenticity

auto *abbr. for* **automobile** *f.n.* motor vehicle, car; **en auto** by car; **guide de l'Auto-Journal** restaurant travel guide

autobus *m.n.* bus

autocar *m.n.* motor coach

automatique *a.* automatic

automne *m. or f.n.* fall, autumn

autoritaire *a.* authoritarian

autoroute *f.n.* superhighway

auto-stop *m.n.* hitchhiking; **faire de l'auto-stop** to hitchhike

autour *adv.* around, round, about

autre *a. & pron.* other, another; **autre chose** something else

autrefois *adv.* formerly, in the past, once

Auvergne *f.p.n.* volcanic region in central France

aux *prep. contraction of* **à** *and* **les**

avance *f.n.* advance; **en avance** in advance, early

avancer *v.* to advance, to move forward

avant *prep. & adv.* before; **en avant** forward; **en avant!** let's go!

avantage *m.n.* advantage

avant-garde *f.n.* avant-garde

avant-hier *adv.* the day before yesterday

avec *prep.* with

avenir *m.n.* future

aventure *f.n.* adventure

avenue *f.n.* avenue

averse *f.n.* downpour, shower

aveugler *v.* to blind

aviateur, -trice *n.* aviator

aviation *f.n.* aviation

Avignon *p.n.* city in southern France, former residence of the popes, known for its bridge over the Rhône

avion *m.n.* aircraft, airplane; **avion à réaction** jet plane; **en avion** by air; **par avion** airmail

aviron *m.n.* oar; **l'aviron** rowing, crew

avis *m.n.* opinion, judgment; **à mon avis** in my opinion

Avis *p.n.* car rental company

avocat, -ate *n.* barrister, lawyer

avoir *v. & aux.* to have, to possess, to get; **qu'est-ce que tu as?** what's the matter, what's wrong?; **j'ai mal à la gorge** I have a sore throat; **j'ai dix ans** I am ten years old; **il y a** there is, there are; **il n'y a qu'à en acheter** all we have to do is buy one/some; **il n'y a pas de quoi** don't mention it, my pleasure; **il n'y a que ça dans la vie** that's all there is in life; **il y a longtemps que vous êtes en France?** have you been in France long?; **il y a deux ans** two years ago

avril *m.n.* April

Azay-le-Rideau *p.n.* town in the Loire valley famous for its Renaissance castle

Babar *m.p.n.* main character and title of a children's storybook

bac *abbr. for* **baccalauréat** *m.n.* general certificate of high school education;

rater son bac to fail one's baccalauréat exam

Bach, Johann Sebastian (1685–1750) German organist and composer

Badoit *f.p.n.* brand of mineral water

bagnole *f.n.* (*sl.*) automobile; **ça c'est de la bagnole** that's a real car

baigner (se) *v.* to take a swim, to bathe

baignoire *f.n.* bathtub

bâiller *v.* to yawn

bain *m.n.* bath

baiser *m.n.* kiss; **bons baisers** love and kisses

baisse *f.n.* falling; **températures en baisse** falling temperature

baisser *m.n.* lowering

baisser *v.* to go down, to lower; **se baisser** to stoop, to bend down

balancer (se) *v.* to swing, to rock

balcon *m.n.* balcony

Balenciaga, Cristobal (1895–1972) Spanish fashion designer

balle *f.n.* ball

ballet *m.n.* ballet

ballon *m.n.* ball, balloon

Balzac, Honoré de (1799–1850) French novelist

banane *f.n.* banana

banc *m.n.* bench

bandage *m.n.* bandage

bandé *a.* bandaged

bande sonore *f.n.* soundtrack

banlieue *f.n.* suburbs

banque *f.n.* bank

banquier *m.n.* banker

banyuls *m.n.* apéritif wine from the south of France

barbe *f.n.* beard

barbouiller *v.* to smear

bas *m.n.* bottom; **en bas** downstairs

basket *m.n.* basketball

basque *a. & n.* Basque; **le Pays Basque** the Basque country; **poulet basquaise** Basque-style chicken

bassin *m.n.* basin, pool

bateau *m.n.* boat; **mener en bateau** to pull someone's leg

bateau-mouche *m.n.* Paris river boat

bâton *m.n.* stick

Baux-de-Provence (les) *pl.p.n.* town with medieval ruins in the south of France

bavard *a.* talkative, chatty

bavarder *v.* to chatter, to chat

bavarois *a.* Bavarian cream dessert

Bayonne *p.n.* town in the French Basque country

béatitude *f.n.* beatitude, bliss

beau, bel, belle, beaux, belles *a.* beautiful, handsome, lovely

Beaubourg *p.n.* Georges Pompidou Cultural Center in Paris

Beauce *f.p.n.* fertile plain between Chartres and Orléans where much of France's wheat is grown

beaucoup *adv.* much, a great deal, a lot

beau-frère *m.n.* brother-in-law

Beauharnais, Joséphine de (1763–1814) wife of Napoleon and empress of France, born in the French West Indies

beaujolais *m.n.* wine from the Beaujolais region

bébé *m.n.* baby

bécasse *f.n.* woodcock; *(sl.)* idiot

beige *a.* beige

belge *a.& n.* Belgian

Belgique *f.p.n.* Belgium

Belleau, Rémy (1528–77) Renaissance poet

Belle-Ile-en-Mer *f.p.n.* small island off the coast of Brittany

belote *f.n.* belote, pinochle

ben *int.* *(sl. for bien)* well, why; **ben oui!** why yes!; **ben quoi?** so what?

berger, -ère *n.* shepherd, shepherdess

berlingot *m.n.* candy specialty from Carpentras in southern France

Bermudes (les) *f.pl.p.n.* Bermuda

besoin *m.n.* need, want; **avoir besoin de** to need

bête *a.* stupid; **il est bête comme ses pieds** what a jerk!

Béthune *p.n.* town in northeast France near Lille

bêtise *m.n.* stupidity, nonsense; **dire des bêtises** to talk nonsense; **bêtises de Cambrai** candy specialty from Cambrai

beurre *m.n.* butter; **faire son beurre** to make a fortune

BHV (Bazar de l'Hotel de Ville) *m.p.n.* department store in Paris

Biarritz *p.n.* fashionable seaside resort in southwest France

bibelot *m.n.* trinket

Bibiche *f.p.n.* *(coll.)* affectionate name for a woman

Bich, Baron (1916–) French inventor, especially of Bic ballpoint pen and lighter

bicyclette *f.n.* bicycle

bidet *m.n.* bidet

bien *adv.* well, right, really, quite; **bien français** typically French; **c'est bien notre chance** that's just our luck; **bien sûr** of course; **faire bien de** to be well advised to; **nous ferions**

bien de we had better

bien que *conj.* although, though

bientôt *adv.* soon; **à bientôt** see you soon!

bière *f.n.* beer

bijou, -oux *m.n.* jewel

bijoutier *m.n.* jeweller

bilan *m.n.* evaluation, sum, assessment; **faire le bilan** to take stock, to take an overall view of the situation

bile *m.n.* bile; **se faire de la bile** to worry, to fret

billet *m.n.* ticket, banknote; **billet de Loterie** lottery ticket

bise *f.n.* *(coll.)* kiss

bisou *m.n.* *(coll.)* kiss

bistro *or* **bistrot** *m.n.* *(coll.)* bar, café

bizarre *a.* odd, weird

blague *f.n.* *(coll.)* joke, hoax; **ce n'est pas de la blague** no kidding

blanc *a.* white; **film en noir et blanc** black-and-white movie

blé *m.n.* wheat; **être fauché comme les blés** to be flat broke

bleu *a.* blue; **bleu pâle** pale blue; **steak bleu** very rare steak

bloc *m.n.* block

Blois *p.n.* town on the Loire river famous for its castle

blond *a.* blond

blouson *m.n.* jacket, windbreaker

Bobino *p.n.* music hall in Paris

bobonne *f.n.* *(coll.)* term of endearment for one's wife

boeuf *m.n.* ox, steer, beef

bof *int.* *(coll.)* bah

bohème *a.* bohemian, artistic, happy-go-lucky

boire *v.* to drink

bois *m.n.* wood

boîte *f.n.* box; **boîte aux lettres** mailbox; **boîte d'allumettes** matchbox; **boîte de conserve** can

bol *m.n.* bowl

bombarder *v.* to bombard, to shell

bombe *f.n.* bomb

bon, bonne *a.* good, fine, kind, fit; **bonne nuit** good night; **il fait bon** it's lovely; **bon, alors** *int.* all right then

Bonaparte, Napoléon Ier (1769–1821) emperor of France 1804–15

bonbon *m.n.* sweet, candy

bond *m.n.* leap, jump

bondé *a.* crammed, full, jam-packed

bondir *v.* to leap, to jump

bonheur *m.n.* happiness; **ça porte bonheur** it brings good luck

bonhomme *m.n.* *(coll.)* fellow, guy

bonjour *m.n.* good day, hello

bonsoir *m.n.* good evening, good night

bonté *f.n.* kindness, goodness; **avoir la bonté de** to be kind enough to

bord *m.n.* edge, border; **à bord de** on board, aboard; **sur les bords de la Seine** on the banks of the Seine

Bordeaux *p.n.* important seaport on the Atlantic Ocean; **bordeaux** *m.n.* Bordeaux wine

borne *f.n.* milestone, post

botanique *f.n.* botany

botte *f.n.* boot

bouche *f.n.* mouth

bouché *a.* bottled

boucher *m.n.* butcher

Boucher, François (1703–70) French painter and engraver

Boucher, Hélène (1908–34) French aviator

boucherie *f.n.* butcher's shop

bouchon *m.n.* cork

bouffe *f.n.* *(coll.)* food, grub

bouillabaisse *f.n.* Provençal fish soup

bouillant *a.* boiling

boulanger, -ère *n.* baker

Boulanger, Georges (1837–91) French general who attempted a military coup in 1889

boule *f.n.* ball; **boule de gomme** gumdrop

boulet *m.n.* cannonball

boulevard *m.n.* boulevard

Boulogne *p.n.* French port on the Channel

boulot *m.n.* *(coll.)* work, job

bouquet *m.n.* bunch of flowers

Bourboule (la) *f.p.n.* spa in central France

Bourges *p.n.* town south of Chartres famous for its Gothic cathedral

Bourgogne *f.p.n.* Burgundy; **bourgogne** *m.n.* Burgundy wine

bourguignon *a. & n.* Burgundian

Bourse *f.p.n.* Paris stock exchange

bousculade *f.n.* scuffle, jostling

bousculer *v.* to bump, to knock into

bout *m.n.* end, extremity; **bout de bois** piece of wood

bouteille *f.n.* bottle

bouton *m.n.* button; **bouton de sonnette** doorbell

bouvier *m.n.* herdsman, cattleman

boxeur *m.n.* boxer

bras *m.n.* arm

Brassens, Georges (1921–81) French poet and popular singer

brasserie *f.n.* combination café and restaurant

Brel, Jacques (1929–78) Belgian

poet and popular singer

Brésil *m.p.n.* Brazil

brésilien *a.& n.* Brazilian

Brest *p.n.* French seaport at the western tip of Brittany

Bretagne *f.p.n.* Brittany

bretelle *f.n.* strap, suspender

breton *a. & n.* Breton

bridge *m.n.* bridge (card game)

brie *m.n.* soft cheese from the Brie region east of Paris

Brighton *p.n.* seaside resort in southern England

brillant *a.* brilliant

brioche *f.n.* brioche, bun

brique *f.n.* brick

briquet *m.n.* lighter

bronzé *a.* tanned

brosse *f.n.* brush; **brosse à dents** toothbrush

brosser *v.* to brush; **se brosser** to brush

brouillard *m.n.* fog

brouillé *a.* scrambled

bruine *f.n.* fine rain, drizzle

bruit *m.n.* noise, sound

brûlé *a.* burned; **cerveau brûlé** daredevil

brûler *v.* to burn; **brûler un feu rouge** to go through a red light

brûleur *m.n.* burner

brumeux *a.* foggy; hazy

brun *a.* brown, dark

brusquement *adv.* suddenly, abruptly

bruyamment *adv.* loudly, noisily

bûcher *m.n.* stake

Bulgarie *f.p.n.* Bulgaria

bureau *m.n.* office; **bureau de poste** post office; **bureau de tabac** tobacconist's

bus *m.n. abbr. for* **autobus** bus

Byrrh *m.p.n.* brand of apéritif wine

ça *pron. (coll. for cela)* it, that; **c'est ça** that's it; **ça alors** you don't say; **qu'est-ce que c'est que ça?** what's that?

cabaret *m.n.* nightclub, cabaret

cabine *f.n.* cabin; **cabine d'essayage** fitting room; **cabine téléphonique** phone booth

cabinet *m.n.* small room; **cabinet de toilette** dressing room; **cabinets** toilets, lavatory

cabriolet *m.n.* convertible

cacao *m.n.* cacao, cocoa

cacher *v.* to hide; **se cacher** to hide, to be hiding

cachette *f.n.* hiding place

cadeau *m.n.* present, gift

cadre *m.n.* frame (of picture, door), executive, manager

Caen *p.n.* city in Normandy

café *m.n.* coffee, coffee shop; **café au lait** coffee with milk; **café en grains** coffee beans; **café-restaurant** café that also serves meals; **café-théâtre** cabaret

cage *f.n.* cage, coop, hutch

caissier *m.n.* cashier

calanque *f.n.* deep, narrow inlet in the Mediterranean, surrounded by rocky slopes

calcul *m.n.* arithmetic; **calcul différentiel et intégral** differential and integral calculus

calculatrice *f.n.* calculator; **calculatrice électronique** electronic computer; pocket calculator

caleçon *m.n.* underpants, shorts

caler *v.* stall

calisson *m.n.* almond specialty from Aix-en-Provence

calme *m.n.* calm, stillness, peace; *a.* quiet, composed

calmer (se) *v.* to calm down, to be quiet

calorie *f.n.* calorie

calvaire *m.n.* calvary, roadside cross

camarade *m. & f.n.* comrade, friend, classmate

camarguais *a.* from the Camargue region

Camargue *f.p.n.* region of the Rhône river delta famous for its wild horses and cattle, its bird sanctuary, and its rice fields

Cambodge *m.p.n.* Cambodia

cambodgien *a. & n.* Cambodian

Cambrai *p.n.* town in the north of France famous for its candy specialty (bêtises)

camembert *m.n.* variety of cheese from Normandy

camion *m.n.* truck

camionnette *f.n.* van

campagne *f.n.* country; **à la campagne** in the country

Campari *m.p.n.* brand of apéritif wine

camper *v.* to camp out

camping *m.n.* camping; **faire du camping** to go camping

Canada *m.p.n.* Canada

canadien *a. & n.* Canadian

canal, -aux *m.n.* canal; **canal du Midi** canal in the south of France connecting the Atlantic Ocean to the Mediterranean Sea

canard *m.n.* duck

Canard Enchaîné satirical weekly newspaper

cancer *m.n.* cancer

canne *f.n.* cane; **canne à pêche** fishing rod; **canne à sucre** sugar cane

Cannes *p.n.* fashionable resort on the French Riviera

canoë *m.n.* canoe, canoeing

canon *m.n.* cannon

Cantal *m.p.n.* region in central France known for its cheese, also called cantal

cantatrice *f.n.* professional singer

capable *a.* able, capable

capitaine *m.n.* captain

capitale *f.n.* capital

capitaliste *a. & n.* capitalist

capot *m.n.* hood

câpre *f.n.* caper

car *conj.* for, because; **car enfin** because after all

caractère *m.n.* character, nature, disposition; **avoir bon / mauvais caractère** to be good- / bad-tempered

carafe *f.n.* carafe, decanter

caraïbe *a.* Caribbean; *n.* Carib

Carbet (plage du) *p.n.* beach on Martinïque where Columbus landed in 1502

carbonisé *a.* burned, charred

Carcassonne *p.n.* fortified town in southern France

Cardin, Pierre (1922–) French fashion designer

caricatural *a.* caricatural

caricature *f.n.* caricature

Carlton *m.p.n.* luxury hotel in Cannes

carnet *m.n.* notebook; **carnet de tickets** book of tickets

Carnot, Sadi (1796–1832) French physicist who discovered the first principle of thermodynamics

carolingien *a.* Carolingian

Carpentras *p.n.* small town in Provence known for its candy specialty (berlingot)

carré *a. & m.n.* square

carreau *m.n.* small square, window pane; **roi de carreau** king of diamonds

carte *f.n.* card, map; **carte d'étudiant** student ID card; **carte postale** postcard; **carte routière** road map; **carte des vins** wine list; **carte de visite** calling card; **jeu de cartes** deck of cards

carton *m.n.* cardboard, pasteboard, cardboard box, carton

cas *m.n.* case; **en tout cas** in any case, at any rate; **dans ce cas** in this case

caserne *f.n.* barracks; **caserne des**

pompiers fire station
casino *m.n.* casino
casque *m.n.* helmet
casser *v.* to break; **se casser** to break
casserole *f.n.* saucepan; **raisonner comme une casserole** to reason like an idiot
Cassis *p.n.* small picturesque harbor on the Mediterranean
cassoulet *m.n.* stew of beans, pork, goose, etc., made in the Toulouse area
cataclysme *m.n.* disaster
catacombes *f.pl.n.* catacombs
catastrophe *f.n.* catastrophe
catégorie *f.n.* category
cathédrale *f.n.* cathedral
cause *f.n.* cause; **à cause de** because of, on account of, owing to
cavalerie *f.n.* cavalry
cave *f.n.* cellar
ce *pron.* it, that; **ce, cet, cette, ces** *a.* this, that, these, those; **ce qui, ce que** *pron.* what, which; **ce que...!** how...! **ce que tu peux être bête!** how dumb can you get!
ceci *pron.* this
cèdre *m.n.* cedar tree
cela *pron.* that
célèbre *a.* famous
célibataire *a. & n.* unmarried, single
celui, celle, ceux, celles *pron.* the one, those; he, she, those
cent *a.* one hundred; **faire les cent pas** to pace to and fro, up and down
centaine *f.n.* about a hundred
centaure *m.n.* centaur
centime *m.n.* centime
centre *m.n.* center
cèpe *m.n.* boletus mushroom
cérémonie *f.n.* ceremony
cérémonieux *a.* formal, ceremonious
cerise *f.n.* cherry
certainement *adv.* certainly, surely
cerveau *m.n.* brain
cervelle *f.n.* brain tissue, brains (dish)
ces *see* **ce**
César, Jules (101–44 B.C.) Julius Caesar, Roman emperor and writer
cet *see* **ce**
cette *see* **ce**
chablis *m.n.* white wine from the region around the town of Chablis in Burgundy
chacun *pron.* each (one), every one; everyone, everybody
chagrin *m.n.* grief, sorrow, trouble
Chaillot *p.n.* one of the national theaters in Paris
chair *f.n.* flesh; **en chair et en os** in the

flesh, in person
chaise *f.n.* chair; **chaise de style** period chair
chalet *m.n.* chalet
chaleur *f.n.* heat, warmth
chaleureux *a.* warm, hearty, cordial
Chambertin-Clos de Bèze *m.n.* great growth Burgundy wine
Chambolle-Musigny *p.n.* town in Burgundy famous for its wine
Chambord *p.n.* village in the Loire valley renowned for its Renaissance castle
chambre *f.n.* bedroom
chameau *m.n.* camel; (*sl.*) peevish, quarrelsome person, stinker
Chamonix *p.n.* mountain resort in the Alps
champ *m.n.* field; **champ de blé** wheatfield; **Champs-Elysées** famous avenue in Paris
champagne *m.n.* champagne
champion, -ionne *n.* champion
chance *f.n.* luck; **je n'ai pas de chance** I'm unlucky
changement *m.n.* change; **changement de vitesse** gear
changer *v.* to change; **ça me changera les idées** it will take my mind off things, it will be a nice change; **se changer** to change clothes
chanter *v.* to sing
Chantilly *p.n.* town north of Paris famous for its medieval and Renaissance castle; **crème Chantilly** whipped cream
chapeau *m.n.* hat
chapelle *f.n.* chapel
chaque *a.* each, every
charbon *m.n.* coal
charbonnier *m.n.* coal merchant, coalman
charcuterie *f.n.* pork butcher's shop, pork cold cuts; **assiette de charcuterie** assorted cold cuts
charge *f.n.* charge, expense; **charges** utilities, maintenance costs; **charge de cavalerie** cavalry charge
chargé *a.* loaded, laden
Charlie-Hebdo satirical newspaper
Charlot (*coll.*) Charlie Chaplin (1889–1977), comic movie actor and director
charlotte *f.n.* variety of cake
charmant *a.* charming
charme *m.n.* charm
charpente *f.n.* framework of building
charpentier *m.n.* carpenter
Charpentier, Gustave (1860–1956) French composer

Chartres *p.n.* city southeast of Paris, in the Beauce region, renowned for its Gothic cathedral
chasse *f.n.* hunt, hunting ground
chasser *v.* to drive away, to hunt
chaste *a.* chaste
chat, -te *n.* cat
châtain *a.* brown, brownhaired
château, -eaux *m.n.* castle
Châteaudun *p.n.* city southeast of Paris famous for its Renaissance castle
Château-Lafite *m.p.n.* famous first-growth Bordeaux wine
Château-Margaux *m.p.n.* famous first-growth Bordeaux wine
chaud *a.* hot, warm
chauffage *m.n.* heating system; **chauffage central** central heating
chauffer *v.* to heat (up)
chauffeur *m.n.* chauffeur, driver
chaume *f.n.* thatch
chaumière *f.n.* thatched cottage
Chaumont *p.n.* village in the Loire valley famous for its Renaissance castle
chausser *v.* to put shoes on; **du combien chaussez-vous?** what size shoe do you wear?
chaussette *f.n.* sock
chaussure *f.n.* shoe; **chaussure montante** boot; **chaussure de montagne** hiking boot
chauve *a.* bald
chauvin *a.* chauvinist
chavignol *m.n.* a variety of goat cheese
chef *m.n.* head, chief; **chef de service** head of department
chemin *m.n.* way, path, road
chemise *f.n.* shirt
chemisier *m.n.* blouse
chêne *m.n.* oak; **chêne-liège** cork oak
Chenonceaux *p.n.* village in the Loire valley famous for its Renaissance castle
cher *a.* dear, expensive
chercher *v.* to look for, to fetch; **va chercher mon album** go get my album; **où vas-tu chercher ces histoires?** where in the world do you get those ideas?; **chercher à** to try to
Chéreau, Patrice (1942–   ) French actor and stage and film director
chéri *a. & n.* darling, dear
cheval, -aux *m.n.* horse; **à cheval** on horseback
chevalin *a.* horsy, equine
Cheverny *p.n.* village in the Loire valley famous for its seventeenth-

century castle
cheveu, -eux *m.n.* hair
cheville *f.n.* ankle
chèvre *f.n.* goat; *m.n.* goat cheese
chevrier *m.n.* goatherd
chez *prep.* at, at the home of; **chez quelqu'un** at someone's house, home; **chez soi** at home
chic *a.* smart, stylish; *(coll.)* fine, excellent; *n.* knack; **il a le chic pour** he's got the knack for
Chicago *p.n.* American city, well known in France for its history of gangsterism and its stockyards
chien *m.n.* dog
chiffre *m.n.* figure
chilien *a. & n.* Chilean
chimie *f.n.* chemistry
Chine *f.p.n.* China
Chinon *p.n.* town in the Loire valley famous for its ruined castle and its wine
chirurgien *m.n.* surgeon
chocolat *m.n.* chocolate
choeur *m.n.* choir
choisir *v.* to choose; **à choisir** given a choice
choix *m.n.* choice
chose *f.n.* thing; **la même chose** the same thing
chou *m.n.* cabbage; **chou à la crème** cream puff
choucroute *f.n.* sauerkraut
chouette *int. (coll.)* great! terrific!
choutte *f.n. (coll.)* **ma choutte** darling, sweetie
Christ (le) *m.n.* Christ
chut *int.* hush! sh!
chute *f.n.* fall; **chutes d'Iguaçu** the Iguaçu falls
ciao *int. (Italian)* 'bye!
cidre *m.n.* hard cider
ciel *m.n.* sky
ciment *m.n.* cement
cimetière *m.n.* cemetery
ciné *m.n. (coll.)* movies, pictures
cinéaste *m. & f.n.* filmmaker
ciné-club *m.n.* film club
cinéma *m.n.* movies, movie theater
cinémathèque *f.n.* film library
cinq *inv. a. & m.n.* five
cinquantaine *f.n.* about fifty
cinquante *inv. a. & m.n.* fifty
cinquième *a. & m.n.* fifth
Cinzano *m.p.n.* brand of apéritif wine
circonstance *f.n.* circumstance
circulation *f.n.* traffic
ciré *m.n.* oilskin
cirque *m.n.* circus; **cirque de Gavarnie** natural amphitheater in the Pyrenees

cirrus *m.n.* cirrus cloud
cité *f.n.* city; **cité-U, cité universitaire** students' residence hall(s)
citer *v.* to quote
Citer *p.n.* car rental company
citron *m.n.* lemon
civilisation *f.n.* civilization
civilisé *a.* civilized
clair *a.* clear
classe *f.n.* class, grade; **classe ouvrière** working class
classé *a.* classed, filed (away)
classique *a.* classical, classic; **c'est classique** it's the same old story
Claudel, Paul (1886–1955) French dramatist and diplomat
clé *f.n.* key
client *m.n.* customer, client
cligner *v.* to wink, to blink
clignotant *m.n.* turn signal
clin (d'oeil) *m.n.* wink; **en un clin d'oeil** in the twinkling of an eye
Clos de Vougeot *m.p.n.* castle and celebrated vineyard in Burgundy
Closerie des Lilas *f.p.n.* restaurant and bar in Paris
Club Med *abbr. for* **Club Mediterranée** *m.p.n.* holiday resort
cocorico *m.n.* cock-a-doodle-doo; expression of French chauvinism
cocotte *f.n. (coll.)* darling
Cocteau, Jean (1889–1963) French artist, poet, novelist, dramatist, and filmmaker who decorated a small chapel in Villefranche, on the Côte d'Azur
coeur *m.n.* heart; **avoir le coeur sur la main** to be generous, to be kindhearted
coffre *m.n.* trunk
cognac *m.n.* cognac brandy
coiffe *f.n.* headdress
coiffé *a.* **coiffé d'un foulard** wearing a scarf
coiffure *f.n.* hairstyle; **salon de coiffure** hairdresser's
coïncidence *f.n.* coincidence
col *m.n.* mountain pass
collaboration *f.n.* collaboration, joint authorship
collant *a.* close-fitting
collectif *a.* collective
collection *f.n.* collection
collectionner *v.* to collect
collègue *m. & f.n.* colleague
coller *v. (coll.)* to fail; **être collé** to flunk
collier *m.n.* necklace, collar; **collier de barbe** narrow beard

colline *f.n.* hill
Collioure *p.n.* picturesque harbor on the Mediterranean, near the Spanish border
colo *abbr. for* **colonie de vacances** *f.n.* youth camp, summer camp
Colomb, Christophe (c. 1451–1506) Christopher Columbus
Colombie *f.p.n.* Colombia
Coluche (1944–86) French actor and entertainer
combien *adv.* how much; **combien je vous dois?** how much do I owe you? **ça fait combien?** how much is it?
combinaison *f.n.* suit; **combinaison thermique** wet suit
comédie *f.n.* comedy; **Comédie Française** the oldest theater in Paris; **comédie musicale** musical comedy
commander *v.* to order
comme *adv.* as, like; *excl.* how...! **comme c'est bizarre!** how strange! **comme d'habitude** as usual
commencement *m.n.* beginning; **au commencement** in the beginning
commencer *v.* to begin
comment *adv.* how, what; **comment ça va?** how are you? **comment est-elle?** what sort of person is she?
commerçant *m.n.* shopkeeper, dealer, tradesman
commerce *m.n.* trade, business
commercial *a.* commercial, trading
Commercy *p.n.* small town northeast of Paris specializing in madeleines
commissariat de police *m.n.* police station
commode *a.* practical, convenient
commun *a.* common; **en commun** in common
communiquer (avec) *v.* to communicate (with)
compagnie *f.n.* company; **compagnie d'assurances** insurance company
compartiment *m.n.* compartment
compas *m.n.* drawing compass; **avoir le compas dans l'oeil** to have a good eye
complet *a.* complete, full
complètement *adv.* completely
compléter *v.* to complete
complexe *m.n.* hang-up, complex
compliqué *a.* complicated
composé *a.* composed, balanced
compositeur *m.n.* composer
composter *v.* to punch (tickets)
compréhensible *a.* comprehensible, understandable
comprendre *v.* to understand

compris *a.* included

compter *v.* to count; **ça ne compte pas** that doesn't count; **compter sur** to depend on, to rely on

concert *m.n.* concert

conducteur *m.n.* driver

conduire *v.* to drive

confiserie *f.n.* confectionery, sweets, candy store

confit *m.n.* preserves of goose or duck in fat

confiture *f.n.* jam

confort *m.n.* comfort

confortable *a.* comfortable

Confrérie des Chevaliers du Tastevin *f.p.n.* wine-tasting association

confus *a.* embarrassed, sorry

congé *m.n.* leave; **se mettre en congé** to take a leave or vacation; **donner congé à** to dismiss (someone)

conjugaison *f.n.* conjugation

connaissance *f.n.* acquaintance, knowledge; **je suis enchanté de faire votre connaissance** I am very happy to meet you

connaître *v.* to know, to be acquainted with, to be familiar with; **s'y connaître** to know all about, to be an expert in

Conques *p.n.* town in central France famous for its eleventh-century Romanesque church

conscience *f.n.* conscience; **avoir mauvaise conscience** to have a guilty conscience

conseil *m.n.* counsel, advice; **Conseil d'Etat** Council of State

conseiller *v.* to advise

conservateur *m.n.* curator

conservatoire *m.n.* conservatory

conserve *f.n.* preserves, canned food; **c'est de la conserve** it's (they're) canned

considérable *a.* considerable, enormous

considérer *v.* to consider

consister(en) *v.* to consist (of)

consommateur *m.n.* consumer

consommation *f.n.* drink (in a café)

consommer *v.* to consume (gas); **ça ne consomme presque rien** it gets very good mileage

constamment *adv.* constantly, continuously

construction *f.n.* building, construction

construire *v.* to build; **construire en dur** to build in concrete, in stone

consulter *v.* to consult

contact *m.n.* contact; **mettre le contact** to turn the ignition

conte *m.n.* tale

contemplation *f.n.* contemplation

contempler *v.* to gaze at, to contemplate

contemporain *a.* contemporary

content *a.* happy, content

contenu *m.n.* content

continu *a.* continuous

continuer *v.* to go on, to continue

contraire *a. & m.n.* opposite; **c'est le contraire** it's the other way around; **au contraire** on the contrary

contre *prep. & adv.* against; **être contre** to be against, to be opposed to

contrôler *v.* to control, to check

convaincre *v.* to convince

convenable *a.* proper

conventionnel *a.* conventional

conversation *f.n.* conversation; **engager la conversation** to start a conversation

copain *m.n.* (*coll.*) friend, pal, buddy

copier *v.* to copy

copine *f.n.* (*coll.*) (girl) friend

co-propriété *f.n.* co-ownership, joint ownership

cornette *f.n.* nun's wimple

corps *m.n.* body; **le corps humain** the human body

correctement *adv.* correctly, properly

costaud *a.* (*coll.*) sturdy, tough

costume *m.n.* suit, costume, dress; **costume régional** native dress

côte *f.n.* coast

côté *m.n.* side; **à côté de** next to, by, near; **de l'autre côté de** on the other side of; **du côté de** towards, in the direction of; **de quel côté?** which way?

Côte d'Azur *f.p.n.* the French Riviera

Côte d'Ivoire *f.p.n.* Ivory Coast

côtelette *f.n.* chop, cutlet

cottage *m.n.* cottage

cou *m.n.* neck

couchage (sac de) *m.n.* sleeping bag

coucher *v.* to put to bed; **se coucher** to go to bed

coude *f.n.* elbow

couleur *f.n.* color

couloir *m.n.* corridor, hall

coup *m.n.* attempt, trial, blow; **ça marche à tous les coups** it works every time; **coup de fil** phone call; **donner un coup de frein** to hit the brake(s); **coup de sonnette** ring; **coup de soleil** sunburn; **coup d'oeil** glance

coupe *f.n.* cup, dish, bowl

couper *v.* to cut

couple *m.n.* couple

cour *f.n.* court, yard, courtyard; **cour d'honneur** main courtyard

courage *m.n.* courage

courant *a.* running; **eau courante** running water; **être au courant** to know about, to be informed of

Courchevel *p.n.* ski resort in the Alps

coureur *m.n.* runner, racer

courir *v.* to run

Courrèges, André (1923–) French fashion designer

courrier *m.n.* mail

cours *m.n.* class, course; **cours de danse** dance class

course *f.n.* race, running, errand; **faire des courses** to go shopping

court *a.* short

cousin *m.n.* cousin

Cousteau, Jacques (1910–) French oceanographer and filmmaker

couteau *m.n.* knife

coûter *v.* to cost; **ça coûte les yeux de la tête** it's outrageously expensive

couturier *m.n.* dressmaker; **grand couturier** fashion designer

couvert *a.* covered; **ciel couvert** overcast sky

couvert *m.n.* place setting, cutlery; **un couvert?** a table for one?

couvrir *v.* to cover

cow-boy *m.n.* cowboy

crabe *m.n.* crab

craché *a.* (*coll.*) **c'est elle tout craché** that's just like her

cracher *v.* to spit

craie *f.n.* chalk

crâne *m.n.* skull

crapule *m.n.* scoundrel, ruffian

cravate *f.n.* tie

création *f.n.* creation

créer *v.* to create

crème *f.n.* cream; **crème Chantilly** whipped cream; **crème renversée** moulded custard

crêpe *f.n.* pancake

creuser *v.* to dig; to gouge

crevé *a.* (*coll.*) exhausted, beat; **je suis vraiment crevé** I'm dead tired

crever *v.* to burst; **pneu crevé** flat tire; (*sl.*) to die; **les vieux peuvent crever dans leur coin** who cares if the old folks die

crevette *f.n.* shrimp

criblé *a.* riddled

crier *v.* to scream, to shout

crime *m.n.* crime, murder

criminel *a.* criminal

crochu *a.* hooked

croire *v.* to believe; **croire à** to believe in

croisé *a.* crossed; **mots croisés** crossword puzzle

croisement *m.n.* intersection, crossroads

croissant *m.n.* croissant

croix *f.n.* cross

Croix **(la)** Catholic newspaper

croque-monsieur *m.n.* grilled ham and cheese sandwich

cru *a.* raw

cru *m.n.* growth, vineyard

cru *p. part of* **croire**

crudité *f.n.* **crudités** raw vegetables

cubain *a. & n.* Cuban

cuiller, cuillère *f.n.* spoon

cuisine *f.n.* kitchen, cooking, cuisine

cuisinière *f.n.* cook

cuisse *f.n.* thigh

cuisson *f.n.* cooking, cooking time

cuit *a.* cooked; **bien cuit** well done

cuivre *m.n.* copper; **cuivres** copperware

culinaire *a.* culinary, cooking

culot *m.n.* *(sl.)* nerve; **quel culot!** what nerve!

cultivé *a.* cultured, educated, well-read

culture *f.n.* culture, education, cultivation, growing

culturel *a.* cultural

cumulus *m.n.* cumulus cloud

cure *f.n.* cure, diet; **faire une cure de** to go on a diet of

curé *m.n.* priest

curieux *a.* curious, odd; **je suis curieux de voir ça** I'm curious to see that

CX *f.p.n.* luxury Citroën car

cycliste *m.n.* cyclist

czar *m.n.* czar

d'abord *adv. phr.* first, at first, at once

d'accord *adv. phr.* agreed, all right, O.K.

dactylo *f.n.* typist

d'ailleurs *adv. phr.* besides, moreover

dalle *f.n.* slab, flagstone

dame *f.n.* woman, lady; **jeu de dames** checkers

dangereux *a.* dangerous

danois *a.* Danish; *n.* Dane

dans *prep.* in, within, into, during, within; **dans deux heures** two hours from now

danse *f.n.* dance, dancing

danseur, -euse *n.* dancer

Danton, Georges (1759–94) one of the great figures of the French Revolution

date *f.n.* date

de, d' *prep.* from, by, about, with, of; **de la, du** *(contr. of* **de** *&* **le***)*, **des** *(contr. of* **de** *&* **les***) part. art.* some, any

débile *a.* mentally retarded, *(coll.)* stupid

déboucher *v.* to uncork

debout *adv.* upright, standing, up

débrouiller (se) *v.* to manage, to sort things out, to extricate oneself; **débrouille-toi** manage by yourself, it's your problem

décalage *m.n.* difference; **décalage horaire** time lag

décapotable *a.* convertible

décembre *m.n.* December

décent *a.* decent

déchiffrer *v.* to decipher, to make out, to interpret

déchirer *v.* to tear, to rip; **c'est tout déchiré** it's full of holes

décider *v.* to decide, to settle; **c'est décidé** it's all set; **se décider** to make up one's mind

déclarer *v.* to declare

déclinaison *f.n.* declension

décollation *f.n.* decapitation

décollé *a.* sticking out

décoller *v.* to take off

décor *m.n.* setting, set

décourager *v.* to discourage

découverte *f.n.* discovery

découvrir *v.* to discover, to find

décrire *v.* to describe

décrocher *v.* to unhook, to lift (a telephone receiver)

déçu *a.* disappointed

dedans *adv.* inside, within

dédier *v.* to dedicate

défendre *v.* to defend, to forbid

défense *f.n.* prohibition; **défense d'entrer** no admittance

défilé *m.n.* parade

défunt *a.* defunct, deceased, late

dégénéré *a.* degenerate

dégradation *f.n.* degradation, debasement

dégrader *v.* to degrade, to debase

dégustation *f.n.* tasting

dehors *adv.* outside; **en dehors de** aside from

déjà *adv.* already, before

déjeuner *m.n.* lunch; **petit déjeuner** breakfast

déjeuner *v.* to have lunch or breakfast

délicat *a.* delicate, fine

délice *m.n.* delight

délicieux *a.* delightful, delicious

délirant *a.* delirious, raving, crazy

délivrer *v.* to deliver, to rescue

Delphes *p.n.* Delphi

delta *m.n.* delta

deltaplane *m.n.* hang glider

demain *adv. & m.n.* tomorrow; **de demain en huit** a week from tomorrow

demander *v.* to ask (for); **se demander** to wonder

démarrer *v.* to start, to drive away

demeurer *v.* to reside

demi *a.* half; **demi-bouteille** half-bottle; **demi-heure** half-hour; **faire demi-tour** to turn around

demoiselle *f.n.* young woman (unmarried); **ma petite demoiselle** young lady

Deneuve, Catherine (1943–) French movie actress

Denfert-Rochereau *p.n.* square in the south of Paris

dent *f.n.* tooth

dentelle *f.n.* lace

dépanneur *m.n.* emergency repairman

département *m.n.* department, administrative subdivision of France

dépasser *v.* to go beyond, to pass (a car)

dépêcher (se) *v.* to hurry

dépendre (de) *v.* to depend (on); **ça dépend** it depends; **ça ne dépend pas de moi** it's not up to me

dépenser *v.* to spend

déprimant *a.* depressing

déprimé *a.* depressed

depuis *prep.* since, for; **depuis un an** for a year; **depuis quand** since when; **depuis quelque temps** for some time

député *m.n.* representative, congressman

dérangement *m.n.* disturbance, trouble; **en dérangement** out of order

déranger *v.* to disturb; **se déranger** to move, to put oneself out

déraper *v.* to skid

dernier *a.* last

derrière *prep.* behind; *adv.* at the back

désagréable *a.* unpleasant, disagreeable

descendant *m.n.* descendant

descendre *v.* to go down, to come down, to descend from; **descendre à l'hôtel** to stay in a hotel

description *f.n.* description

désert *n.* desert

désir *m.n.* desire

désirer *v.* to desire, to wish for

désolé *a.* sorry

désordonné *a.* disordered, disorganized, disorderly

dessert *m.n.* dessert

dessin *m.n.* drawing, sketch, design; **dessin animé** cartoon

dessiner *v.* to draw, to sketch, to design

dessous *adv.* beneath, below, underneath; **au-dessous** below, down; **en-dessous** underneath

dessus *adv.* above, over, on; **au-dessus de** above

détachement *m.n.* detachment, detail (of troops)

détester *v.* to detest, to hate

détourner *v.* to avert, to divert; **se détourner** to turn away

détruit *a.* destroyed

deuil *m.n.* mourning

deux *a. & n.* two

Deux-Chevaux (2cv) *f.p.n.* small Citroën car

deuxième *a. & n.* second

Deux-Magots (les) *m.pl.p.n.* literary café in Saint-Germain-des-Prés

dévaluer *v.* to devaluate, to devalue

devant *prep.* before, in front of; *adv.* in (the) front

devenir *v.* to become

deviner *v.* to guess

devinette *f.n.* riddle

devoir *m.n.* duty, obligation, exercise; **devoirs à la maison** homework

devoir *v.* should, ought, must, have to

Devos, Raymond (1922–   ) French entertainer

d'habitude *adv. phr.* usually, ordinarily

diable *m.n.* devil

dialogue *m.n.* dialogue

Diamant (rocher du) *m.p.n.* rock on Martinique

dieu *m.n.* god

différent *a.* different

difficile *a.* difficult

difficulté *f.n.* difficulty

digérer *v.* to digest

dignité *f.n.* dignity

Dijon *p.n.* major town in Burgundy

dimanche *m.n.* Sunday

dîner *m.n.* dinner

dîner *v.* to dine, to have dinner

dingue *a. (sl.)* crazy, nuts

Dior, Christian (1905–1957) French fashion designer

dire *v.* to say, to tell, to suit, to appeal to; **ça te dirait?** would you like to? **on dirait que** it looks as if; **c'est-à-dire** that is to say; **vouloir dire** to mean; **et dire que** to think that; **ça ne se dit plus** people don't say that

any more

direct *a.* direct, straight; **train direct** express train

directeur *m.n.* director

direction *f.n.* direction

diriger *v.* to direct, to control, to lead; **se diriger** to head for, to make one's way toward

dirigiste *a.* planned, controlled

discipline *f.n.* discipline

discret *a.* discreet

discussion *f.n.* discussion

discuter *v.* to discuss

disparaître *v.* to disappear

disposer (de) *v.* to have at one's disposal, to have at hand

distillateur *m.n.* distiller

distingué *a.* distinguished, refined

divan *m.n.* sofa, couch

division *f.n.* division

divorcé *a.* divorced

dix *a. & n.* ten

dizaine *f.n.* ten

docteur *m.n.* doctor

document *m.n.* document

doigt *m.n.* finger

dollar *m.n.* dollar

domaine *m.n.* estate, property

domestique *m.n.* servant

dommage *m.n.* damage; **c'est dommage** it's a pity, it's a shame

Domme *p.n.* fortified hilltop town overlooking the Dordogne river

donation *f.n.* donation, gift

donc *conj.* therefore, then, hence, so

donner *v.* to give; **donner sur** to overlook (a view)

Dordogne *f.p.n.* river and region in southwest France

Dorin, Françoise (1928–   ) French actress, novelist, and playwright

dormir *v.* to sleep

dos *m.n.* back; **sac à dos** backpack

d'où *adv.* from where

douane *f.n.* customs

douanier *m.n.* customs officer

doublage *m.n.* dubbing

double *a. & n.* double

doublé *a.* dubbed

doucement *adv.* gently, softly, carefully

douche *f.n.* shower

doué *a.* gifted

douter *v.* to doubt; **se douter de** to suspect; **je m'en doutais** I thought as much

Douvres *p.n.* Dover

doux, -ce *a.* sweet; **températures douces** mild temperatures

douzaine *f.n.* dozen

dragon *m.n.* dragon, dragoon

draguer *v. (coll.)* to pick up

dragueur *m.n. (coll.)* skirt chaser

drame *m.n.* drama

Dreux *p.n.* town south of Paris, near Orleans

drogue *f.n.* narcotic, drug(s)

droit *a. & adv.* straight, upright; *n.* right, law; **c'est tout droit** it's straight ahead; **ça sort droit de la boîte** it comes straight out of a can; **avoir les mêmes droits** to have the same rights; **faire du droit** to study law; **à droite** on the right

droitier *a. & n.* right-handed

drôle *a.* funny, amusing, odd, strange; **un drôle de type** a strange-looking guy

drôlement *adv. (coll.)* awfully, an awful lot; **on y a drôlement travaillé** we've worked on it an awful lot

Drugstore *m.p.n.* fancy store and restaurant in Paris

dû *m.n.* due

dû *p. part.* of **devoir**

Dubonnet *m.p.n.* brand of apéritif wine

dur *a.* hard; **dur comme de la pierre** hard as a rock

durer *v.* to last

duvet *m.n.* down

dynamique *a.* dynamic

eau, eaux *f.n.* water; **eau courante** running water; **eaux thermales** hot springs

écarté *m.n.* écarté (card game)

écarter (s') *v.* to move away, to stray

échangeur *m.n.* ramp

échapper (s') *v.* to escape

écharpe *f.n.* scarf

échecs *m.n.* chess

échelle *f.n.* ladder

échouer *v.* to fail

éclair *m.n.* éclair (dessert)

éclairage *m.n.* lighting

éclaircie *f.n.* bright interval (of weather)

éclater *v.* to explode, to burst

écoeuré *a.* sick, nauseated, disgusted

école *f.n.* school; **école maternelle** nursery school; **école primaire** primary school, grade school; **école secondaire** secondary school, high school

économie *f.n.* thrift, economy

économique *a.* economical

économiser *v.* to save, to economize

écouter *v.* to listen to; **écoutez bien** listen carefully

écran *m.n.* screen

écraser *v.* to crush, to squash, to run over; **se faire écraser** to get run over

écrier (s') *v.* to exclaim, to cry out

écrire *v.* to write; **s'écrire** to be written

écrivain *m.n.* writer

éducatif *a.* educational

éducation *f.n.* education

effet *m.n.* effect; **en effet** indeed, as a matter of fact

effeuiller *v.* to pluck the petals of

effigie *f.n.* effigy

égal *a.* equal; **ça m'est égal** it's all the same to me, I don't mind

également *adv.* equally

église *f.n.* church

égoïste *a.* selfish, self-centered

égout *m.n.* sewer

Egypte *f.p.n.* Egypt

égyptien *a. & n.* Egyptian

eh *int.* eh! **eh bien!** well!

Eisenstein, Serguei (1898–1948) Russian filmmaker

élancer (s') *v.* to rush forward, to spring forward

élastique *a.* elastic, made of rubber

électricité *f.n.* electricity

élégant *a.* elegant, smart

élémentaire *a.* elementary, simple

éléphant *m.n.* elephant

élevé *a.* raised; **mal élevé** ill-bred

élève *m.n.* pupil

élite *f.n.* elite

elle, elles *f.pron.* she, it, they; her, them

éloigner (s') *v.* to move away, to withdraw

embêtant *a. (coll.)* annoying

embêter *v. (coll.)* to annoy; **s'embêter** to be bored

embouteillage *m.n.* traffic jam

embrassade *f.n.* embrace, hug

embrasser *v.* to kiss, to embrace

émergé *a.* emerged

émigrant *m.n.* emigrant

emmêlé *a.* tangled up

emmener *v.* to take away, to take with

empêcher *v.* to prevent; **ça ne m'empêche pas de** that doesn't prevent me from; **s'empêcher de** to refrain from

empereur *m.n.* emperor

emphatique *a.* bombastic, pompous

emplacement *m.n.* location, site

emporter *v.* to take away

emprunter *v.* to borrow

ému *a.* moved

émulation *f.n.* emulation

en *prep.* in, to, into, while, on; *adv.* from there, of, from, some, any; **en attendant** meanwhile; **en deux heures** in the space of two hours; **arbre en fleurs** tree in bloom

enchanté *a.* delighted

encore *adv.* still, more, again; **c'est encore toi!** it's you again!

encourager *v.* to encourage

endommager *v.* to damage, to injure

endormi *a.* asleep, sleeping, sleepy

endormir (s') *v.* to fall asleep

endroit *m.n.* place, spot

énergie *f.n.* energy

énerver (s') *v.* to become irritable, to get all worked up, to get excited

enfance *f.n.* childhood

enfant *m. & f.n.* child; **enfant de choeur** altar boy

enfer *m.n.* hell

enfin *adv. & int.* finally, at last, come now! that's that!; **mais enfin** but then, oh well!

enfoncé *a.* dented, sunken

enfoncement *m.n.* driving in

enfuir (s') *v.* to flee, to run away

engager *v.* to engage; **engager la conversation** to start a conversation; **ça n'engage à rien** there's no obligation; **s'engager** to start, to turn into (a street)

énigmatique *a.* enigmatic

énigme *f.n.* riddle

enivrant *a.* exhilarating, elating

enlever *v.* to take off, to take away

ennui *m.n.* problem; **l'ennui, c'est que** the problem is that

ennuyer *v.* to annoy, to bore; **ça ne vous ennuie pas?** you don't mind?; **s'ennuyer** to be bored, to get bored

ennuyeux *a.* annoying, boring

énorme *a.* huge

énormément *adv.* enormously

enragé *m.n.* mad, crazy person

enrichir (s') *v.* to grow rich

enseignant *m.n.* teacher

enseignement *m.n.* teaching

enseigner *v.* to teach

ensemble *adv.* together; **dans l'ensemble** on the whole

entendre *v.* to hear; **entendre parler de** to hear about; **c'est entendu** agreed

entier *a.* whole, entire

entièrement *adv.* entirely, totally

entre *prep.* between

entrecôte *f.n.* sirloin

entrée *f.n.* hall

entreprendre *v.* to undertake

entrepreneur *m.n.* contractor

entreprise *f.n.* firm; **entreprise de construction** construction company

entrer *v.* to come in, to enter

entretenir *v.* to keep

entretien *m.n.* maintenance

envie *f.n.* desire; **avoir envie de** to want to

envoler (s') *v.* to fly away, to fly off

envoyer *v.* to send

épais *a.* thick, dense

épargne *f.n.* saving, economy, thrift

épatant *a. (coll.)* great, wonderful

épaule *f.n.* shoulder

éphémère *a.* ephemeral, passing, fleeting

épicier *m.n.* grocer

Epidaure *p.n.* site of Greek ruins on the Aegean Sea

époque *f.n.* era, age, time

épouser *v.* to marry

équilibre *m.n.* equilibrium, balance

équilibré *a.* balanced

équipe *f.n.* team

équipé *a.* outfitted

éraflure *f.n.* scratch

érotique *a.* erotic

érotisme *m.n.* eroticism

erreur *f.n.* mistake, error

éruption *f.n.* eruption

escalade *f.n.* mountain-climbing

escalier *m.n.* staircase; **escalier roulant** escalator

escargot *m.n.* snail

Escholier (l') *m.p.n.* café on the place de la Sorbonne

esclavage *m.n.* slavery

esclave *a. & n.* slave

escrime *f.n.* fencing

espace *m.n.* space

espadrille *f.n.* rope-soled sandal

Espagne *f.p.n.* Spain

espagnol *a.* Spanish; *n.* Spaniard

espèce *f.n.* kind, sort; **espèce d'idiot!** you idiot!

espérer *v.* to hope; **j'espère bien** I certainly hope so

espion *m.n.* spy

espoir *m.n.* hope

esprit *m.n.* spirit, mind, wit

esquimau *m.n.* Eskimo, chocolate-covered popsicle

essayage *m.n.* trying on; **cabine d'essayage** fitting room

essayer *v.* to try, to attempt, to try on

essence *f.n.* gasoline

essentiel *a.* essential, necessary

essoufflé *a.* out of breath, winded

essuie-glace *m.n.* windshield wiper

essuyer (s') *v.* to wipe; **essuyez-vous les pieds** wipe your feet

et *conj.* and; **et nous, alors?** what about us?

étage *m.n.* story, floor (of building)

étaler *v.* to spread, to display

étang *m.n.* pond

étape *f.n.* stopping place, stage (of race); **faire étape** to stop (overnight)

état *m.n.* state, **en bon état** in good condition, in good order, **en mauvais état** in poor condition

Etats-Unis *m.pl.p.n.* United States

été *m.n.* summer

été *p. part. of* **être**

éteindre *v.* to turn off, to switch off; **s'éteindre** to go out

éteint *a.* extinguished, out

étincelle *f.n.* spark; **ça va faire des étincelles** the sparks will fly

étiquette *f.n.* label

étirer (s') *v.* to stretch

étoile *f.n.* star

Etoile (place de l') *f.p.n.* famous square in Paris

étonné *a.* astonished, surprised

étonnement *m.n.* astonishment, surprise, wonder

étonner *v.* to astonish, to amaze, to surprise; **ça ne m'étonnerait pas** I wouldn't be surprised; **s'étonner** to be surprised, amazed

étranger *a.* foreign; *n.* foreigner

étrangeté *f.n.* strangeness

être *v. & aux.* to be; **ça y est** that's it, there you are; **il fait vraiment beau, n'est-ce pas?** it's a beautiful day, isn't it?; **être à** to belong to; **c'est à Yvonne** it's Yvonne's turn

étroit *a.* narrow, confined; **être à l'étroit** to be cramped

étude *f.n.* study; **faire des études** to study, to be a student

étudiant *m.n.* student

étudier *v.* to study

eu *p. part. of* **avoir**

euh *int.* well, er

Europcar *p.n.* car rental company

européen *a. & n.* European

eux *pron.* they, them

évanoui *a.* unconscious

événement *m.n.* event

Evian *p.n.* city on Lake Geneva known for its mineral water; **Evian-Fruité** brand of soft drink

évidemment *adv.* obviously, evidently

évident *a.* obvious, clear

éviter *v.* to avoid

évoquer *v.* to evoke, to recall

exactement *adv.* exactly, just, accurately

exagération *f.n.* exaggeration

exagérer *v.* to exaggerate

examen *m.n.* exam

examiner *v.* to examine, to inspect, to study carefully

excellent *a.* excellent

exceptionnel *a.* exceptional

excitant *a.* exciting, stimulating

exciter (s') *v.* to get excited, worked up

excuser *v.* to excuse; **s'excuser** to apologize

exemple *m.n.* example

exercice *m.n.* exercise

exister *v.* to exist, to be

exode *m.n.* exodus

exotique *a.* exotic

expérimental *a.* experimental

expérimenter *v.* to experiment

expliquer *v.* to explain

exploiter *v.* to exploit, to take advantage of

explorateur *m.n.* explorer

exploration *f.n.* exploration

explorer *v.* to explore

explosif *m.n.* explosive

exposition *f.n.* exhibition

exprès *adv.* on purpose

express *m.n.* espresso coffee

expression *f.n.* expression

exprimer *v.* to express, to convey

exquis *a.* exquisite, delicious

extensible *a.* extendible, stretchable

extraction *f.n.* extraction, extracting

extraire *v.* to extract

extrait *m.n.* excerpt

extraordinaire *a.* extraordinary

extrêmement *adv.* extremely

extrémité *f.n.* end

Eyzies (les) *pl.p.n.* site of famous prehistoric caves in the Dordogne region

fabriquer *v.* to make, to manufacture

fac *abbr. for* **faculté** *f.n.* university

façade *f.n.* front, façade

face *f.n.* face; **face à** *prep. phr.* in front of; **en face de** in front of, facing

fâché *a.* annoyed, sorry

facile *a.* easy

facilement *adv.* easily

façon *f.n.* fashion, manner; **de toute façon** anyhow, in any case; **d'une façon générale** generally speaking; **d'une certaine façon** in a way; **la façon de parler d'Hubert** Hubert's way of speaking

faculté *f.n.* university

faible *a.* weak; *m.n.* weakness; **avoir un faible pour** to be partial to, to have a soft spot for

faillir *v.* to fail; **j'ai failli rater mon examen** I almost failed my exam; **il**

a failli se faire écraser he almost got run over

faim *f.n.* hunger; **avoir faim** to be hungry

faire *v.* to make, to do, to practice, to study, to matter; **il fait beau** the weather is beautiful; **il fait doux** it's warm; **faire quelques pas** to take a few steps; **elle fait 1 mètre 60** she is 5 feet 3; **ça fait une éternité qu'on ne t'a pas vu** we haven't seen you for ages; **ça ne fait rien** it doesn't matter; **faire du karaté** to practise karate; **faire de l'histoire** to study history; **faire du cinéma** to work in movies; **faire du 140 à l'heure** to go 90 miles an hour; **ça fait snob** it's snobbish; **nous ferions bien d'aller nous coucher** we had better go to bed; **on a fait les maçons** we did the masonry ourselves; **faire faire** to have something done; **ça ne se fait plus** people don't do that any more; **se faire mal** to get hurt, to hurt oneself; **il se fait tard** it's getting late; **se faire écraser** to get run over; **s'en faire** to worry; **ne t'en fais pas!** don't worry!

faire-part *m.n.* announcement

falloir *v.* to be necessary, to be required, to have to; **il faut aller travailler** you must go to work; **il faut que je rentre à la maison** I must go home; **il faut que j'y aille** I have to go; **j'ai tout ce qu'il me faut** I've got everything I need

fameux *a.* famous, delicious

familier *a.* familiar, colloquial

famille *f.n.* family

fanfare *f.n.* fanfare, brass band

fantastique *a.* fantastic

farci *a.* stuffed

fascinant *a.* fascinating

fast-food *m.n.* fast food

fatalité *f.n.* fate

Fath, Jacques contemporary French fashion designer

fatigant *a.* tiring, tiresome, tedious, annoying

fatigué *a.* tired

fatiguer *v.* to tire, to fatigue, to strain; **se fatiguer** to get tired

fauché *a. (coll.)* broke; **fauché comme les blés** flat broke

faute *f.n.* fault, mistake; **ce n'est pas de ma faute** it's not my fault

fauteuil *m.n.* armchair

faux, fausse *a.* false, not true, bogus, counterfeit, wrong; **faux numéro**

wrong number; **fausse bonne soeur** fake nun

Fellini, Federico (1920–) Italian filmmaker

féminin *a.* feminine

femme *f.n.* woman, wife; **femme d'affaires** businesswoman

fémur *m.n.* femur, thighbone

fenêtre *f.n.* window

fente *f.n.* crack, slit, slot

fer *m.n.* iron

ferme *a.* firm

fermé *a.* closed, hermetic

fermer *v.* to close, to shut

fermeture à glissière *f.n.* zipper

fêter *v.* to celebrate

feu *m.n.* fire, light; **est-ce que vous avez du feu?** have you got a light?; **feu rouge** red light

feuille *f.n.* leaf

février *m.n.* February

fiancé *a. & n.* fiancé

fiancer (se) *v.* to become engaged

fibre *f.n.* fiber

ficelle *f.n.* string

ficher (s'en) *v. (coll.)* **je m'en fiche** I don't give a damn, I couldn't care less!

fiction *f.n.* fiction

fier *a.* proud

Figaro (le) daily newspaper

figurant *m.n.* walk-on, extra

figuration *f.n.* extras (on stage or screen)

figure *f.n.* figure, face

fil *m.n.* thread; **fil conducteur** theme

file *f.n.* line

filer *v.* to run off; **je file** I have to run

filet *m.n.* net

fille *f.n.* girl, daughter

filleule *f.n.* goddaughter

film *m.n.* film, movie

fils *m.n.* son; **fils unique** only child; **fils à papa** daddy's boy

fin *a.* fine, delicate, slender, subtle; **un fin gourmet** a real gourmet

fin *f.n.* end; **à la fin** in the end, finally, at last; **en fin de compte** in the end

finalement *adv.* finally, at last

finance *f.n.* finance

financer *v.* to finance

finir *v.* to finish, to end; **ça va mal finir** it's going to come to a bad end; **en finir avec** to be done with

Fitzgerald, F. Scott (1896–1940) American writer

fixé *a.* set, fixed; **je ne suis pas très fixé** I have no definite plans

Fixin *p.n.* town in Burgundy famous for its wine

flamant *m.n.* flamingo

flamme *f.n.* flame; **en flammes** on fire

flèche *f.n.* arrow, spire

fleur *f.n.* flower; **en fleurs** in blossom; **à la fleur de l'âge** in the prime of life

fleuve *m.n.* river

Flore (café de) *m.p.n.* literary café in Saint-Germain-des-Prés

Floride *f.p.n.* Florida

fluide *m.n.* fluid

foi *f.n.* faith; **ma foi** *int.* to tell the truth, frankly

foie *m.n.* liver; **foie gras de canard** duck liver

fois *f.n.* time, occasion; **à la fois** together, at once; **une autre fois** another time

folie *f.n.* folly, madness; **à la folie** madly

Folies-Bergère *f.pl.p.n.* famous music hall in Paris

foncé *a.* dark

foncer *v.* to rush, to speed

fond *m.n.* bottom, back, far end, background; **à fond** thoroughly; **au fond** basically

fondue *f.n.* fondue

Fontainebleau *p.n.* town south of Paris

Fontaine Médicis *f.p.n.* fountain in the Luxembourg Gardens

football *m.n.* football, soccer

forcé *a.* forced; **travaux forcés** hard labor

forcément *adv.* inevitably, of course

Forces Françaises de l'Intérieur *f.pl.p.n.* French Forces of the Interior, World War II

forestier *m.n.* forester

forêt *f.n.* forest

formation *f.n.* formation, development, making

forme *f.n.* shape; **en forme** in shape, in condition

formidable *a.* great, wonderful, tremendous

formule *f.n.* formula

fort *a.* strong, stout; *adv.* strongly, hard; **frappez fort** knock hard; **ça ne va pas fort** I'm not feeling too well

Fort-de-France *p.n.* capital of Martinique, in the French West Indies, and birthplace of Joséphine de Beauharnais

fortifié *a.* fortified

fortuit *a.* fortuitous, casual

fortune *f.n.* fortune, money

Forum des Halles *m.p.n.* modern mall built on the site of the former Halles

(central market) in Paris

fossé *m.n.* ditch

fou *a.* crazy, mad, incredible; **c'est fou le nombre de théâtres qu'il y a à Paris** it's incredible the number of theaters there are in Paris; **on s'amusera comme des fous** we'll have lots of fun

foudre *f.n.* lightning, thunderbolt

foudroyant *a.* staggering; **reprise foudroyante** terrific pick-up (of an automobile)

Foujita (1886–1968) French painter of Japanese origin

foulard *m.n.* scarf

foule *f.n.* crowd

Fouquet's *m.p.n.* restaurant and café on the Champs-Elysées

four *m.n.* oven; **four solaire** solar furnace

fourchette *f.n.* fork

foutre *v. (sl.)* to do; **je m'en fous des poulets** I don't give a damn about the chickens; **tu te fous de moi?** are you putting me on?

foutu *a. (sl.)* able

fragile *a.* fragile, delicate, frail

fragment *m.n.* fragment; **fragments de conversation** snatches of conversation

frais, fraîche *a.* fresh, young; **avoir le teint frais** to have a fresh complexion; **ce fromage est trop frais** this cheese is too young

framboise *f.n.* raspberry

franc *m.n.* franc

français *a.* French; *n.* Frenchman

France *f.p.n.* France

franchement *adv.* frankly

frapper *v.* to strike, to hit, to knock

frein *m.n.* brake; **frein à main** handbrake, emergency brake; **frein à disques** disc brake

freinage *m.n.* braking

fréquent *a.* frequent

frère *m.n.* brother

fresque *f.n.* fresco

fric *m.n. (coll.)* money, dough

frileux, -euse *a.* chilly; **être frileux** to be sensitive to cold

frit *m.n.* fried

froid *a. & n.* cold

fromage *m.n.* cheese

front *m.n.* forehead; **en plein front** right in the forehead

frotter *v.* to rub

fruit *m.n.* fruit; **fruit de la passion** passion fruit

fuite *f.n.* flight

fumée *f.n.* smoke

fumer *v.* to smoke
fureur *f.n.* fury, rage

gâchis *m.n.* mess
gagnant *a.* winning; *n.* winner
gagner *v.* to win, to earn; **gagner sa vie** to earn one's living; **on l'a bien gagné** we've really earned it
galant *a.* gallant, courteous
galanterie *f.n.* politeness, compliment
galère *f.n.* galley
galerie *f.n.* roof rack
Galerie des Glaces *f.p.n.* mirror gallery in the château de Versailles
galette *f.n.* cookie; pancake
gallo-romain *a.* Gallo-Roman
galop *m.n.* gallop; **cheval au galop** galloping horse
gamin *m.n.* kid
gamme *f.n.* scale, range; **haut de gamme** top of the line
gant *m.n.* glove; **aller comme un gant** to fit like a glove
garage *m.n.* garage
Garbo, Greta (1905–) famous Hollywood star
garçon *m.n.* boy; **garçon-boucher** butcher's boy, butcher's apprentice
garde *f.n.* guard; **en garde!** on guard!
garder *v.* to keep; **garder un secret** to keep a secret
gardian *m.n.* cowherd, cowboy in the Camargue region
gardien *m.n.* keeper, caretaker, janitor; **gardien de nuit** night watchman
gare *f.n.* station
garer *v.* to park; **se garer** to park
garni *a.* garnished; **choucroute garnie** sauerkraut with sausages
Garonne *f.p.n.* one of the four main rivers of France
gascon *a. & n.* Gascon, from Gascony
gasoil *m.n.* diesel fuel
gastronomie *f.n.* gastronomy
gastronomique *a.* gastronomical
gâteau *m.n.* cake, pastry
gâter *v.* to spoil
gauche *a. & f.n.* left; **à gauche** on the left
gaucher *a. & n.* left-handed
gauchiste *a. & n.* leftist
Gaule *f.p.n.* Gaul
Gaulle, Charles de (1890–1975) French general and statesman
Gault et Millau *m.p.n.* restaurant guide
Gavarnie *p.n.* famous cirque in the Pyrenees
gaz *m.n.* gas
gazon *m.n.* grass, lawn

gazpacho *m.n.* gazpacho
géant *m.n.* giant; **les géants de 93** the heroes of the Revolution of 1793
gendarmerie *f.n.* state police force
généalogique *a.* genealogical
gêner *v.* to bother, to inconvenience, to disturb; **ça ne vous gêne pas?** you don't mind?; **se gêner** to put oneself out
général *a.* general; **en général** in general
généreusement *adv.* generously
généreux *a.* generous
Genève *p.n.* Geneva
génial *a.* inspired, full of genius, brilliant
génie *m.n.* genius
genou *m.n.* knee
genre *m.n.* kind, sort, type, style, gender; **ce n'est pas mon genre** it's not my style
gens *m.n.* people; **jeunes gens** young people; **ces gens-là** those people
gentil, -ille *a.* nice, kind, good
gentilhommière *f.n.* manor house
gentiment *adv.* nicely, pleasantly, quietly
géographie *f.n.* geography
géologie *f.n.* geology
géométrie *f.n.* geometry
gerbe *f.n.* spray, splash
geste *m.n.* gesture
Gevrey-Chambertin *p.n.* town in Burgundy famous for its wine
gigot *m.n.* leg of lamb
Gini *m.p.n.* brand of soft drink
Givenchy, Hubert de (1927–) French fashion designer
glace *f.n.* ice, ice cream
glaçon *m.n.* ice cube
glisser *v.* to slide, to slip
Godard, Jean-Luc (1930–) French filmmaker
gommier *m.n.* dugout canoe
gorge *f.n.* throat, canyon; **les gorges du Verdon** the Verdon canyon; **avoir mal à la gorge** to have a sore throat
gosse *m.n. (coll.)* kid
gourmet *a. & n.* gourmet
goût *m.n.* taste
goûter *m.n.* afternoon snack
goûter *v.* to taste, to try, to sample
goutte *f.n.* drop
grain *m.n.* grain
graisse *f.n.* grease, fat, lard; **graisse d'oie** goose fat
grand *a.* big, tall, great; **toujours les grands mots** always exaggerating; **grand cru** great growth (wine)

grand'chose *indef. pron.* much
grandeur *f.n.* greatness, grandeur
Grand Marnier *m.p.n.* brand of orange-flavored brandy
grand-mère *f.n.* grandmother
grand-oncle *m.n.* great-uncle
grange *f.n.* barn
granit *m.n.* granite
gras *a.* fat, greasy
gratter *v.* to scratch; **ça me gratte** it itches
grave *a.* serious
gravure *f.n.* print, engraving
grec, grecque *a. & n.* Greek
Grèce *f.p.n.* Greece
grève *f.n.* strike
Griffith, D. W. (1875–1948) American filmmaker
grillade *f.n.* grilled meat
grille *f.n.* gate, railings
grimper *v.* to climb
gris *a.* gray
gros, grosse *a.* big, fat, large; **gros plan** close-up
grotte *f.n.* cave, grotto
groupe *m.n.* group
Guadeloupe *f.p.n.* French West Indian island
guerre *f.n.* war
gueule *f.n. (coll.)* face, mug; **Gueules Cassées** veterans with serious facial injuries
gueuleton *m.n. (coll.)* feast, blowout
guévariste *a. & n.* follower of Latin American revolutionary Che Guevara
guichet *m.n.* wicket, window
guide *m.n.* guide, guidebook; **guide vert** Michelin travel guide
guignol *m.n.* Punch and Judy show; puppet show
Guimilliau *p.n.* church and calvary in Brittany

habillé *a.* dressed, dressed up
habiller *v.* to dress; **s'habiller** to get dressed, to dress up
habitable *a.* habitable
habiter *v.* to live in, to inhabit, to live, to reside
habitude *f.n.* habit; **avoir l'habitude de** to be used to; **d'habitude** usually, ordinarily
habituer (s') *v.* to get used, to grow accustomed; **s'habituer à** to grow accustomed to
haie *f.n.* hedge
haïr *v.* to hate
hall *m.n.* entrance hall, foyer (of hotel)
Halles (les) *f.pl.p.n.* district in Paris which used to be the central market

halte *f.n.* stop, halt, stopping place; **halte-dégustation** roadside wine stand

hameau *m.n.* hamlet; **hameau de Marie-Antoinette** Marie Antoinette's country hamlet in the park of Versailles

hand *m.n.* handball

Hansel et Gretel *Hansel and Gretel*, children's storybook

haricot *m.n.* bean; **haricot vert** green bean

hasard *m.n.* chance, luck, accident

hausse *f.n.* rise; **températures en hausse** rising temperatures

haut *a.* high, tall; *n.* top; **en haut de** at the top of; **haut de gamme** top of the line

haut-parleur *m.n.* loudspeaker

hebdomadaire *a.* weekly

HEC (école des Hautes Etudes Commerciales) French school of business and management

hein *int.* eh? what?

hélas *int.* alas, unfortunately

hélicoptère *m.n.* helicopter

Hemingway, Ernest (1898–1961) American novelist

herbe *f.n.* herb; **fines herbes** mixed herbs

héroïne *f.n.* heroin, heroine

héroïquement *adv.* heroically

héros *m.n.* hero

Hertz *p.n.* car rental company

hésitation *f.n.* hesitation

heure *f.n.* hour; **une heure et demie** an hour and a half; **de bonne heure** early; **être à l'heure** to be on time; **à tout à l'heure** see you later

heureusement *adv.* fortunately, luckily

heureux, -euse *a.* happy

heurter *v.* to run into, to collide with

hexagone *m.n.* hexagon; **l'Hexagone** France

hier *adv.* yesterday

hiéroglyphe *m.n.* hieroglyph(ic)

histoire *f.n.* history, story, tale; **histoire ancienne** ancient history; **histoire de l'art** history of art; **histoire de crime** detective story; **c'est une autre histoire** that's another story; **c'est toute une histoire** it's a long story; **histoire à dormir debout** incredible tale, tall tale; **histoire de faire un peu d'exercice** just a matter of getting a little exercise

historique *a.* historic(al)

hiver *m.n.* winter

HLM (Habitation à Loyer Modéré) *m.n.* low-cost housing

hockey *m.n.* hockey

hollandais *a.* Dutch; *n.* Dutchman

Hollywood *p.n.* capital of the movie industry in the United States

homard *m.n.* lobster

Home Latin *m.p.n.* name of a small hotel in the Latin Quarter

hommage *m.n.* **hommages** respects, compliments

homme *m.n.* man; **homme d'affaires** businessman

Hongrie *f.p.n.* Hungary

hongrois *a. & n.* Hungarian

honneur *m.n.* honor; **à vous l'honneur** after you

honoré *a.* honored

honte *f.n.* shame; **avoir honte** to be ashamed

honteux, -teuse *a.* shameful, disgraceful

hôpital *m.n.* hospital

horizon *m.n.* horizon

horloge *f.n.* clock; **horloge parlante** time of day service; **le Gros Horloge** monument in Rouen with large clock

horreur *f.n.* horror; **avoir horreur** to hate, to loathe

horrible *a.* horrid, dreadful, horrible

hors d'oeuvres *m.n.* appetizer, starter

hôtel *m.n.* hotel

Hôtel de Ville *m.p.n.* city hall and square in Paris

hou! *int.* boo!

Huchette (théâtre de la) *p.n.* small theater in the Latin Quarter

Hugo, Victor (1802–85) French poet, novelist and playwright

huile *f.n.* oil; **huile solaire** suntan lotion

huit *a. & n.* eight; **de lundi en huit** a week from Monday

huître *f.n.* oyster

Huma (l') *abbr. for* ***l'Humanité*** French communist newspaper

humain *a.* human

humeur *f.n.* mood, spirits; **de bonne humeur** in good spirits

humour *m.n.* humor; **avoir beaucoup d'humour** to have a great sense of humor

hydraulique *a.* hydraulic

ici *adv.* here; **ici Robert Taylor** Robert Taylor speaking

idée *f.n.* idea

IDHEC (Institut Des Hautes Etudes Cinématographiques) *m.n.* graduate school in film studies

idiot *a. & n.* idiot, fool; **faire l'idiot** to be silly

If (château d') *p.n.* castle on a small island near Marseille

il, ils *pron.* he, it, they; **il y a** see **avoir**

île *f.n.* island; **île de la Cité, île Saint-Louis** islands on the Seine River in Paris

Ile-de-France *f.p.n.* province of north central France

illisible *a.* illegible, unreadable

illuminer *v.* to light up, to illuminate

illusion *f.n.* illusion

illustre *a.* famous, renowned

image *f.n.* image

imaginer *v.* to imagine; **s'imaginer** to suppose, to delude oneself

imbattable *a.* unbeatable, invincible

imbécile *a.* silly, idiotic; *n.* fool, idiot

imiter *v.* to imitate

immense *a.* immense, huge

immeuble *m.n.* building

immoral *a.* immoral

impatient *a.* impatient, eager

impeccable *a.* impeccable, flawless

imper *abbr. for* **imperméable** *m.n.* raincoat

impératif *a.* imperative

impératrice *f.n.* empress

impériale *f.n.* deck; **la méhari n'a pas d'impériale** the mehari is not a doubledecker car

impérieux *a.* imperious

imperméabilisé *a.* waterproof

imperméable *m.n.* raincoat

importance *f.n.* importance; **ça n'a pas d'importance** it doesn't matter

impossible *a.* impossible

impôt *m.n.* tax

imprenable *a.* impregnable; **vue imprenable** view that cannot be obstructed

impression *f.n.* impression

impressionnant *a.* impressive, spectacular

imprévu *a.* unforeseen, unexpected

imprimer *v.* to impress, to impart

inaperçu *a.* unnoticed, unseen

inattendu *a.* unexpected

incendier *v.* to set fire to

incomparable *a.* unrivaled, matchless

incompréhensible *a.* incomprehensible

incompris *a.* misunderstood, unappreciated

inconnue *f.n.* stranger

inconsolable *a.* inconsolable, disconsolate

inconvénient *m.n.* disadvantage, drawback

incroyable *a.* incredible

Inde *f.p.n.* India
indéchiffrable *a.* indecipherable, illegible, incomprehensible
indépendant *a.* independent
indication *f.n.* sign
indien, -ienne *a. & n.* Indian
indigestion *f.n.* indigestion
indiquer *v.* to indicate, to show
indulgent *a.* kind, lenient
industrie *f.n.* industry
industriel *a.* industrial
inerte *a.* inert
infarctus *m.n.* heart attack, stroke; **faire un infarctus** to have a stroke
infect *a.* foul, putrid, disgusting
infection *f.n.* stench, stink; **c'est une infection** it stinks!
infernal *a.* infernal, impossible
infini *a.* infinite
infirmier, -ière *n.* nurse
influencer *v.* to influence
informaticien *m.n.* computer scientist, data-processing expert
informatique *f.n.* computer science
infusion *f.n.* infusion, herb tea
ingénieur *m.n.* engineer
initiale *f.n.* initial
innocence *f.n.* innocence
inoffensif *a.* innocuous, harmless
inonder *v.* to drench, to soak
inquiet *a.* worried, anxious
inquiétant *a.* disturbing, upsetting
inquiéter (s') *v.* to worry
inscrire (s') *v.* to enroll, to become a member
insistance *f.n.* insistence
installation *f.n.* installation, plant
installer (s') *v.* to sit down, to make oneself at home
instant *m.n.* instant, moment
institut *m.n.* institute
instituteur, -trice *n.* primary school teacher
institution *f.n.* institution
instructif *a.* instructive, educational
instruit *a.* educated, learned
instrument *m.n.* instrument
insuffisant *a.* insufficient, inadequate
insupportable *a.* unbearable, intolerable
intellectuel *a. & n.* intellectual
intelligent *a.* intelligent, clever
intention *f.n.* intention; **avoir l'intention de** to intend, to mean to
interdit *a.* forbidden; **interdit aux moins de 18 ans** X-rated
intéressant *a.* interesting
intéresser *v.* to interest, to be of interest; **ça ne m'intéresse pas** I'm not interested

intérêt *m.n.* interest
intermittent *a.* intermittent
international *a.* international
interrogation *f.n.* interrogation, questioning; **interrogation écrite** quiz, test
intervalle *m.n.* interval, gap
intervenir *v.* to step in; **intervenir dans la conversation** to break in on the conversation
intrigué *a.* puzzled, curious
intrusion *f.n.* intrusion, interference
inutile *a.* useless, vain, unnecessary
Invalides (les) *m.pl.p.n.* monument in Paris built by Louis XIV to provide a home for disabled soldiers
inventer *v.* to invent, to make up
invention *f.n.* invention
inverse *a.* reverse; **dans le sens inverse** in the opposite direction, in reverse order
investissement *m.n.* investment
inviter *v.* to invite; **s'inviter** to invite oneself
invoquer *v.* to invoke, to call upon
irrégulier *a.* irregular, uneven, erratic
Iseran (col de l') *m.p.n.* mountain pass in the Alps
Isigny *p.n.* town in Normandy known for its butter
Ispahan *p.n.* former capital of Iran
israélien *a. & n.* Israeli
italien *a. & n.* Italian
itinéraire *m.n.* itinerary

jaloux, -ouse *a.* jealous
jamais *adv.* never; **jamais de la vie** out of the question, not on your life!
jambe *f.n.* leg
jambon *m.n.* ham; **jambon de pays** country-cured ham
japonnais *a. & n.* Japanese
jardin *m.n.* garden; **jardin public** park
jauge *f.n.* gauge
jaune *a.* yellow; **jaune d'oeuf** egg yolk
je, j' *pron.* I; **je vois** I see
jean *m.n.* jeans
Jeanne d'Arc (1412–31) French heroine and martyr, burnt at the stake in Rouen
jeter *v.* to throw; **jeter un coup d'oeil** to glance at; **se jeter (dans)** to flow (into)
jeton *m.n.* token
jeu *m.n.* game; **jeu d'échecs** chess set; **jeu de mots** play on words, pun; **ce n'est pas du jeu** that's no fair; **vieux jeu** old-fashioned

jeudi *m.n.* Thursday
jeune *a.* young
jeunesse *f.n.* youth
Joconde (la) *f.p.n.* Mona Lisa, famous painting by Leonardo da Vinci in the Louvre
joie *f.n.* joy, delight
joli *a.* pretty, good-looking
joliment *adv. (coll.)* awfully, terribly
joue *f.n.* cheek
jouer *v.* to play
jouet *m.n.* toy
joueur *m.n.* player
jour *m.n.* day; **ces jours-ci** these days
journal *m.n.* newspaper
journée *f.n.* day
juge *m.n.* judge
juif *a.* Jewish *n.* Jew
juillet *m.n.* July
juin *m.n.* June
jupe *f.n.* skirt
Jura *m.p.n.* Jura mountains
jurer *v.* to swear; **je vous jure** I swear
juron *m.n.* curse
jusque *prep.* as far as, up to, till, until
Jussieu, Antoine Laurent (1748–1836) French botanist
juste *a.* just, fair, right, exact, accurate; *adv.* rightly, just exactly; **au juste** exactly, precisely; **juste à côté** right next door
justement *adv.* just, precisely, so; as it happens
justesse *f.n.* exactness, accuracy, fairness
justice *f.n.* justice

Kaboul *p.n.* Kabul, capital of Afghanistan
karaté *m.n.* karate
Katmandou *p.n.* Katmandu, capital of Nepal
kilo *m.n. abbr. for* **kilogramme** *m.n.* kilogram
kilomètre *m.n.* kilometer
kiosque *m.n.* kiosk; **kiosque à journaux** newsstand
kir *m.n.* apéritif made with white wine and crème de cassis
Kurosawa, Akira (1910–) Japanese filmmaker

la, l' *def. art.* the; *pron.* she, her, it; **la voilà** there she is
là *adv.* there, here; **là où vous êtes** where you are; **là-bas** over there; **là en bas** down there
Labiche, Eugène (1815–88) French dramatist, author of comedies and vaudevilles

laine *f.n.* wool; **en laine** woollen

laisser *v.* to leave, to let, to allow; **laisse ce banc tranquille** leave that bench alone; **laisser tomber** to drop; **se laisser pousser la barbe** to grow a beard

lancer (se) *v.* to rush, to dash; **se lancer à la poursuite** to start chasing

Landes *f.pl.p.n.* region along the Atlantic in southwest France

Langeais *p.n.* town on the Loire river famous for its Renaissance castle

langue *f.n.* tongue, language

Langues O *abbr. for* **Langues Orientales** *f.pl.p.n.* Institute of Slavic and Asian Language Studies

Lanvin (1867–1946) French fashion designer

lapin *m.n.* rabbit; **cage à lapins** rabbit hutch

laquelle *pron.* who, whom, which

lard *m.n.* lard, fat

large *m.n.* open sea; **au large de** off the coast of

larme *f.n.* tear

Lascaux *p.n.* famous prehistoric cave in the Dordogne region

latéral *a.* lateral

latin *a. & n.* Latin

laurier-rose *m.n.* oleander

Laval *p.n.* city in northwest France and birthplace of Alfred Jarry

laver *v.* to wash; **se laver** to wash oneself

lave-vaisselle *m.n.* dishwasher

Lazare *p.n.* Lazarus

le, l' *def. art.* the; *pron.* he, him, it

leçon *f.n.* lesson

lecture *f.n.* reading

légende *f.n.* legend

léger *a.* light, frivolous; **comédie ultra-légère** frivolous show

légèrement *adv.* slightly

lendemain *m.n.* next day

Lénine, Vladimir Ilitch (1870–1924) one of the leaders of the Russian Revolution

Le Nôtre, André (1613–1700) designer of parks and gardens who created the gardens at Versailles

lentement *adv.* slowly

lentille *f.n.* lentil; **trier des lentilles** to pick over lentils

Léoville-las-Cases *m.p.n.* distinguished Bordeaux wine

lequel, laquelle, lesquels, lesquelles *pron.* who, whom, which

les *def. art.* the; *pron.* they, them

lettre *f.n.* letter

lettres *f.pl.n.* letters, humanities; **section lettres** liberal arts division in high school or college

leur, leurs *a.* their, them; *pron.* theirs

lever *m.n.* raising

lever *v.* to raise, to lift; **elle lève les yeux** she looks up; **se lever** to rise, to get up; **ça se lève** the weather is clearing

lèvre *f.n.* lip

Liban *m.p.n.* Lebanon

libéral *a.* liberal

Libération de Paris liberation of Paris by the Allied troops in World War II

liberté *f.n.* freedom, liberty

libre *a.* free, vacant, available; **libre-service** self-service

Lido *m.p.n.* famous music hall in Paris

lieu *m.n.* place; **au lieu** instead

ligne *f.n.* line; **grandes lignes** main lines

Lille *p.n.* city in the north of France

limite *f.n.* limitation

Limoges *p.n.* town in central France known for its porcelain

lion *m.n.* lion

Lipp *p.n.* café and restaurant in Saint-Germain-des-Prés

liquéfier *v.* to liquefy

lire *v.* to read

liste *f.n.* list

lit *m.n.* bed

litre *m.n.* liter

littérature *f.n.* literature

livre *m.n.* book; **livre de poche** pocketbook

local *a.* local

locataire *m.n.* tenant

location *f.n.* rental, renting; **voiture de location** rented car

Loches *p.n.* town in the Loire valley with medieval dungeon and fortifications

logement *m.n.* lodging, housing

loger *v.* to lodge, to live

loi *f.n.* law

loin *adv.* far

lointain *a.* distant, far-off

Loire *f.p.n.* one of the four main rivers of France

loisir *m.n.* leisure, spare time

long, longue *a.* long

Longchamp *p.n.* racetrack near Paris

longer *v.* to follow; **longer les côtes** to go down the coast

longtemps *adv.* long, a long time

Lorraine *f.p.n.* Lorraine, province in northeastern France

lot *m.n.* prize; **gros lot** first prize

loterie *f.n.* lottery; **Loterie Nationale** national lottery, sweepstakes

loto *m.p.n.* bingo

loucher *v.* to be cross-eyed

loué *a.* rented

louer *v.* to rent, to hire, to let; **ce n'est pas à louer** it's not for rent

Louis XIV (1638–1715) king of France 1643–1715

lourd *a.* heavy

Lourdes *p.n.* town in southwest France and site of famous Catholic shrine

Louvre *m.p.n.* national museum of art in Paris

loyer *m.n.* rent, rental

lu *p. part of* **lire**

lui, leur *prep.* he, it, they, him, it, them; **lui aussi** he too

lumière *f.n.* light

lundi *m.n.* Monday

lune *f.n.* moon

lunette *f.n.* **lunettes** glasses; **lunettes de soleil** sunglasses

Lutèce *p.n.* ancient Roman name of Paris

luxe *m.n.* luxury

Luxembourg *m.p.n.* palace and gardens on the Left Bank in Paris

luxueux *a.* luxurious, sumptuous

Luz (-Saint-Sauveur) *p.n.* town in the Pyrenees with fortified church

lycée *m.n.* high school

Lyon *p.n.* third largest city in France, considered a gastronomical capital

ma *a. see* **mon**

mâché *a.* chewed; **papier mâché** papier mâché

maçon *m.n.* mason; **on a fait les maçons** we worked as masons

madame, mesdames *f.n.* Mrs., madam; **madame votre mère** your mother

madeleine *f.n.* madeleine, biscuit

mademoiselle, mesdemoiselles *f.n.* Miss; **mademoiselle et moi** this young lady and I

magasin *m.n.* store, shop; **grand magasin** department store

magazine *m.n.* magazine

magistrat *m.n.* justice, judge

magistrature *f.n.* judges and prosecutors

magnétique *a.* magnetic

magnificence *f.n.* magnificence, splendor

magnifique *a.* magnificent, splendid, superb

magnifiquement *adv.* magnificently, wonderfully

magret *m.n.* filet of duck

mai *m.n.* May

maillot de bain *m.n.* swimsuit

main *f.n.* hand

maintenant *adv.* now

mais *conj.* but; **mais oui, mais si!** but of course, why certainly! **mais non** oh no, not at all

maison *f.n.* house; **maison à la campagne** country house; **maison de jouets** toy company; **maison de retraite** retirement home

maîtrise *f.n.* M.A. degree

majesté *f.n.* majesty

major *m.n.* major

mal *m.n.* harm, hurt; **avoir mal à la tête** to have a headache; **avoir du mal à** to have a hard time doing something; **il n'y a pas de mal** no harm; *adv.* bad, badly; **ça finira mal** it will end for the worse; **ce n'est pas mal** it's not bad; **mal élevé** ill-mannered

malade *a.* sick, ill

maladresse *f.n.* awkwardness, clumsiness

malheureusement *adv.* unfortunately

malheureux *a.* unhappy, unfortunate, wretched, miserable

malin *a.* clever, shrewd

maman *m.n.* mom, mommy

Manche (la) *f.p.n.* the English Channel

Mandarin *m.p.n.* brand of apéritif

manger *v.* to eat; **ça se mange avec** you eat it with

manier *v.* to handle

manière *f.n.* manner, way

manifestant *m.n.* demonstrator

manifestation *f.n.* demonstration

manifester *v.* to demonstrate, to protest

manoir *m.n.* manor

manque *m.n.* lack; **manque de domestiques** shortage of servants

manquer *v.* to lack, to be short of, to miss

Mans (le) *m.p.n.* town east of Paris known for its pork specialty (rillettes)

manuel *a.* manual; **changement de vitesses manuel** stick shift

manuscrit *m.n.* manuscript

Marais (le) *m.p.n.* old district in the center of Paris

marathon *m.n.* marathon

marchand *m.n.* merchant, tradesman; **marchande de fleurs** *f.n.* flower girl

marchandise *f.n.* merchandise, goods

marche *f.n.* walk, walking, running, working; **faire de la marche** to walk; **chaussures de marche** walking shoes; **sauter en marche**

du taxi to jump off the taxi while it is moving

marché *m.n.* market, bargain; **bon marché** *a.* cheap

marcher *v.* to walk, to work, to succeed; **ça marche à tous les coups** you can't miss

mardi *m.n.* Tuesday

marécage *m.n.* swamp, marshland

marée *f.n.* tide; **marée basse** low tide

marelle *f.n.* hopscotch

marémoteur, -trice *a.* tidal (power)

marguerite *f.n.* daisy

mari *m.n.* husband

mariage *m.n.* wedding

marié *a.* married

Marie-Antoinette (1755–93) wife of Louis XVI

Marienbad *p.n.* spa in Germany; *L'année dernière à Marienbad* title of a French movie directed by Alain Resnais

marier (se) *v.* to get married

marin *a. & m.n.* sailor

Marne *f.p.n.* river east of Paris

marocain *a. & n.* Moroccan

marraine *f.n.* godmother

marre *adv.* (*coll.*) **en avoir marre (de)** to be fed up (with)

marron *m.n.* horse chestnut; *inv. a.* chestnut, brown; **marron glacé** glazed chestnut

marronnier *m.n.* horse chestnut tree

mars *m.n.* March

Marseille *p.n.* Marseilles, seaport on the Mediterranean and second largest city in France

Martini *m.p.n.* brand of apéritif wine

martiniquais *a. & n.* from Martinique

Martinique *f.p.n.* island in the French West Indies

marxisme *m.n.* marxism

mas *m.n.* farmhouse in Provence

masculin *a.* masculine

massacrer *v.* to massacre, to butcher, to slaughter

masser *v.* to massage

masseur *m.n.* masseur

massif *m.n.* mountains

matérialisme *m.n.* materialism

matériel *m.n.* equipment

maternel *a.* motherly, maternal; **école maternelle** nursery school

maths *abbr. for* **mathématiques** *f.pl.n.* mathematics, math

matière *f.n.* matter, subject; **matières grasses** fats

matin *m.n.* morning

matinée *f.n.* morning, afternoon performance, matinée

Matisse, Henri (1869–1954) French painter

Mattéi *p.n.* car rental company

mauvais *a.* bad; **il fait mauvais** the weather's bad

maximal *a.* maximum; **température maximale** high temperature

mayonnaise *f.n.* mayonnaise

me, m' *pron.* me

mec *m.n.* (*coll.*) guy

mécanique *a.* mechanical; *n.* (*sl.*) biceps; **rouler les mécaniques** to swagger, to show off

méchant *a.* mean, malicious, ill-natured; **pas méchant** harmless

médecin *m.n.* doctor, physician

médecine *f.n.* medicine

Méditerranée (la) *f.p.n.* the Mediterranean Sea

méfier (se) *v.* to be wary or suspicious, to distrust; **se méfier de** to be wary of

mégot *m.n.* (cigarette) butt

méhari *m.n.* camel, mehari; **Mehari** *f.p.n.* small jeeplike car

Meije (la) *f.p.n.* mountain in the Alps

meilleur *a.* best; **c'est la meilleure de l'année** that's the best I've heard all year

mélanger *v.* to mix

mélodieux *a.* melodious

même *a.* same; **le même jour** the same day; **de même** in the same way, likewise; **-même** -self; **moi-même** myself

mémoire *f.n.* memory; *m.n.* thesis

ménage *m.n.* household, family; **ménage à trois** trio, triangle

mener *v.* to lead; **ça mène à tout** it opens all doors; **mener en bateau** to pull someone's leg

méninges *f.n.* brain; **ça ne te fatiguera pas les méninges** it won't overwork your brain

mensonge *m.n.* lie

mental *a.* mental

mentalité *f.n.* mentality

menthe *f.n.* mint; **une menthe** mint tea

mentionner *v.* to mention

menton *m.n.* chin

Menton *p.n.* resort town on the Riviera, near the Italian border

menuisier *m.n.* joiner, cabinet maker, woodworker

mer *f.n.* sea; **la Mer du Nord** the North Sea

Mercédès *f.p.n.* German car

merci *adv.* thank you

mercredi *m.n.* Wednesday

merde *int. (sl.)* shit!

mère *f.n.* mother

mérite *m.n.* merit, credit

merveille *f.n.* wonder

merveilleusement *adv.* marvelously

merveilleux *a.* marvelous

mes *a. see* **mon**

mesdames *f.n. see* **madame**

mesdemoiselles *f.n. see* **mademoiselle**

message *m.n.* message

messager *m.n.* messenger

Messager, André (1853–1929) French composer

messe *f.n.* mass

messieurs *m.n. see* **monsieur**

mesure *f.n.* measure, measurement

mesurer *v.* to measure; **je mesure 1 mètre 56** I'm 5 feet 2

métal, -aux *m.n.* metal

météorologie *f.n.* meteorology

méthodiquement *adv.* methodically, systematically

métier *m.n.* profession, occupation, trade; **il est pharmacien de son métier** he is a pharmacist by trade

mètre *m.n.* meter

métro *m.n.* metro, subway

mettre *v.* to put, to set, to take; **mettre la table** to set the table; **mettre du temps** to take time; **j'ai mis huit heures** it took me eight hours; **se mettre à** to begin, to start; **se mettre en tête de** to decide, to set one's mind on

mexicain *a. & n.* Mexican

Michel-Ange (1475–1564) Italian sculptor, painter, architect, and poet who lived in France

Michelin *p.n.* tire company which publishes travel guides and maps

midi *m.n.* noon; **le Midi (de la France)** the south of France

mieux *adv.* better, best; **c'est ce qu'il y a de mieux** that's the best; **mieux vaut tard que jamais** better late than never

migraine *f.n.* migraine, headache

mil *a.* thousand

milieu *m.n.* middle; **au milieu** in the middle

militaire *a.* military; *n.* soldier

mille *a. & n.* one thousand; **je te le donne en mille** you'll never guess; **en plein dans le mille** bull's-eye!

millième *a.* thousandth

million *m.n.* million

minable *a.* shabby, seedy

mince *a.* thin

mine *f.n.* mine; **mine de charbon** coalmine

minéral *a.* mineral; **eau minérale** mineral water

mineur *m.n.* miner; **mineur de fond** underground worker

minimal *a.* minimum

ministère *m.n.* ministry

ministre *m.n.* minister

minitel *m.n.* home data-access system

minivélo *m.n.* minibike

minuit *m.n.* midnight

minuscule *a.* tiny

minute *f.n.* minute

minuterie *f.n.* timer, automatic time switch

miroir *m.n.* mirror

mis *p. part. of* **mettre**

Misanthrope (le) *The Misanthrope*, play by Molière

mise en scène *f.n.* staging, production

MLF (Mouvement de Libération de la Femme) Women's Liberation Movement

Mnouchkine, Ariane (1939–) French stage and film director

mode *f.n.* fashion; **à la mode** fashionable

modèle *m.n.* model

modéré *a.* moderate

moderne *a.* modern

moderniser *v.* to modernize, to bring up to date

modeste *a.* modest, unpretentious

modestie *f.n.* modesty

modifier *v.* to modify, to change

Modigliani, Amedeo (1884–1920) Italian painter who lived in Paris

moi *pron.* I, me; **c'est à moi** it's mine, it's my turn

moindre *a.* less, the least; **c'est la moindre des choses** it's the least one can do

moineau *m.n.* sparrow

moins *adv.* less, least; **au moins** at least; **à moins que** *conj.* unless; **du moins** at least

mois *m.n.* month

Moïse *m.p.n.* Moses; **le Moïse de Michel-Ange** famous statue of Moses by Michelangelo

Moissac *p.n.* town in southwest France famous for its Romanesque cloister

moitié *f.n.* half; **à moitié vide** half-empty

Molière (1622–73) French dramatist

mollet *m.n.* calf (of leg)

moment *m.n.* moment; **en ce moment** at the moment, now, at present

mon, ma, mes *a.* my

monde *m.n.* world

Monde (le) daily newspaper

moniteur, -trice *n.* (camp) counselor

monnaie *f.n.* money, currency, change

monotone *a.* monotonous

Monpazier *p.n.* fortified town in the Dordogne region

monsieur, messieurs *m.n.* Mr., Sir

monstre *m.n.* monster

mont *m.n.* mount, mountain

montagne *f.n.* mountain; **montagne à vaches** low mountain

Montand, Yves (1921–) popular singer and actor

Mont Blanc (le) *m.p.n.* tallest mountain in France

Monte-Carlo *p.n.* most important city in the principality of Monaco

Montélimar *p.n.* town in Provence famous for its nougat

monter *v.* to go up, to climb; **monter un salon de coiffure** to open a hairdressing salon

Montmartre *p.n.* hill and district of Paris frequented by artists

Montparnasse *p.n.* district on the Left Bank in Paris

montre *f.n.* watch

montrer *v.* to show

Mont-Saint-Michel *m.p.n.* medieval abbey built on an island off the coast of Normandy

monument *m.n.* monument

monumental *a.* monumental, huge

moquer (se) *v.* to make fun; **se moquer de** to make fun of

moqueur *a.* mocking, jeering

moral *a.* moral; **au moral** in terms of character

morceau *m.n.* piece

morse *m.n.* Morse code

mort *a.* dead

mortel *a.* deadly; *(coll.)* boring, deadly dull

moscovite *a.* Muscovite

mosquée *f.n.* mosque

mot *m.n.* word; **mots croisés** crossword puzzle

moteur *m.n.* engine

moto *abbr. for* **motocyclette** *f.n.* motorcycle, motorbike

motocycliste *m.n.* motorcyclist

Moulin à Vent *m.p.n.* superior Beaujolais wine

mourir *v.* to die; **mourir de faim** to starve; **je ne meurs pas d'envie de** I'm not dying to

mousse *f.n.* mousse; **mousse au chocolat** chocolate mousse

mousseux *a.* sparkling

moustache *f.n.* mustache

moutarde *f.n.* mustard; **la moutarde me monte au nez** I'm going to lose my temper

mouton *m.n.* sheep, mutton

moyen *a.* middle; *n.* way, means; **Moyen-Age** Middle Ages; **il n'y a pas moyen de se tromper** there is no way you can get lost; **moyens considérables** considerable means

muet *a.* silent

multicolore *a.* multicolored

multiplication *f.n.* multiplication

multitude *f.n.* multitude, crowd

mur *m.n.* wall

muraille *f.n.* wall

mural *a.* mural; **peintures murales** mural, wall painting

muscadet *m.n.* dry white wine from the Atlantic region

musclé *a.* muscular

musée *m.n.* museum

music-hall *m.n.* music hall

musulman *a. & n.* Moslem

mystère *m.n.* mystery; **mystère et boule de gomme** it's a secret, who knows?, it's for me to know and you to find out

mystérieux *a.* mysterious

mystique *a.* mystical; *n.* mystic

mythologie *f.n.* mythology

na! *int. (coll.)* so there!

nager *v.* to swim

naïf, -ïve *a.* naive

naissance *f.n.* birth; **c'est de naissance** it's from birth, it's natural

naître *v.* to be born

nana *f.n. (coll.)* chick, gal

Napoléon Ier Bonaparte (1769–1821) emperor of France 1804–15

nappe *f.n.* tablecloth

natation *f.n.* swimming

natatoire *a.* **vessie natatoire** swim or air bladder

nation *f.n.* nation

national *a.* national

nature *f.n.* nature

naturel *a.* natural

naturellement *adv.* naturally, of course

ne, n' *adv.* not; **ne…aucun** no, none; **ne…jamais** never; **ne…pas** not; **ne…personne** nobody; **ne…plus** no longer, no more; **ne…que** only; **ne…rien** nothing

né *p. part.* of **naître**

nef *f.n.* nave

neige *f.n.* snow

nerveusement *adv.* nervously, anxiously

nerveux *a.* nervous, anxious, high-strung

net *a.* clean, clear, spotless, honest; **il n'est pas net** he's a dubious character

nettoyage *m.n.* cleaning

neuf *a.* new; **ce n'est pas bien neuf** that's nothing new

neuf *a. & n.* nine

neveu *m.n.* nephew

nez *m.n.* nose

ni…ni *conj.* neither…nor

Nice *p.n.* seaport and resort on the Riviera

nièce *f.n.* niece

Nikko *m.p.n.* hotel on the Seine river in Paris

nimbus *m.n.* nimbus cloud

Nîmes *p.n.* city in southern France known for its Roman monuments

n'importe qui *pron.* anyone, anybody

n'importe quoi *pron.* anything

niveau *m.n.* gauge level; **vérifier les niveaux** to check the oil and water; **niveau de la mer** sea level

Noël *m.p.n.* Christmas

noir *a.* black

noirci *a.* scribbled, blackened

nom *m.n.* name; **nom de jeune fille** maiden name; **nom de famille** surname; **nom propre** proper name

nombre *m.n.* number

nombreux *a.* numerous

non *adv.* no; **non plus** (n)either; **moi non plus** neither do I

nord *m.n. & inv. a.* north; **la Mer du Nord** the North Sea

nord-est *m.n. & inv. a.* northeast

nord-ouest *m.n. & inv. a.* northwest

normand *a. & n.* Norman

Normandie *f.p.n.* Normandy

Norvège *f.p.n.* Norway

norvégien *a. & n.* Norwegian

nos *a. see* **notre**

note *f.n.* note, grade

noter *v.* to notice

notre, nos *a.* our

nôtre (le *or* **la), nôtres (les)** *pron.* ours

Notre-Dame *f.p.n.* Gothic cathedral in Paris; **Notre-Dame de Chartres** magnificent twelfth- and thirteenth-century cathedral in the Beauce region

nougat *m.n.* nougat

nourriture *f.n.* food, nourishment

nous *pron.* we, us

nouveau, -elle *a.* new; **de nouveau** again

nouvelle *f.n.* news; **tu m'en diras des nouvelles** I'm sure you'll like it

Nouvelle-Orléans (la) *f.p.n.* New Orleans

novembre *m.n.* November

noyer (se) *v.* to drown oneself, to be drowned

nu *a.* naked

nuage *m.n.* cloud

nuageux *a.* cloudy

nucléaire *adj.* nuclear

nuit *f.n.* night; **bonne nuit** good night

Nuits-Saint-Georges *p.n.* town in Burgundy famous for its wine

nul *a.* worthless, hopeless; **je suis nul en maths** I'm hopeless at math; *pron.* nobody, no one

numéro *m.n.* number

nylon *m.n.* nylon

obéissant *a.* obedient, disciplined, docile

obélisque *m.n.* obelisk

Obélix *m.p.n.* cartoon character in the **Astérix** series

objet *m.n.* object

obligatoire *a.* compulsory

obligeance *f.n.* **veuillez avoir l'obligeance de** would you be good enough to

obliger *v.* to oblige, to force, to compel

obliquer *v.* to turn

obscurité *f.n.* darkness

obsédé *a.* obsessed

observatoire *m.n.* observatory

observer *v.* to observe

obsession *f.n.* obsession

occasion *f.n.* opportunity, chance, bargain

occupation *f.n.* occupation, work

occupé *a.* busy

occuper de (s') *v.* to take care of; **occupe-toi de tes affaires** mind your own business!

Odéon (l') *m.p.n.* theater and square in the Latin Quarter

oeil, yeux *m.n.* eye; **faire de l'oeil à** *(coll.)* to make eyes at; **avoir un oeil qui dit zut à l'autre** to be cross-eyed

oeuf *m.n.* egg; **oeufs durs farcis** stuffed hard-boiled eggs; **oeufs brouillés** scrambled eggs

oeuvre *f.n.* work; **bonne oeuvre** charitable action, good works

officiel *a. & n.* official

Officiel des spectacles (l') *m.p.n.* weekly Paris entertainment guide

officier *m.n.* officer

offrir *v.* to offer

oh, eh! *int.* come, now!

oie *f.n.* goose

oiseau *m.n.* bird
olive *f.n.* olive
olivier *m.n.* olive tree
Olympia *m.p.n.* music hall in Paris
ombre *f.n.* shadow, shade
omelette *f.n.* omelet
on *pron.* one, we, you, people, they
oncle *m.n.* uncle
ongle *m.n.* (finger)nail; **ongles en deuil** dirty nails
onze *a. & n.* eleven
opéra *m.n.* opera, opera house; **l'Opéra** Paris opera house; **Opéra de la Bastille** projected opera house on the place de la Bastille
opinion *f.n.* opinion
opposé *a. & n.* opposite, contrary; **c'est à l'opposé** it's in the opposite direction
oppresseur *m.n.* oppressor
optimiste *a.* optimistic
or *m.n.* gold
orage *m.n.* storm
orange *inv. a. & n.* orange
Orangina *m.p.n.* brand of soft drink
ordinaire *a.* ordinary
ordinateur *m.n.* computer
oreille *f.n.* ear
organisation *f.n.* organization
organiser *v.* to organize; **s'organiser** to get organized
orgue *m.n.* organ
Orient (l') *m.p.n.* the Far East; **Orient-Express** Orient Express train
origine *f.n.* origin
orphelin *m.n.* orphan
Orsay (musée d') *f.p.n.* museum of nineteenth-century art in Paris
orteil *m.n.* toe
orthographe *f.n.* spelling
os *m.n.* bone
oser *v.* to dare
Oshima, Nagisa (1932–) Japanese filmmaker
ossements *m.pl.n.* bones (of dead people)
ou *conj.* or; **ou alors** or perhaps
où *prep.* where; **d'où** where from; **d'où viens-tu?** where do you come from?
ouais *int. (coll.)* yeah! yep! oh yeah?
oublier *v.* to forget
Ouessant *p.n.* island off the coast of Brittany
ouest *m.n.* west
ouf *int.* whew!, what a relief!
oui *adv.* yes; **oui, mais** yes, but
ours *m.n.* bear
ouvert *a.* open
ouvreuse *f.n.* usherette
ouvrier *a. & n.* workman, worker;

classe ouvrière working class
ouvrir *v.* to open; **s'ouvrir** *v.* to open
ovale *a.* oval

Pacifique (le) *m.p.n.* the Pacific Ocean
page *f.n.* page
pain *m.n.* bread; **petit pain** roll
paire *f.n.* pair; **paire de lunettes** pair of glasses
paix *f.n.* peace
palace *m.n.* luxury hotel
Palais Omnisport de Bercy *m.p.n.* modern sports and arts center in Paris
pâle *a.* pale
palier *m.n.* landing
palme *f.n.* palm branch
palmier *m.n.* palm tree
pancarte *f.n.* sign
panem et circenses *Latin expression meaning* bread and circuses
panne *f.n.* breakdown; **tomber en panne** to have a breakdown
panneau *m.n.* sign; **panneau indicateur** road sign
pantalon *m.n.* trousers, pants
Panthéon (le) *m.p.n.* monument in Paris containing the tombs of famous Frenchmen
pantoufle *f.n.* slipper
papa *m.n.* daddy
papeterie *f.n.* stationery
papier *m.n.* paper
papillon *m.n.* butterfly; **minute, papillon!** not so fast!
paquet *m.n.* package bundle; **paquet de billets** wad of bills
par *prep.* by, **par avion** airmail; **par ici** this way, over here; **par là** that way, over there; **par hasard** by chance; **par exemple** for example; **par-dessus** over
paradis *m.n.* paradise, heaven
paraître *v.* to seem, to appear; **il paraît que** it seems that
Paray-le-Monial *p.n.* town in central France with Romanesque church
parc *m.n.* park
parce que *conj.* because
parcourir *v.* to travel through
pardi *int. (coll.)* of course!
pardon *m.n.* pardon, religious festival
pare-brise *inv. m.n.* windshield
pareil *a.* same, similar, like; **c'est pareil** it's all the same
parent *m.n.* parent
paresse *f.n.* laziness, idleness
parfait *a.* perfect
parfum *m.n.* perfume
pari *m.n.* bet, wager

Paris *p.n.* capital of France
Pariscope *m.p.n.* weekly Paris entertainment guide
parisien *a. & n.* Parisian
parler *v.* to speak; **n'en parlons plus** let's drop the subject
parole *f.n.* word; **Paroles** collection of poems by Prévert
parrain *m.n.* godfather
part *f.n.* share, part; **dites-lui que vous venez de ma part** tell him I sent you; **à part ça** aside from that
partager *v.* to share
parterre *m.n.* flower bed
Parthénon *m.p.n.* monument in Athens
particulier *a.* particular, special; *m.n.* private individual
particulièrement *adv.* particularly
partie *f.n.* part
partir *v.* to leave, to go away; **c'est parti** off you go!
partout *adv.* everywhere
pas *adv.* no, not; **pas du tout** not at all; **pas encore** not yet; **pas possible!** no kidding!; **pas question** out of the question
pas *m.n.* step; **faire quelques pas en avant** to take a few steps forward; **au pas de course** at a run
Pascal, Blaise (1623–62) French scientist, philosopher, and writer
passage *m.n.* way; **passage interdit** no entry
passager *m.n.* passenger; *a.* passing
passant *m.n.* passerby
passeport *m.n.* passport
passer *v.* to pass, to go, to hand, to go through; **ça passe partout** it goes everywhere; **passez-moi le sel** hand me the salt; **passer le temps, sa vie** to spend the time, one's life; **se passer** to take place, to happen; **s'en passer** to do without
passion *f.n.* passion
Passion du Fruit *f.p.n.* fruit juice bar on the Seine, in Paris
passionnant *a.* captivating, thrilling
passionnément *adv.* passionately
passivité *f.n.* passivity
pasteurisation *f.n.* pasteurization
pastis *m.n.* type of apéritif popular in the south of France
Patagonie *f.p.n.* Patagonia
pataugas *m.n.* sport shoes, high sneakers
pathétique *a.* pathetic, moving
patience *f.n.* patience
patin à glace *m.n.* ice skate
patin à roulettes *m.n.* roller skate

pâtisserie *f.n.* pastry
Paul et Virginie novel by Bernardin de Saint-Pierre (1787)
pauvre *a.* poor
pavillon *m.n.* pavilion; **pavillon de chasse** *m.n.* hunting lodge **pavillon du Japon** building at the Cité Universitaire where Japanese students are lodged
payer *v.* to pay; **se payer** to treat oneself to
pays *m.n.* country
paysan *m.n.* peasant
Pays Basque (le) *m.p.n.* the Basque country
pêche *f.n.* fishing
pêcher *v.* to go fishing
pédant *a.* pedantic; *n.* pedant
peigner *v.* to comb
peine *f.n.* sorrow, sadness, pains, trouble; **ça vaut la peine** it's worth it; **ce n'est pas la peine** it's not necessary, you needn't bother; **prendre la peine de** to go to the trouble to; **à peine** hardly; **j'ai peine à croire** I can hardly believe
peintre *m.n.* painter
peinture *f.n.* painting
Pelée *f.p.n.* volcano on Martinique which destroyed the town of Saint-Pierre in 1902
pélerinage *m.n.* pilgrimage
pelle *f.n.* shovel; **ramasser à la pelle** to shovel up
pelote (basque) *f.n.* pelota
pencher (se) *v.* to lean, to bend
pendant *prep.* during; **pendant ce temps-là** meanwhile; **pendant que** *conj.* while
pensée *f.n.* thought
penser *v.* to think; **pensez-vous!** what an idea! of course not!
pension *f.n.* room and board; **pension complète** full board
perche *f.n.* pole; **saut à la perche** pole-vaulting
perdre *v.* to lose; **se perdre** to get lost
perdu *a.* lost
père *m.n.* father
performance *f.n.* performance
Périgord *m.p.n.* province in southwest France
périodique *a.* periodic; *m.n.* periodical
périphérique *a.* peripheral; **boulevard périphérique** beltway around Paris
perle *f.n.* pearl; **une perle!** a gem! a treasure!
permettre *v.* to allow; **permettez-moi de** allow me to, let me

permis de conduire *m.n.* driving license
permission *f.n.* permission, leave; **militaire en permission** soldier on leave
Pernod *m.p.n.* brand of pastis
personnage *m.n.* character
personne *f.n.* person; **personne ne..., ne...personne** nobody, no one
persuasif *a.* persuasive, convincing
peser *v.* to weigh
pessimisme *m.n.* pessimism
pessimiste *a.* pessimistic
Pétain, Philippe (1856–1951) French field marshal and statesman
péter *v.* to backfire (automobile)
petit *a.* small, little; **petit garçon** little boy; **petite fille** little girl; **petit ami** boyfriend; **petit déjeuner** breakfast
Petit Chaperon rouge (le) *m.p.n.* Little Red Riding Hood
petite-fille *f.n.* granddaughter
petit-fils *m.n.* grandson
Petit Palais *m.p.n.* monument in Paris near the Champs-Elysées, used for art exhibitions
peu *adv.* little; *m.n.* a little; **un peu** a little, somewhat
Peugeot 205 *f.p.n.* compact Peugeot car
peuple *m.n.* people
peur *f.n.* fear; **avoir peur de** to be afraid of
peut-être *adv.* perhaps, maybe
phare *m.n.* headlight
pharmacie *f.n.* pharmacy, drugstore
pharmacien *n.* pharmacist, druggist
phénomène *m.n.* phenomenon
philo *abbr. for* **philosophie** *f.n.* philosohy
photo *abbr. for* **photographie** *f.n.* photograph, photography
phrase *f.n.* sentence
physiologie *f.n.* physiology
physique *a.* physical; *f.n.* physics
pianiste *n.* pianist
Picasso, Pablo (1881–1973) Spanish painter who lived in France
pichet *m.n.* pitcher
Picon *m.p.n.* brand of apéritif
pièce *f.n.* room; **pièce de monnaie** coin; **pièce de théâtre** play
pied *m.n.* foot; **pied de porc** pig's foot
pierre *f.n.* stone
Pierre et le Loup *Peter and the Wolf*
Pierrefonds *p.n.* town north of Paris famous for its medieval castle restored in the nineteenth century

piéton *m.n.* pedestrian
pieu *m.n.* *(sl.)* bed
pile *adv.* right on time, on the dot
pilier *m.n.* pillar, column
pilote *m.n.* pilot
piloter *v.* to pilot, to fly an airplane
pin *f.n.* pine tree
pincer *v.* to pinch
pineau des Charentes *m.n.* type of apéritif wine
pipi *m.n.* *(coll.)* urine
piquant *a.* piquant, stimulating, interesting
pique *m.n.* spade(s)
pique-niquer *v.* to picnic
piquet *m.n.* piquet (card game)
piranha *m.n.* piranha
pire *a.* worse, worst
pittoresque *a.* picturesque
place *f.n.* room, space, seat, square; **on n'a pas la place** we don't have room; **deux places, s'il vous plait** two seats, please; **il traverse la place** he walks across the square
placement *m.n.* investment
placer *v.* to place; **se placer** to take one's place
plafond *m.n.* ceiling
plage *f.n.* beach
plaindre (se) *v.* to complain
plaine *f.n.* plain
plaire *v.* to please; **ça me plaît** I like it; **se plaire** to enjoy
plaisanter *v.* to joke
plaisir *m.n.* pleasure; **faire plaisir** to please, to give pleasure
plan *m.n.* plan
planche *f.n.* board; **planche à voile** Windsurfer
plancher *m.n.* floor
plantation *f.n.* plantation
plat *a.* flat *n.* dish; **être à plat** to have a flat tire
platane *m.n.* plane tree
plateau *m.n.* tray, plateau
plein *a., m.n. & adv.* full; **faire le plein** to fill up the tank; **en plein** in the middle of, right in
pleurer *v.* to cry
pleuvoir *v.* to rain
pli *m.n.* fold, pleat; **ça ne fera pas un pli** there won't be any waves, everything will go smoothly
plomb *m.n.* lead
plombier *m.n.* plumber
plongé *a.* immersed
plonger *v.* to dive, to plunge; **se plonger** to immerse oneself
Plougastel *p.n.* site of calvary on the

coast of Brittany
plu *p. part. of* **plaire** *and* **pleuvoir**
pluie *f.n.* rain
plupart *f.n.* most, the greatest part, the majority
plus *adv.* more; **plus on est de fous, plus on rit** the more the merrier; **plus ou moins** more or less; **au plus** at the most, **ne...plus** no longer, no more
plusieurs *a. & pron.* several
plutôt *adv.* rather, sooner
pneu *m.n.* tire
poche *f.n.* pocket
Poche-Montparnasse (théâtre de) *p.n.* small theater in Montparnasse
poème *m.n.* poem
poète *m.n.* poet
poétique *a.* poetic
poh *int.* pooh
poids *m.n.* weight; **poids lourd** truck
poignet *m.n.* wrist
poil *m.n.* hair, fur
point *m.n.* point; **cuit à point** well done; **faire le point** to take one's bearings; **au point de** to the point of
pointe *f.n.* point, tip, ballpoint; **à la pointe** in the forefront; **vitesse de pointe** cruising speed
pointu *a.* sharply pointed
pointure *f.n.* size
poire *f.n.* pear
pois *m.n.* pea; **petits pois** garden peas
poisson *m.n.* fish; **poisson rouge** goldfish
Poitiers *p.n.* town in central France famous for its Romanesque churches and cathedral
poitrine *f.n.* chest
poivre *m.n.* pepper
poivrer *v.* to season with pepper
poker *m.n.* poker (card game)
poli *a.* polite
police *f.n.* police
policier *a.* police; **roman policier** detective novel
poliment *adv.* politely
politique *f.n.* politics
polo *m.n.* polo
pomme *f.n.* apple; **pomme de terre** potato
pommier *m.n.* apple tree
pompe *f.n.* pump
pompier *m.n.* fireman
ponctuel *a.* punctual
pont *m.n.* bridge
Pont l'Evêque *p.n.* town in Normandy famous for its cheese, also called

pont-l'evêque
porc *m.n.* pork
porcelaine *f.n.* porcelain, china
port *m.n.* (act of) wearing; harbor
portail *m.n.* portal
porte *f.n.* door, gate
porter *v.* to carry, to bring, to wear
Port Grimaud *p.n.* modern seaside resort near Saint-Tropez
portière *f.n.* door (of car)
portillon *m.n.* gate, barrier
porto *m.n.* port
portrait *m.n.* portrait
portugais *a. & n.* Portuguese
Portugal *m.p.n.* Portugal
poser *v.* to put down
posséder *v.* to own
possibilité *f.n.* possibility
possible *a.* possible
postal *a.* postal; **carte postale** postcard
poste *m.n.* position, job, appointment; **bureau de poste** post office; **poste de commandement** headquarters
postérieur *m.n.* posterior, bottom
pot *m.n.* jar, can, (coll.) drink; **pot de peinture** jar of paint; **prendre un pot** to have a drink
potage *m.n.* soup
poterie *f.n.* pottery
pouce *m.n.* thumb
Poudovkine, Vsevolod (1893–1953) Russian filmmaker
poule *f.n.* hen; **ma poule** (coll.) my sweet, my pet
poulet *m.n.* chicken
poupée *f.n.* doll
poupon *m.n.* baby, boy doll
pour *prep.* for, to, in order to
pourboire *m.n.* tip
pour-cent *m.n.* percent
pourquoi *conj.* why
poursuite *f.n.* chase, pursuit
poursuivre *v.* to chase, to go after
pourtant *adv.* nevertheless, however, still, (and) yet
pourtour *m.n.* periphery; **le pourtour méditerranéen** the Mediterranean coast
pourvu que *conj.* provided that, so long as
pousser *v.* to push, to push on; **se laisser pousser la barbe** to grow a beard
poussière *f.n.* dust
pouvoir *v.* can, may, to be able to; **je n'en peux plus** (coll.) I'm pooped, I'm dead tired
pratique *a.* practical

précaution *f.n.* precaution, caution, care
précieux *a.* precious
précipitamment *adv.* hurriedly, hastily
précipitation *f.n.* precipitation
précipiter (se) *v.* to dash, to rush; **se précipiter sur** to rush at, upon
précis *a.* precise
préférence *f.n.* preference
préférer *v.* to prefer
préhistorique *a.* prehistoric
préjugé *m.n.* prejudice
premier *a. & n.* first; **en première** in the junior year (of high school); **billet de première** first-class ticket
prendre *v.* to take; **prendre congé** to take leave; **prendre forme** to take shape; **prendre au sérieux** to take seriously; **se prendre pour** to think of oneself as; **pour qui se prend-il?** who does he think he is?; **qu'est-ce qui te prend?** what's the matter with you?
prénom *m.n.* first name
préparation *f.n.* preparation
préparer *v.* to prepare
près *adv.* near; **à peu près** almost, nearly; **de près** close, closely
présence *f.n.* presence
présent *a.* present; **à présent** now, at present
présentateur *m.n.* announcer
présenter *v.* to present, to introduce; **se présenter** to introduce oneself
presque *adv.* almost, nearly, hardly, scarcely
pressé *a.* in a hurry
presser (se) *v.* to hurry, to rush
prestige *m.n.* prestige, glamor
prestigieux *a.* prestigious
prêt *a.* ready
prétendre *v.* to pretend
prétentieux *a.* pretentious
prêter *v.* to lend
prêtre *m.n.* priest
preuve *f.n.* proof; **faire la preuve** to prove
prévenir *v.* to warn, to inform
Prévert, Jacques (1900–77) French poet
prier *v.* to pray, to beg; **je vous en prie** think nothing of it
prieuré *m.n.* priory
primaire *a.* primary
prince *m.n.* prince
principal *a.* main
principe *m.n.* principle; **en principe** in principle
printemps *m.n.* spring

pris *p. part. of* **prendre**
Prisunic *p.n.* discount department store
privé *a.* private
prix *m.n.* prize
problème *m.n.* problem
procession *f.n.* procession
Procope (le) *m.p.n.* restaurant in the Latin Quarter
prodigieusement *adv.* prodigiously
produire *v.* to produce
prof *abbr. for* **professeur** *m.n.* teacher, professor
profession *f.n.* profession
professionnel *a.* professional
profit *m.n.* profit, benefit; **au profit de** in aid of
profiter (de) *v.* to profit from, to take advantage of
profond *a.* deep
programme *m.n.* program, curriculum, syllabus
programmer *v.* to program
progrès *m.n.* progress
projet *m.n.* project; **projet de loi** bill
projeter *v.* to plan
promenade *f.n.* walk, promenade
promener *v.* to take for a walk; **se promener** to take a walk, to stroll
promettre *v.* to promise
promis *a.* promised
prononcer *v.* to pronounce, to utter
propos *m.n.* subject, matter; **à propos** by the way
proposer *v.* to propose, to offer
propre *a.* clean
propriétaire *m.n.* owner
propriété *f.n.* property, estate
prospérité *f.n.* prosperity
protester *v.* to protest
prouver *v.* to prove
provençal *a.* Provençal, of Provence
Provence *f.p.n.* region in southern France
providence *f.n.* providence
province *f.n.* province, region; **la province** the provinces
Provins *p.n.* town southeast of Paris
provision *f.n.* food supply
prudent *a.* prudent, careful
psychanalyse *f.n.* psychoanalysis
psycho *abbr. for* **psychologie** *f.n.* psychology
psychologique *a.* psychological
puant *a.* stinking, *(coll.)* pretentious, conceited
public *a. & m.n.* public
publicité *f.n.* advertising, advertisement
publié *a.* published

pudiquement *adv.* modestly
puer *v.* to stink
puéril *a.* puerile, childish
puis *prep.* then, afterwards, next
puisque *conj.* since, as, seeing that
pull *m.n.* sweater, pullover
pur *a.* pure
purée *f.n.* purée
purement *adv.* purely
Puy (le) *m.p.n.* town in central France known for its lace
Pyrénées *f.pl.p.n.* the Pyrenees, mountain range between France and Spain

quai *m.n.* quay, street along the Seine in Paris
quand *conj.* when; **quand même** in spite of everything
quart *m.n.* quarter; **au quart de tour** instantaneously
quartier *m.n.* neighborhood; **Quartier Latin** Latin Quarter
Quatorze-Juillet-Parnasse *m.p.n.* movie theater in Paris
quatre *a. & n.* four
quatrième *a. & n.* fourth
que, qu' *pron.* that, whom, which, what, how; **qu'est-ce qui, qu'est-ce que, qu'est-ce qu'** what, how
Québec *m.p.n.* province in eastern Canada
quel, quelle, quels, quelles *a. & pron.* what, which
quelque *a.* some, any
quelque chose *pron.* something, anything
quelquefois *adv.* sometimes
quelque part *adv.* somewhere
quelqu'un *pron.* somebody, someone, anybody, anyone
question *f.n.* question
queue *f.n.* tail, line; **à la queue** to the end of the line; **faire la queue** to wait in line
qui *pron.* who, which, that; **de qui** of whom
quinzaine *f.n.* about fifteen
quinze *a. & n.* fifteen
quitter *v.* to leave; **ne quittez pas** please hold; **vous ne vous quittez plus tous les deux** you two have become inseparable
quoi *pron.* what; **quoi encore** what now?; **il n'y a pas de quoi** don't mention it, not at all
quotidien *a.* daily

R 5 *abbr. for* **Renault 5** *f.p.n.* compact Renault car

rabaisser *v.* to lower
raccrocher *v.* to hang up
race *f.n.* race
Racine, Jean (1639–99) French dramatist
raconter *v.* to tell
radioactivité *f.n.* radioactivity
raffiner *v.* to refine
raison *f.n.* reason; **avoir raison** to be right
raisonnable *a.* reasonable
raisonner *v.* to reason
rallumer (se) *v.* to light up again
ramasser *v.* to gather, to collect, to pick up
ramener *v.* to bring back
Rance *f.p.n.* river in Brittany
randonnée *f.n.* hike
rangé *a.* arranged, tidy
rapide *a.* fast, quick, rapid
rapidement *adv.* quickly, rapidly
rapidité *f.n.* rapidity, swiftness
rappeler *v.* to call back; **se rappeler** to remember
rapport *m.n.* relationship
rapporter *v.* to bring back
rare *a.* rare, infrequent
rasé *a.* shaven; **rasé de près** close-shaven
raser (se) *v.* to shave
ras le bol *int. (coll.)* enough is enough!; **j'en ai ras le bol!** I've had enough!
rasoir *m.n.* razor
rater *v.* to miss; **c'est raté** missed
rattraper *v.* to catch up with someone
ravi *a.* happy, delighted; **ravi de faire votre connaissance** delighted to meet you
ravissant *a.* delightful, ravishing
rayon *m.n.* ray
rayon *m.n.* counter, department; **ce n'est pas mon rayon** that's not in my line; **rayon d'habillement** clothes department
réaction *f.n.* reaction; **avion à réaction** jet plane
réalisation *f.n.* realization, accomplishment
réaliser *v.* to realize, to carry out, to achieve; **réaliser un rêve** to make a dream come true
réalité *f.n.* reality; **en réalité** actually, as a matter of fact
réapparaître *v.* to reappear
récent *a.* recent
réception *f.n.* hotel reception desk
recette *f.n.* recipe
recevoir *v.* to receive
réchaud *m.n.* gas ring

recherche *f.n.* search
récital *m.n.* recital
réclame *f.n.* advertising, commercial;
  en réclame on sale, special offer
reconduire *v.* to accompany, to take
  back
reconnaissable *a.* recognizable
reconnaître *v.* to recognize
rectangle *m.n.* rectangle
reculer (se) *v.* to move back, to step
  back
redémarrer *v.* to start up again
redondance *f.n.* redundancy
réel *a.* real
réellement *adv.* really
refaire *v.* to start again, to do over
refermer *v.* to close (again)
réfléchir *v.* to think over, to reflect
refléter (se) *v.* to be reflected
réfrigérateur *m.n.* refrigerator
refuser *v.* to refuse
régal *m.n.* treat, delight
regard *m.n.* look, glance
regarder *v.* to look at
régime *m.n.* diet; **être au régime** to
  be on a diet
région *f.n.* region, area
régional *a.* regional
réglable *a.* adjustable
règle *f.n.* rule
regretter *v.* to regret
Reims *p.n.* major town in Champagne,
  famous for its Gothic cathedral
rejoindre *v.* to rejoin
relation *f.n.* acquaintance, connection
relaxe *a. (coll.)* relaxed, cool
religieuse *f.n.* nun; type of pastry
  (cream puff)
religieux *a.* religious
religion *f.n.* religion
reliquaire *m.n.* reliquary
relire *v.* to reread
remarié *a.* remarried
remarquable *a.* remarkable
remarquablement *adv.* remarkably
remarquer *v.* to notice
rembourser *v.* to reimburse
remercier *v.* to thank
remonter *v.* to go up
remorquer *v.* to tow
remplacer *v.* to replace
remporter *v.* to take back
Renaissance (la) *f.p.n.* the Renaissance
Renard et le loup *Fox and the Wolf*,
  medieval tale
Renault *p.n.* automobile company
rencontre *f.n.* meeting, encounter
rencontrer *v.* to meet; **se rencontrer**
  to meet
rendez-vous *m.n.* rendezvous,

appointment
rendre *v.* to give back, to return;
  rendre service à to do someone a
  favor; **se rendre compte de** to
  realize
rentrer *v.* to go back, to return, to
  return home, to come home
renverser *v.* to knock over; **crème
  renversée** moulded custard
réparation *f.n.* repair
réparer *v.* to repair, to fix
repartir *v.* to start off again
repas *m.n.* meal
repasser *v.* to pass by again
repeindre *v.* to paint over
répertoire *m.n.* repertory
répéter *v.* to repeat
répondre *v.* to answer
repos *m.n.* rest
reposer (se) *v.* to rest
reprendre *v.* to take up again, to
  resume
représentant *m.n.* salesman
représentation *f.n.* representation,
  performance (of a play)
représenter *v.* to represent
réprimander *v.* to reprimand
reprise *f.n.* pick-up, acceleration (of
  automobile)
reproduction *f.n.* reproduction
reproduire *v.* to reproduce
RER (Réseau Express Régional)
  m.p.n. express transportation in the
  Paris area
réseau *m.n.* network
réserve *f.n.* reservation
résidence *f.n.* residence, home;
  résidence secondaire weekend
  cottage
résine *f.n.* resin
résistant *a.* solid, strong
résoudre (se) *v.* to get solved
respirer *v.* to breathe
resquille *f.n. (coll.)* sneaking, cheating;
  eh! pas de resquille hey! no cutting
  in line
resquilleur *m.n.* cheater, person who
  cuts in line
ressembler *v.* to look like; **se
  ressembler** to look alike
ressort *m.n.* spring
ressource *f.n.* resource
ressuscité *a.* resuscitated
restaurant *m.n.* restaurant
restau-U. *abbr. for* **restaurant
  universitaire** *m.n.* university dining
  hall
reste *m.n.* rest, remainder
rester *v.* to remain, to be left, to stay;
  il en reste there are some left

résumé *m.n.* summary
retapisser *v.* to repaper (a room)
retard *m.n.* delay; **en retard** late
retéléphoner *v.* to call again
retenir *v.* to keep
retentissant *a.* resounding, loud
retourner *v.* to return; **se retourner**
  to turn around
retraite *f.n.* retirement
retraité *a.* retired; *m.n.* retired person
retrouver *v.* to find (again), to meet
  (again); **se retrouver** to meet
rétroviseur *m.n.* rearview mirror
réunion *m.n.* meeting
réunir *v.* to bring together, to collect;
  se réunir to meet, to gather
réussir *v.* to succeed
réussite *f.n.* success
rêve *m.n.* dream
réveiller *v.* to awaken, to wake up; **se
  réveiller** to wake up
révéler *v.* to reveal
revenir *v.* to come back; **revenir en
  arrière** to retrace one's steps; **ça
  revient au même** it amounts to the
  same thing
rêver *v.* to dream
revoir *v.* to see again; **au revoir**
  goodbye
révolution *f.n.* revolution
revue *f.n.* review, muster (of troops)
rez-de-chaussée *m.n.* first floor
Rhône *m.p.n.* one of the four main
  rivers in France
rhum *m.n.* rum
Rhumerie Martiniquaise *f.p.n.* café in
  Saint-Germain-des-Prés
rhume *m.n.* cold (ailment)
Ricard *m.p.n.* brand of pastis
riche *a.* wealthy, rich
richesse *f.n.* wealth, riches
rideau *m.n.* curtain
ridicule *a.* ridiculous
rien *pron.* nothing, anything; **de rien**
  don't mention it; **pour trois fois
  rien** for next to nothing; **rien que**
  nothing but, only, merely; **rien
  qu'en histoire** in history alone; **rien
  que pour** if only to
rigoler *v. (coll.)* to laugh, to have fun
rillette *f.n.* pork specialty
rire *v.* to laugh
rive *f.n.* bank; **rive gauche** Left Bank
  of the Seine in Paris
Riverside (le) *m.p.n.* nightclub in the
  Latin Quarter
rivière *f.n.* river
riz *m.n.* rice
robe *f.n.* dress
Robespierre, Maximilien de (1758–

94) one of the leading figures of the French Revolution

robinet *m.n.* faucet

robot *m.n.* robot

robuste *a.* robust, strong

Rochelle (la) *f.p.n.* seaport on the Atlantic

Rodin, Auguste (1840–1917) French sculptor

Rohmer, Eric (1920–) French filmmaker

roi *m.n.* king

rôle *m.n.* part

roman *a.* romanesque

roman *m.n.* novel

Rome *p.n.* capital of Italy

Ronchamp *p.n.* town famous for its modern church by Le Corbusier

rond *a.* round; *m.n. (coll.)* penny; **il n'a pas un rond** he's broke, he doesn't have a cent

roquefort *m.n.* variety of cheese

Roque-Gageac (la) *f.p.n.* picturesque town on the Dordogne river

rosace *f.n.* rose window

rose *f.n.* rose

rôti *m.n.* roast

roue *f.n.* wheel; **roue de secours** spare tire

Rouen *p.n.* major town in Normandy

rouennais *a.* from Rouen

rouge *a. & m.n.* red; **rouge à lèvres** lipstick

rougir *v.* to blush

rouillé *a.* rusty, out of practice

rouiller (se) *v.* to get rusty, out of practice

rouler *v.* to roll, to drive, to travel; **rouler sur l'or** to be rolling in money; *(coll.)* **rouler les mécaniques** to strut, to show off

roulette *f.n.* roulette; **patins à roulettes** roller skates

roumain *a. & n.* Rumanian

Roumanie *f.p.n.* Rumania

rouspéteur, -euse *a.* grumbling, grouchy; *m. or f.n.* quarrelsome person, complainer

rousse *a. see* **roux**

route *f.n.* road, route, way; **ils sont en route pour** they're on their way to

routier *a. & m.n.* teamster, truck driver; **carte routière** road map

rouvrir *v.* to reopen

roux *a.* redhaired

royal *a.* royal

Royan *p.n.* resort on the Atlantic coast famous for its modern church

rue *f.n.* street

ruée *f.n.* rush; **la Ruée vers l'Or** the Gold Rush

ruer (se) *v.* to throw, hurl oneself; **se ruer sur** to throw oneself at

ruine *f.n.* ruin; **tomber en ruines** to fall into ruins

ruiné *a.* ruined

ruiner (se) *v.* to go bankrupt; **se ruiner en huile solaire** to spend a fortune on suntan lotion

russe *a. & n.* Russian

sa *a. see* **son**

saboter *v.* to sabotage

sabre *m.n.* saber

sac *m.n.* bag; **sac à dos** backpack; **sac de couchage** sleeping bag

sacré *a.* sacred; **un sacré service** *(coll.)* a big favor

sacrer *v.* to anoint, to crown

sage *a.* wise, good, well behaved; **si tu es sage** if you behave yourself

saignant *a.* rare (steak)

saint-andré *inv. m.n.* variety of cheese

Saint-Benoît-sur-Loire *p.n.* town known for its Romanesque church

Saintes-Maries-de-la-Mer (les) *pl.p.n.* town in the Camargue region with fortified church

Saint-Germain-des-Prés *p.n.* district on the Left Bank in Paris

Saint-Jaques-de-Compostelle *p.n.* one of the most frequently visited places of pilgrimage in northern Spain

Saint-Jean-de-Luz *p.n.* seaside resort in the Basque country

Saint-Laurent, Yves (1936–) French fashion designer

Saint-Maclou *p.n.* famous church in Rouen

Saint-Michel *p.n.* fountain and square in the Latin Quarter

Saint-Moritz *p.n.* winter resort in the Alps

Saint-Nectaire *p.n.* town in central France known for its Romanesque church and its cheese

Saint-Pierre *p.n.* port on Martinique, destroyed in 1902 by a volcanic eruption

Saint-Raphaël *m.p.n.* brand of apéritif

Saints Innocents *m.pl.p.n.* cemetery in Paris

Saint-Thégonnec *p.n.* site of famous calvary in Brittany

Saint-Tropez *p.n.* fashionable resort on the Riviera

salade *f.n.* salad

sale *a.* dirty, nasty; **sale caractère** *(coll.)* nasty temper

salé *a.* salted

salière *f.n.* saltshaker

salissant *a.* easily soiled

salle *f.n.* room, theater; **salle à manger** dining room; **salle de bain** bathroom; **salle de cours** classroom; **salle de séjour** living room; **salles subventionnées** subsidized theaters

salon *m.n.* drawing room, lounge; **salon de coiffure** hairdressing salon

saloperie *f.n. (sl.)* filth; **saloperie de sac** crappy (shoddy) shopping bag!

salut *int.* hi!

Samaritaine (la) *f.p.n.* department store in Paris

samedi *m.n.* Saturday

sandale *f.n.* sandal

sang *m.n.* blood

sans *prep.* without, but for; **sans blague!** no kidding! **sans doute** no doubt; **sans compter** not to mention

sans-gêne *m.n.* absence of manners, overfamiliarity

santé *f.n.* health; **ça va, la santé?** how are you feeling?

Saône *f.p.n.* river in Burgundy

sapin *m.n.* fir tree

sardine *f.n.* sardine; **être serrés comme des sardines** to be packed like sardines

Sarraute, Nathalie (1900–) French novelist

Sartre, Jean-Paul (1905–1980) French philosopher, novelist, and playwright

sauce *f.n.* sauce

saucisse *f.n.* sausage

saumon *m.n.* salmon

Saumur *p.n.* city on the Loire river famous for its fifteenth-century castle and its sparkling white wine

saupoudrer *v.* to sprinkle

saut *m.n.* jump; **saut à la perche** pole-vaulting; **saut en hauteur** high jump

sauté *a.* sautéed

sauter *v.* to jump; **faire sauter le bouchon** to pop the cork; **faire sauter les pommes de terre** to sauté the potatoes

sauvage *a.* wild; *n.* savage

sauver *v.* to save; **tu me sauves la vie** you save my life; **sauve qui peut** everyone for himself; **se sauver** to run off

savoir *v.* to know

savoyard *a.* from Savoy

scandale *m.n.* scandal

scénario *m.n.* scenario, screenplay

scène *f.n.* stage

science *f.n.* science; **science-fiction** science fiction; **sciences nat(urelles)** natural science

scotch *m.n.* scotch (whiskey)

Scrabble *m.p.n.* Scrabble game

sculpté *a.* sculptured, carved

se *pron.* himself, herself, oneself, themselves

sec, sèche *a.* dry

sécher *v.* to dry

second *a.* second; **fauteuil Second Empire** Second Empire–style armchair

secondaire *a.* secondary

seconde *f.n.* **billet de seconde** second-class ticket; **je voyage en seconde** I travel second class

secousse *f.n.* jerk, jolt

secret *a. & m.n.* secret

section *f.n.* section

séduire *v.* to charm

Seine *f.p.n.* one of the four main rivers in France

sel *m.n.* salt

semaine *f.n.* week

sémantique *f.n.* semantics

semblable (à) *a.* similar (to)

semblant *m.n.* semblance, pretence; **faire semblant** to pretend

sembler *v.* to seem; **il me semble que** it seems to me

semelle *f.n.* sole (of shoe)

semer *v. (sl.)* to get rid of

Sénat *m.p.n.* Senate

sénateur *m.n.* Senator

Sénégal *m.p.n.* Senegal

sens *m.n.* sense, meaning, direction, way; **dans un sens** in a way; **en sens inverse** in the opposite direction

sentencieux *a.* sententious

sentir *v.* to feel, to smell; **se sentir** to feel; **on se sent chez soi** one feels at home

séparément *adv.* separately

séparer *v.* to separate

septembre *m.n.* September

sépulture *f.n.* burial place

séquoia *m.n.* sequoia

sérieusement *adv.* seriously

sérieux *a.* serious

serré *a.* tight; **serrés comme des sardines** packed like sardines

serrer *v.* to squeeze

service *m.n.* service; **rendre service à** to do someone a favor

serviette *f.n.* napkin, towel

servir *v.* to be useful; **ça ne sert à rien** it's useless; **à quoi ça sert?** what's the use?; **se servir** to use, to help oneself

ses *a. see* **son**

seul *a.* alone, only, sole, single

seulement *adv.* only

sexiste *a.* sexist, male chauvinist

short *m.n.* shorts

si, s' *adv.* so, so much, yes; **si bien que** so that; **si, je t'assure** yes, I swear

si, s' *conj.* if, whether, what if; **si ça ne vous fait rien** if you don't mind; **si on veut** if you like; **s'il vous plaît** please; **si on allait** what if we went

sidérer *v. (coll.)* to flabbergast

sidérurgie *f.n.* metallurgy (iron and steel)

siècle *m.n.* century

sieste *f.n.* nap, siesta; **faire la sieste** to take a nap

signaler *v.* to point out, to draw attention to

signe *m.n.* sign; **faire signe à** to make a sign, to signal to, to wave to

silence *m.n.* silence

silencieux *a.* silent

silhouette *f.n.* figure

Simorre *p.n.* town in southwest France known for its fortified church

simple *a.* simple

simplement *adv.* simply

simplifié *a.* simplified

singe *m.n.* monkey

sinon *conj.* otherwise, if not, or else

sirène *f.n.* siren, mermaid

site *a.* site

situation *f.n.* situation

situé *a.* situated; **bien situé** well located

six *a. & n.* six

sixième *a.* sixth

ski *m.n.* ski, skiing; **ski nautique** waterskiing

skoal *int. (Swedish)* Cheers!

slip *m.n.* panties or men's underwear

SNCF (Société Nationale des Chemins de fer Français) French national railway company

snob *a.* snobbish

sobre *a.* sober

sociable *a.* sociable

société *f.n.* society, firm, company

sociologie *f.n.* sociology

soeur *f.n.* sister; **bonne soeur** *(coll.)* nun

soi *pron.* oneself, himself, herself, itself

soie *f.n.* silk

soif *f.n.* thirst; **avoir soif** to be thirsty

soigné *a.* neat, trim, groomed, well-kept

soir *m.n.* evening; **à ce soir** see you tonight

soirée *f.n.* evening

solaire *a.* solar

soldat *m.n.* soldier

solde *f.n.* (clearance) sale, bargain; **en solde** on sale

sole *f.n.* sole

soleil *m.n.* sun

solide *a.* strong, sturdy

solitude *f.n.* solitude

solliciter *v.* to solicit

sombre *a.* dark

somme *f.n.* sum, total; **en somme** on the whole, in short

sommet *m.n.* top, summit

son, sa, ses, *a.* his, her, its

sonner *v.* to ring

sonnette f.n. bell

sorbet *m.n.* sherbet

Sorbonne (la) *f.p.n.* university building in Paris

sortie *f.n.* exit

sortir *v.* to go out, to come out, to leave

soudain *adv.* suddenly

soulier *m.n.* shoe

souple *a.* supple, soft, flexible

source *f.n.* source

sourcil *m.n.* eyebrow

sourd *a.* deaf

souriant *a.* smiling

sourire *m.n.* smile

sourire *v.* to smile

souris *f.n.* mouse

sous *prep.* underneath, beneath, below, under

sous-marin *a.* submarine

sous-sol *m.n.* basement

sous-titre *m.n.* subtitle

soustraction *f.n.* subtraction

soutenu *a.* sustained, unflagging

souterrain *a.* underground

souvenir *m.n.* souvenir

souvenir (se) *v.* to remember

souvent *adv.* often, frequently

SPA (Société Protectrice des Animaux) ASPCA

spécialiste *n.* specialist, expert

spécialité *f.n.* specialty

spectacle *m.n.* spectacle, sight, entertainment, show

spectateur *m.n.* spectator, onlooker

spirituel *a.* spiritual, witty

sport *m.n.* sport; **faire du sport** to go in for sports

sportif, -ive *a.* athletic *n.* **quelle sportive!** what a sportswoman!

square *m.n.* square with garden

squelette *m.n.* skeleton

stand *m.n.* stand

station *f.n.* station; **station de métro** subway station

stationnaire *a.* stationary, steady

statue *f.n.* statue

steak *m.n.* steak

Stein, Gertrude (1874–1946) American writer who lived in Paris

stéthoscope *m.n.* stethoscope

stop *abbr. for* **autostop** *m.n.* hitchhiking; **faire du stop** to hitchhike

stoppeur *m.n.* hitchhiker

Strasbourg *p.n.* city in Alsace famous for its cathedral

stratus *m.n.* stratus (cloud)

strident *a.* strident, shrill

studio *m.n.* studio apartment

stupide *a.* stupid

stupidité *f.n.* stupidity

style *m.n.* style; **meubles de style** period furniture

su *p. part. of* **savoir**

substance *f.n.* substance

subvention *f.n.* subsidy; **subvention de l'état** government subsidy

subventionné *a.* subsidized

succession *f.n.* succession, series

sucre *m.n.* sugar

sud *m.n. & inv. a.* south

sud-est *m.n. & inv. a.* southeast

sud-ouest *m.n. & inv. a.* southwest

Suède *f.p.n.* Sweden

suédois *a.* Swedish; *n.* Swede

sueur *f.n.* sweat, perspiration

suffire *v.* to suffice, to be enough; **ça suffit comme ça** that's enough, that'll do!

suggérer *v.* to suggest

suggestif *a.* suggestive, evocative

suggestion *f.n.* suggestion

Suisse *f.p.n.* Switzerland

suite *f.n.* continuation; **avoir de la suite dans les idées** to have a one-track mind

suivant *a.* next, following

suivre *v.* to follow; **suivre un régime** to diet; **suivre un cours** to take a course

super *a. (coll.)* super, great, terrific; **il est super-sympa** he's really nice

super *m.n.* premium (gasoline)

superbe *a.* superb, splendid

supériorité *f.n.* superiority

superstitieux *a.* superstitious

supporter *v.* to tolerate, to put up with, to stand

supposer *v.* to suppose, to assume

suppression *f.n.* suppression, removal

supprimer *v.* to abolish, to do away with

sur *prep.* on, upon

sûr *a.* sure, certain; **bien sûr!** of course!; **on ne peut jamais être sûr de rien** nothing is ever certain

surdoué *a.* exceptionally gifted

sûrement *adv.* surely, certainly

surfing *m.n.* surfing

surprenant *a.* surprising

surprendre *v.* to surprise; to catch unawares, to come upon unexpectedly

surpris *a.* surprised

surprise *f.n.* surprise

surtout *adv.* particularly, especially

suspension *f.n.* suspension

Suze *f.p.n.* brand of apéritif

sympa *a. (coll.)* nice

sympathique *a.* nice, likeable

synchronisation *f.n.* synchronization

synchronisé *a.* synchronized

synthétique *a.* synthetic

syrien *a. & n.* Syrian

systématique *a.* systematic

système *m.n.* system

ta *a. see* **ton**

tabac *m.n.* tobacco, tobacconist's shop

table *f.n.* table

tableau *m.n.* picture, painting; **tableau d'affichage** bulletin board; **tableau de bord** dashboard; **tableau noir** blackboard

Tabou (le) *m.p.n.* nightclub in Saint-Germain-des-Prés

tache *f.n.* stain, spot, splash

tâcher *v.* to try

tacot *m.n. (sl.)* jalopy, heap

taille *f.n.* stature, height, waist, size; **vous faites quelle taille?** what size do you take

tailleur *m.n.* tailor

taire (se) *v.* to be silent, to hold one's tongue; **tais-toi!** be quiet!, hold your tongue!

Taj-Mahal *m.p.n.* famous seventeenth-century mausoleum at Agra, India

talent *m.n.* talent, aptitude

talon *m.n.* heel

tandis que *conj.* while, whereas

tant *adv.* so much, so many; **tant qu'il y en a** as long as there is (are) some

tante *f.n.* aunt

tant pis *adv. phr.* too bad! it can't be helped!

taper *v.* to hit; **taper (se)** *v. (sl.)* to treat oneself to

tapis *m.n.* rug, carpet; **tapis de sol** groundcloth

tapisserie *f.n.* tapestry

tard *adv.* late

Tarn *m.p.n.* river in southwest France famous for its gorges

tarte *f.n.* tart; **tarte au citron** lemon tart

tas *m.n.* pile, heap; **des tas de** heaps of, lots of

tasse *f.n.* cup

tassé *a.* packed, crammed, full; **bien tassé** stiff (as an alcoholic drink)

taudis *m.n.* slum

taureau *m.n.* bull

taxi *m.n.* taxi

technique *a.* technical; *f.n.* technique

teint *m.n.* complexion, color; **avoir le teint frais** to have a fresh complexion

télé *abbr. for* **télévision** *f.n.* television

télécarte *f.n.* magnetic telephone card

télégraphe *m.n.* telegraph

téléphone *m.n.* telephone

téléphoner *v.* to telephone

téléphonique *a.* telephonic; **cabine téléphonique** telephone booth

télescopique *a.* telescopic

télévisé *a.* televised

téléviseur *m.n.* television set

télévision *f.n.* television

tellement *adv.* so

temple *m.n.* temple, (protestant) church

temps *m.n.* time, weather; **avoir (du) beau temps** to have nice weather; **avoir le temps de** to have time to; **ces temps-ci** these days

tendance *f.n.* tendency, inclination

tendre *a.* tender, soft

tendu *a.* stretched, taught, tight, strained, tense

ténébreux *a.* gloomy, sombre, dark

tenir *v.* to hold; **tenir à** to be keen on, to be determined to do; **si vous y tenez** if you really want to; **tiens! tenez!** look! hey! say!; **se tenir** to keep, to remain; **tiens-toi bien!** behave yourself!; **se tenir par la main** to hold hands

tennis *m.n.* tennis

tente *m.n.* tent

tenter *v.* to tempt, to try; **tenter sa chance** to try one's luck

tenue de route *f.n.* road-holding quality (of a car)

tergal *m.n.* gabardine cloth

terminale *f.n.* last year of high school in France

terminer *v.* to end, finish, bring to an end; **se terminer** to end, come to an end; **se terminer par** to end with, in

terrain *m.n.* plot of land

terrasse *f.n.* terrace

terre *f.n.* earth, the world; **par terre** on the ground, to the ground

terrestre *a.* earthly, worldly, terrestrial

terrifié *a.* terrified

terroriste *a. & n.* terrorist

tes *a. see* **ton**

tête *f.n.* head

TGV (Train à Grande Vitesse) extremely fast train on some of the main lines

thé *m.n.* tea

théâtre *m.n.* theater; **théâtre de boulevard** light comedy

thème *m.n.* theme

thermique *a.* thermal

thon *m.n.* tuna

tibia *m.n.* tibia, shinbone

tic *m.n.* tic, twitching; **avoir un tic** to have a twitch or tic

ticket *m.n.* ticket

tiercé *m.n.* betting game whose object is to guess the first three horses in a race

tilleul *m.n.* lime-blossom tea

timbre *m.n.* stamp

tirage *m.n.* drawing (of lottery)

tirer *v.* to pull, to tug, to drag

tissu *m.n.* fabric, tissue

titre *m.n.* title

toi *pron.* you

toile *f.n.* cloth

toilette *f.n.* washing and dressing; **les toilettes** toilets, lavatory

toit *m.n.* roof

tomate *f.n.* tomato

tombant *a.* falling; **moustaches tombantes** drooping moustache

tomber *v.* to fall; **tomber bien** to happen at the right time, to come at the right time; **tomber de sommeil** to be ready to drop; **tomber en panne** to have a breakdown (car); **tomber sur** to come across, upon

ton, ta, tes *a.* your

ton *m.n.* tone, intonation

tonne *f.n.* ton

tonton *m.n. (coll.)* uncle

torche *f.n.* torch; **torche éléctrique** flashlight

torrent *m.n.* torrent

torsion *f.n.* twisting

tort *m.n.* wrong; **avoir tort** to be wrong, in the wrong

torturer *v.* to torture

tôt *adv.* soon, early; **ce n'est pas trop tôt!** it's about time!); **au plus tôt** at the earliest

total *a. & m.n.* total, whole; **au total** all in all

touchant *a.* touching, moving

toujours *adv.* always, ever, still; **il vit toujours** he's still alive

toulousain *a.* from the city of Toulouse, in southwest France

tour *f.n.* tower

tour *m.n.* circumference, circuit, turn; **tour de taille, de poitrine** waist, chest measurement; **faire demi-tour** to turn back; **faire le tour de** to go around; **faire un tour** to take a turn, a stroll; **Tour de France** bicycle race around France; **à mon tour, c'est mon tour** it's my turn; **à tour de bras** as hard as you can, with all your might

Touraine *f.p.n.* Touraine

Tourcoing *p.n.* industrial city in northeast France

tourisme *m.n.* tourism, touring, tourist trade

touriste *n.* tourist

touristique *a.* tourist

Tourmalet (col du) *m.p.n.* mountain pass in the Pyrenees

tourner *v.* to turn; **tourner un film** to make a film

tournoi *m.n.* tournament

tout *a.* any, every, all; **tout ça** all that; **tous les deux** both; **tous les jours** every day; **tout le monde** everybody, everyone; **tout le temps** all the time; *adv.* quite, entirely, completely; **tout neuf** brand new; **tout seul** (quite) alone; **tout simplement** quite simply; *pron.* all, everything; **tout est bien qui finit bien** all's well that ends well; **tout ira bien** everything will be fine; *adv. phr.* **tout à coup** all of a sudden; **tout à fait** quite, entirely, thoroughly; **tout à l'heure** just now, a few minutes ago; soon, in a few minutes; **tout de même** all the same; **tout de suite** right away, immediately; **pas du tout** not at all; **elle n'est pas fragile du tout** she's not the least bit frail

tout-à-l'égout *m.n.* sewer system

toutou *m.n. (coll.)* doggie

trace *f.n.* trace

tracteur *m.n.* tractor

traditionnel *a.* traditional

trafic *m.n.* trading, trade; **trafic de drogue** drug trafficking

tragédie *f.n.* tragedy

train *m.n.* train; **être en train de** to be in the act of

trainant *a.* drawling

trait *m.n.* line, dash (in Morse code)

traité *m.n.* treaty

traitement *m.n.* treatment, salary, pay

trajectoire *f.n.* trajectory

tranquille *a.* calm, still, quiet

tranquillement *adv.* calmly, peacefully

transformer *v.* to transform, to change into

transporter *v.* to transport, to carry

Trash counterculture film by Andy Warhol

travail *m.n.* work

travailler *v.* to work

traversée *f.n.* crossing

traverser *v.* to cross, to go across

trèfle *m.n.* clover, clubs (suit of cards)

treize *inv. a. & n.* thirteen

trempé *a.* soaked, drenched

trentaine *f.n.* about thirty

trente *inv. a. & n.* thirty

très *adv.* very, most; **très bien** very well

Trianon (le Grand) *m.p.n.* pavillion in the Versailles gardens built by Hardouin-Mansard in 1687

tribunal *m.n.* tribunal, law court

tricher *v.* to cheat

trier *v.* to sort, to go through, to pick over

trigonométrie *f.n.* trigonometry

triomphalement *adv.* triumphantly

triomphe *m.n.* triumph

tripe *f.n.* entrails, tripe; **tripes à la mode de Caen** culinary specialty from Caen

triporteur *m.n.* three-wheeled vehicle used for carrying merchandise

triste *a.* sad, sorrowful

trogne *f.n. (coll.)* face

trois *a. & n.* three

troisième *a. & n.* third

tromper (se) *v.* to be mistaken, to make a mistake, to be wrong

tronc *m.n.* trunk; **tronc d'arbre** tree trunk, log

trop *adv.* too

Trotsky, Léon (1879–1940) Russian revolutionary and theorist of the "permanent revolution"

Trotskyste *a. & n.* Trotskyite

trottoir *m.n.* sidewalk

trouver *v.* to find; **se trouver** to happen to be, to be

truc *m.n.* trick

trucage *m.n.* faking, cheating; **trucages** special effects

Truffaut, François (1932–1985) New Wave filmmaker

truffe *f.n.* truffle

truite *f.n.* trout

tu *pron.* you

tuberculeux *a.* tuberculous; *n.* tubercular patient, T.B. case

tuer *v.* to kill; **ça me tue** *(coll.)* that slays me

tuile *f.n.* roofing tile

Tuileries (les) *f.pl.p.n.* public gardens on former site of royal palace in Paris, between the Louvre and the Champs-Elysées

tunisien *a. & n.* Tunisian

tunnel *m.n.* tunnel

turc, turque *a.* Turkish; *n.* Turk

Turquie *f.p.n.* Turkey

tutoyer *v.* to address someone as **tu** and **toi** (instead of **vous**)

tutu *m.n.* tutu, ballet skirt

tuyau *m.n.* pipe, tube, *(coll.)* pointer, hint, tip

type *m.n.* type, *(coll.)* character, type

Ubu roi satirical play by Alfred Jarry (1873–1907)

Ukraine *f.p.n.* the Ukraine, one of the Soviet Socialist Republics

ultra-léger *a.* very light(weight)

un *a. & n.* one; *indef. art.* a, an; **un(e) à un(e)** one by one

uni *a.* united; **fond uni** plain backdrop

uniforme *m.n.* uniform

unique *a.* sole, single

urgent *a.* urgent, pressing

URSS (Union des républiques socialistes soviétiques) *f.p.n.* USSR

usage *m.n.* use

usine *f.n.* factory, plant

utile *a.* useful

utiliser *v.* to use

vacances *f.pl.n.* holidays, vacation

vache *f.n.* cow; *(sl.)* swine, beast; **il n'y a pas plus vache** there's no one any meaner

vachement *adv.* *(sl.)* really, tremendously; **il avait vachement peur** he was damned scared

Vagenende *p.n.* café in Saint-Germain-des-Prés

vaguement *adv.* vaguely

vaisselle *f.n.* dishes; **faire la vaisselle** to wash up, to do the dishes

Valençay *p.n.* town in the Loire valley famous for its castle

valeur *f.n.* value, worth

valise *f.n.* suitcase

Vallauris *p.n.* town on the Riviera known for its pottery

vallée *f.n.* valley

valoir *v.* to be worth; **ça vaut la peine d'y aller** it's worth going; **ça vaut combien?** how much does it cost? **il vaut mieux . . .** it's better to . . .

Vals *p.n.* brand of mineral water

vanille *f.n.* vanilla; **glace à la vanille** vanilla ice cream

variable *a.* variable

variante *f.n.* variant

variété *f.n.* variety, diversity

vase *m.n.* vase

vaste *a.* vast

veau *m.n.* calf, veal; **tête de veau** calf's head

vécu *p. part. of* **vivre**

végétation *f.n.* vegetation

veille *f.n.* eve, preceding day

veine *f.n.* *(coll.)* luck; **ce n'est pas de veine** what rotten luck!

vélo *m.n.* bicycle, bike; **vélo de course** racing bike

vélomoteur *m.n.* lightweight motorbike, moped

vélosolex *m.n.* popular model of moped

velours *m.n.* velvet; **velours côtelé** corduroy

velu *a.* hairy

Vendée *f.p.n.* department in western France

vendeur, -euse *n.* salesclerk, salesgirl

vendre *v.* to sell

vendredi *m.n.* Friday

venir *v.* to come; **venir de** + *inf.* to have just; **elle vient de sortir** she has just gone out

vent *m.n.* wind; **dans le vent** up to date, with it

ventre *m.n.* stomach, belly

Vénus de Milo *f.p.n.* famous Greek statue of Venus in the Louvre

verbe *m.n.* verb; **le Verbe** the Word

Verdon *m.p.n.* river in Provence; **gorges du Verdon** deep gorges formed by the Verdon river

verglas *m.n.* glare ice

vérifier *v.* to verify, to inspect, to check

véritable *a.* true, real, genuine

vérité *f.n.* truth

verre *m.n.* glass; **verre blanc** white glass

vers *prep.* towards, to

Versailles *p.n.* celebrated seventeenth-century royal palace near Paris

version *f.n.* translation (into one's own tongue); **version originale** film in the original language

vert *a.* green; *m.n.* the color green

vertu *f.n.* virtue

vessie *f.n.* bladder

veste *f.n.* jacket; **veste de sport** sports jacket; **veste en seersucker** seersucker jacket

vestibule *m.n.* vestibule, entrance hall, lobby

vêtements *m.pl.n.* clothes, clothing

vétérinaire *n.* veterinarian

veuf, veuve *a.* widowed; *n.* widower, widow

Vézelay *p.n.* charming hilltop town in Burgundy famous for its Romanesque church

Vian, Boris (1920–1959) French writer and jazz musician

vice-président *m.n.* vice-president

Vichy *p.n.* spa in central France and seat of Marshal Pétain's collaborationist Vichy government (1940–44); brand of mineral water

victime *f.n.* victim

Victoire de Samothrace *f.p.n.* Greek statue celebrating a naval victory, discovered on the island of Samothrace

vide *a.* empty

vidéo *inv. a. & f.n.* video

vide-ordures *inv. m.n.* rubbish chute

vider (se) *v.* to (become) empty

vie *f.n.* life

vieillir *v.* to grow old, to age

viétnamien *a. & n.* Vietnamese

vieux, vieil, vieille *a.* old; *n.* **les vieux** old people; **mon vieux** old man, old chap

vif, vive *a.* alive, living, lively, animated; **avoir l'esprit vif** to be quick-witted

vigne *f.n.* vine

vignoble *m.n.* vineyard

villa *f.n.* house (in residential area)

ville *f.n.* town, city

Villefranche-de-Lauraguais *p.n.* fortified town in southwest France, on the canal du Midi

Villequier *p.n.* town on the Seine where Victor Hugo's daughter, Léopoldine, and her husband drowned in a boating accident

Villeret, Jacques (1951–   ) French actor and entertainer

Villette (la) *f.p.n.* district of Paris in the nineteenth arrondissement

vin *m.n.* wine

vingt *inv. a. & n.* twenty

vingtaine *f.n.* about twenty

vingt-tonnes *m.n.* twenty-ton truck

viol *m.n.* rape

violence *f.n.* violence

violet *a.* violet; *m.n.* the color violet

violon *m.n.* violin; **jouer du violon** to play the violin

violoniste *n.* violinist

virage *m.n.* turn, bend, curve (in road)

Vire *p.n.* town in Normandy famous for its chitterling-type sausage

virtuose *n.* virtuoso

visage *m.n.* face

visite *f.n.* visit, social call

visiter *v.* to visit

vitamine *f.n.* vitamin

vite *adv.* fast, quickly, rapidly

vitesse *f.n.* speed; **à toute vitesse** at top, full speed; **à la vitesse de . . .** at the speed, rate of . . . ; **vitesse de pointe** cruising speed; **vélo à dix vitesses** ten-speed bike

Vitez, Jacques contemporary French stage director

vitrail, vitraux *m.n.* stained glass window

vitre *f.n.* pane of glass, windowpane

vitrine *f.n.* store window

Vittel *p.n.* spa in the Vosges mountains, brand of mineral water

vivant *a.* alive, living

vivement *adv.* briskly, smartly

vivre *v.* to live

v.o. *abbr. for* **version originale** film in the original language

vocabulaire *m.n.* vocabulary

vocation *f.n.* vocation, calling

voilà *prep.* there is, are; *int.* there you are!

voile *f.n.* sail; **faire de la voile** to go sailing

voilier *m.n.* sailing ship, sailboat

voir *v.* to see; **c'est à voir** that remains to be seen; **c'est tout vu** that's all there is to it

voiture *f.n.* car, automobile; **voiture de location** rented car; **voiture de**
police police car; **voiture de sport** sports car

voix *f.n.* voice; **à voix basse** in a low voice

vol *m.n.* theft, robbery, stealing

volant *m.n.* steering wheel; **être au volant** to drive; **donner un coup de volant** to turn sharply, to swerve

volcan *m.n.* volcano

volcanique *a.* volcanic

voler *v.* to steal

voleur *m.n.* thief, robber

volley *abbr. for* **volley-ball** *m.n.* volleyball

Volnay *p.n.* town in Burgundy famous for its wine

volonté *f.n.* will

volontiers *adv.* willingly, gladly

Volvic *p.n.* town in Auvergne, brand of mineral water

vos *a. see* **votre**

Vosges *f.pl.p.n.* Vosges (Mountains), mountain range in northeast France; **place des Vosges** elegant square in the Marais district of Paris

Vosne-Romanée *p.n.* town in Burgundy famous for its wine

votre, vos *a.* your

vôtre (le *or* **la), vôtres (les)** *pron.* yours

Vougeot *p.n.* town in Burgundy famous for its wine and castle called Clos de Vougeot

vouloir *v.* to want, to desire; **je voudrais** I would like; **je veux dire** I mean (to say); **ça ne veut rien dire** that doesn't mean anything; **vouloir bien** to be willing; **si vous voulez bien vous asseoir** won't you please sit down; **vous voulez bien?** would you like to?

vous *pron.* you

vouvoyer *v.* to address someone as **vous** (rather than **tu**)

voyage *m.n.* journey, trip; **être en voyage** to be traveling, to be away;
bon voyage! have a good trip!

voyager *v.* to travel

voyeur *m.n.* voyeur, Peeping Tom

vrai *a.* true; **c'est vrai (que)** it's true (that); **c'est pas vrai!** oh, no!

vraiment *adv.* really, truly

vu *p. part. of* **voir**

vue *f.n.* (eye)sight, vision, view; **vue imprenable** view that cannot be obstructed

vulgaire *a.* vulgar

wagon *m.n.* railroad car

week-end *m.n.* weekend

western *m.n.* western

whisky *m.n.* whiskey

Whisky à Gogo *m.p.n.* nightclub in Saint-Germain-des-Prés

X *abbr. for* **Ecole Polytechnique** *f.p.n.* prestigious polytechnic school in Paris

xérès *m.n.* sherry

y *adv.* there, here; **vous y êtes presque** you're almost there; **comment allez-vous à Chartres?—j'y vais en train** how are you going to Chartres?—I'm going there by train; **il y a** there is, there are; **ça y est!** there! that's it!; *pron.* **je ne m'y attendais pas** I didn't expect it; **si vous y tenez** if you're set on it

yacht *m.n.* yacht

yaourt *m.n.* yogurt

yougoslave *a. & n.* Yugoslav

Yougoslavie *f.p.n.* Yugoslavia

Yvetot *p.n.* town with a modern church near Rouen, in Normandy

zigzag *m.n.* zigzag

zone *f.n.* zone

zoologie *f.n.* zoology

Zouc (1950–) Swiss actress and entertainer

zut *int. (coll.)* darn! damn!